2014年度国家社会科学基金青年项目"当代西方政治哲学中的全球正义理论跟踪研究"（项目编号：14CZZ004）的最终成果

世界主义的全球正义

高景柱 ◎ 著

GLOBAL
JUSTICE
A
COSMOPOLITAN VIEW

中国社会科学出版社

图书在版编目(CIP)数据

世界主义的全球正义 / 高景柱著. —北京:中国社会科学出版社,2020.5 (2021.3 重印)

ISBN 978-7-5203-6344-0

Ⅰ.①世⋯ Ⅱ.①高⋯ Ⅲ.①正义—研究 Ⅳ.①D081

中国版本图书馆 CIP 数据核字(2020)第 065447 号

出 版 人	赵剑英	
责任编辑	马　明	
责任校对	胡新芳	
责任印制	王　超	

出　　版	中国社会科学出版社	
社　　址	北京鼓楼西大街甲 158 号	
邮　　编	100720	
网　　址	http://www.csspw.cn	
发 行 部	010-84083685	
门 市 部	010-84029450	
经　　销	新华书店及其他书店	
印　　刷	北京明恒达印务有限公司	
装　　订	廊坊市广阳区广增装订厂	
版　　次	2020 年 5 月第 1 版	
印　　次	2021 年 3 月第 2 次印刷	
开　　本	710×1000　1/16	
印　　张	23.75	
插　　页	2	
字　　数	343 千字	
定　　价	109.00 元	

凡购买中国社会科学出版社图书,如有质量问题请与本社营销中心联系调换
电话:010-84083683
版权所有　侵权必究

目　　录

导论　全球正义理论的兴起 …………………………………（1）
　第一节　问题缘起 ……………………………………………（2）
　第二节　研究架构 ……………………………………………（6）

第一章　由约翰·罗尔斯的《万民法》引起的纷争 …………（10）
　第一节　作为"现实的乌托邦"的万民法 …………………（11）
　第二节　世界主义者对罗尔斯的国际正义理论的诘难 ………（20）
　第三节　少数学者对罗尔斯国际正义理论的捍卫 …………（31）
　第四节　罗尔斯的捍卫者能否成功回应世界主义者的
　　　　　责难？ ………………………………………………（42）

第二章　世界主义：历史与理论的双重审视 ………………（49）
　第一节　世界主义的三次浪潮 ………………………………（49）
　第二节　世界主义的类型学 …………………………………（71）
　第三节　世界主义面临的质疑 ………………………………（83）
　第四节　为道德世界主义申辩 ………………………………（98）

第三章　全球正义的功利主义阐释
　　　　——基于彼得·辛格的全球正义理论的分析 ………（103）
　第一节　什么是功利主义？ …………………………………（104）

第二节　以援助义务为内核的全球正义理论 …………… （114）
第三节　辛格的全球正义理论面临的挑战及其回应 …… （125）
第四节　辛格的全球正义理论的得与失 ………………… （134）
第五节　小结 ……………………………………………… （142）

第四章　全球正义的契约主义之维
——以查尔斯·贝兹和达雷尔·莫伦道夫等人的
理论为例 ………………………………………… （144）
第一节　社会契约论与罗尔斯的政治建构主义 ………… （144）
第二节　全球差别原则 …………………………………… （158）
第三节　全球机会平等 …………………………………… （172）
第四节　基于需要的最低门槛原则 ……………………… （182）
第五节　一个简要的评析 ………………………………… （191）

第五章　全球正义的人权分析进路
——以亨利·舒伊和涛慕思·博格等人的理论
为中心的讨论 …………………………………… （200）
第一节　权利与人权 ……………………………………… （201）
第二节　全球正义的人权分析进路的支持者 …………… （213）
第三节　全球正义的人权分析进路面临的批判 ………… （226）
第四节　回应批评：人权分析进路能否获得辩护？ …… （237）
第五节　结论及初步的拓展 ……………………………… （249）

第六章　民族主义、爱国主义与全球正义
——全球正义面临的主要挑战及辩护 ………… （252）
第一节　民族主义与爱国主义 …………………………… （254）
第二节　民族主义对全球正义的批判 …………………… （266）
第三节　爱国主义对全球正义的批判 …………………… （277）
第四节　全球正义能容纳民族主义与爱国主义的
挑战吗？ ………………………………………… （289）

第五节　结语 …………………………………………………（303）

第七章　全球正义何以可能？
　　　　　　——以全球治理为切入点 …………………………（304）
第一节　全球正义实现的制约因素 …………………………（305）
第二节　作为全球正义重要实现机制的全球治理 …………（313）
第三节　全球治理的代表性理论：戴维·赫尔德的
　　　　世界主义民主 ……………………………………（323）
第四节　威尔·金里卡对世界主义民主的质疑及对
　　　　质疑的回应 ………………………………………（335）
第五节　公平的全球治理有助于实现全球正义 ……………（345）

结语　全球正义理论的趋向 ……………………………（351）

参考文献 ……………………………………………………（359）

后　记 ………………………………………………………（373）

导 论

全球正义理论的兴起

在当代政治哲学和道德哲学中，在以约翰·罗尔斯（John Rawls）为首的一批哲学家的不懈努力下，正义问题遂成为人们关注的焦点问题之一。人们围绕着正义问题展开了激烈的对话，其中一种重要的纷争是"正义的适用范围问题"。针对该问题，有一种主张认为正义的适用范围是民族国家，很多人也反复强调如果人们彼此之间负有一种正义的义务，那么人们仅仅对其同胞负有这样的义务，并认为这是不证自明的。同时，有些人还强调国家的核心职能在于实现国家及其公民利益的最大化，有时即使牺牲其他国家及其公民的利益也在所不惜。很多学者在思考正义问题时也往往不自觉地将民族国家这一共同体作为正义的主要适用范围，并将这作为其理论的预设之一。譬如，罗尔斯曾言，"正义的主要问题是社会的基本结构，或更准确地说，是社会主要制度分配基本权利和义务，决定由社会合作产生的利益之划分的方式。所谓主要制度，我的理解是政治结构和主要的经济和社会安排"①。虽然罗尔斯在《正义论》的一个章节中曾经简要提及了国际正义（international justice）理论，但是他在讨论正义理论时主要还是将"民族国家"这一"封闭性社会"的典型代表作为正义的适用范围，即使他后来在《万民法》中详细阐述其国际正义理论时，仍然反对对其建构的正义理论进行一种世界主义（cosmopolitanism）的

---

① ［美］约翰·罗尔斯：《正义论》，何怀宏、何包钢、廖申白译，中国社会科学出版社1988年版，第7页。

阐释。关于正义的适用范围问题的另一种截然不同的主张认为，我们在思考正义的义务时，不能仅仅像第一种主张那样强调只有当人们共同处于同一个民族国家之中时，人们彼此之间才负有正义的义务，对非同胞并不负有同样的或者类似的义务，而是强调我们在思考正义的适用范围时，必须超越民族国家的界限，甚至像某些世界主义者所反复申述的那样将其适用于世界上的所有人。第二种主张就是本书将要探讨的"全球正义"（global justice）理论所要关注的重要内容，除此之外，在当代政治哲学和道德哲学中，全球正义理论有哪些主要的研究视角（尤其是其中的世界主义所秉承的以"个人"为中心的研究视角的主要内容是什么）？全球正义理论有哪些代表性的分析进路？这些分析进路的内在辩证及其有可能存在的缺陷是什么？全球正义理论的哪一种分析进路是较为可行的？全球正义是否可能以及何以可能？这些问题将是本书探究的主要问题。

第一节 问题缘起

全球正义理论之所以能够引发学界的极大关注，以至当代几乎所有一流的政治哲学家和道德哲学家都或多或少地曾经关注过它，这在很大程度上应当归因于在全球化的背景下全球贫困和全球不平等问题的日益加剧。人类社会目前在高度发达的生产力和科学技术的推动下，已经创造了巨额的财富。然而，与此形成鲜明对照的是，全球贫困以及全球不平等的状况非但没有缩小，反而在逐渐扩大。涛慕思·博格（Thomas Pogge）将联合国在1985年所确定的每人每天1美元的购买力作为国际贫困线的标准，同时，博格根据联合国发展计划署每年发布的《人类发展报告》，曾指出了目前全球贫困的令人触目惊心的现实：目前有15亿人生活在全球贫困线以下。

> 7.9亿人营养不足，10亿人没有安全的饮用水，24亿人享受不到基本的医疗设施；超过8.8亿人缺乏基本的健康服务；大约

10亿人居住在没有达到基本标准的居所里，20亿人用不上电。发展中国家5个孩子中就有两个发育不良，3个中就有一个体重不足，10个中就有一个严重偏瘦。5至14岁有四分之一的儿童，也就是说总数2.5亿的儿童，要离家挣取工钱。他们的生存环境十分恶劣，从事的工作有农业、建筑、纺织等，或者去当士兵、性工作者或保姆。①

玛莎·C.纳斯鲍姆（Martha C. Nussbaum）也曾指出，"如今，瑞典出生的儿童在降生时的预期寿命是79.9岁。塞拉利昂出生的儿童在降生时的预期寿命是34.5岁。美国的人均国内生产总值是34320美元，塞拉利昂的人均国内生产总值是470美元"②。这种极端贫困所带来的恶果就是那些死于饥饿和可以预防的疾病的人数往往超过在全球范围内直接由暴力所带来的死亡和伤害的人数。这些有关全球贫困和全球不平等的事实使得人们不得不思考应当采取什么措施来缓解乃至消除全球贫困和全球不平等。那些处于相对富裕社会中的居民对全球贫困者负有什么义务呢？正如查尔斯·贝兹（Charles Beitz）曾言说的那样，"那些相对富裕社会中的居民有基于正义之上的义务去同其他贫困地区的人分享他们的财富吗？当然，那些有能力帮助他人的人有基于人道主义原则之上的再分配义务，对他人施以援手，那些人倘若不能获得援助，将会毁灭。然而，在帮助穷人时，正义的义务也许比人道主义的义务要求人们做出更大的牺牲，有时甚至是不同类型的牺牲"③。可见，对于富裕国家中的人对全球贫困者负有何种义务这一问题而言，贝兹区分了两种义务：一种是"人道主义的义务"，另

---

① ［美］涛慕思·博格：《康德、罗尔斯与全球正义》，刘莘、徐向东等译，上海译文出版社2010年版，第422页。译文有改动。
② ［美］玛莎·C.纳斯鲍姆：《正义的前沿》，朱慧玲、谢慧媛、陈文娟译，中国人民大学出版社2016年版，第157页。塞拉利昂是当今世界上最贫穷的国家之一，位于非洲西部。
③ Charles Beitz, "Justice and International Relations", *Philosophy and Public Affairs*, Vol. 4, No. 4, 1975, p. 360.

一种是"正义的义务"。

　　人道主义的义务与正义的义务的侧重点显然是极为不同的,前者关注通过什么行动来缓解全球贫困和全球不平等,而后者聚焦于全球贫困和全球不平等的制度性根源,关注全球秩序本身的正当与否,以上也是这两种义务之间的根本差别。人道主义的义务往往要求当其他国家的人民身处困境中时,那些相对处于较好境况中的国家及其人民要施以援手,譬如,当某些国家发生地震、洪水或者海啸等自然灾害时,有援助能力的国家要为其提供力所能及的捐款、物资或医疗救助等援助。随着人类文明的不断进步,几乎没有人会否认个人之间或者国家之间负有一种人道主义的义务,可以说,人道主义的义务已经基本上获得了人们的普遍认可,世界上的一些富裕国家及富人确实在缓解以及消除全球贫困和全球不平等方面做出了一定的贡献,然而,这对缓解和消除全球贫困和全球不平等来说是远远不够的。一方面,虽然富裕国家有着巨大的物质财富,但是它们在缓解和消除全球贫困和全球不平等方面的支出远远少于本国的军费开支,与其国内财富的总量相较而言更是微不足道的;另一方面,即使就富裕国家所进行的少量对外援助而言,其背后有时也有着明显的政治利益或者军事利益的考量。实际上,目前真正履行了人道主义之义务的国家并不是很多,然而,即使所有的国家都这么做了,这也不能消除目前触目惊心的全球贫困以及日益扩大的全球不平等的根源,尤其是制度方面的根源。为了缓解和消除全球贫困以及全球不平等,这就要求我们不能止步于人道主义的义务,而且应该关注正义的义务。

　　正义的义务除了要求富裕国家及其公民对全球贫困者提供援助以外,还要求真正消除世界上所存在的贫困和极端不平等的根源。譬如,改革目前一些不平等的国际政治和经济秩序,抵制一些国家对某些国家之主权的侵犯等霸权行径,增强中小国家在联合国各主要机构(比如联合国安全理事会)中的发言权,重新审视世界贸易组织、世界银行、国际货币基金组织等较为重要的国际组织所做出的决策等。尤其在全球化时代,全球风险社会已经逐渐形成,一个国家的决策

（比如在其边境地区修建核电站、进行核试验、倾倒核废料、砍伐大量的森林或者修建大型水库）的影响往往会跨越国界，影响到邻国居民或者更遥远国家的居民的生活，此时我们就更应该注意全球背景制度的公正与否，这也促使了人们对全球正义理论产生兴趣。

全球正义理论的兴起与一大批学者的努力也是密不可分的，比如我们刚刚提及的罗尔斯、博格、纳斯鲍姆和贝兹等人的贡献。在当代众多思想家中，罗尔斯以对正义理论的深刻研究而著称，他的《正义论》是20世纪最伟大的政治哲学著作之一，备受关注。罗尔斯曾在《正义论》的第58节初步尝试了如何把其国内正义理论应用于国际关系领域，进行了正义的跨文化运用，并简要论及了名曰"万国法"（the law of nations）的国际正义原则，其主要内容包括各个独立的国家具有基本的平等权利、自我决定的原则、反对侵略的自卫权利和遵守条约的原则等，万国法也成为罗尔斯后来所建构的国际正义理论的雏形。① 罗尔斯在1993年牛津的大赦讲座的基础上发表的《万民法》一文以及1999年出版的同名专著中，秉承了其在建构国内正义理论时所使用的契约主义方法，深入和细致地建构了名为"现实的乌托邦"（realistic utopia）的国际正义理论。② 另外，我们需要注意的是，当罗尔斯的《正义论》出版之后，托马斯·斯坎伦（Thomas Scanlon）、布莱恩·巴里（Brain Barry）、贝兹和博格等人在坚守世界主义理念的基础上，③ 开始将罗尔斯式的契约主义方法用于分析全球问题，并对罗尔斯抱有同样的期待，期待罗尔斯将其国内正义理论延伸为全球正义理论。然而，罗尔斯在《万民法》中对世界主义理念以及一些世界主义者所勾勒的全球分配正义原则的拒斥，非但没有满足博格等人的

---

① 参见［美］约翰·罗尔斯《正义论》，何怀宏、何包钢、廖申白译，中国社会科学出版社1988年版，第378—379页。

② ［美］约翰·罗尔斯：《万民法》，陈肖生译，吉林出版集团有限责任公司2013年版。

③ 斯坎伦和巴里的具体观点，可参见 Thomas Scanlon, "Rawls' Theory of Justice", *University of Pennsylvania Law Review*, Vol. 121, No. 5, 1973, pp. 1020 – 1069; Brain Barry, *The Liberal Theory of Justice: A Critical Examination of the Principal Doctrines in A Theory of Justice by John Rawls*, Oxford University Press, 1973, pp. 128 – 133.

这种期待，反而令一些世界主义者大失所望。

罗尔斯认可我们上述所言的富裕国家对全球贫困者负有一种人道主义的义务，而不负有一种正义的义务，并将其所言说的义务称为"援助的义务"。罗尔斯认为"组织有序的人民"对"因不利状况而负担沉重的社会"负有一种援助义务，该援助义务要把因不利状况而负担沉重的社会变成组织有序的人民的一员，正如要把"法外国家"变成组织有序的人民的一员一样："援助的目的是帮助负担沉重的社会，使得它们有能力合乎情理地和理性地处理其自身事务，并且最终变成组织有序人民所组成的那个社会中的一员。这就界定了援助的'目标'。在这一目标达成之后，就不再要求进一步的援助，即使这个现在变得组织有序了的社会依然贫困。"① 在罗尔斯那里，将因不利状况而负担沉重的社会变成组织有序人民的一员，能够理性地处理自身的事务，这既是援助义务的目标，也是援助义务的终止点，而贝兹和博格等人的全球分配正义原则恰恰是没有终点的。无论是贝兹等世界主义者在全球层面上通过拓展罗尔斯的差别原则而得到的"全球差别原则"（global difference principle），还是有些世界主义者所主张的其他全球分配正义原则，罗尔斯均持一种批判的态度。当然，贝兹和博格等世界主义者并不认可罗尔斯的批判，而是通过批判和发展罗尔斯的国际正义理论，提出了自己的全球正义理论，这也进一步促使了全球正义理论的兴起。

第二节　研究架构

犹如上述分析所指出的那样，罗尔斯国际正义理论中的不足之处恰恰激发了学者们进一步思考国际正义理论，并在此基础上衍生出了多种全球正义理论，全球正义理论也遂成为当代政治哲学和道德哲学

---

① ［美］约翰·罗尔斯：《万民法》，陈肖生译，吉林出版集团有限责任公司2013年版，第153页。我们将在第一章第一节对罗尔斯所说的"组织有序的社会""因不利状况而负担沉重的社会"和"法外国家"等概念展开进一步的分析。

中的一种重要的且极富争议性的正义理论。为了较为全面地把握全球正义理论，本书采取的分析思路是首先分析全球正义理论的基础理论，然后在此基础之上探究全球正义理论的三种主要的分析进路——全球正义理论的功利主义、契约主义和人权分析进路——的代表性理论、内部的激烈对话及其内在缺陷，最后关注全球正义理论的实现问题。① 从总体上而言，本书由三部分组成，即"全球正义的基础理论"、"全球正义的分析进路"和"全球正义的实现问题"。具体说来，除了导论和结语，本书的主要内容包括下述三个部分。

其一，全球正义的基础理论部分主要由第一章和第二章构成，分别探讨了由罗尔斯的《万民法》一书所引起的纷争以及世界主义。鉴于罗尔斯的国际正义理论对全球正义理论的生发所产生的重要影响，我们将在第一章分析罗尔斯的国际正义理论所引起的纷争，这也构成了全球正义理论的重要理论起点：首先概括罗尔斯的名为"现实的乌托邦"的国际正义理论的基本理念，然后分析以贝兹和博格等人为代表的世界主义者对罗尔斯的国际正义理论的批判，分析以塞缪尔·弗里曼（Samuel Freeman）等人为代表的少数学者对罗尔斯的国际正义理论的捍卫，最后探讨罗尔斯的捍卫者能否成功回应世界主义者的诘难。第二章探讨了我们在研究全球正义理论时所采取的"世界主义"这种以"个人"为中心的研究视角——另一种研究视角是"共同体主义"。具体说来，第二章将首先回顾从古希腊和古罗马时期一直延续至今的世界主义的三次浪潮：古典世界主义、现代世界主义和当代世界主义，然后考察在当代西方政治哲学界诸学者对世界主义进行的各种类型学的划分。同时，鉴于当代西方政治哲学界围绕世界主义产生了激烈的纷争，聚讼纷纭，我们随后也考察了世界主义面临的几种重要的批判，并在第二章的最后部分试图为"道德世界主义"进行辩护，这也是笔者所认可的世界主义。

其二，第三章至第五章是全球正义理论的分析进路部分，主要涉

---

① 本书将为全球正义理论的人权分析进路进行辩护，并对其进行简要的拓展。

猎了全球正义理论的功利主义、契约主义和人权分析进路三种代表性的分析进路。第三章以彼得·辛格（Peter Singer）的全球正义理论为例，研究了全球正义理论的功利主义分析进路。该章首先简要介绍了功利主义的基本理念以及辛格的功利主义伦理观，继而探讨了辛格是如何用功利主义来分析全球不平等和全球贫困问题的，然后关注辛格的全球正义理论所面临的批判以及辛格所做出的回应，最后分析了以辛格的全球正义理论为代表的全球正义的功利主义分析进路的得与失；契约主义能够成为全球正义理论的另一种重要的分析进路，这在很大程度上应该归功于罗尔斯无论在建构其国内正义理论时，还是在建构其国际正义理论时，都采取了契约主义的分析方法。只不过罗尔斯的契约主义方法的继承者们在分析全球问题时，得出了诸多不同于罗尔斯的国际正义理论的全球分配正义原则。第四章首先简要回顾了社会契约论的传统（主要包括"霍布斯式的契约论"和"康德式的契约论"）以及罗尔斯的政治建构主义，然后探讨了世界主义者们根据契约主义方法所建构的几种主要的全球分配正义原则，并在最后展示其中的激烈纷争以及可能存在的一些缺陷。第五章分析了全球正义理论的人权分析进路，这也是本书所认可的一种全球正义理论的分析进路。该章首先简要分析了权利和人权的基本理念，随后分别考察了全球正义理论的人权分析进路的四种代表性的理论，当然，全球正义理论的人权分析进路也面临着很多批判，笔者为其一一进行了辩护。然而，我们在此需要注意的是，这并不意味着笔者完全赞同目前的全球正义理论的人权分析进路，为了使其更具说服力，笔者还对其进行了简单的拓展。

其三，全球正义的实现问题主要涉及"全球正义是否可能"以及"全球正义何以可能"，第六章和第七章分别完成上述任务。"全球正义是否可能"这一问题主要关注的是全球正义理论面临着哪些批判。当然，因篇幅所限，我们不可能论及全球正义理论面临的每一种批判，而是在第六章主要研究了"民族主义"和"爱国主义"对全球正义理论的批判。该章首先简要归纳了民族主义和爱国主义的基本理念,然后探讨了民族主义和爱国主义分别从"民族身份"(nationality)和"公民身份"(citizenship)的视角出发对全球正义理论的批判,最后分别回应了民族主义和爱国主义对全球正义理论的批判,并主张全球正义理论能够容纳源自民族主义和爱国主义的诘难,并为民族主义和爱国主义提供了一条约束边界。第七章以"全球治理"(global governance)为切入点,关注了"全球正义何以可能"这一问题。具体而言,该章首先分析了全球正义的实现所面临的主要制约因素以及作为全球正义的重要实现机制的"全球治理"的基本理念,然后考察了戴维·赫尔德(David Held)的"世界主义民主理论"这一全球治理的代表性理论以及威尔·金里卡(Will Kymlicka)对其所提出的一些质疑,最后探讨了金里卡对赫尔德的世界主义民主理论所提出的质疑是否可行以及全球治理的价值共识问题。

第一章

由约翰·罗尔斯的《万民法》引起的纷争

全球正义理论的兴起与罗尔斯的正义理论的巨大影响是分不开的，正如吉莉安·布洛克（Gillian Brock）所言，"当今世界发生的很多事情也许能够解释为什么人们对全球正义和世界主义日益感兴趣，但是如果有一本哲学著作能够激发理论家对全球正义和世界主义感兴趣，那它一定是约翰·罗尔斯影响深远的著作《万民法》"①。罗尔斯的《正义论》探讨了应该主导一个封闭的政治共同体——民族国家——的正义原则，即国内正义理论。罗尔斯主要采取契约论的论证方式，建构了名为"作为公平的正义"的国内正义理论，"个人主义"和"平等主义"是罗尔斯的国内正义理论的核心承诺。后来，罗尔斯秉承了康德的永久和平理念，将其国内正义理论扩展为国际正义理论，"万民法"思想是罗尔斯有关国际正义理论最为系统的阐述。罗尔斯的国际正义理论极大地促进了学界关于国际正义问题的讨论，当然也处于争议的中心。罗尔斯国际正义理论的批判者和捍卫者围绕着一些核心议题，展开了激烈的纷争，并进一步促使了全球正义理论的兴起和发展，由罗尔斯的国际正义理论所引起的纷争也就成为全球正义理论的重要理论起点之一。本章将首先简要概括罗尔斯的国际正义理论的基本理念，然后探讨学界围绕罗尔斯的国际正义理论所产生的激烈对话，最后分析罗尔斯国际正义理论的捍卫者能否成功地回应

---

① Gillian Brock, *Global Justice: A Cosmopolitan Account*, Oxford University Press, 2009, p. 19.

某些世界主义者对罗尔斯的国际正义理论的批判。

第一节 作为"现实的乌托邦"的万民法

罗尔斯在《正义论》的第 58 节中已经初步尝试了如何把其国内正义理论适用于国际关系领域，并简要归纳了国际正义理论的基本原则，这也是他后来所言说的"万民法"的最初体现。他采用的论证方法与其证成国内正义理论的方法是一样的，即采取了契约主义的方法。罗尔斯设想了一种国际原初状态，其中国际原初状态中的各方是不同国家（nations）的代表：

> 把各方看成是不同国家的代表，这些代表必须一起来选择一些用来裁决各国之间的冲突要求的基本原则。为了遵循最初状态的观念，我假设这些代表被剥夺了各种各样的信息。虽然他们知道自己代表着不同的国家，每个国家都生活在人类生活的正常环境中，但是他们不知道他们所处的社会的特殊环境、与其他国家相比较的权威和势力以及他们在自己社会中的地位。代表国家的契约各方在这种情况中，也只被允许有足够的知识来作出一个保护他们利益的合理选择，而不能得到能使他们中的较幸运者利用他们的特殊情况谋利的那种具体知识。①

这样一种国际原初状态使得各个国家的代表不知道有关本国的特殊信息，取消了由历史命运所带来的偶然性和偏见，各个国家的代表将会选择一些在历史上获得了公开承认的原则。譬如，各个独立的国家具有基本的平等权利、自我决定的原则（即一个国家处理自身事务的权利）、反对侵略的自卫权利（包括组成自卫联盟以保护这一权利的权利）和遵守条约等原则。② 这是罗尔斯将其国内正义理论应用于

---

① ［美］约翰·罗尔斯：《正义论》，何怀宏、何包钢、廖申白译，中国社会科学出版社 1988 年版，第 378 页。
② 同上书，第 379 页。

国际关系领域的初步尝试，罗尔斯称之为"万国法"，万国法并不是像后来他所强调的那样由世界上的"人民"的代表所决定的，而是由世界上的不同"国家"的代表所决定的。罗尔斯后来在1993年名为"万民法"的论文中专门论述了国际正义理论，并在1999年将该论文扩充为《万民法》一书，更加深入和详细地阐述了国际正义理论。《万民法》是罗尔斯继《正义论》（1971年）和《政治自由主义》（1993年）之后出版的第三本专著，它的出版也标志着罗尔斯的正义理论发展到了第三个阶段。贝兹和博格等世界主义者希望罗尔斯在国际正义问题上，能够像其在处理国内正义问题时一样，通过"作为公平的正义理论"，解决国籍、家庭出身、阶级地位和智商等社会偶然因素与自然偶然因素等道德上的任意因素对分配所产生的种种影响，毕竟出生在一个贫困的国家还是出生在一个富裕的国家，个人无法做出任何选择，它完全是一种道德上任意的因素。正如无法改变天体的运行一样，人们也无法改变自己的出身。正像家庭出身、阶级地位和智商等偶然因素不应该影响人们命运的优劣一样，人们出生在富国还是穷国也同样不应当影响人们命运的优劣。然而，罗尔斯对国际正义问题的处理方式，并未与很多世界主义者的期待相吻合，后来引起了很多世界主义者的异议。

从整体上而言，罗尔斯的国际正义理论是其政治自由主义的发展，或者说万民法是从其政治自由主义中发展和延伸而来的，正如罗尔斯曾言，"作为公平的正义是应用于国内正义的——基本结构的正义。从这里出发，它向外影响万民法（law of Peoples），向内影响局部正义"①。罗尔斯在《万民法》中的主要抱负在于说明怎样从一种自由主义的正

---

① ［美］约翰·罗尔斯：《作为公平的正义——正义新论》，姚大志译，上海三联书店2003年版，第19页。"people"是罗尔斯的《万民法》中的一个非常难以理解的概念，学界对其有各种各样的翻译，譬如有"人民""民族""国族"等。关于"people"一词翻译的争论，可参见李小科《如何理解和翻译"the law of peoples"》，《复旦学报》（社会科学版）2002年第3期；李石《罗尔斯〈万民法〉中"people"一词的翻译》，《国外理论动态》2010年第11期。本书姑且采用"人民"这一译法，然而，我们需要注意的是，该"人民"与我们通常所使用的政治意义上的"人民"有着很大的差别。

义观念中发展出万民法。然而，在罗尔斯那里，其国际正义理论的主体既不是国内正义理论中的自由和平等的"个人"，也不是其在"万国法"中所言及的"国家"，而是"人民"（people）。他首先考察了五种类型的域内社会：第一种是合乎情理的自由人民（reasonable liberal people）。第二种是正派的人民（decent people），这种社会奉行一种正派的协商等级制（decent consultation hierarchy）和非扩张主义的外交政策，并能够保障人权，罗尔斯称之为"正派的等级制人民"（decent hierarchical people）。前两种社会都属于"组织有序的人民"（well-ordered people）的范畴，都是万民社会（the society of Peoples）的主体，均处于万民法的适用范围之列，这两种社会之间的区别在于第一种社会奉行自由原则，而第二种社会奉行非自由的协商等级制原则。我们在此需要注意的是，与合乎情理的自由人民一样，第二种社会中的人民仍然持有异议的权利，某些人权（比如自由民主社会中的公民所享有的生命权、自由权和财产权等权利）也能够获得保障。然而，正派的等级制人民中的一些人并没有被视为自由的和平等的公民，虽然如此，罗尔斯仍然认为第二种社会在道德上是可以被接受的，应该获得合乎情理的自由人民的宽容。第三种社会是法外国家（outlaw states），该社会不遵守万民法，不尊重本国人民的人权以及他国人民的人权，不应该获得合乎情理的自由人民的宽容，是战争的对象之一。第四种社会是因不利状况而负担沉重的社会（societies burdened by unfavorable conditions），该社会因受到不利的经济或者文化条件的困扰而无法拥有或者维持良好的社会秩序。第五种社会奉行仁慈的专制主义（benevolent absolutisms）原则，虽然这种社会尊重人权，但是其社会成员参与政治决定这个有意义的角色并没有得到应有的尊重。① 后三种社会都不属于"组织有序的人民"，都不在万民法的适用范围之列。可见，人权能否获得尊重，是罗尔斯用来区分"组织有序的人民"和"非组织有序的人民"的重要标准，然而，尊重人权仅仅是成为组织有序人民的必要条件，而非充分

---

① 参见［美］约翰·罗尔斯《万民法》，陈肖生译，吉林出版集团有限责任公司2013年版，第46—47页。

条件，因为虽然那种奉行仁慈专制主义原则的社会尊重人权，但是它仍然不是组织有序的人民中的一员。

为了论证以"人民"为主体的国际正义理论，罗尔斯采取的分析逻辑是首先建构一种适用于理想世界的国际关系理论，然后将其应用于非理想的世界之中。罗尔斯的国际正义理论包含两个组成部分："理想理论"和"非理想理论"。理想理论是合乎情理的自由人民和正派的等级制人民共同接受的理论。为了证成理想理论，罗尔斯采取的论证策略是首先证成一种能够为合乎情理的自由人民所接受的万民法，然后论证正派的等级制人民也会接受同样内容的万民法。从表面上观之，罗尔斯为论证其国际正义理论，采取了与证成其国内正义理论一样的方法，即契约主义的方法。罗尔斯设想存在一种国际原初状态，这是对原初状态的第二次应用，罗尔斯为证成其国内正义理论而使用的原初状态，是对原初状态的第一次应用。在原初状态的第一次应用时，原初状态中的各方被设想为自由平等的、合乎情理而又理性的"公民"的代表，然而，在原初状态的第二次应用时，原初状态中的各方被设想为"人民"的代表："和在第一种情形中一样，它（指国际原初状态——引者注）也是一种代表模型：因为它塑造了我们——你和我，此时此地——认为是公平的条件，在这些条件下，作为自由人民的理性代表的原初各派，将在恰当理由的指引下去制定万民法。作为代表的各派以及他们所代表的诸人民，都在原初状态内得到对称性的安置，并因此得到了公平的安置。"① 罗尔斯从其早期的国内正义理论对"公民"的强调到后来在国际正义理论中对"人民"的强调这一巨大转向，是其国际正义理论长期以来遭受世界主义者不断诟病的主要缘由之所在。

原初状态的第二次应用又被分为两个阶段。第一个阶段是论证自由民主的人民所接受的万民法，此时的原初状态可以被称为"第一种国际原初状态"。在该原初状态中，"各派处于无知之幕的屏蔽下：它们不知道如领土的大小、人口的多寡、它们所代表着其根本利益的人

---

① ［美］约翰·罗尔斯：《万民法》，陈肖生译，吉林出版集团有限责任公司2013年版，第74页。

民的相对力量的强弱。尽管它们知道存在合理有利的条件使得民主成为可能——因为它们知道它们所代表的是诸自由社会——却不知道它们自然资源的丰裕程度、经济发展的水平或任何此类相关信息"。① 这种国际原初状态与贝兹和博格等世界主义者所设想的全球原初状态（global original position）是极为不同的。在这种国际原初状态中，合乎情理的自由人民的代表会选择哪些用于规制合乎情理的自由人民所处的社会的正义原则呢？在罗尔斯看来，第一种国际原初状态中的合乎情理的自由人民的代表会"接受"如下原则：

1. 各人民是自由且独立的，并且它们的自由独立将得到其他人民的尊重。
2. 各人民要遵守协议和承诺。
3. 各人民是平等的，它们必须是那些约束它们的协议的订约方。
4. 各人民要遵守互不干涉的义务。
5. 各人民有自卫权，但无基于自卫之外的理由发动战争的权利。
6. 各人民都要尊重人权。
7. 各人民在战争中要遵守对战争行为设立的特定限制。
8. 各人民对那些生活在不利状况下、因此无法拥有一个正义或正派的政治和社会制度的其他人民负有一种援助的责任。②

---

① ［美］约翰·罗尔斯：《万民法》，陈肖生译，吉林出版集团有限责任公司2013年版，第75页。

② ［美］约翰·罗尔斯：《万民法》，陈肖生译，吉林出版集团有限责任公司2013年版，第79页。罗尔斯在1993年发表的《万民法》一文中认为合乎情理的自由人民的代表将会认同如下七条原则："1.（通过他们的政府所组织起来的）各人民是自由且独立的，并且他们的自由独立将得到其他人民的尊重。2. 各人民是平等的，他们必须是那些关涉他们自身的协议的协约方。3. 各人民有自卫权而无战争权。4. 各人民要遵守互不干涉的义务。5. 各人民要遵守协议和承诺。6. 各人民在战争中（假定是为了自卫）要遵守对战争行为的特定限制。7. 各人民都要尊重人权。"参见［美］约翰·罗尔斯《万民法》，陈肖生译，吉林出版集团有限责任公司2013年版，第17页。可见，这七条原则与罗尔斯在1999年发表的《万民法》一文中的万民法的前七条原则大体上相似，只是在诸原则的细节以及次序上有所不同，只不过罗尔斯在《万民法》一文中的万民法诸原则并没有包括援助义务。

以上就是《万民法》的八条基本宪章，罗尔斯还承认他对上述原则的列举是不完整的，人们可以根据实际情况的需要进行适当的增补。虽然罗尔斯一再强调万民法是从自由主义的正义观中扩展和延伸而来的，但是罗尔斯并没有给予国际原初状态中的代表一些可供选择的替代性的原则，万民法的八条原则并不是国际原初状态中的自由人民的代表通过协商的方式主动"选择"的结果，而是罗尔斯人为地"给定"的，是其自由主义的政治性的正义观念的一种延伸。事实上，这与罗尔斯在《正义论》和《政治自由主义》中的做法是一样的，原初状态中的代表并不拥有一系列备选原则或者备选方案。罗尔斯也没有将自己的国内正义理论直接应用到国际关系领域，而是从合乎情理的自由人民非常熟悉的传统、历史、国际法及其实践中总结出来的，比如自由原则、平等原则、遵守条约、互不干涉、自卫的权利、尊重人权以及不能发动侵略战争等原则。通过对照万民法的八条基本宪章与罗尔斯在《正义论》中的相关论述我们可以发现，《万民法》的第 1 条原则至第 5 条原则以及第 7 条原则，基本上类似于罗尔斯在《正义论》中所说的"万国法"的内容。《万民法》的第 4 条原则至第 7 条原则主要涉及战争问题，具体说来，它们与战争的正当性问题有关，这也凸显出战争的正当性问题在罗尔斯的国际正义理论中处于一种尤为重要的位置。然而，万民法的八条原则并没有包括一些世界主义者所渴望出现的全球分配正义原则，只有《万民法》的第 8 条原则涉及了合乎情理的自由人民对因不利状况而负担沉重的社会的援助义务，这条原则可以被简称为"援助义务"。在再分配方式和实现平等的程度方面，援助义务与全球分配正义原则的要求尚有一段距离。

在原初状态的第二次应用的第二个阶段中，罗尔斯探讨了正派的人民——并没有一个现存社会完全满足罗尔斯所设定正派的等级制人民所要满足的条件——所接受的万民法，此时的原初状态可以被称为"第二种国际原初状态"。在第二个阶段中，尽管在正派的等级制人民中，并不是所有的社会成员都像自由人民中的成员那样处于一种平等的和自由的地位，但是那些代表着正派的等级制人民的各方仍然处于一种公平的位置,他们尊重和平的法则(比如不发动和不参与侵略性的战争)与人权,他们是正派的和理性的,将与合乎情理的自由人民接受同样内容的万民法,"一个自由人民的外交政策的理想和原则,从一个正派但非自由人民的观点来看,同样是合乎情理的"①。在罗尔斯看来,正派的等级制人民(罗尔斯还构想了一个非自由的协商等级制人民的例子,并称之为"卡赞尼斯坦")所接受的万民法是从合乎情理的自由人民接受的万民法中扩展而来的,同时,合乎情理的自由人民要"宽容"正派的等级制人民,并不要求正派的等级制人民放弃或者改造自己的信仰,以使正派的等级制人民转变成合乎情理的自由人民,其中的缘由在于"如果所有社会都被要求变成是自由主义的,那么政治自由主义的理念将无法表达出对按照其他可接受的方式组织起来的社会(如果有这样的社会的话,而我假定会有)的应有尊重"②。对罗尔斯来说,一个非自由的社会的基本制度只要符合某些特定的正义条件,并能够尊重万民法,那么合乎情理的自由人民就应该宽容和接受该社会,比如尊重正派的等级制人民的领土完整和政治自主。由于这些社会接受了万民法的八条基本宪章,合乎情理的自由人民在同这些社会打交道时,也不会有后顾之忧。如果合乎情理的自由人民不宽容正派的等级制人民,试图强行将其变成自由人民,那么这将会损害正派的等级制人民的自尊,将会阻碍他们参与万民社会的意愿以及泯灭他们进行改革的希望,并且会使得正派的等级制人民感到痛苦,招致他们的怨恨,这对建构一个和平与稳定的世界而言,恰恰是极为有害的。

  以上是罗尔斯的国际正义理论的理想理论部分。在罗尔斯看来,与理想理论一样,非理想理论也包括两个组成部分:一是处理那些不服从万民法的"法外国家"。在罗尔斯所设定的国际原初状态中,法外国家并没有自己的代表身处其内,易言之,法外国家并没有机会对

---

  ① [美]约翰·罗尔斯:《万民法》,陈肖生译,吉林出版集团有限责任公司2013年版,第100页。
  ② 同上书,第101页。

《万民法》的基本宪章发表自己的看法。在罗尔斯那里，法外国家是那些不尊重《万民法》的国家，是一种邪恶的国家，比如法外国家不遵守合乎情理的自由人民和正派的等级制人民所遵守的基本人权清单，即自由权、生命权、财产权和形式平等权等权利："生命权（如获得生存的手段和安全的权利）；自由权（免于成为奴隶、农奴和强制劳动的自由权利，以及一定程度上足够的良心自由权，以确保信仰和思想自由）；财产（个人财产）权；以及由自然正义规则所表达的形式平等（比如说，相似的情况应相似处理）。"① 同时，法外国家对和平的国际秩序充满着敌意，拥有较强的侵略性。由于法外国家不尊重万民法的八个基本宪章，法外国家属于非组织有序的社会的一员，对合乎情理的自由人民和正派的等级制人民等组织有序的社会来说，法外国家就是一种极其严重的威胁。由于是否尊重人权是一个社会是否是正派的以及能否免于外在干涉的必要条件之一，法外国家将不会得到自由人民和正派的等级制人民的"宽容"，而是自由人民和正派的等级制人民的干涉对象和战争对象：

> 因为我们已经为自由和正派人民制定出了万民法，那么这些人民将不会宽容法外国家。拒绝宽容这些国家，是自由主义和正派性的一个结果。如果政治自由主义的政治性观念是合理的，并且如果我们发展出万民法的那些步骤也是合理的，那么在万民法之下，自由和正派人民就拥有不宽容法外国家的权利。自由和正派人民持这种态度，理由极其充分。法外国家具有侵略性和危险性；如果法外国家转变或被迫转变它们的行事方式，那么所有人民将会更加安全。否则，它们将对权力和暴力的国际气候产生深远的影响。②

---

① [美]约翰·罗尔斯：《万民法》，陈肖生译，吉林出版集团有限责任公司2013年版，第107页。
② 同上书，第123页。

依罗尔斯之见，为了世界的和平与安定，合乎情理的自由人民和正派的等级制人民等组织有序社会的成员不仅应当谴责那些不尊重人权的法外国家，而且在某些情况下可以向这些法外国家施加压力，在特殊的情况下，可以对其进行经济制裁或者政治制裁，同时，在法外国家严重侵犯人权等情况下，组织有序社会的成员甚至还可以进行军事干涉（法外国家因不尊重《万民法》，成为战争的对象且丧失了自卫权），从而迫使法外国家向自由人民和正派的等级制人民所认可的方向转变，这样也会有利于世界和平。

非理想理论的另一个组成部分涉及如何对待因不利状况而负担沉重的社会。罗尔斯认为合乎情理的自由人民和正派的等级制人民应该"援助"因不利状况而负担沉重的社会，其中的原因在于因不利状况而负担沉重的社会不具有扩张性和侵略性，缺少成为一个组织有序的社会所必需的政治传统、文化传统、人力资源和专门技术等，往往深受政治腐败的毒害，"组织有序社会的长期目标，是要把负担沉重的社会带入那个由组织有序人民所组成的社会，正如要把法外国家带进去一样。组织有序人民具有一种责任去为负担沉重的社会提供援助"①。然而，这种援助并不是毫无节制的，而是有限度的，合乎情理的自由人民和正派的等级制人民只需要使因不利状况而负担沉重的社会变成组织有序社会的一员，调整财富和福祉水平的差异并不是援助义务的目标。因为在罗尔斯那里，一方面，大量的财富并不是某个社会成为一个组织有序社会的必要条件，有些组织有序的社会并不富裕，某些贫困的国家也可以成为组织有序社会的一员；另一方面，国家贫困的主要原因在于其政治制度、公民的勤劳精神和政治文化等因素，与其自然资源的贫乏程度没有关系，譬如，日本等国家的自然资源是非常贫乏的，然而，这并没有妨碍其成为组织有序社会的一员，相反的情况是，阿根廷等自然资源丰富的国家并不属于组织有序的社

---

① ［美］约翰·罗尔斯：《万民法》，陈肖生译，吉林出版集团有限责任公司2013年版，第148页。

会的一员。① 虽然罗尔斯所设定的组织有序的社会对因不利状况而负担沉重的社会的援助义务是万民法的八条基本宪章中最接近于贝兹和博格等世界主义者所崇尚的全球分配正义原则的一条宪章，但是它们之间尚有一定的差距，在罗尔斯那里，全球分配正义原则对处理全球不平等和全球贫困问题并不是一种必需的原则，而贝兹和博格等人恰恰持相反的态度。我们在以上论及的罗尔斯的万民法的非理想理论主要关注合乎情理的自由人民与正派的等级制人民如何对待法外国家和因不利状况而负担沉重的社会，简言之，合乎情理的自由人民应该反对法外国家的侵略，并援助因不利状况而负担沉重的社会，以使其建立自由的制度。同时我们也可以发现，罗尔斯仅仅在论证理想理论的过程中使用了国际原初状态这一设置，在论证非理想理论时并没有使用这一设置。也就是说，在国际原初状态中，法外国家和因不利状况而负担沉重的社会并没有自己的代表，而自由人民和正派的等级制人民拥有自己的代表。倘若这种理解是可行的，那么，万民法的八条基本宪章对法外国家和因不利状况而负担沉重的社会是否像对合乎情理的人民和正派的等级制人民那样拥有同样的约束力，也就成为一个非常值得讨论的问题。

我们在以上简要概括了罗尔斯的国际正义理论的基本理念。在罗尔斯那里，其万民法是一种"现实的乌托邦"②，该乌托邦既有实现的可能性，又为未来社会构想了一种愿景。

第二节 世界主义者对罗尔斯的
国际正义理论的诘难

罗尔斯的作为"现实的乌托邦"的《万民法》是自由主义的政治道德向外交政策领域的扩展，是一种自由主义的外交政策理论，并

---

① 参见［美］约翰·罗尔斯《万民法》，陈肖生译，吉林出版集团有限责任公司2013年版，第150页。

② 同上书，第53—55页。

具有引导合乎情理的自由人民的外交政策之效用。现在我们来探讨贝兹和博格等世界主义者对罗尔斯的国际正义理论的批判,世界主义者对罗尔斯的国际正义理论的批判是多方位的,较具代表性的主要有以下几个方面。

第一,罗尔斯的国际正义理论忽视了全球背景不正义的问题,并没有考虑历史上的不正义、殖民统治、征服和种族屠杀等问题。一方面,世界主义者批判了罗尔斯的如下观点:一国贫困的原因主要在于该国的政治制度和政治文化较为落后。博格曾反复申述了诸如政治制度、政治文化以及官员的廉洁程度等国内因素对该国的发展固然重要,然而,人们也不能忽视某些国际因素和历史因素对一国发展所产生的重要影响。在博格看来,罗尔斯的上述观点存在一个逻辑上的错误:

> 假如在课堂上,学生的表现是多种多样的。这当然表明了局部因素(每个学生本身的因素)在解释学生课堂表现的差异的过程中扮演了重要的角色,但是,它并没有表明,"全局性"的因素对学生课堂表现的影响是不重要的。……各个国家的发展轨迹的也体现了类似的可能性。同时,一个重要的地方在于:那些致力于提高人民生活水平的国家,不得不与那些过度保护国内市场的富裕国家进行竞争。①

在西蒙·卡尼(Simon Caney)看来,罗尔斯的国内因素而不是国际因素是国家发展的首要原因这一主张只有在国内因素不受国际因素影响的情况下才是正确的,然而,无论在历史上还是在现实的国际舞台上,一个国家的政治结构和文化恰恰受到国际因素的强烈影响。虽然罗尔斯的"自然资源不重要"这一经验性主张也许是正确的,但是

---

① Thomas W. Pogge, "Do Rawls's Two Theories of Justice Fit Together?", in Rex Martin and David A. Reidy (ed.), *Rawls's Law of Peoples: A Realistic Utopia?*, Blackwell Publishing Ltd., 2006, pp. 218–219.

它需要获得更多的经验证据的支撑。虽然罗尔斯曾引述大卫·兰德斯（David Landes）的"文化对增长来说是至关重要的"这一立场来支持自己的观点，但是兰德斯也曾明确反对仅仅从某一个原因出发来解释经济增长。[1] 因此，在卡尼那里，罗尔斯的立场是缺乏说服力的。

另外，世界主义者批判罗尔斯漠视了不公正的全球秩序。有些国家之所以贫困，其原因主要在于该国在历史上曾经是他国的殖民地，或者自然资源长期遭受他国的控制或者肆意掠夺。虽然从表面上看来，发达国家和发展中国家共处于同一个国际市场中，各国可以自由地参与其中以及自由地退出，但是发达国家在进行国际谈判时因实力雄厚而有着较强的谈判能力，现存的国际经济秩序与政治秩序往往也是在这些发达国家的主导下制定的，缺乏公正性，这些国际秩序当然非常有利于发达国家，而不利于发展中国家。不公正的全球经济与政治秩序往往是全球贫困和不平等的重要根源，一些发达国家把这些不公正的国际秩序强加给了贫困国家。譬如，博格认为在全球化时代，各个国家并不像罗尔斯假定的那样是孤立存在的，而是相互关联和相互影响的，国家之间具有高度的依赖性：罗尔斯所说的穷国的政府、各种机构和官员往往是腐败的，这是实情之一，然而，罗尔斯并没有道出全部的真相，"大量的较富国家的私营和官方组织也在持续不断地、严重地腐蚀着穷国的政府和机构"[2]。现存的国际秩序存在着重大缺陷，比如某个人或者某个团体只要将国家的统治权紧紧握在手中，其权力在国际上就会获得认可，无论其是通过合法的手段还是非法的手段获得了权力以及权力的最终目的是否真正为民众谋福利，这并不是国际社会所关注的主要问题，国际社会往往只关注权力掌握在谁的手中。

博格曾反复强调了现行的国际法所承认的"国际资源特权"和

---

[1] Simon Caney, "International Distributive Justice", *Political Studies*, Vol. 49, 2001, p. 986.

[2] Thomas W. Pogge, "An Egalitarian Law of Peoples", *Philosophy and Public Affairs*, Vol. 23, No. 3, 1994, p. 214.

"国际借贷特权"是不公正的。现行的国际法赋予任何国家的政府以"国际资源特权"——无论该政府是专制的还是民主的,这就有可能使某专制政府为了维持本国的专断统治乃至极权主义统治,肆无忌惮地出售本国的资源(比如尼日利亚政府)。博格认为,"国际资源特权在贫困但富有资源的国家具有灾难性的影响,因为在这些国家,资源构成了国民经济的主要命脉。在这样一个国家,不管一个人用什么手段当权,只要把大权握在手中,那么,通过用出口自然资源所得的收入和以出售未来资源为抵押借来的资金购买他所需要的武装和士兵,他就可以维护他的统治,甚至在受到老百姓的广泛反对的情况下还能维护他的统治"①。博格随后强调说现行的国际法还赋予任何国家的政府以"国际借贷特权",政府可以大肆向他国借债②,负担最终将落在国人身上。即使这些窃用一国之名的腐败的政府因为某种原因(如其治下的民众进行革命或者被他国占领等)倒台了,其后继的政府必须偿还债务,倘若其继任者拒不承认该债务,该国将会被排除出国际市场。因此,在博格看来,罗尔斯应该关注全球背景不正义的问题,应该关注如何建立一个平等主义的全球秩序问题,而不能仅仅通过假设国家是一个封闭的和自足的体系而有意或无意地回避该问题。

第二,国际正义理论应该以"个人"为道德关怀的终极对象,不应该像罗尔斯所强调的那样以"人民"为道德关怀的终极对象,同时,罗尔斯的"人民"的概念是模糊不清的,没有平等对待"人民"以及世界上每个人的利益。罗尔斯的国际原初状态中的代表,既不像在其国内正义理论中那样是"个人"的代表,也不像在其对"万国法"的表述中那样是"国家"的代表,而是"人民"的代表,很多世界主义者认为这是令人难以接受的,毕竟罗尔斯认同康德式的"个人被视为自由的和平等的道德个体"这一理念,以"人民"为道德

---

① [美]涛慕思·博格:《康德、罗尔斯与全球正义》,刘莘、徐向东等译,上海译文出版社2010年版,第469页。
② 借到的债既可能被统治者用于个人或者以其为核心的利益集团的享受,被大肆挥霍掉,也可能被用于购买武器以便维护自己的专制统治。

关怀的终极对象也与罗尔斯对个人的平等尊重的承诺不一致。易言之，罗尔斯的国际正义理论以"人民"为道德关怀的终极对象，错误地给予了"人民"或"国家"等共同体的利益以优先性，有违罗尔斯的自由主义的根本理念，即对个人主义和平等主义的承诺。例如，依博格之见，罗尔斯的国内正义理论赞成规范性的个人主义，但是其国际正义理论并不赞成规范性的个人主义，这与罗尔斯的自由主义立场是相冲突的。罗尔斯观点中隐含的个人主义基础也支持着对国际原初状态做出如下解释：各方代表着全球范围内的个人，应当把全球范围内的处境最差者的生活前景当作评价社会制度公正与否的首要标准。① 对博格和贝兹等世界主义者来说，"个人"才是道德关怀的终极对象，人们可以直接在全球范围内适用罗尔斯的两个正义原则，于是博格和贝兹等世界主义者就以基于个人主义之上的世界主义理念为研究视角，② 构建了各种各样的全球分配正义理论。

世界主义者认为罗尔斯的"人民"的概念是模糊不清的。譬如，博格认为在罗尔斯的国际正义理论中，罗尔斯仅仅关心人民的利益，然而，"人民"的概念是非常混乱的：一方面，人们并不清楚在罗尔斯的"人民"概念中，什么样的人群可以算是人民？另一方面，人们并不清楚罗尔斯依照何种标准来区分不同的人民，是根据护照、文化、血缘、种族抑或这些因素的某种组合来进行区分，还是根据其他因素来进行区分呢？一个人可以属于不同的人民吗？罗尔斯并未留意这些重要的问题。③ 在博格那里，"人民"的概念在人类社会中既不是足够清晰的，也不是那么重要，以至可以承担起罗尔斯赋予它的概念角色以及道德重要性。在贝兹看来，罗尔斯的国际正义理论赋予人民的理念以中心地位，这在两个方面是正确的：一方面，国际社会被

---

① [美] 涛慕思·博格：《康德、罗尔斯与全球正义》，刘莘、徐向东等译，上海译文出版社 2010 年版，第 167—168 页。

② 我们在第二章将对其有较为详细的分析。

③ 参见 Thomas W. Pogge, "Do Rawls's Two Theories of Justice Fit Together?", in Rex Martin and David A. Reidy (ed.), *Rawls's Law of Peoples: A Realistic Utopia?*, Blackwell Publishing Ltd., 2006, p. 211.

想象为一个万民社会，人民被视为政治组织和法律组织的单位，可以合理地控制自己的经济生活；另一方面，人民在伦理上也有着基本的地位：人民而不是个人，在国际原初状态中有自己的代表，人民的利益被视为一个实体。虽说如此，罗尔斯对人民的理解仍然存在一些问题：

> 一个人民的鲜明的构成要素是什么？例如，人民怎样同仅仅占有大量领土的个人的联合体区分开来？为什么依靠人民这种理念，而不是依靠人们更加熟悉的国家、社会或民族理念去描述世界社会的组成部分？最后，为了证明有关国际行为的原则的正当性，为什么将世界社会想象为一个集体性的实体？也就是说，为什么将世界社会想象为人民的社会，而不是想象为个人的社会？①

对贝兹来说，这些都是罗尔斯的国际正义理论中的悬而未决的问题。可见，在博格和贝兹等世界主义者看来，罗尔斯的"人民"概念远没有罗尔斯所认为的那么重要和清晰。

有的世界主义者还强调罗尔斯的万民法并没有平等考虑人民的利益以及每个人的利益。在加里·夏蒂埃（Gary Chartier）看来，罗尔斯的万民法试图平等对待差异巨大的人民的利益，这并没有平等对待人民的成员（即个人）的利益，因为个人的利益能否获得维护，将或多或少地依赖于其所属的人民的规模。同时，通过将每个人民视为一个统一的单位，万民法也没有平等考量所有人民的成员的利益和前景。实际上，万民法给予了那些在每个社会中占据主导地位的成员以特权，那些需要和前景异于他们的社会的领导者的持异议者和外来者的利益，也许被有效地忽略了。② 正如我们在上一节曾强调的那样，罗尔斯在证成其国际正义理论的过程中，仅仅设

---

① Charles R. Beitz, "Rawls's Law of Peoples", *Ethics*, Vol. 110, 2000, p. 678.
② Gary Chartier, "Peoples or Persons? Revising Rawls on Global Justice", *Boston College International and Comparative Law Review*, Vol. 27, No. 1, 2004, p. 5.

想了自由人民的代表和正派的等级制人民的代表在国际原初状态中有代表，法外国家、因不利状况而负担沉重的社会和仁慈专制主义社会在国际原初状态中并没有自己的代表，它们的利益并不能得到认真的体现，这对这些人民来说就是非常不公平的。不但人民之间有着巨大的差异，而且人民内部的成员之间也有着巨大的差异，罗尔斯只是试图通过万民法来平等对待不同人民的利益，并没有平等对待不同人民的成员的利益。

第三，罗尔斯在其国际正义理论中给定的人权清单过于单薄，忽略了很多重要的权利，易言之，罗尔斯的人权清单是一种极简主义的人权清单，同时，罗尔斯对人权在万民法中所扮演的角色的设定过于狭窄。正如我们在上文曾言，罗尔斯认为合乎情理的自由人民和正派的等级制人民尊重自由权、生命权、财产权和形式平等权利等基本人权，在某些世界主义者看来，这种极简主义的人权清单是罗尔斯给定的，罗尔斯并没有进行详细和缜密的论证，有可能出现的情况是，"也许有不少社会在维系自己的等级的、非自由的秩序时会尊重这些权利；但是，这并不能表明，它们愿意受到这些权利的制约。人权对等级社会并不是至关重要的，虽然它对自由社会是至关重要的"[①]。言下之意，正派的等级制人民并不会与合乎情理的自由人民选择同样的人权清单。

有的世界主义者认为罗尔斯的人权清单并没有包括很多重要的权利，比如《世界人权宣言》所规定的很多权利：迁徙自由、和平集会与结社的自由、选择代表参与治理国家的权利（即投票权）等。罗尔斯的人权清单不仅忽视了经济权利和社会权利，而且忽视了政治参与、集会自由等政治方面的权利，"接受罗尔斯的那份经过压缩的人权清单会碰到一个主要障碍，尤其是，如果我们就像罗尔斯那样希望得到一份有现实的机会得到采纳的清单，我们就会碰到这个障碍，那就是：国际社会绝不会接受那份清单。联合国人权清单已经很根深蒂

---

① Thomas W. Pogge, "An Egalitarian Law of Peoples", *Philosophy and Public Affairs*, Vol. 23, No. 3, 1994, p. 215.

固,因此很难被大幅度地改动"①。对组织民主政府之权利的忽视,尤其令一些世界主义者不满,比如安德鲁·库伯(Andrew Kuper)就曾强调,"自由民主的社会的情况已经表明:如果没有民主的权利,一些最低限度的人权就不可能获得保障。人权和民主权利是密切联系在一起的"②。同时,卡尼还曾质疑道,罗尔斯也没有令人信服地表明,"为什么一些权利受到了保护(比如免于奴役的权利),而其他权利不受到保护?划分基本权利和非基本权利的标准是什么?"③ 在很多世界主义者看来,我们应该用一种更加自由的和民主的人权清单来取代罗尔斯的极简主义的人权清单,罗尔斯的人权清单过于简单,不但正派的等级制人民有可能不会接受该人权清单,合乎情理的自由人民也可能不接受该人权清单。

在罗尔斯的国际正义理论中,人权扮演了如下三种重要的角色:"1. 它们是一个政体的合法性、法律秩序的正派性的必要条件。2. 如果一类人民满足了尊重人权的要求,这就足以排除了其他类人民可以对它进行有辩护的强力干涉,如外交、经济制裁,或更严重的军事干涉。3. 人权为各人民之间的多元性设置了限度。"④ 也就是说,在罗尔斯的《万民法》中,人权的角色主要在于正派的政治制度的最低标准以及证明外部干预和干涉的合法性,易言之,一个政权只要尊重罗尔斯所给定的人权清单,那么该政权就具有合法性,就可以免受外部的干涉,就拥有自卫权。然而,有些世界主义者对人权角色的理解,往往比罗尔斯的理解更为宽泛,认为人权在国际政治中应该扮演一种更加宽泛的角色,这与人权在本质上是一种道德权利密切相关,正如乔恩·曼德勒(Jon Mandle)所言,"基本人权为社会带来了一种很强的

---

① [美]詹姆斯·格里芬:《论人权》,徐向东、刘明译,译林出版社2015年版,第174页。

② Andrew Kuper, "Rawlsian Global Justice: Beyond the Law of Peoples to a Cosmopolitan Law of Persons", *Political Theory*, Vol. 28, No. 5, 2000, p. 664.

③ Simon Caney, *Justice Beyond Borders: A Global Political Theory*, Oxford University Press, 2005, p. 81.

④ [美]约翰·罗尔斯:《万民法》,陈肖生译,吉林出版集团有限责任公司2013年版,第122页。

道德义务，这些权利对其他权利具有优先性。德沃金抓住了权利对其他考量的优先性，认为权利应该被视为'王牌'"①。罗尔斯认为人权主要扮演合法性的角色，实际上，罗尔斯忽视了一个主要的问题：合法的制度和世界并不一定是正义的制度和世界，当今世界及其制度仅仅具有合法性是不够的。

第四，在国际正义理论中，罗尔斯对非自由的人民过于"宽容"。我们在上一节曾经提及，罗尔斯的国际正义理论主张合乎情理的自由人民应该宽容正派的等级制人民，对法外国家应该持一种不宽容的态度。合乎情理的自由人民对法外国家的不宽容，并没有引起世界主义者的多大异议，然而，合乎情理的自由人民对正派的等级制人民的宽容，招致了很多世界主义者的反对。有些世界主义者强调正派的等级制人民不应该获得宽容，因为正派的等级制人民所认同的人权清单比自由主义者所认同的人权清单要简略得多，因为自由主义者非常重视的平等的政治参与权利、言论自由、集会自由以及一些经济权利和社会权利等权利并不在正派的等级制人民所认可的人权清单之上。这也使得卡尼认为罗尔斯所罗列的基本人权的清单否认了民主的投票权利，有可能允许种族清洗、种族歧视、对少数群体的政治上的排斥以及对某些群体的强制性的迁移。② 在科克－肖·谭（Kok-Chor Tan）看来，罗尔斯的这种宽容观是罗尔斯将其在《政治自由主义》中所倡导的"自由主义的宽容观"应用于国际关系领域的一种体现，既然在国内正义理论中，自由主义社会的公民应该尊重其他人所持有的完备性的道德、哲学和宗教学说，那么在国际关系领域，自由人民也应该尊重正派的等级制人民，从而也应该宽容正派的等级制人民。科克－肖·谭认为罗尔斯的这种类比是不能成立的，因为在国内正义理论中，那种被宽容的理念是完备性的道德、哲学和宗教学说，而不是政治学说。虽然自由主义社会强迫推行一种依照完备性的道德、哲学或

---

① Jon Mandle, *Global Justice*, Polity Press, 2006, p. 45.
② Simon Caney, "Cosmopolitanism and the Law of Peoples", *The Journal of Political Philosophy*, Vol. 10, No. 1, 2002, pp. 101–102.

宗教学说所构建的善观念，是非常不合理的，但是自由主义社会仍然可以毫不犹豫地"批判"那些支持非自由主义政治学说的完备性观点。自由主义社会之所以不能宽容非自由主义观点，其中的原因在于：一种政治哲学不可能在不削弱自己的情况下容纳另一种竞争性的政治哲学。① 对科克-肖·谭来说，自由主义社会不能宽容非自由主义政治制度，这是自由主义宽容的底线，罗尔斯的国际正义理论对正派的等级制人民的宽容，恰恰违背了这一底线，这也使得罗尔斯的万民法仅仅是一种权宜之计而已。在库伯看来，罗尔斯的宽容观也是不能令人信服的，因为"它依赖在人民和个人（分别围绕合乎理性的完备性学说组织自己的生活）之间进行的不完全的类比，罗尔斯式的建构主义并不会支持这种类比，自由主义者也不应该认同这种类比。国家，即使是较弱意义上的国家，也使得政治强制制度化，同时任何强制性的制度提出了其自身的合法性问题"②。保罗·格雷厄姆（Paul Graham）认为既然一个非自由的人民不能将其公民视为自由的与平等的，那么在人民的共同体中，它也不能被视为平等的，同时，正派的社会并不一定视个人为道德上自由与平等的。

> 罗尔斯并不能同时将非自由的社会描述为"正派的"和"组织良好的"，并避免通过诉诸它们在保护个人自主的过程中所扮演的角色来证成人权。一个正派的（非自由的）社会是以协商等级制和显而易见的法律和政治制度为特征的。同时，一个组织良好的社会依赖于能维护上述制度。如果上述制度的维持仅仅依靠统治者（或统治阶级）的仁慈，那么自由社会并不能信赖正派社会的稳定性。③

---

① Kok-Chor Tan, "Liberal Toleration in Rawls's Law of Peoples", *Ethics*, Vol. 108, No. 2, 1998, pp. 282 – 283.
② Andrew Kuper, "Rawlsian Global Justice: Beyond the Law of Peoples to a Cosmopolitan Law of Persons", *Political Theory*, Vol. 28, No. 5, 2000, p. 649.
③ Paul Graham, *Rawls*, Oneworld Publications, 2007, p. 166.

正因为如此，格雷厄姆认为罗尔斯的宽容观是存在问题的。

第五，罗尔斯对全球分配正义原则的拒斥，是不能令人信服的。一些世界主义者认为在罗尔斯所设定的国际原初状态中，国际原初状态中的各方将不会像罗尔斯所认为的那样抛弃全球分配正义原则。比如巴里认为，在罗尔斯式的国际原初状态中，虽然无知之幕已经使得代表们不知道他们的社会是处于一个较早的经济发展阶段，抑或处于一个较晚的经济发展阶段，但是国际原初状态中的代表并不会选择罗尔斯所给定的《万民法》的八条基本宪章。虽然国际原初状态中的代表不知道他们的社会是贫困还是富裕的，但是他们大概知道：如果他们生活在20世纪，那么只有少数人生活在富裕的社会中，大部分人将是贫穷的。即使有些人的生活并不困苦，这些人也只能满足基本的衣食住行而已。因此，国际原初状态中的代表会坚持满足世界上处境最差者的财富的最大化。人们所拥有的最低限度的财富不应该依赖于人们因好运气而生活在一个富裕国家中抑或因坏运气而生活在一个贫困国家中。① 总之，对巴里来说，国际原初状态中的各方将不会满足于罗尔斯对全球分配正义原则的拒斥，富裕国家也应该拿出一部分资源来援助贫困的国家。

有的世界主义者秉承罗尔斯的国内正义理论中的核心理念，主张将罗尔斯的国内正义理论直接应用于国际关系领域，例如，贝兹就主张将罗尔斯的差别原则直接适用于国际关系领域，他认为自然资源的分布状况与人的自然禀赋的分配状况以及个人的家庭出身一样，也是道德上的任意因素，资源丰富的国家不能说应得其脚下的丰富资源，世界上的每个人都应得其中的一份，因此，人们应该在全球范围内实行资源再分配的原则。② 可见，贝兹的全球正义理论比罗尔斯的国际正义理论具有更多的平等主义色彩。

---

① 参见 Brain Barry, "The Liberal Theory of Justice: A Critical Examination of the Principal Doctrines", in *A Theory of Justice by John Rawls*, Oxford University Press, 1973, pp. 128 – 129.

② 参见 Charles R. Beitz, "Justice and International Relations", *Philosophy and Public Affairs*, Vol. 4, No. 4, 1975, pp. 369 – 370. 我们将在第四章详述贝兹的全球正义理论。

第三节　少数学者对罗尔斯国际正义理论的捍卫

以上我们分析了某些世界主义者对罗尔斯的国际正义理论的批判。然而，也有些学者——相较于罗尔斯的批判者而言这部分人的人数较少——并不像某些世界主义者那样批判罗尔斯的国际正义理论，而是采取一种同情的态度来理解罗尔斯的国际正义理论，为之辩解，并认为某些世界主义者对罗尔斯的国际正义理论的诘难恰恰是建立在对罗尔斯的国际正义理论之误解的基础之上的，正如戴维·里德（David A. Reidy）所言，"罗尔斯的《万民法》一直没有得到很好的检视。……罗尔斯的观点一旦得到了完全和准确的呈现，它能够很好地回应其通常面临的批判"①。罗尔斯的国际正义理论的辩护者往往认为贝兹和博格等罗尔斯的国际正义理论的批评者夸大了罗尔斯所要解决的问题，罗尔斯的国际正义理论所涉及的问题并没有像其批评者所认为的那么宏大。譬如，弗里曼在为罗尔斯的国际正义理论进行辩护时，一再强调罗尔斯的万民法只是试图回答合乎情理的自由人民应该采取什么样的外交政策、应该怎样对待那些非自由的人民（如正派的等级制人民）这一问题："万民法并不是一种致力于解决当代世界的所有问题的全球正义理论。它作为政治自由主义的一部分，探讨组织良好的自由社会应该采取什么样的外交政策。"② 里德认为罗尔斯在《万民法》中，像其在早期著作《正义论》中一样，想当然地设想自由民主的人民的存在，这或多或少地使得他关注自由民主的人民采取什么样的外交政策、自由民主的人民应该怎样相处这些问题。③ 很多

---

① David A. Reidy, "Rawls On International Justice: A Defense", *Political Theory*, Vol. 32, No. 3, 2004, p. 291.

② Samuel Freeman, *Justice and the Social Contract: Essays on Rawlsian Political Philosophy*, Oxford University Press, 2007, p. 262. 类似的观点亦可参见 Samuel Freeman, *Rawls*, Routledge, 2007, p. 426.

③ 参见 David A. Reidy, "Rawls On International Justice: A Defense", *Political Theory*, Vol. 32, No. 3, 2004, p. 294.

罗尔斯的辩护者在明晰了罗尔斯的国际正义理论的根本目的之后，开始试图为罗尔斯的国际正义理论进行辩护。

首先，针对罗尔斯的国际正义理论忽视了全球背景不正义、允许政府将一些不公正的状况（比如剥削、奴役、种族隔离、种族清洗）强加在人民身上这一批评意见，弗里曼回应道，这些批评意见的问题在于它们并没有意识到万民法是适用于理想状况的，是适用于组织良好社会的成员，自由的社会和正派的等级制社会等组织良好的社会是那些接受正义原则和合作原则的社会。同时，这些合作的条款与公共的善观念是相一致的，此公共的善观念既有益于社会的所有成员，又会获得社会成员的认同，这些条件使得种族隔离、种族清洗和其他形式的歧视在组织良好的正派社会中不可能被践行。[1] 对弗里曼来说，罗尔斯的万民法首先被适用于那种组织良好的关心人民的福祉、尊重自由和平等的社会，罗尔斯的国际正义理论忽视了全球背景不正义这一批评意见是无的放矢。约瑟夫·希斯（Joseph Heath）也在这方面为罗尔斯的观点进行了辩护，他的辩护较有特色的地方在于他承认罗尔斯的《万民法》没有重视国际关系中的不平等，然而，他并不认为这会给罗尔斯的理论带来困难，并区分了全球贫困和全球不平等。希斯认为从罗尔斯对援助义务的论述可以看出，罗尔斯没有认为国际关系中的不平等是有问题的，没有认为国家有义务去削弱它。国家需要承担的唯一义务是满足所有人的基本需要，一旦完成该义务后，不需要完成其他进一步的义务。组织良好的人民有干预法外国家的义务，以使其尊重人权。[2] 在希斯那里，倘若我们考虑上述罗尔斯对援助义务和干预义务的论述就可以明确看出，罗尔斯认为所有国家有消除全球贫困的义务，但是并没有消除或者减缓全球不平等的义务。

希斯还为罗尔斯的一国贫困的原因主要在于该国的政治制度和政

---

[1] Samuel Freeman, *Justice and the Social Contract: Essays on Rawlsian Political Philosophy*, Oxford University Press, 2007, pp. 261–262.

[2] Joseph Heath, "Rawls On Global Distributive Justice: A Defence", *Canadian Journal of Philosophy*, Supp. Vol. 31, 2005, pp. 194–195.

治文化较为落后这一观点进行辩护。希斯认为洛克在写《政府论》时欧洲的经济还完全是农业经济，当时最紧迫的问题是怎样证明自然资源的不平等分配是正当的，贝兹和博格就采取了类似的分析方法，他们认为全球不平等是建立在世界上的自然资源的不平等分配的基础之上的。这种分析方法的问题在于，今天的经济结构已经远远不同于17世纪的经济结构，洛克毕竟是在工业革命以前进行写作，自亚当·斯密以来，很多经济学家认为在过去的20年中，国家的财富主要是由资本带来的结果，而不是由自然资源带来的结果。那些熟悉英国、荷兰、日本、冰岛和中国台湾、中国香港等地的经济发展史的人都明白这一点。也有很多人认为，工业革命之所以首先出现在英国而非其他地区，正是因为英国缺乏发展工业所必需的自然资源，它不得不想方设法改进工艺以及提高自己的生产效率。博格等人所提议的对全球资源进行征税这一方案，将给贫困国家带来相反的效果，因为贫困国家的发展主要依靠自然资源，并对其进行初加工，当人们对资源征税后，势必会提高产品的价格而难以出售。富裕国家的产品的附加值几乎是完全免税的，因为它们的产品主要依赖资本而不是依赖自然资源。对全球资源进行征税将减少对依赖自然资源的产品的需要，增加对依靠资本或者技术的物品的需要，这种转变有利于富裕国家而非有利于贫困国家。[①] 可见，弗里曼和希斯等人并不同意罗尔斯的国际正义理论忽视了全球背景不正义等批判意见。

其次，针对罗尔斯的国际正义理论错误地给予人民的利益以优先性这一批评意见，里德认为与个人一样，人民也是道德主体，然而，与个人不同的是，人民是自足的或独立的，或者至少是潜在地自足的或独立的，个人绝对不能这样。个人与人民之间的这种差异对理解罗尔斯的国际正义理论来说是非常关键的，个人仅仅在社会合作的框架内并仅仅通过社会合作，才能被视为道德主体。他们并不是生而就是道德主体，而是后天因素带来的结果，他们仅仅通过合作性的社会制

---

① Joseph Heath, "Rawls On Global Distributive Justice: A Defence", *Canadian Journal of Philosophy*, Supp. Vol. 31, 2005, pp. 214–216.

度而成为道德主体,譬如,某种形式的家庭、不同的联合和团体、经济结构和政治团体。倘若没有这些形式的社会合作,那些拥有道德能力的个人将会不复存在。人民在很多方面不同于个人,撇开人民之间的任何合作而言,人民能够成为合作性的道德主体,并能够持续存在。也就是说,人民除非通过同其他人民的合作,否则达成目标几乎是不可能的。人民的道德地位并不依赖于同其他人民的合作。也许有人会提出今天有一种全球基本结构,在其中所有人都是相互依赖的这一观点。里德对此回应道,全球基本结构也许是确实存在的,然而,在过去人民之间的合作(尤其是经济合作)并不存在的情况下,人民就已经存在了。针对罗尔斯并没有关注个人的利益而过于关注人民的利益这一批评意见,里德认为为回应世界主义的这一批评,"在没有确切回答国际正义的原则是什么这一问题的前提下,不可能知道罗尔斯的国际正义理论是否太单薄或错误,以至于不能把握个人的利益与人民的利益之间的平衡。……罗尔斯并没有展开这种回应,我认为一旦展开罗尔斯的观点,就能明确现实,除非批评者能够回应罗尔斯的问题,否则并不能证明自己的立场"①。莱夫·韦纳(Leif Wenar)认为人们一旦理解了罗尔斯的合法性观念之后,就能够理解为什么罗尔斯的万民法主要侧重于"人民",而不是像某些世界主义者所设想的那样侧重"个人"。罗尔斯的合法性理论界定了可接受的强制性政治权力的最低标准,合法性是一个比正义更宽泛的标准,制度也许是合法的,然而,它从整体上而言,并不一定是正义的,毫无疑问,世界上很多制度都是这样的。罗尔斯的合法性观念解释了在罗尔斯的国际原初状态中,人民有自己的代表,而不是个人有代表:

> 罗尔斯的国际正义理论主要关注人民,并没有直接关注个人,这明显体现在罗尔斯对人权和人道主义干预的解释之中。

---

① David A. Reidy, "Rawls On International Justice: A Defense", *Political Theory*, Vol. 32, No. 3, 2004, p. 306.

> 当一个罗尔斯式的人民干涉其他人民的事务,以阻止侵害人权或者提供食物的援助时,干涉的目的并不是为了其他社会的受压迫者和饥饿之人的福祉,而是为了使"法外国家"或"负担沉重的人民"达到合法性的水平,以至于能在万民社会中扮演自己的角色。①

再次,针对某些世界主义者的罗尔斯的人权清单过于薄弱这一批评意见,弗里曼认为虽然罗尔斯的人权清单确实像某些世界主义者强调的那样没有包括平等的政治参与权、言论自由、表达自由、集会自由等自由的和民主的权利——所有这些自由均是罗尔斯的第一个正义原则所要保护的自由,同时,罗尔斯在表面上并没有提供一种建立在人权基础之上的个人观,但是这并不意味着罗尔斯的人权清单是单薄的。罗尔斯自己也曾承认其人权清单并不是明显自由的,所有合乎情理的自由人民和正派的等级制人民都认为该人权清单是建立在他们的自由的和正派的完备性观念的基础之上的,同时该人权清单并不依赖于特定的宗教学说、道德学说或者哲学学说,甚至不依赖自由主义。罗尔斯国际正义理论的某些批评者很少讨论罗尔斯为其人权清单所提供的坚实基础,即社会合作,社会合作在本质上是自愿性的和自由的,在其中并不存在奴役状况。罗尔斯将其人权观奠定在这种合作观的基础上,他所提到的生命权、自由权、财产权以及其他人权对社会合作来说是必不可少的,是一种最低限度的合作条款。然而,人们需要注意的是:

> 投票权和竞选公职的权利对民主社会来说是关键的,对社会合作来说并不是必不可少的;其他的决策方法与社会合作是相容的。从历史上而言,大部分社会中的大部分人并不拥有民主的权

---

① Leif Wenar, "Why Rawls is Not a Cosmopolitan Egalitarian", in Rex Martin and David A. Reidy (ed.), *Rawls's Law of Peoples: A Realistic Utopia?*, Blackwell Publishing Ltd., 2006, p. 104.

利,即使在能够拥有民主权利的社会中,这些权利也经常没有被运用。……将政治参与的民主权利视为同生命权、自由权、财产权以及罗尔斯所提到的其他人权一样重要,是不可行的和不合理的。同时,有些批评者所认为的言论自由和集会自由对社会合作同样是根本的,这也仍然是不能令人信服的。某种程度的言论自由和结社自由确实是一种人权,应该属于罗尔斯所说的"自由权"。①

可见,对弗里曼来说,有些权利之所以没有被列入人权清单,是因为这些权利对社会合作并不具有根本的重要性,换言之,罗尔斯的人权清单并不像某些世界主义者通常认为的那样貌似单薄,并不是一种极简主义的人权清单。威尔弗雷德·海恩施(Wilfried Hinsch)和马库斯·斯梯潘尼斯(Markus Stepanians)对罗尔斯的人权清单的辩护比较有特色,他们首先引述罗尔斯的国际正义理论的主要批评者贝兹的观点,即罗尔斯的人权清单之所以较为简单,其中的原因在于罗尔斯对人权在国际政治中的作用的理解较为狭窄。传统的观点给予人权一种较为宽泛的政治角色,比如人权不仅是政府和国际制度的行为标准,而且也是正在出现的全球公民社会中的各种非政府组织的行为标准。对罗尔斯来说,人权调控着国际干预的合法性:那些满足最低限度的人权标准的国家可以免受外部的干预,而那些没有满足该标准的国家则要受到相应的外部惩罚(比如经济制裁),甚至要受到军事干预。正是因为人权在万民法中的这种功能,罗尔斯的最低限度的人权清单是合理的。② 在里德看来,虽然大部分读者认为罗尔斯的基本人权清单是最低限度的,但是罗尔斯在列举基本人权清单时,以"这些人权包括……"为开头,同时他对基本人权的列举并不打算详尽无

---

① Samuel Freeman, *Justice and the Social Contract: Essays on Rawlsian Political Philosophy*, Oxford University Press, 2007, p. 267.

② Wilfried Hinsch and Markus Stepanians, "Human Rights as Moral Claim Rights", in Rex Martin and David A. Reidy (ed.), *Rawls's Law of Peoples: A Realistic Utopia?*, Blackwell Publishing Ltd., 2006, pp. 126–127.

遗。因此，罗尔斯的基本人权清单并不像其批评者认为的那样简略。即使如此，里德仍然认为罗尔斯并未将一些重要的自由民主权利列入基本人权清单，譬如，普选权、自由民主社会中的充分的集会自由和言论自由、免受歧视、自由和普遍的公共教育、社会安全和其他福利等，这确实是一种重要的疏漏。① 可见，虽然里德为罗尔斯的人权观进行了辩护，但是里德并不认为罗尔斯的人权观是完备无缺的，仍然认可某些世界主义者的批判意见。

然后，针对罗尔斯对非自由但正派的人民过于"宽容"这一批评意见，希思回应道，依罗尔斯之见，正如人民有可能在良善生活的本质上存在合理的分歧时，仍然有可能分享同样的正义原则一样，人民有可能在自由民主的政治制度的可欲性方面存在合理的分歧，仍然有可能生活在由正义原则主导的国际框架内，这样才有可能达成"重叠共识"。很多批评者认为人们在代议制民主的优点方面，不应该存在合理的分歧，譬如，巴里认为所有的非自由国家都应该被视为法外国家。罗尔斯并不认为人们应该对所有的非自由国家进行自由主义式的干涉。虽然这种类型的干涉在提升传统的消极自由方面会有些许帮助，但是在施加一种维护民主的政治秩序所必需的政治文化方面并不是成功的。然而，对这种分歧的宽容，意味着在国际层面，我们既不能假定所有人将认同自由主义的所有构成要素，也不能假定所有人会接受政治自由主义的所有构成要素。② 作为罗尔斯正义理论的主要辩护者（有可能是最主要的辩护者），弗里曼认为也许没有社会满足罗尔斯对正派的等级制社会的描述，罗尔斯在《万民法》中的主要目标是探讨合乎情理的自由人民宽容非自由但正派的人民的限度是什么，正派的等级制社会只是为完成此目标进行的一种理论建构。虽然罗尔斯主张自由人民应该宽容非自由但正派的人民，但是自由人民仍然有

---

① David A. Reidy, "Political Authority and Human Rights", in Rex Martin and David A. Reidy (ed.), *Rawls's Law of Peoples: A Realistic Utopia?*, Blackwell Publishing Ltd., 2006, pp. 170–172.

② Joseph Heath, "Rawls On Global Distributive Justice: A Defence", *Canadian Journal of Philosophy*, Supp. Vol. 31, 2005, pp. 207–209.

权利批评非自由但正派的人民,"罗尔斯的立场并不意味着政治自由主义认为正派的等级制人民是公正的,并免于批评。自由人民和联合体有权利公开批评非自由的或非民主的社会。但是,自由的公民所进行的批评不同于他们的政府的充满敌意的批评、谴责或其他形式的强制性干涉。根据万民法,由其政府所代表的自由人民有义务同正派的非自由社会合作,并且不试图伤害正派的非自由社会"①。对弗里曼来说,一些尊重人权的社会虽然是正派的,但是它们并不是理想的社会或者公正的社会,仍然应该受到自由人民的批判。

佩西·莱宁(Percy B. Lehning)同样强调合乎情理的自由人民对非自由但正派的人民可以提出批评,这种"批评可以建立在政治自由主义的基础上,不过,批评也可以建立在宗教的或非宗教的、自由主义的或非自由主义完备性理论的基础上。提出反对意见本身就是自由人民的权利。但是,通过政府所表现的自由人民必须在人民国际社会中与非自由正派人民合作。正派非自由人民的领土完整、政治独立以及自主必须得到尊重"②。凯瑟琳·奥达尔(Catherine Audard)认为万民法并不仅仅是以和平与稳定的名义,对非自由但正派的人民的一种政治妥协,"罗尔斯拒绝了文化相对主义和世界主义,尽力从和平与稳定的角度出发,而不是从创造一个公正的世界秩序的角度出发,来界定国际正义观"③。对奥达尔来说,罗尔斯主要致力于确立一种和平与稳定的世界秩序,然而,这种世界秩序并不一定是正义的世界秩序,自由人民没有必要采取敌视的态度对待非自由但正派的人民,宽容非自由但正派的人民也就成为一种非常正常的选择。

最后,弗里曼和希斯回应了罗尔斯因拒斥全球分配正义原则而

---

① Samuel Freeman, "Introduction", in Samuel Freeman (ed.), *The Cambridge Companion to Rawls*, Cambridge University Press, 2003, pp. 46 – 47.

② [荷]佩西·莱宁:《罗尔斯政治哲学导论》,孟伟译,人民出版社2012年版,第206页。

③ Catherine Audard, "Cultural Imperialism and 'Democratic Peace'", in Rex Martin and David A. Reidy (ed.), *Rawls's Law of Peoples: A Realistic Utopia?*, Blackwell Publishing Ltd., 2006, p. 72.

遭受的诘难。弗里曼和希斯在这方面为罗尔斯进行的辩护，基本上是从两个方面出发的：一方面，罗尔斯的一些批评者认为在国际上存在一种全球基本结构，弗里曼和希斯都认为在全球层次上并不存在罗尔斯式的社会基本机构。在弗里曼看来，诸如艾伦·布坎南（Allen Buchanan）这样的批评者非常自信地认为存在一种全球基本结构，并认为正是由于这种原因，一定存在全球分配正义原则。然而，这回避了问题的实质，罗尔斯并不需要否认在某种意义上存在一种全球基本结构，但显而易见的是，罗尔斯将认为这种基本结构不同于社会基本结构。罗尔斯并没有谈到全球基本结构，而是谈到万民社会的基本结构。万民社会并不是一个政治社会，并不拥有有效的、基本的政治权力和司法权力。对弗里曼来说，在世界国家并不存在的情况下，全球基本结构是不可能存在的，如果我们关注罗尔斯的国际原初状态的设计，那么在罗尔斯的国际原初状态中，资源再分配的问题并不会出现。在国际原初状态中，人民的代表是在确立自由人民的外交政策，其目的不是得到一种补偿原则或者世界主义的正义观。罗尔斯的批评者也必须考虑资源的再分配对独立性的干涉程度，谁对再分配资源承担责任？即使资源的再分配原则不会碰到大麻烦，穷人能够获得补偿，那么用于补偿的金钱来自何处呢？人们应对资源丰富的国家进行征税吗？正如罗尔斯的国内原初状态中的代表不会同意资源再分配的原则一样，国际原初状态中的代表也不会同意补偿资源贫乏的国家所遭受的损失，相反，他们会同意一种使得处境最差者的利益最大化的分配正义原则，这种选择也将是更加理性的。同时，罗尔斯的主张适用于组织良好的社会，其中并不存在政治腐败和剥削，人民的福祉水平在很大程度上依赖其政治文化，其控制的自然资源对其福祉来说并不是一个关键的因素。[①]

莱宁认为在全球范围内并不存在全球政治权威以及"可能在全球范

---

① Samuel Freeman, *Justice and the Social Contract: Essays on Rawlsian Political Philosophy*, Oxford University Press, 2007, pp. 268–282.

围内强力实施法律制度的世界国家"①。罗尔斯的批评者经常依赖大量的不平等和全球贫困的事实,从而主张一种全球再分配原则。弗里曼曾对此回应道,世界上有大量的穷人存在,这确实是一个与正义相关的问题,因为它在很大程度上可以归因于目前很多政府和经济关系中的大量非正义,然而,依照罗尔斯的观点,它是一种通过援助义务就能够解决的非正义问题,譬如,人们通过阻止对人民的不公正的剥削,通过要求那些腐败的政府尊重人权和满足其成员的基本需要等,就可以化解这种非正义。②希斯认为很多主张将罗尔斯的差别原则直接在全球层面上适用的学者,忽视了在全球层面上并不存在罗尔斯所说的社会基本结构,有的批评者(比如贝兹)认为罗尔斯夸大了全球层面上的制度与国家层面上的制度之间的区别,认为所有基本结构的构成要素已经在全球层面上存在了。当然,贝兹非常恰当地注意到了国际层面上存在的一些重要合作,然而,其中的问题在于在不存在强制的情况下,这种合作是否是一种制度性的结构。③

另外,那些持全球分配正义观点的很多学者往往是运气均等主义者,然而罗尔斯不是运气均等主义者。弗里曼认为对罗尔斯在国际层面上并没有提出一种资源再分配原则和全球分配正义原则进行的批评,意味着世界主义立场在某种程度上依赖运气均等主义(luck egalitarianism)理论或者正义应该矫正和平等化自然因素、社会机会和偶然性的影响这些观点。那些倡导罗尔斯式的世界主义立场的运气均等主义者经常诉诸罗尔斯的"没有人应得较好的自然禀赋"这一主张,认为根据同样的论说逻辑,在人民中间分配资源的过程中,机会应该被平等化或者至少应该被中立化。在弗里曼看来,罗尔斯在言说上述观点时,是在探讨人们在从事社会合作的过程中,那些适用于社会基本结构的

---

① [荷]佩西·莱宁:《罗尔斯政治哲学导论》,孟伟译,人民出版社2012年版,第210页。
② Samuel Freeman, *Rawls*, Routledge, 2007, p. 450.
③ Joseph Heath, "Rawls On Global Distributive Justice: A Defence", *Canadian Journal of Philosophy*, Supp. Vol. 31, 2005, pp. 201–203.

分配正义原则应该是怎样的。罗尔斯并不是说一个社会应该平等化运气所带来的后果或者中立化机会所带来的影响，而是说一个人生而具有的自然禀赋或者社会禀赋不应该被允许不正当地影响其在收入和财富的分配中所处的位置。罗尔斯的差别原则应该决定自然偶然因素和社会偶然因素对分配的合适影响程度，然而，差别原则并不是一种运气均等主义原则或者矫正原则，它既不打算平等化由出生、社会地位和其他偶然因素对分配所产生的影响，又不打算补偿由其他不利状况所带来的消极影响。相反，它是一种分配源自自然差异和社会差异所带来的利益和负担的原则，差别原则以社会基本结构的存在为前提，并被运用于社会基本结构之中。罗尔斯并不认为运气或者自然因素不应该决定或影响任何收入和财富的分配，相反，在社会合作的框架内，自然资产的分配应该被允许决定收入和财富的分配，直到能够最大化社会上处境最差者的利益为止。然而，这并不意味着人们能够在全球层次上直接适用罗尔斯的差别原则。[①] 在希斯那里，罗尔斯亦不是一个运气均等主义者，假如一些人是不幸的，双目失明，其他人也是不幸的，生在一个贫困的国家，没有机会获得教育的机会或者健康的体魄。运气均等主义者可能会问，倘若分配正义原则要求我们矫正前一种不平等，为什么它不要求我们也矫正后一种不平等呢？希斯认为，虽然罗尔斯主张社会制度应该免受自然不平等的影响，但是他并不认为人们有一种义务去补偿那些拥有较低的自然禀赋的人。依照罗尔斯的观点，生而双目失明或者出生于一个贫困的国家仅仅是一种坏运气而已。一种完备性学说也许会强加一种矫正上述坏运气之影响的义务，然而，这并不意味着正义会强加这样的义务。如果正义强加了这样的义务，那么它会面临着两种困难：一是对很多人来说，矫正上述不平等的义务，将会消除源自社会合作所带来的互利；二是它过于依赖一种完备性的学说，难以获得重叠共识。世界上的大多数人并不相信运气，而是相信命运和神的意志。一个相信转世的人，认为生在不利的环境中，

---

① Samuel Freeman, *Justice and the Social Contract: Essays on Rawlsian Political Philosophy*, Oxford University Press, 2007, pp. 283–285.

是对过去所犯错误的一种惩罚。运气均等主义者试图区分选择和环境对个人的生活所产生的影响,这几乎是不可能的。① 希斯认为罗尔斯在《万民法》中致力于发展一种引导自由主义国家的外交政策的原则,他在《正义论》中主要想击溃功利主义,而在《万民法》中主要反对国家应该追求理性的利益并完全不受规范原则的限制这一国际政治中流行的现实主义理念。罗尔斯正确地拒绝了贝兹和博格等人的全球再分配的计划,因为全球再分配的计划是没有优点的,该计划不仅建立在对国家财富的本质和原因之错误理解的基础上,而且带来的后果也将是倒退的,比如它将惩罚那些不发达的国家,并使富裕国家从中受益。② 可见,弗里曼和希斯并不赞成某些世界主义者对罗尔斯因拒斥全球分配正义原则而遭受的种种批判。

第四节　罗尔斯的捍卫者能否成功回应世界主义者的责难?

我们在上一节展示了罗尔斯的国际正义理论的捍卫者对世界主义者的批评的回应,一个随之而来的问题是,罗尔斯的国际正义理论的捍卫者能够成功回应世界主义者的批评吗?在回答该问题之前,有一个需要关注的关键问题是,罗尔斯的国际正义理论的目的是什么?罗尔斯对此曾言:

> 万民法是从政治自由主义内部发展出来的,并且它是将一种适合域内政制的自由主义的正义观扩展到万民社会得到的结果。我要强调,在从一种自由主义的正义观内部发展出万民法之时,我们制定的是一种从合情理意义上讲是正义的自由人民的外交政策的理想和原则。我们关注的是一个自由人民的外交政策,这一

---

① Joseph Heath, "Rawls On Global Distributive Justice: A Defence", *Canadian Journal of Philosophy*, Supp. Vol. 31, 2005, pp. 205–207.
② Ibid., pp. 212–213.

点贯穿全文的始终。……万民法坚持认为正派但非自由的观点是存在的,并且非自由人民应该得到多大程度的宽容,这是自由人民的外交政策必须面对的一个至关重要的问题。①

可见,正如罗尔斯的辩护者弗里曼等所言,罗尔斯的国际正义理论试图回答合乎情理的自由人民应当采取什么样的外交政策、应当怎样对待那些非自由但正派的人民这一问题。显而易见的是,如果我们采取一种同情的而非苛刻的心态来较为客观地看待罗尔斯的国际正义理论,那么我们可以发现罗尔斯的国际正义理论的理论抱负远没有像其批评者所认为的那么宏大。《万民法》是罗尔斯在将近八十岁高龄、在曾出现过中风的情况下发表的最后一部系统性的著作,罗尔斯在那么短小的篇幅内不可能将当今世界的所有国际正义问题"一网打尽"。一些世界主义者对罗尔斯的国际正义理论的某些批判,在某种程度上确实有吹毛求疵之嫌,然而,这并不意味着罗尔斯的国际正义理论的捍卫者对世界主义者的批判进行的回应是免于批判的。

弗里曼在为针对罗尔斯的国际正义理论的第一点批评意见进行辩护时,可能忽视了罗尔斯曾说的,有两个理念推动要制定万民法:一是由政治不正义及其冷酷无情、麻木不仁所带来的人类历史上的巨大罪恶;二是一旦遵循正义的或者正派的社会政策,并建立正义的或者正派的基本制度,最严重的政治不正义现象就可以被清除。② 对罗尔斯来说,正是由于人类社会存在的如此大的罄竹难书的罪恶,促使了他倡导要建立一种万民法,从而解决一些政治不正义问题。可见,弗里曼的第一点批评意见"世界主义者并没有意识到万民法是适用于理想状况的、是适用于组织良好的社会的成员"是值得商榷的。希斯在为罗尔斯的一国贫困的原因主要在于该国的政治制度和政治文化较为落后这一观点进行辩护时,也误解了博格等人的观点,博格的全球资源红利方案主张全球

---

① [美]约翰·罗尔斯:《万民法》,陈肖生译,吉林出版集团有限责任公司2013年版,第52页。

② 同上书,第49页。

资源红利的负担并不单独由资源所有者来承受,资源的消费者也要承担一部分的红利,例如,人们可以采取对消费收费的方式来加以征收。① 希斯的贫困国家的发展主要依靠自然资源因而博格等人所提议的对全球资源进行征税这一方案将给贫困国家带来相反的效果这一观点,忽视了博格的全球资源红利方案对资源的出售方和购买方都征税。倘若我们考虑到一些发达国家是资源的主要消费方(比如美国每年消费的资源占世界资源消费总量的25%左右),对全球资源进行征税所带来的负担,并不会纯粹落在资源的出售者身上。为了进一步反驳希斯等人的观点,我们也可以进一步修改博格的全球资源红利方案,主张对美国和英国等发达国家所消费的资源征收较高的税,从而获得的大量税收也可以被用于部分解决全球不平等和全球贫困等问题。

弗里曼在为罗尔斯的孱弱的人权清单进行辩护时,认为社会合作是人权的重要基础,事实上,这误解了罗尔斯的人权观。在罗尔斯的另一位辩护者里德看来,在罗尔斯那里,基本人权是普遍的权利,它对所有的国家都有一种约束功能,这些约束也无须获得国家的认同。同时,基本人权最好根据其在国际秩序中的实践功能来加以理解,虽然基本人权并不是永恒的,但是它是普遍的,其道德理论遍及各处——基本权利并不像传统的自然权利那样普遍。② 依照里德的观点,即使没有社会合作,人民也同样拥有人权。我们在上文提及弗里曼在为罗尔斯的国际正义理论中的人权观进行辩护时强调,"投票权和竞选公职的权利对民主社会来说是关键的,对社会合作来说并不是必不可少的;其他的决策方法与社会合作是相容的。从历史上而言,大部分社会中的大部分人并不拥有民主的权利,即使在能够拥有民主权利的社会中,这些权利也经常没有被运用。……将政治参与的民主权利视为同生命权、自由权、财产权以及罗尔斯所提到的其他人权一样重要,

---

① 参见 Thomas W. Pogge, "An Egalitarian Law of Peoples", *Philosophy and Public Affairs*, Vol. 23, No. 3, 1994, pp. 200 – 201.

② David A. Reidy, "Political Authority and Human Rights", in Rex Martin and David A. Reidy (ed.), *Rawls's Law of Peoples: A Realistic Utopia?*, Blackwell Publishing Ltd., 2006, p. 174.

是不可行的和不合理的"。事实上，弗里曼的这一观点同样是令人费解的。虽然生命权、自由权和财产权是人们所拥有的其他权利（比如政治参与权）的重要基础，但是政治参与的权利是人们所拥有的生命权、自由权和财产权的有力保障，因为人们只有在一定程度上拥有政治参与的权利，关注公共权力的运作是否恰当，是否在法律之下进行活动，个人的生命权、自由权和财产权等权利才能得到切实的保障。大概正是基于此种想法，法国思想家邦雅曼·贡斯当（Benjamin Constant）才强调，在现代社会，我们不仅要追求"现代人的自由"（个人自由），同样也要追求"古代人的自由"（政治自由），因为政治自由是公民享有个人自由的重要前提。贡斯当在其著名演讲《古代人的自由与现代人的自由之比较》的结尾也曾呼吁通过制度建设把"古代人的自由"与"现代人的自由"这两种自由结合起来，"制度必须实现公民的道德教育。一方面，制度必须尊重公民的个人权利，保障他们的独立，避免干扰他们的工作；另一方面，制度又必须尊重公民影响公共事务的神圣权利，号召公民以投票的方式参与行使权力，赋予他们表达意见的权利，并由此实现控制和监督"。① 从历史的发展进程而言，正是在某些专制社会中，当权者可以罔顾法律的要求，肆意妄为，大部分社会成员并不拥有民主的权利，大部分社会成员的生命权、自由权和财产权是不稳固的，其生命有时被权贵阶层视为草芥。一些世界主义者在批评罗尔斯的人权清单过于简略时，并没有将个人的政治参与的权利置于与其生命权、自由权和财产权同等重要的位置，而是认为罗尔斯的人权清单并没有包括政治参与的权利，这是罗尔斯的极简主义人权清单的一个重要的疏漏，即使罗尔斯立场的辩护者里德也不得不承认这一点。

　　人权在罗尔斯的国际正义理论中到底扮演了何种角色？这对理解罗尔斯的人权清单来说是至关重要的。罗尔斯的辩护者之所以认为罗尔斯的较为简略的人权清单是可以被接受的，主要原因在于人权在罗

---

① ［法］邦雅曼·贡斯当：《古代人的自由与现代人的自由》，阎克文、刘满贵译，上海人民出版社2003年版，第68页。

尔斯的国际正义理论中所扮演的角色远没有一些世界主义者所认为的那么宽泛。正如上文提及的，海恩施和斯梯潘尼斯认为人权调控着国际干预的合法性，弗里曼认为在罗尔斯的万民法中，人权有两个基本的角色：一是为政府的国际上的自主设定限度，比如没有政府可以主张主权成为其背离人权的理由，那些侵犯人权的政府被视为法外国家，不再免受其他国家的干预；二是限制战争及战争行为的原因，战争仅仅在自卫的情况下被用于反对其他政府，或者在其他人民的人权受到侵犯时被用于保护人权。战争不能被用于维护军事力量的优越性或者权力的平衡，不能被用于获得经济资源或者领土。[①] 如果人权在国际正义理论中所扮演的角色确实像弗里曼等人所认为的那样少，那么罗尔斯的较为简略的人权清单也就是可以理解的。詹姆斯·尼克尔（James W. Nickel）曾列举了人权在联合国、非洲联盟等国际机构中所扮演的14种角色，比如良好政府的标准；在国家层面上引导制定人权清单的合适内容；引导国内的愿望、改革和批评；当对政府的反抗被许可时为反抗提供指导；当国家的领导人和官员在国内侵犯人权被揭发时提供指导；国家的公民以及其他国家中的人民、国际上的非政府组织批评政府所采用的标准；为评估针对国家的财政援助的合适性提供标准；政府和国际组织所采取的国际干涉和批评的标准；国际组织进行的经济制裁的标准；国际组织或政府进行的军事干预的标准。[②] 可见，依尼克尔之见，人权在国际正义理论中应该扮演更加宽泛的角色，罗尔斯所提到的人权角色仅仅包括最后三种。为了回应世界主义者对罗尔斯的国际正义理论的批评，弗里曼等罗尔斯的辩护者必须要回应为什么人权在罗尔斯的国际正义理论中所扮演的角色那么少，必须回应尼克尔等人的观点是否能够获得证成，否则他们为罗尔斯的极简主义人权清单所进行的辩护就是缺乏说服力的。

---

① Samuel Freeman, *Rawls*, Routledge, 2007, pp. 436–437.
② James W. Nickel, "Are Human Rights Mainly Implemented by Intervention?", in Rex Martin and David A. Reidy (ed.), *Rawls's Law of Peoples: A Realistic Utopia?*, Blackwell Publishing Ltd., 2006, p. 270.

针对世界主义者的罗尔斯的万民法对非自由但正派的人民过于"宽容"这一批评意见，奥达尔所进行的回应同样是值得商榷的。即使像奥达尔所认为的那样，罗尔斯主要致力于确立一种和平与稳定的世界秩序，但是这种世界秩序并不是一种正义的世界秩序。如果一种世界秩序没有以正义作为基石，那么该世界秩序的根基就是不稳固的。可以说，罗尔斯的万民法就是一种"权宜之计"，试图以正义为代价来换取和平，这种和平往往是非常短暂的。实际上，罗尔斯主张合乎情理的自由人民应该宽容正派的等级制人民的主要原因并不像罗尔斯自己所认为的那样要尊重正派的等级制人民，而是在于将合乎情理的自由人民所接受的万民法"扩展"到正派的等级制人民中去。我们可以将万民法视为各国人民之间所达成的一种"全球性的重叠共识"，罗尔斯的观点过于放纵了正派的等级制人民，这使得《万民法》只是一种权宜之计和政治妥协而已，缺乏理论本身应有的一贯性和稳定性。罗尔斯的《万民法》的八条基本宪章之所以会得到正派的等级制人民的认同，只是因为它在现实中是有一定效用的，当现实力量的对比发生明显的变化时，《万民法》的八条基本宪章也许将会随之被抛诸脑后。

一些世界主义者基于世界上所存在的大量不平等和贫困从而主张一种全球分配正义原则，弗里曼对此回应道，并不需要全球分配正义原则，罗尔斯所说的援助义务就能够解决这些非正义现象。那么，罗尔斯所推崇的援助义务能够解决这些全球非正义问题吗？就援助义务而言，罗尔斯说：

> （相对地）组织有序社会的长期目标，是要把负担沉重的社会带入那个由组织有序人民所组成的社会，……但调整财富和福祉的水平的差异却并不是援助责任的目标。援助责任的存在只是因为负担沉重的社会需要帮助。而且，正像并非所有组织有序社会都是富裕的一样，并非所有的负担沉重社会都是贫穷的。……大量的财富

并不是建立起一种正义（或正派）的制度的必要条件。①

虽然并非所有的因不利状况而负担沉重的社会都是贫穷的，但是大部分因不利状况而负担沉重的社会往往是贫穷的。并不像罗尔斯所认为的那样，大量的财富并不是建立一种正义（或正派）的制度的必要条件，恰恰相反，大量的财富对建立一种正义的制度来说往往是必不可少的，正如布洛克所言，"人民对自己的物质繁荣漠不关心，这一点是令人费解的，特别是人民意识到物质上的巨大不平等能够转化为权力的不平等，并导致一些主要苦难的出现。……如果人民意识到物质的不平等能够影响他们的政治自主和他们作为自由和平等的公民的地位，那么人民对物质繁荣的漠不关心，也同样是令人费解的"②。罗尔斯所推崇的援助义务从本质上而言，并不是一种分配正义原则，并不关注人民所拥有的物质财富的多寡。然而，这种援助义务并不像弗里曼所认为的那样能够解决诸多全球非正义问题，实际上，在全球贫困和全球不平等的根源未获得关切和消除的情况下，援助义务对于解决当今世界上的大量不平等和贫困问题来说，其效果会大打折扣，可以说往往是非常有限的。

综上所述，罗尔斯的国际正义理论无疑是当今政治哲学界的一种重要理论，当代政治哲学界围绕该理论产生了激烈的纷争。无论是罗尔斯的国际正义理论本身，还是罗尔斯立场的捍卫者对罗尔斯的国际正义理论进行的辩护，都存在一些有待进一步澄清和值得商榷的地方。很多世界主义者正是基于对罗尔斯的国际正义理论的不满以及在其启发之下，才进一步建构了诸多全球正义理论。我们在具体阐述全球正义理论的三种代表性的分析进路之前，将首先分析全球正义理论的一种重要的研究视角，即世界主义者所偏爱的以"个人"为中心的研究视角。

---

① ［美］约翰·罗尔斯：《万民法》，陈肖生译，吉林出版集团有限责任公司 2013 年版，第 148—149 页。

② Gillian Brock, *Global Justice: A Cosmopolitan Account*, Oxford University Press, 2009, p. 38.

第二章

世界主义：历史与理论的双重审视

通过第一章的分析我们可以发现，一种仅仅关注人民或者国家等共同体之间的正义理论是不完整的，一种较为完整的和较具吸引力的全球正义理论必须超越人民或国家等共同体的边界，将"个人"而不是将人民或国家等共同体视为道德关怀的终极单位，易言之，我们在分析全球正义理论时，应当采取"世界主义"的研究视角，而不是"共同体主义"的研究视角。在当代政治哲学和国际关系理论中，世界主义是一种全球政治理念，强调无论每个人的民族身份或公民身份为何，都拥有人权，世界主义已经成为研究全球正义理论的一种非常重要的且日益具有影响力的研究视角。为了较为全面地把握全球正义理论的这种以"个人"为中心的研究视角，我们将首先回溯世界主义的悠久历史，缕析从古希腊和古罗马时期一直绵延不断、延续至今的世界主义的三次浪潮，然后考察学界依照诸多标准，对世界主义进行的各种类型学的划分。同时，由于当代政治哲学界围绕世界主义产生了激烈的交锋，本章也将着力分析世界主义面临的几种重要的批判，并试图为"道德世界主义"进行辩护。

第一节 世界主义的三次浪潮

西方世界主义的历史源远流长。倘若我们以一种历史的视角来观之，从古希腊和古罗马时期到当代的世界主义的发展就历经了"古典世界主义""现代世界主义""当代世界主义"三个重要的阶段。当然，世界主义的三次浪潮之间既有着较为明显的历史连续性，又有着各自的独特之处。

一 古典世界主义

西方的世界主义诞生于古希腊时期，就世界主义理念的起源而言，有论者主张苏格拉底曾认为自己是"世界"公民，比如"文艺复兴时期的法国思想家蒙田（Montaigne）认为：'当有人问苏格拉底是哪个国家的人时，他并没有回答雅典人，而是世界人。苏格拉底的视界有一种更为丰富和开阔的想象力；他将整个世界想象为他所属的城邦。'……西塞罗（Cicero）认为苏格拉底'将自己视为一个世界公民'"。① 虽然如此，真正创造"世界主义"一词的是犬儒学派的第欧根尼（Diogenes）："世界主义者"（cosmopolitan）一词"源于希腊词汇 kosmopolitês，意为'世界公民'（citizen of the world），该词汇可以追溯到自称'我是一个世界公民'的犬儒学派的第欧根尼。"② 作为犬儒学派最著名的代表之一，第欧根尼崇尚一种简朴的、顺其自然的和自由的生活方式，认为善就在于抑制人为的欲望，遵从自然，以简朴的生活来磨炼自己的意志，从而达到道德完善的境地。第欧根尼也身体力行了这一原则，他并不追求物质享受，一件破衣、一床被子、一根树枝、一个讨饭袋和一个水杯就是其全部的家资。正如有论者曾言，第欧根尼的"社会理想是人类应返归自然，同自然联成一体。他说唯一真实的国家应像世界一样广阔，他称自己是'世界公民'。他在斯多亚学派以前提出'世界主义'。他认为在自然中男女是平等的，甚至号召建立一种妇女不从属于男人，不同她所不赞成的男人结婚的'妇女社会'，并且主张儿童由社会公有"③。第欧根尼蔑视一切社会名利和生活享受，

---

① Derek Heater, *World Citizenship and Government: Cosmopolitan Ideas in the History of Western Political Thought*, Macmillan, 1996, p. 6.

② Gerard Delanty and David Inglis, "Introduction: An Overview of the Field of Cosmopolitan Studies", in Gerard Delanty and David Inglis (eds.), *Cosmopolitanism (Volume 1: Classical Contributions to Cosmopolitanism)*, London and New York: Routledge, 2011, p. 2.

③ 汪子嵩、范明生、陈村富、姚介厚：《希腊哲学史》第 2 卷，人民出版社 1993 年版，第 571—572 页。

以一种惊世骇俗的方式践行了自己的崇尚自然和热爱自由的理念。我们通过审视第欧根尼的所思和所行可以发现，犬儒学派的生活方式是世界主义的。然而，第欧根尼倡导世界公民身份理念的目的并不在于建构一个诸如世界国家这样的普遍的人类共同体，而是为了批判现有的城邦。

虽然世界主义理念可以追溯到苏格拉底和犬儒主义者第欧根尼那里，但是真正使得"世界主义"一词流行起来并得到广泛应用的是希腊化时期的斯多亚学派（the Stoics）①，斯多亚学派的思想的本质是世界主义。斯多亚学派的创始人是生活于公元前4世纪的基提翁的芝诺（Zeno），由于芝诺及其弟子经常在一条有绘画的柱廊里面讨论各种问题，人们便称该学派为"画廊派"，在希腊语中，有柱子的长廊为Stoa，"斯多亚"是该词的音译，因此，人们称芝诺的学派为"斯多亚学派"。学界一般将斯多亚学派分为早期、中期和晚期三个阶段，"从哲学渊源上讲，早期和晚期斯多亚学派主要渊源于或者更密切地关联于犬儒主义（Cynicism），而中期斯多亚主义则可以追溯到柏拉图（Plato）和亚里士多德（Aristotle）的学说"②。通过西塞罗、塞涅卡（Lucius Annaeus Seneca）和马克·奥勒留（Marcus Aurelius）等人的著作，斯多亚学派的思想得以影响到罗马以及其后的政治思想家。为何斯多亚学派对世界主义理念情有独钟？这就涉及斯多亚学派的世界主义理念兴起的背景。总的来说，斯多亚学派的世界主义出现于古希腊时代城邦制度的衰落和亚历山大的世界性帝国建立的时期。

伯罗奔尼撒战争以后，古希腊的城邦制度逐渐走向衰落，以前那种对公民和外邦人进行的界分、以城邦为中心的地方主义等做法已经变得不合时宜，同时，亚历山大征服了希腊诸城邦和东方的一些国家，建立了一个横跨欧洲、亚洲和非洲的世界性帝国——整个地中海世界已经被置于一统之下——以后，希腊文化开始向东方和北非逐渐

---

① 国内学界对"the Stoics"大体上有两种译法，一是译为"斯多葛学派"，二是译为"斯多亚学派"，本书取第二种译法。下文在引用一些论著时，凡是译为"斯多葛学派"的将其统一改为"斯多亚学派"，当然"斯多葛主义/斯多葛主义者"也将统一被改为"斯多亚主义/斯多亚主义者"。

② 章雪富：《斯多亚主义》Ⅰ，中国社会科学出版社2007年版，第3页。

传播，开始了所谓的"希腊化时期"，"希腊化（Hellenism）的含义就是整个世界都利用希腊的文化，并向它索取；它成为贯穿于古代、罗马世界和中世纪的精神连续性的纽带"。①

上述变化带来了两个结果。一方面，城邦无论在政治生活中，还是在人们的认同中，都已经变得无足轻重。自公元前 8 世纪至伯罗奔尼撒战争以前，在城邦中流行的一种观念是，每个公民都是平等的，没有某个公民比其他公民更优越以至不需要倾听别人的意见，同时，也没有公民卑微到自己的意见可以被随意忽略的地步。城邦在人们的生活中非常重要，与个人相较而言，城邦的地位往往高于个人，正如亚里士多德曾言，"城邦出于自然的演化，而人类自然是趋向于城邦生活的动物（人类在本性上，也正是一个政治动物）。凡人由于本性或由于偶然而不归属于任何城邦的，他如果不是一个鄙夫，那就是一位超人"②。在亚里士多德那里，城邦是人们认同的主要共同体，那些离开城邦能够生活的人，非神即兽，易言之，人们是离不开城邦的。然而，伴随着原有的平等主义观念的逐渐式微，城邦已不再是城邦公民的认同主体，也不再像以前那么重要。

在伯罗奔尼撒战争期间及以后，城市对金钱的不断需求使普通公民成为富人的债务人，上述的那种观念（即城邦原有的平等观念——引者注）遭到重大打击。尔后，随着马其顿的征服将先前难以想象的财富带给希腊世界，平等主义的意识形态开始瓦解。到公元前 3 世纪，旧有的观念——在所有男人自己的城邦里他们是基本平等的——很难让人相信，而且，在庞大的新王国中，城邦变得更无足轻重。③

---

① ［瑞士］雅各布·布克哈特：《希腊人和希腊文明》，王大庆译，上海人民出版社 2012 年第 2 版，第 360 页。关于古希腊城邦制度的衰落和亚历山大帝国的兴起的详细论述，可参见该书的"第五章 公元前 4 世纪到亚历山大时代"和"第六章 希腊化时代"。
② ［古希腊］亚里士多德：《政治学》，吴寿彭译，商务印书馆 1965 年版，第 7 页。
③ ［美］伊恩·莫里斯、巴里·鲍威尔：《希腊人：历史、文化和社会》（第二版），陈恒、屈伯文等译，上海人民出版社 2014 年版，第 609 页。

另一方面，个人与城邦之间的关系已经变得逐渐疏远。在希腊化时代，狭小的城邦已经被庞大的帝国取代，相应地，那种适宜于狭小城邦的民主制——古典民主制——已经被适宜于庞大帝国的君主专制制度取代。在君主专制制度之下，普通公民和自由人已经不可能再像在城邦民主制下那样参加政治生活，基本上已经被排除在政治生活之外。换言之，个人与城邦之间的关系已经不再像往昔那样密切，人们开始从个体的视角而不是从共同体的视角出发思考个人的道德完善问题。在上述背景之下，斯多亚学派作为希腊化时期政治哲学的主要流派，论述了以"人际平等"和"四海之内皆兄弟"为主要内核的世界主义理念，这种世界主义理念与世界公民身份的概念是密切相关的。

第一，人际平等。斯多亚学派的人际平等思想与其自然法观念密切相关。斯多亚学派继承了赫拉克里特（Heraclitus）的"逻各斯"观念，认为逻各斯是宇宙秩序的创造者和主宰者，万物都要受到它的支配，人作为万物的一员，当然也概莫能外。这一逻各斯就是理性的法则，就是自然法。斯多亚学派认为人是自然界的一部分，也应当受到自然法的支配，"我们个人的本性就是宇宙的自然的一部分，合乎自然的方式的生活就是至善，就是说至善是合乎个人的本性以及宇宙的自然，不应作任何人类普遍法则习惯上所禁止的事。这种普遍法则相等于弥漫于一切事物中的正确的理性，这种普遍法则与主宰万物规定万物的神并无二致"①。在斯多亚学派那里，人是宇宙的一部分，每个人都分享着神性，既然自然法是宇宙的普遍法则，人作为宇宙的不可分离的重要组成部分，当然也应当受到自然法的支配，不可能摆脱自然法的约束。换言之，自然法是人类行为应当遵守的律法。

深受斯多亚学派影响的、对斯多亚学派的自然法学说在西欧的传播起着重要推动作用的西塞罗认为自然法无论在何处都是相同的，对

---

① 周辅成编：《西方伦理学名著选辑》上卷，商务印书馆1964年版，第215—216页。

于一切人和一切民族都具有同等的约束力,认为:

> 真正的法律是与本性(nature)相合的正确的理性;它是普遍适用的、不变的和永恒的;它以其指令提出义务,并以其禁令来避免做坏事。……试图去改变这种法律是一种罪孽,也不许试图废除它的任何部分,并且也不可能完全废除它。……罗马和雅典将不会有不同的法律,也不会有现在与将来不同的法律,而只有一种永恒不变并将对一切民族和一切时代有效的法律;对我们一切人来说,将只有一位主人或统治者,这就是上帝,因为他是这种法律的创造者、宣告者和执行法官。①

就自然所赋予人的理性而言,所有人都是平等的,无论人们在种族、财富或者社会地位等方面存在何种差异。譬如,晚期斯多亚学派的代表人物之一爱比克泰德(Epictetus)认为,所有人都是从神那里流溢出来的一部分,都是神的儿女,人拥有神所特别赐予的理性,人的身上具有神性,人的理性与上帝的理性是一致的,这是人能够战胜自身和世界上各种罪恶,赢得善、高贵和自由的主要根据,因此,不论人们在出身、财富和种族等方面存在什么差别,所有的人都是平等的。② 不仅如此,斯多亚学派并不是空洞地阐述人际平等原则,而是认为奴隶和野蛮人也是人,与其他人的精神品质是同样的,这种平等与人们在智力、性格、财产、语言和所属城邦等方面的差别是毫不相关的。比如就奴隶而言,虽然奴隶在肉体上受到其主人的残酷奴役,但是奴隶在精神上与其主人是平等的,没有高低贵贱之分,奴隶并不像亚里士多德所言说的那样是"会说话的工具";就野蛮人而言,野蛮人与其他人一样共同受到自然法的支配,在精神上也是平等的。斯多亚学派认为,包括妇女、奴隶和外邦人在内的所有人,都受到同一

---

① [古罗马]西塞罗:《国家篇 法律篇》,沈叔平、苏力译,商务印书馆1999年版,第104页。
② 参见杨适《古希腊哲学探本》,商务印书馆2003年版,第678—679页。

宇宙理性的支配，都是神的子民，都分享了神的理性，都是共同的大家庭中的一员，同时，每个人都受到自然法的支配。因此，希腊人与野蛮人、自由人与奴隶、富人与穷人都应当被视为平等者，人们之间的关系是一种兄弟关系，人们应当相互尊敬和相互爱戴，而不是互相伤害。

第二，所有人都是人类共同体的一员，即每个人都是世界公民，同时人类共同体的地位高于城邦的地位。在希腊化时代，起初那种在古希腊时期长期存在的小型城邦逐渐过时了，以亚历山大帝国为代表的更大形态的国家已经出现了，这也促使了人们重新思考关于自身的定位问题。晚期斯多亚学派的代表人物之一、古罗马皇帝马克·奥勒留认为每个人都拥有理性，"我们就都是同一类公民；就都是某种政治团体的成员；这世界在某种意义上就是一个国家。因为有什么人会说整个人类是别的政治共同体的成员呢？正是从此，从这个共同的政治团体产生出我们真正的理智能力、推理能力和我们的法治能力，否则，它们是从哪里来的呢？"① 在奥勒留那里，正是因为每个人都分享理性，使得人们可以自然而然地结合在一起，使得那种跨越种族和城邦的人类共同体有存在的可能。爱比克泰德也持有类似的观点，他曾言，"对于一个睿智的人来说，当他审视这个世界的结构的时候，如果他发现，人类最伟大的、最崇高的、最广阔的共同体就是由人和神组成的共同体，是神撒下种子，造就了我的父亲和我的祖父，造就了地球产生出来的所有生物，尤其是造就了地球上的理性生物……他为什么不把自己叫做世界公民？"② 在斯多亚学派的世界主义理念中，"那些遍及各地的人们构成了一个单一的共同体，该共同体受到遵循通过运用理性而发现的法律"③。在弗兰克·梯利（Frank Thilly）看来，斯多亚学派的世界主义理念要求所有人服从同一种法律，主张所

---

① ［古罗马］马克·奥勒留：《沉思录》，何怀宏译，中国社会科学出版社1989年版，第22—23页。
② 《爱比克泰德论说集》，王文华译，商务印书馆2009年版，第58—59页。
③ David Miller, *National Responsibility and Global Justice*, Oxford University Press, 2007, p. 23.

有人是同一国家的公民，同时理性要求人们把公共福利、共同的善置于个人利益之上，甚至在必要的时候人们应当牺牲个人利益。① 可见，在斯多亚学派的观念中，个人与个人之间的社会区别的重要性已经被极大地淡化了，每个人都是一个世界公民，这是一种非常普遍的理念。虽然斯多亚学派在早期曾脱胎于犬儒主义，但是与犬儒主义者只对城邦进行否定以外，斯多亚学派对城邦、普适性的法律理念等还有着更多的阐述。斯多亚学派的以"人际平等"和"四海之内皆兄弟"为主要内核的世界主义理念是斯多亚学派对人类社会所做出的最重要的贡献之一。我们在此需要注意的是，虽然斯多亚学派认为每个人都是一个世界公民，但是其持有一种双重共同体的思想，并不要求建构一个世界政府，也并不完全否定现实生活中的国家，这与当代某些世界主义理论的主张是极为不同的。

斯多亚学派的世界主义理念，尤其是其中的"双重共同体理念"，对中世纪时期的世界主义理念产生了深远的影响。在中世纪，基督教是一种占据主导地位的宗教，基督教传统就受到斯多亚主义的深刻影响，罗马的斯多亚学派的哲学家塞涅卡等人把斯多亚学派的哲学理念传入了基督教。早期基督教的世界主义理念除了受到斯多亚学派的影响以外，还吸收了犹太教的思想。虽然基督教的原型犹太教既有世界主义的特点，又有着强烈的民族烙印和封闭性，在犹太教的特殊主义和希腊的世界主义之间存在一种显而易见的紧张关系，但是耶稣及其门人建立了一种超越种族、民族和国界的宗教，"成长于小亚细亚的一个主要的希腊化城市塔尔苏斯的使徒保罗的主张明显地占据上风，他宣称：'并不分犹太人和希腊人、奴隶和自由人、男人和女人，因为你们都在耶稣基督中成为一了'。这使得早期的基督教运动稳固地走上了通往真正全球运动的道路，并成为在耶路撒冷、犹太、撒玛利亚以及世界各地对基督的见证"②。基督教的世界主义理念与斯多亚学

---

① 参见［美］梯利《西方哲学史》（增补修订版），葛力译，商务印书馆1995年版，第122页。

② ［芬］简浩恩：《谁是我的邻人？》，载李建华主编《伦理学与公共事务》第6卷，北京大学出版社2014年版，第100页。

派的世界主义理念在某些方面是相似的,比如在神的面前,每个人都是平等的,只不过基督教的世界主义理念宣称在上帝面前人人平等,这种平等与每个人所属的民族、种族和国家是没有任何关系的,同时基督教还极力宣称爱人如己,信徒之间应当互助,而不应当互害。但丁(Dante Alighieri)的《论世界帝国》是第一部直接论及世界主义理念的著作。但丁强调为人类创建统一的世俗政体的知识是非常重要的,"关于这个论题,有三个主要疑义需要加以考察:首先,我们必须探讨,为了给尘世带来幸福,是否有必要建立这样一个政体;其次罗马人是否有权执掌这一政务;再次,这个政体的权威是直接来自上帝,还是有赖于上帝的某一仆人或代理人"①。针对第一个问题,但丁认为为了实现世界的和平,有必要建立一个统一的世界政体;就第二个问题而言,但丁认为罗马凭公理应当一统天下,罗马人的统治能力显示了他们的统治权是上帝所授予的;但丁对第三个问题的回答是"尘世的君主统治权直接由上帝赐予而非来自罗马教皇"②。在但丁的世界主义理念中,世俗权力与教会权力应当分开,教会并不像人们通常所认为的那样是尘世与上帝之间的中介。

我们以上论述了古希腊时期、希腊化时期、古罗马时期和中世纪时期的古典世界主义理念。通过分析我们可以发现,虽然在第欧根尼、芝诺、塞涅卡、奥勒留和但丁等人的言述中,世界主义理念均有所体现,但是以斯多亚学派的世界主义理念为代表的古典世界主义理念是较为零散的,并没有被较为系统地加以论说。这一任务是由接下来我们将要论及的现代世界主义理念的主要代表人物康德所完成的。

二 现代世界主义

虽然16世纪至18世纪是民族国家与民族主义兴起的一个不容忽视的阶段,但是在此时期内,世界主义理念也出现了勃兴,我们可以将这一阶段的世界主义称为"现代世界主义"。现代世界主义理念产

---

① [意]但丁:《论世界帝国》,朱虹译,商务印书馆1985年版,第2页。
② 同上书,第56页。

生和兴起的背景是多方面的，首先是文艺复兴和启蒙运动所产生的重大影响。在文艺复兴的热潮中，人们开始探讨欧洲文化的古典渊源，开始对希腊化时期的哲学重新产生了浓厚的兴趣，在此过程中，世界主义再次成为人们思考的对象之一。个人主义是现代世界主义理念的关键构成要素，虽然在文艺复兴时期个人主义逐渐兴起，但是在启蒙运动以前，无论在欧洲的政治理论中，抑或在欧洲的政治实践中，一个人所属的社会群体身份是极其重要的，一个人生活的优劣程度，在很大程度上与其所拥有——往往是生而所有——的身份是密切相关的，同时，一个人的权利和义务都是根据其所属的特定群体的成员身份来界定的。譬如，贵族从法律地位上就有别于教士、资产阶级和农民，"启蒙运动提出一种相反的处理人类社会问题的方式，即个人主义。个人主义的理论基础是平等假说以及洛克心理学所蕴涵的关于人类普遍特征的信念。它还借鉴了机械哲学的原子论世界观。这些理论都强调必须维护个人的权利和自由"①。除了文艺复兴和启蒙运动以外，现代世界主义理念生发的背景还有资本主义的日益兴起、世界贸易的发展、帝国扩张的事实、跨越世界的航行、地理大发现、人权观念的出现、在哲学上人的理性所获得的关注、美国独立战争和法国大革命的影响等。现代早期的自然法理论也许可以被视为哲学上的世界主义的源头之一，它主张所有人分享一些共同的根本特征。虽然有很多人认为所有人享有的共同特征是自我保存，这并不意味着所有人应该被结合在一个共同体中，但是有些因素仍然促使了现代自然法理论趋向世界主义的方向，譬如，一些自然法理论家认为既然自然赋予了人们自我保存的本能，它也使得人们拥有一种共同的情感，以结合成一个世界共同体——虽然这种共同的人类纽带是非常单薄的，不一定导向世界主义。② 总之，17—18 世纪个人主义的兴起以及对个人的自

---

① ［美］彼得·赖尔、艾伦·威尔逊：《启蒙运动百科全书》，刘北成、王皖强编译，上海人民出版社 2004 年版，第 37 页。

② 参见 Pauline Kleingeld and Eric Brown, Cosmopolitanism, *The Stanford Encyclopedia of Philosophy* (Fall 2014 Edition), http://plato.stanford.edu/archives/fall2014/entries/cosmopolitanism.

第二章 世界主义：历史与理论的双重审视

然权利的关注使得世界主义逐渐成为人们思考的重要话题之一。

在启蒙运动时期，世界主义理念引起了很多人的关注，诚如德里克·希特（Derek Heater）曾言，"启蒙运动时期的许多人都像潘恩和席勒一样，不但真切地感受到自己是一个世界公民，自由运用这个术语，而且有人也把世界公民视为与理想相一致的行动职责。霍尔巴赫多年来招待来自世界各地的天才一起共进晚餐——比如，来自美国的富兰克林……著名的法国思想家狄德罗和孔多塞（Condorcet）……狄德罗宣称：'就在那里可以发现真正的世界公民'"①。金里卡也曾经说过：

> 孔多塞认为，世界主义是个人解放不可避免的自然结果。人们降生在某个特定的种族、宗教、语言群体中，其中一些人可能选择留在其中，而解放了的个人却认为，他们的选择范围不应因为他们是所继承的文化群体的成员而受到限制。……孔多塞相信，这个小群体融入大群体的过程最终会达到它的逻辑终点，即产生出一种普世语言，最后所有文化凝聚成一个单一的全球社会。②

法国大革命期间所颁布的《人权宣言》宣称的"在权利方面，人生来是而且始终是自由平等的"是现代世界主义理念的主要体现之一。《人权宣言》中的"人人生而平等"这一理念与文艺复兴以后所兴起的自然权利理念是紧密相关的。依照洛克等人所秉承的自然权利理念，每个人都享有生命权、自由权和财产权等权利，虽然人们在家庭背景、社会地位、阶级、民族和所属国家等方面存在差别，但是这些差别并不影响人们生而所拥有的自然权利。这种观念已经深深地植

---

① ［英］德里克·希特：《公民身份——世界史、政治学与教育学中的公民理想》，郭台辉、余慧元译，吉林出版集团有限责任公司2010年版，第84—85页。
② ［加］威尔·金里卡：《少数的权利：民族主义、多元文化主义和公民》，邓红风译，上海世纪出版集团2005年版，第217页。

根于欧洲各民族的意识之中。

　　就现代世界主义而言，康德是其集大成者，他曾对现代世界主义理念进行了系统而深刻的论述，纳斯鲍姆曾有这样的表述，"作为启蒙运动时期最具影响力的思想家，康德捍卫了一种基于理性而不是基于爱国主义或群体情感之上的政治，捍卫了一种真正的普遍主义的而不是共同体主义的政治，捍卫了一种积极的、改革主义的和乐观主义的政治"①。康德的思想遗产中有很多世界主义理念，在康德的政治哲学中，世界主义理念占据着一种非常重要的位置。康德认为就国与国之间的关系而言，各个国家处于一种自然状态之中，虽然各个国家在其中都是自由的、平等的和独立的，但是国家之间也会产生冲突，从而处于一种战争状态之中，"各民族间的自然状态，正如各个人之间的自然状态一样，是一种人们有义务去摆脱的状态，以便进入法律的状态。因此，在没有发生这种转变之前，各民族的一切权利以及各国通过战争获得与保持的一切物质财产都仅仅是**暂时的**"②。也就是说，康德面临着托马斯·霍布斯曾面临的同样问题，即如何将国家之间的"战争状态"转变成一种"和平状态"，尤其是转变成一种有序的和平状态。康德思考了两种通往和平的方式：一是通过由君主进行征服而建立一个世界国家，从而实现和平；二是通过法律实现和平。就第一种方式而言，康德认为这是不可取的，这主要与战争带来的巨大危害有很大的关系，因此，康德主张可以通过法律的方式实现一种有秩序的和平：

　　　　自然使用这些手段——战争，紧张而又不懈的战备以及最终（甚至在和平时期就有了）每个国家自身都能够感受到的苦痛——驱使着各个民族，使其在一开始进行一些有缺憾的尝试，但在经历了许多的破坏、动荡不安甚至其内部力量的耗竭之后，最后使

---

　① Martha C. Nussbaum, "Kant and Stoic Cosmopolitanism", *Journal of Political Philosophy*, Vol. 5, No. 1, 1997, p. 3.
　② ［德］康德：《法的形而上学原理——权利的科学》，沈叔平译，商务印书馆1991年版，第186页。黑体字为原文所有，以下同，除非有特殊说明。

他们采取那些理性早在还没有那么多悲惨经历时就已经告诉过他们的措施：抛弃没有法律的野蛮状态，进入一个所有民族结合而成的联盟。在这个联盟中，包括最小的国家在内的每一个国家，都能够只从这个大联盟（Foedus Amphictyonum）及其联合的权力乃至联合意志的合法决策中，获得其安全与权利。①

康德在其《永久和平论》中详细探讨了如何通过法律来实现一种有序的和平状态。

为了实现永久和平，康德首先论述了能够实现永久和平的六条"先决条款"："1. 凡缔结和平条约而其中秘密保留有导致未来战争的材料的，均不得视为真正有效。""2. 没有一个自身独立的国家（无论大小，在这里都一样）可以由于继承、交换、购买或赠送而被另一个国家所取得。""3. 常备军（miles perpetuus）应该及时地全部加以废除。""4. 任何国债均不得着眼于国家的对外争端加以制订。""5. 任何国家均不得以武力干涉其他国家的体制和政权。""6. 任何国家在与其他国家作战时，均不得容许在未来和平中将使双方的互相信任成为不可能的那类敌对行动；例如，派遣暗杀者（pecussores）、放毒者（venefici）、破坏降约以及在交战国中教唆叛国投敌（perduellio）等等。"② 在康德那里，上述六条"先决条款"是实现永久和平的基本底线。就第 1 条款而言，交战双方在缔结和平条约时，那种有可能导致未来战争的某些条款，必须被消除，否则，所谓的和平条约只是一份"临时停战协定"而已，不可能实现永久的和平。第 2 条款强调无

---

① ［德］康德：《以世界公民为目的的普遍历史观念》，载［英］H. S. 赖斯编《康德政治著作选》，［英］H. B. 尼斯贝特英译，金威中译，中国政法大学出版社 2013 年版，第 11 页。针对战争的危害，康德曾言，"不仅战争本身逐渐地成为了一项极度虚假的事业——战争双方都对胜败的结果极为不确定，而且也是一场非常可疑的冒险，因为它的后果被双方国家都感受到了：战争使其国债（一项现代发明）不断增加，而偿清债务又遥遥无期"。参见［德］康德《以世界公民为目的的普遍历史观念》，载［英］H. S. 赖斯编《康德政治著作选》，［英］H. B. 尼斯贝特英译，金威中译，中国政法大学出版社 2013 年版，第 16 页。

② 有关康德实现永久和平的六条"先决条款"的内容以及本段下面的具体阐释，参见［德］伊曼努尔·康德《永久和平论》，何兆武译，上海世纪出版集团 2005 年版，第 5—10 页。

论大国,还是小国,都是独立自主的拥有独立道德人格的政治共同体,除了其自身以外,没有任何个人或组织可以对其发号施令或者随意对其进行处置。只有满足这一条款,国家才是真正拥有独立主权的国家,否则,国家将与木偶无异。就第3条款来说,常备军的存在确实不利于世界和平,为了真正实现世界的永久和平,废除常备军是一种非常必然的选择。然而,康德的这一建议过于理想化,因为在现实的国际政治舞台上,各国为了保证自己不被外敌侵犯,都在大力发展常备军,至今没有哪个国家愿意废除常备军,那些放弃常备军的国家在国际政治舞台上根本没有任何话语权可言。就第4条款来说,国家在发展的过程中向本国人民或者其他国家借债,但是借债的原因是多种多样的。在康德那里,倘若为了本国的经济发展借债,这无可厚非,然而,如果当权者为了对外战争的目的而借债,那么这是不能被许可的,其中的原因在于这种借债不仅会损害到本国人民的利益,而且当借债的国家破产时,那些债权国也将深受其害。倘若我们以现代国际政治中的话语来概括上述第5条款,第5条款可以被概括为"互不干涉内政",其中的原因除了上述第2条款以外,还有每个国家的公民都有选择本国政治体制的自主权利,任何国家都无权加以干涉等。第6条款主要涉及战争问题,具体而论,涉及"作战正义"[①]问题,在康德那里,交战双方在交战的过程中应当遵循一些基本的底线原则,譬如,各国都不能派遣暗杀者和放毒者,不能攻击非武装人员等。

  康德除了述说实现永久和平的六条"先决条款"以外,还重点论述了实现永久和平的三条"正式条款":"每个国家的公民体制都应该是共和制""国际权利应该以自由国家的联盟制度为基础"和"世界公民权利应限于以普遍的友好为其条件"。[②] 永久和平的三项"正

[①] 一种较为完整的正义战争观应该包括开战正义、作战正义和战后正义。康德在此论及的是作战正义,而开战正义主要侧重于战争的正当性问题,探讨的是在何种情况下人们可以以符合道德规范的方式从事一场战争。战后正义主要涉及战争结束以后对战犯的审判、对侵略行为的补偿、惩罚侵略者和战后重建等内容。

[②] [德]伊曼努尔·康德:《永久和平论》,何兆武译,上海世纪出版集团2005年版,第14—27页。

式条款"比永久和平的上述六项"先决条款"要具体很多,直接涉及一些具体的制度设计。永久和平的第一项正式条款主要涉及政体问题,涉及哪种政体能够有利于建立一种有序的永久和平。康德在发展亚里士多德和卢梭等人的政体分类学说的基础上,根据国家如何依照宪法运用其权力的方式,将政体分为"共和政体"和"专制政体"。在康德那里,并不是任何政体都能有利于世界和平,康德认为只有共和政体才能有利于世界的永久和平,"在个别国家中,共和主义必须替代专制主义。一旦这个过程完成,国家在共和国的联盟中相互之间就必须自愿服从法治,并因此不再将战争作为纠纷解决方式"①。为什么康德主张只有共和政体才能有利于世界的永久和平呢?其中的原因在于康德强调在共和政体之下,不但立法权与行政权之间是分立的,而且实现永久和平所需要的三个必要原则——自由原则、所有人参与立法原则和平等原则——能够获得满足。在共和政体之下,国家是否能够进行对外战争呢?统治者并不能单独决定,该问题必须经过公民的认真权衡,譬如,公民要考虑到战争失败的可能性、战争有可能使国家背负沉重的战争债务等消极后果。然而,在专制政体之下,统治者往往有着专断的和不受制约的权力,普通民众对战争问题并无任何发言权,同时,因为统治者的个人生活水平并不会因从事战争而受到损害,所以统治者有可能会轻易发动一场战争,战争也就成为一件轻而易举的而非审慎的事情。

永久和平的第二项正式条款主要关涉国与国之间的联盟问题。依康德之见,为了实现世界的永久和平,国家与国家之间的联盟是非常必要的,"这样一个为了维护和平的若干**国家的联合体**,可以称之为**各民族的永久性的联合大会**;每一个临近的民族都可以自由参加"②。这种联盟只能是自由国家之间的自愿联盟,绝非一种强制性的联盟。

---

① [美]莱斯利·阿瑟·马尔霍兰:《康德的权利体系》,赵明、黄涛译,商务印书馆2011年版,第379页。

② [德]康德:《法的形而上学原理——权利的科学》,沈叔平译,商务印书馆1991年版,第187页。

诚如在自由国家的内部人们可以采取自由的和正义的原则来解决国内的冲突一样，在自由国家的联盟中，人们同样可以采取自由的和正义的原则来化解国家与国家之间的纠纷和冲突。

永久和平的第三项正式条款主要关乎在普遍友好的基础上所确立的世界公民权利，这是一项国际政治伦理原则。在康德那里，虽然从表面上观之，海洋把地球上的各个国家隔离开来，但是事实情况并非如此，随着技术的发展，国与国之间并没有因地理因素变得日渐疏远，而是变得日益密切，海洋也为各国之间的贸易提供了极其便利的条件。康德认为，为了实现世界的永久和平，世界上的人民应该友好相待：

> **友好**（好客）就是指一个陌生者并不会由于自己来到另一个土地上而受到敌视的那种权利。人们可以拒绝他，如果这样做不至于使他沦落的话；但是只要他在自己的土地上采取和平态度，就不能够敌对他。……这种权利（指世界公民权利——引者注）是属于人人都有的，即由于共同占有地球表面的权利而可以参加社会，地球表面作为一个球面是不可能无限地驱散他们的，而是最终必须使他们彼此互相容忍；而且本来就没有任何人比别人有更多的权利可以在地球上的某一块地方生存。①

这凸显出在康德的世界主义理念中，存在一种普遍主义的理想，对康德来说，世界公民权利的观念并不是一种幻象，而是实现世界之永久和平的一项必要条件。总之，依靠上述六条"先决条款"和三条"正式条款"，世界的永久和平就能够逐步成为现实，永久和平论也是康德的世界主义理念的最核心的体现，同时，与古典世界主义一样，以康德的世界主义理论为代表的现代世界主义也较为强调世界公民身份的重要性。

---

① ［德］伊曼努尔·康德：《永久和平论》，何兆武译，上海世纪出版集团2005年版，第24—25页。

三 世界主义在当代的复兴

近30多年来，政治哲学界和道德哲学界对世界主义理念重新产生了浓厚的兴趣。沉寂已久的世界主义理念之所以在当代出现了复兴的局面，成为理论界关注的热点问题，其中的原因是多方面的，主要有下述几个方面。第一，人类社会在20世纪所历经的曲折历程以及世界格局的转换使得那种致力于实现世界和平、消弭国家之间争斗的世界主义理念再次进入人们的视野。虽然主权国家可以为其国民带来幸福和安全，但是主权国家手中握有的强大权力是一把"双刃剑"，主权国家也有可能发动战争，威胁整个世界的和平，惨绝人寰的两次世界大战的爆发就是明证。两次世界大战给人类社会带来了巨大的灾难和痛苦，为了尽力缓解乃至杜绝这种状况，实现世界和平，人们建立了国际联盟和联合国，这也彰显了世界主义理念的现实意义。同时，冷战结束以后，那种以权力和利益为内核的、极力强调政治是无关道德的现实主义的国际关系理论遭到了削弱，这为秉承道德普世主义的世界主义的兴起提供了一个契机。第二，在全球化时代，跨国界交流的手段越来越便捷，人类社会所面临的很多共同问题促使人们重新思考自身与他者之间关系的定位问题，在此背景之下，全球共同体意识得以逐渐形成。[①] 众所周知，当今时代是一个全球化的时代，不但生产和消费已经在全球范围内展开，而且很多问题已经成为全球性的问题，比如核武器的毁灭性威胁、环境污染、跨国犯罪、金融监管、人权保护、全球贫困、反恐和战争等问题，全球风险社会已经形成，世界主义理念在当代的勃兴，就是对上述问题的一种回应。随着科学技术和交通技术的发展，日益频繁的跨越国家的旅行和学习等活动使得全球公民社会理念和全球认同感逐渐形成，世界主义精神得到了复兴。同时，在解决全球问题的过程中，人们的关注视野更加广泛，已经开始思考如何通过全球行动以实现全球正义。第三，伴随着

[①] 第七章第二节将会较为详细地探讨该问题。

全球正义理论的产生和发展,世界主义理念引起了人们的强烈关注。鉴于罗尔斯的正义理论对当代政治哲学和道德哲学所带来的巨大影响,很多人期待罗尔斯能够将其在《正义论》中所建构的名为"作为公平的正义理论"的国内正义理论直接应用于全球层面,然而,罗尔斯在其《万民法》中反对这种拓展,拒斥全球分配正义原则和世界主义理念。贝兹和博格等世界主义者为了将罗尔斯的国内正义理论应用于全球层面并解决全球不平等和全球贫困等国际问题,建构了各种全球正义理论。能否实现全球分配正义以及如何实现全球分配正义,是全球正义论者关注的焦点之所在,其中,"个人"抑或罗尔斯在《万民法》中所关注的"人民"以及其他学者所强调的"国家"等群体,哪一个应当是道德关怀的终极对象,就成为一个绕不开的话题。围绕该问题,以"个人"为关注对象的"世界主义"和以"群体"为关注对象的"共同体主义"就成为当代国际关系规范理论的两种主要思想传统,世界主义伦理观再次进入了人们的论域,就成为一种正常的现象。

近年来,很多政治哲学家对世界主义理念产生了浓厚的兴趣,对世界主义的内涵也有着各种各样的理解,可以说,相较于古典世界主义和现代世界主义而言,当代世界主义无论在内涵方面,还是在研究方法和研究视角方面,都要复杂一些,贝兹、博格、纳斯鲍姆和赫尔德等人从不同的视角界定了世界主义,并将当代世界主义理念用于分析全球分配正义、全球贫困、全球不平等、移民、全球民主和正义的战争等问题。[①] 罗尔斯的《正义论》出版之后,贝兹在1979年出版的《政治理论与国际关系》一书中较早地将罗尔斯在建构国内正义理论时所使用的契约主义分析方法用于分析全球问题,并建构了全球差别原则等全球分配正义原则。贝兹认为无论是国际道德怀疑主义,还是有关国际道德怀疑主义的替代性方案——国家自主的观念——都是不合适的,强调关于国际道德的第三种观

---

① 我们将在第七章第三节详细论述赫尔德的世界主义理念。

念是合理的，即"追随康德，我们可以称之为一种世界主义的观念。它在如下意义上是世界主义的，那就是它关注一个世界共同体成员的道德联系，其中国家边界仅有一种派生的意义。没有基本原则的理由使国家的内部事务免除外部的道德审查，并且有可能一些国家的成员也许对其他地方的人们拥有正义的义务"①。贝兹对世界主义的界定触及了当代世界主义理念的两个核心构成要素：一是身份，二是责任。就身份要素而言，贝兹认为每个人都是世界共同体的成员，国家边界并不像在民族国家兴起之初所具有的根本性的意义；就责任要素来说，那些相对富裕国家的居民对那些贫困国家的居民负有一种正义的义务，而不是一种慈善的义务。在贝兹那里，形容词"世界主义的"可以适用于很多方面，比如世界政治秩序和个人的文化认同。正如我们接下来将要论及的那样，世界主义的类型是多种多样的，贝兹认可其中的一种世界主义，即道德世界主义（moral cosmopolitanism）。贝兹借用了博格的"所有人都是道德关怀的终极单位"这一观点来界定道德世界主义，该观点抓住了世界主义的两个本质特征：个人主义的和包容性强的（inclusive）。道德世界主义对全球的政治正义的内容持一种不可知论的态度：它并没有承认自己赞成还是反对应该存在一种全球政治权威这一主张。② 虽然世界主义种类甚多，但是贝兹主要捍卫了道德世界主义。

博格认为世界主义者通常是指那些理解并尊重异域文化，到世界各地旅行并能够与各国人民顺利交往的人，世界主义"不仅涉及对事物的现存状态的看法，更涉及事物应当如何的看法。各种世界主义立场首先包含的就是评价和规范观点：它们要评价也要规定事物。指引这种道德评价和规定的核心理念就是：所有人都是平等者"③。依博格

---

① ［美］查尔斯·贝兹：《政治理论与国际关系》，丛占修译，上海译文出版社2012年版，第163页。

② Charles R. Beitz, "Cosmopolitanism and Global Justice", *The Journal of Ethics*, Vol. 9, 2005, pp. 17–18.

③ ［美］涛慕思·博格：《康德、罗尔斯与全球正义》，刘莘、徐向东等译，上海译文出版社2010年版，第519页。

之见,虽然世界主义的种类众多,但是所有的世界主义理念都包含下述三个构成要素:

> 第一,个人主义:关怀的终极单位是人或个人,而不是家庭,部落,种族的、文化的或宗教性的共同体,民族或国家。由于其成员或公民,共同体、民族或国家也许仅仅是间接关怀的单位。第二,普遍性(*universality*):作为终极关怀单位的所有人的地位都是平等的,并不仅仅是指诸如男人、贵族、雅利安人、白人或穆斯林等人是平等的。第三,普适性(*generality*):终极关怀单位的所有人的地位都是平等的,这种观点在全球范围内都是适用的。所有人都是终极关怀的单位——不仅是对他们的同胞,他们的教徒或诸如此类的人来说的。①

博格的上述观点被人们广泛引证,他在从整体上界定了世界主义的根本立场之后,对世界主义进行了类型学的区分。博格认为世界主义可以被分为"法律世界主义"(legal cosmopolitanism)和"道德世界主义",前者主张在全球秩序中,所有人都拥有同样的法律权利和义务,后者主张所有人彼此之间都有一种道德关系,我们应该尊重彼此作为道德关怀之终极单位的这一地位,有义务尊重世界上的每个人。博格还进一步将道德世界主义分为"互动性的世界主义"(interactional cosmopolitanism)和"制度性的世界主义"(institutional cosmopolitanism),并重点论述了后者。② 具体论之,博格强调互动性的世界主义主要以一些根本的伦理原则为先决条件,而制度性的世界主义则以一些社会正义的根本原则为前提条件。互动性的世界主义将保护人权的责任直接赋予了其他人和集体机构,为了保护人权,互动性的世

---

① Thomas W. Pogge, "Cosmopolitanism and Sovereignty", *Ethics*, Vol. 103, No. 1, 1992, pp. 48 – 49.

② 参见 Thomas W. Pogge, "Cosmopolitanism and Sovereignty", *Ethics*, Vol. 103, No. 1, 1992, pp. 49 – 57. 这是博格早期对世界主义进行的分类,我们在下文将提到博格后来对世界主义的另一种不同的分类方法。

界主义对人的行为施加了一种限制,然而,制度性的世界主义主张通过改革制度来保护人权,为了保护人权,制度性的世界主义对一些共同的实践施加了一种约束。对制度性的世界主义来说,一方面,只有通过社会制度,人权的活力才能被激发;另一方面,只有通过全球制度秩序,人权在全球范围内的道德力量才能得以被激发,其中的原因在于所有人都是一个单一的全球制度的参与者。在博格那里,虽然互动性的世界主义和制度性的世界主义所关注的对象以及具体的构想各有侧重,但是这两种世界主义并不是互斥的,而是相容的,能够以某种方式被结合在一起。

在当代世界主义的众多论说中,纳斯鲍姆的观点也是其中的代表性观点之一,纳斯鲍姆的世界主义理念深受斯多亚学派之世界主义理念的影响。依纳斯鲍姆之见,斯多亚学派进一步发展了第欧根尼的"世界公民"理念,认为每个人都居住在两个共同体中:一是个人生而所属的共同体,二是整个人类所属的共同体。人们出生在什么地方,恰恰是偶然的,然而,"这并不意味着斯多亚派主张消除地方性的和民族性的政治组织和建立一个世界国家"。[①] 纳斯鲍姆强调世界主义意味着将对民族和国家的忠诚转移到整个人类,同时,世界主义优先于爱国主义,这是纳斯鲍姆与其他当代世界主义者较为相似的地方。纳斯鲍姆的世界主义理念较具特色的地方在于:一方面,强调世界主义的教育;另一方面,对可行能力平等理论(equality of capabilities)的强调。就世界主义教育而言,纳斯鲍姆认为虽然民族主义在某些方面已经对世界主义做出了微弱的让步,但是这还是远远不够的,比如一个美国人应该首先将自己视为世界公民,然后再视自己为美国人,而不是采取目前那种相反的做法。为了实现这一目标,这需要对公民进行世界主义的教育。在纳斯鲍姆那里,我们每个人通过获得世界主义的教育,我们能够更好地理解自我,我们可以认识到我们对世界上的其他人负有一种道德义务(比如帮助世界上的穷人),能

[①] Martha C. Nussbaum, "Patriotism and Cosmopolitanism", in Joshua Cohen (ed.), *For Love of Country?*, Boston: Beacon Press, 2002, p. 7.

够有助于我们解决那些需要通过国际合作才能解决的问题。① 与阿玛蒂亚·森（Amartya Sen）一样，纳斯鲍姆主张建构一种可行能力平等理论。对纳斯鲍姆来说，无论一个人身处在哪个国家，为了过上一种良善的生活，一些重要的能力是任何人都需要的。纳斯鲍姆列举了10种重要的能力：生存能力，身体健康，身体完整性，感知、想象和思考，情感，实践理性，合群（affiliation），能够关心其他物种，娱乐，控制个人环境的能力，并认为"可行能力进路是完全普遍性的：在每个国家和所有的国家中，上述可行能力对每个人和所有人都是重要的，同时每个人都应当被视为目的"②。纳斯鲍姆还专门采取其可行能力分析方法关注了残障人士的处境和种际正义等问题，因篇幅所限，我们在此不再展开论述。

以上我们简要厘清了当代世界主义的基本理念。虽然贝兹、博格和纳斯鲍姆等人对世界主义理念做出了不同的界定，但是博格对世界主义之基本立场的言说能够大致概括当代世界主义的基本理念，即个人主义、普遍性和普适性。实际上，当代世界主义的基本理念与约翰·格雷（John Gray）对自由主义之基本理念的经典归纳是较为契合的。格雷认为：

> 自由主义传统中各种变体的共同之处在于：它们关于人与社会的确定观念具有独特的现代性。这一观念包括如下几个要素：它是**个人主义的**（individualist），因为它主张个人对于任何社会集体之要求的道德优先性；它是**平等主义的**（egalitarian），因为它赋予所有人以同等的道德地位，否认人们之间在道德价值上的差异与法律秩序或政治秩序的相关性；它是**普遍主义的**（universalist），因为它肯定人类种属的道德统一性，而仅仅给予特殊的

---

① Martha C. Nussbaum, "Patriotism and Cosmopolitanism", in Joshua Cohen (ed.), *For Love of Country*?, Boston: Beacon Press, 2002, pp. 11–13.

② Martha C. Nussbaum, *Frontiers of Justice: Disability, Nationality, Species Membership*, Cambridge, Massachusetts: The Belknap of Harvard University Press, 2006, p. 78.

历史联合体与文化形式以次要的意义；它是**社会向善论**（meliorist），因为它认为所有的社会制度与政治安排都是可以纠正和改善的。①

这也从一个侧面凸显出当代世界主义者基本上都是自由主义者，这也使得政治哲学领域中的"自由主义与共同体主义之争"在国际关系领域中显现为"世界主义与共同体主义之争"。然而，这并不意味着所有自由主义者都是世界主义者，都认可世界主义理念，比如作为当代自由主义的重要代表人物之一，罗尔斯在《万民法》中就不认可世界主义理念。② 另外，当代世界主义并不像古典世界主义和现代世界主义那样强调世界公民身份，而是较为强调正义原则在全球层面上的重要性和适用性。

第二节 世界主义的类型学

世界主义理念不仅拥有悠久的历史，而且也有着各种各样的类型。接下来我们将对在当代政治哲学和道德哲学中人们所提及的几种主要的世界主义理念进行简要的概述。

一 制度世界主义与道德世界主义

我们先从世界主义所面临的一种批判说起。诚如我们在下文将要提及的那样，有一种观点认为，世界主义与民族主义和爱国主义是针锋相对的，其中的根本原因在于世界主义主张建构一个类似于世界政府这样的在全球拥有权威的组织。实际上，这种观点有点武断，它并不能反驳所有的世界主义，因为并不是所有的世界主义理念都要求建

---

① ［英］约翰·格雷：《自由主义》，曹海军、刘训练译，吉林人民出版社2005年版，第2页。

② 约翰·罗尔斯对世界主义理念的拒斥，可参见［美］约翰·罗尔斯《万民法》，陈肖生译，吉林出版集团有限责任公司2013年版，第161页。我们在本章第三节也将涉及该问题。

立一个世界政府。贝兹曾将世界主义分为"制度世界主义"和"道德世界主义",具体说来,制度世界主义主张构建一个世界政治组织,认为人们应该重塑世界的政治结构,以至于国家和其他政治单位处于一种类似于"世界政府"这样的超国家组织的权威之下。然而,道德世界主义并未提出类似的制度性的建议或者要求,而是关注这些制度的正当性基础问题,用博格的话来说,道德世界主义主张世界上的所有人在全球层面上,都是道德关怀的终极单位。这种世界主义往往是启蒙运动时期的自由主义者所主张的个人主义的道德平等主义的产物。[1] 换言之,对贝兹来说,不管一个人生在哪个国家,拥有何种公民身份或者民族身份,道德世界主义都要求不偏不倚地考虑其利益,都要求平等关心和尊重他。

博格认为虽然世界主义理念强调世界上的所有人都是平等者,但是这一理念仍然过于抽象,为了使该理念能够真正地发挥效用,人们可以对该理念做出不同的阐释和运用,这样就会产生各种不同的世界主义,比如有法律世界主义、社会正义的世界主义(social-justice cosmopolitanism)、一元论的世界主义(monistic cosmopolitanism)和伦理世界主义(ethical cosmopolitanism),然而,"惟有法律世界主义是在倡导某种世界主义的制度秩序,而其他三种世界主义倡导的都是世界主义的道德标准,分别用于评价行动者和他们的行为,社会制度以及世界状态。追随新近的文献,我们可以宽泛地说,这三类道德世界主义都共享着四种承诺"[2]。显而易见,从总体上而言,博格将世界主义分为"法律世界主义"和"道德世界主义"。博格认为我们可以把世界主义的理念用于社会制度,其中一种直接的方式是:

---

[1] 参见 Charles R. Beitz, "International Liberalism and Distributive Justice: A Survey of Recent Thought", *World Politics*, Vol. 51, No. 2, 1999, p. 287.

[2] [美] 涛慕思·博格:《康德、罗尔斯与全球正义》,刘莘、徐向东等译,上海译文出版社 2010 年版,第 524 页。

各种社会制度应该设计得来把所有人作为平等者予以包含。依系于这种要求的道德观设想着一个把所有人包含进来或至少是对所有人开放的政治社会。"政体"（polity）这个词源于古希腊语中的"polis"（城邦），这样一种世界政体通常被称作"世界城邦"（cosmopolis）。任何道德观，只要它规定全人类的统一的法律组织要优于任何其他的制度设计，就可以认为它代表着**法律世界主义**。①

易言之，法律世界主义主张建构一种能够将所有人包括进来的世界国家或者世界城邦，至少该世界国家或世界城邦应当向所有人开放。我们在古希腊的犬儒主义者和斯多亚学派那里曾经发现过这种理念。然而，博格此时对法律世界主义之内涵的理解已经不同于早期他对法律世界主义之内涵的理解，正如我们在上文曾经提及的那样，博格在早期认为法律世界主义主张所有人都拥有同样的法律权利和法律义务，这并不必然要求建立一种世界国家或世界城邦。然而，此时博格认为法律世界主义意味着建立一种能够将所有人包括在内的世界国家或者世界联邦，这种世界主义的意涵完全契合贝兹对制度世界主义之意涵的界定，因此，与贝兹一样，博格也将世界主义分为"制度世界主义"和"道德世界主义"。

在博格那里，社会正义的世界主义、一元论的世界主义和伦理世界主义等道德世界主义都认同如下基本理念：

> **规范个人主义**（Normative Individualism）：道德关注的终极单元是个人，而不是家族、部落、种族、文化群体、宗教群体、民族或国家（这些只是道德关注的间接对象）。……**不偏不倚**（Impartiality）：在做出这种评价和规定的时候，世界主义的道德标准要对等考虑被包含进来的个人。……**无所不包**（All-Inclusiveness）：

---

① ［美］涛慕思·博格：《康德、罗尔斯与全球正义》，刘莘、徐向东等译，上海译文出版社2010年版，第520页。

每个人都被作为道德关怀的终极单元,因此,每个人的情况都要纳入旨在进行评价和规定的世界主义的道德标准。**普适性**(Generality):每个人的这种特殊地位具有普遍意义。①

博格认为我们把世界主义的理念用于社会制度的方式,除了在界定法律世界主义的内涵时所采用的直接方式以外,还有一种间接的方式,即这种世界主义并不直接要求制度应该怎样被设计,而是为评判各种制度的设计提供一种道德标准,当且仅当在评判社会制度时能够把所有人的利益都纳入平等的考虑范围,这种世界主义就是博格所言说的"社会正义的世界主义"。博格对社会正义的世界主义的理解主要受到罗尔斯的正义理论的影响,然而,我们在此需要注意的是,博格并不像罗尔斯那样拒绝全球分配正义原则,而是认为我们应当建构一种全球分配正义原则:一方面,该正义观应当是个人主义的,关注的是每个人被对待的方式是否妥切和公正;另一方面,这种正义观也强调将所有人的利益纳入平等考虑的范围之内,主张不偏不倚地对待世界上所有人的利益。一元论的世界主义的内涵异于社会正义的世界主义的内涵,它们的关注对象不同。依照一元论的世界主义,人们不应该将关注的焦点侧重于对社会制度的评价,因为不正义并非纯粹是由社会制度所造成的,也就是说,"一元论的世界主义要把所有行动者和人的所有可塑造的因素纳入尽可能使世界变得正义的单一目标。社会正义的世界主义与一元论的世界主义的核心区别就在于,前者致力于的目标是特就社会制度而言的,而后者却致力于把所有对象纳入考虑的单一目标"②。根据一元论的世界主义,当且仅当那种试图以某种共同目标去统一道德的各种主题的一元论的道德观,在按照自己的标准评价世界时将平等考虑所有人的利益时,它才能被视为世界主义的。博格认为"如果一种伦理观的评价和规定的依据是把所有人的利

---

① [美]涛慕思·博格:《康德、罗尔斯与全球正义》,刘莘、徐向东等译,上海译文出版社 2010 年版,第 524 页。
② 同上书,第 531 页。

益纳入平等的考虑，这样一种伦理观就是世界主义的"①。这种世界主义也就是伦理世界主义。依博格之见，在贯彻伦理世界主义的基本诉求时，个人与家人、亲属或者朋友等较为亲近的人之间的特殊关系以及他们之间所负有的特殊义务有可能得不到重视甚至有可能被忽视，虽然人们有时需要对其家人、亲属或者朋友等关系密切之人给予特殊的关切和照顾，然而，即使人们在给予其亲近之人以特殊关切和照顾时，既不能以损害他人的权利和利益为代价，又不能违反法律的要求。

道德世界主义和制度世界主义是两种特别重要的世界主义，在当代政治哲学和道德哲学中引起了广泛的关注，前者的基本观念是个人是道德关切的基本单位，每个人的利益都应当受到平等的考量，无论其所属的共同体是什么；后者强调为了平等考虑每个人的利益，必须建立一种类似于世界国家这样的全球政治权威。

二 弱式的道德世界主义与强式的道德世界主义

另一种有关世界主义的类型学的重要区分是由戴维·米勒（David Miller）做出的。在探讨米勒区分弱式的道德世界主义（weaker versions of moral cosmopolitanism）与强式的道德世界主义（stronger versions of moral cosmopolitanism）之前，我们首先明晰米勒在政治世界主义（political cosmopolitanism）与道德世界主义之间进行的区分。米勒认为："根据其最一般的表述形式，道德世界主义仅仅主张所有人都是同一组道德规则的主体：我们必须要根据这些道德规则来对待其他人，无论他们生活在哪里；他们也必须以相同的方式来对待我们。政治世界主义主张只有当所有人最终都服从于那些有权力实施这些道德规则的政治权威时，这一目标才能实现。"② 在当代社会中，道

---

① ［美］涛慕思·博格：《康德、罗尔斯与全球正义》，刘莘、徐向东等译，上海译文出版社2010年版，第520页。

② David Miller, *National Responsibility and Global Justice*, Oxford University Press, 2007, p. 24. 福瑞德·多迈尔（Fred Dallmayr）亦将世界主义分为"道德世界主义"与"政治世界主义"，具体研究参见 Fred Dallmayr, "Cosmopolitanism: Moral and Political", *Political Theory*, Vol. 31, No. 3, 2003, pp. 421 – 442.

德世界主义往往要比政治世界主义更加流行，这主要与政治世界主义主张建构一种全球政治权威有一定的关联性。在米勒那里，大多数支持政治世界主义理念的人事实上并不赞成建构一种严格意义上的世界政府等全球政治权威，因为世界政府与人类文化的多样性是背道而驰的，已经引发了康德和以赛亚·伯林（Isaiah Berlin）等人的强烈反对。

米勒重点分析了道德世界主义，并将其分为"弱式的道德世界主义"（以下简称为"弱式世界主义"）和"强式的道德世界主义"（以下简称为"强式世界主义"）。米勒认为弱式世界主义有着各种各样的表述形式，比如它可以体现为贝兹、博格、巴里和科克-肖·谭等人的著述中的如下观点：所有人都拥有平等的道德价值和道德地位；所有人都是道德关怀的对象；我们应当不偏不倚地考量所有人的利益和要求，而不应该根据人们的外在特征或内在特征而进行区别对待。在上述观点中，各种弱式世界主义有一个共同的信条，即强调"我们对所有人都负有某种形式的道德关怀的义务——当我们决定怎样行动或者建立什么制度时，他们的要求与我们的要求具有同样的分量——同时，**在某种意义上**，这样的关怀必须包括平等地考虑他们的要求"。① 为了进一步探讨弱式世界主义，米勒随后还论述了弱式世界主义认可哪些行为以及不认可哪些行为。譬如，国家 S1 的政府决定将其核废料倾倒在国家 S2 的土地上，有人已经指出这将给国家 S2 的居民的生活和环境等方面带来严重的伤害，如果此时国家 S1 的政府宣称这与其没有关系（因为这并没有伤害到本国居民），那么这显然没有平等考虑国家 S2 的居民的利益和需要。国家 S1 的政府的行为显而易见有违弱式世界主义的根本立场。同样，在国家 S3 中，既生活着白人，又生活着黑人，如果国家 S3 的政府奉行一种种族歧视政策，将较好的医疗条件和教育条件给予白人，相反，黑人只能获得较差的医疗条件和教育条件，那么此时黑人明显受到了歧视，并没有获得平

---

① David Miller, *National Responsibility and Global Justice*, Oxford University Press, 2007, p. 27.

等的对待，弱式世界主义并不会认可国家 S3 的政府的行为。① 在米勒那里，弱式世界主义是一种关于道德价值的理论，它认为不管人们身上发生了什么事情，都应当以同样的方式加以考量，无论这些人是谁以及无论他们拥有哪个国家的公民身份，都应当然获得同样的考量。譬如，在其他情况相同的情况下，挨饿的埃塞俄比亚农民的处境同挨饿的波兰农民的糟糕境地是一样的。

依米勒之见，虽然弱式世界主义强调人们对生活在其他地方的人负有义务，但是弱式世界主义既不能清晰地告诉人们对他者应当负有何种义务，又不能确切地告诉人们采取何种方式才能够平等地对待他者。弱式世界主义并不排除存在于父母与子女之间的特殊义务和特殊责任，然而，这并不意味着弱式世界主义主张民族可以成为特殊义务和特殊责任的根源。米勒进一步厘清了强式世界主义，认为人们并不能从弱式世界主义中直接推导出强式世界主义，强式世界主义认可全球分配平等。米勒主要是从思考人们对本民族的成员是否负有特殊义务和特殊责任这一问题展开论述的，在思考该问题的过程中，有一种司空见惯的观点主张一个人所拥有的民族身份是偶然的，是一个人生而所有的，是一个人不得不加以面对的，正如一个人生而所处的家庭背景一样，无论一个人做出何种努力，往往都很难改变或者不能改变这些东西。米勒不认可从上述观点出发反驳民族成员之间所负有的特殊义务，强调倘若人们要想证明在分析相关问题时民族身份并不具有根本的道德重要性，人们必须提出一条实质性的论据，而不是仅仅提出"民族身份是道德上的任意因素和偶然因素"等形式性的论据。米勒并不认可强式世界主义，认为民族确实是能够为特殊义务和特殊责任提供辩护的共同体，人们并不能提出比较令人信服的理由来证明民族并没有资格成为特殊义务和特殊责任的源泉。在米勒那里，"弱式世界主义要求我们给予世界上的所有人以平等的**道德关怀**，而强式世界主义除了要求这一点以外，还要求我们应当在一种实质性的意义上

---

① David Miller, *National Responsibility and Global Justice*, Oxford University Press, 2007, pp. 27–28.

给予世界上的所有人以平等**对待**"①。米勒认为，弱式世界主义和强式世界主义的主要区别在于如何理解平等对待世界上的所有人以及给予世界上的所有人以平等对待的程度之别。具体而言，弱式世界主义将尊重世界上每个人的平等地位仅仅理解为为了确保每个人能够过上一种最低限度的体面生活，应当为其提供一些必需的生活条件（比如必要的物质资源和医疗条件等），一旦该目标被完成之后，个人之间的不平等并不在弱式世界主义的关注范围之列；相较于弱式世界主义而言，强式世界主义要稍微激进一些，主要以人们之间的平等为关注的焦点，主张应当解决人与人之间所存在的不平等，并在全球范围内实现分配平等，也就是说，强式世界主义把平等关心世界上的所有人理解为一种对全球分配平等的承诺，并不仅仅像弱式世界主义那样为确保每个人都能够过上一种最低限度的体面生活而提供一些必需的生活条件。②

三　关于正义的世界主义与关于文化的世界主义

谢弗勒认为尽管作为一种政治学说，世界主义理念有着悠久的历史，但是当代哲学家和理论家在怎样理解世界主义理念的含义这一问题上，并没有达成共识。谢弗勒将世界主义分为"关于正义的世界主义"（cosmopolitanism about justice）和"关于文化的世界主义"（cos-

---

① David Miller, *National Responsibility and Global Justice*, Oxford University Press, 2007, pp. 43 – 44. 西蒙·卡尼（Simon Caney）也曾对世界主义进行了类似的区分，不过他使用的术语是"激进的世界主义"（radical cosmopolitanism）和"温和的世界主义"（mild cosmopolitanism）。卡尼强调米勒将道德世界主义分为"强式世界主义"和"弱式世界主义"，而他自己将世界主义的正义学说分为"激进的世界主义"和"温和的世界主义"，激进的世界主义一方面认为存在全球分配正义原则，另一方面认为并不存在仅仅适用于一个国家或民族范围之内的分配正义原则。温和的世界主义既认为全球分配正义原则是存在的，又认为人民对其同胞负有分配正义所规定的特殊义务。具体研究参见 Simon Caney, "International Distributive Justice", *Political Studies*, Vol. 49, 2001, pp. 975 – 976. 然而，我们在此需要强调的是，卡尼所使用的"激进的世界主义"与"温和的世界主义"与接下来我们将要提到的塞缪尔·谢弗勒（Samuel Scheffler）所使用的"极端的世界主义"与"温和的世界主义"之概念的含义是不一样的。

② 米勒对弱式世界主义的认可和对强式世界主义的拒斥，也从一个侧面体现出并不是所有的世界主义者都对全球分配正义理论持一种支持的立场。

mopolitanism about culture），无论理解关于正义的世界主义还是理解关于文化的世界主义，我们都可以从这两种世界主义所反对的观点来进行理解，即考虑关于正义的世界主义的否定性观点和关于文化的世界主义的否定性观点。依谢弗勒之见，世界主义的核心理念是世界上的每个人都是世界公民，关于正义的世界主义反对一种充分的正义学说的范围应该受到限制这一观点，易言之，它并不认可正义原则仅仅适用于那些由世界上的一部分人口所构成的有边界的共同体。譬如，关于正义的世界主义拒绝共同体主义和民族主义的下述观点：分配正义原则仅仅适用于那些有凝聚力的社会群体的内部，该社会群体拥有共同的历史、文化、语言、民族或者因某种原因而拥有共同的成员身份。同时，关于正义的世界主义也反对如下自由学说：将正义原则首先适用于某个社会，该社会被想象为一个合作体系或者一个互利的安排。简言之，关于正义的世界主义反对共同体主义者对正义的适用范围进行的限制。[①] 依照谢弗勒对关于正义的世界主义的否定性观点的归纳我们可以发现，关于正义的世界主义并不认可罗尔斯的将正义原则适用于一个封闭的共同体这一观点[②]，而是像贝兹和博格等世界主义者那样主张将罗尔斯的正义原则适用于世界上的所有人。

在谢弗勒那里，关于文化的世界主义反对如下观点：个人的福祉、认同或者能够获得有效的人类能动性的能力依赖于其在一个文化共同体中的身份，该共同体的边界是明确的，其稳定性和凝聚力是牢固的。关于文化的世界主义认为上述观点包括了对文化的歪曲理解以及对个人的认同、能动性和福祉的不恰当的限制。相反，关于文化的世界主义认为文化是处于不断变动之中的，这种变化是一个富有活力的文化的正常体现，因为维持一种文化的人口也是处在不断变化的过

[①] Samuel Scheffler, "Conceptions of Cosmopolitanism", in Gerard Delanty and David Inglis (eds.), *Cosmopolitanism* (*Volume 1: Classical Contributions to Cosmopolitanism*), London and New York: Routledge, 2011, p. 57.

[②] 罗尔斯的具体论述，可参见 [美] 约翰·罗尔斯《正义论》，何怀宏、何包钢、廖申白译，中国社会科学出版社1988年版，第7页。

程之中。同时，任何文化性的群体也许随时面对战争、疾病、自然灾害、新发明或者新创造等挑战或机遇，并通过对这些挑战的回应，从而更新其文化的历史以及对自我的理解。对关于文化的世界主义而言，文化是处于不断流动、不断变化、不断更新之中的，这是文化健康的重要标志。除了坚信文化处于不断变动之中，关于文化的世界主义还强调个人认同的流动性，认为人们有能力运用不同的文化资源形成不同的认同。当这样做时，人们能够过上一种较好的生活，并有创造一种新文化的能力，同时，文化资源被更新以后，人类的生活能够从整体上变得丰富多彩。关于文化的世界主义并不认为某种文化共同体的成员身份是个人社会认同的构成要素和形成个人自主性的条件。①

由上可见，关于正义的世界主义和关于文化的世界主义的侧重点是不一样的。关于正义的世界主义主要关注"正义的范围"问题，认为在分配各种资源或者罗尔斯所谓"基本善"的过程中，不应该考虑到人们因为偶然的原因而身处的国家或所属的民族等道德上的任意因素。易言之，公民身份或者民族身份等道德上的任意因素不应该影响人们所拥有的资源份额的大小，基于世界主义之上的全球分配正义原则的目标之一就在于减缓公民身份或民族身份等道德上的任意因素对分配份额所带来的种种不利影响；关于文化的世界主义的侧重点并不在于"正义的范围"，而是在于"正义的内容"，即某种文化共同体的成员身份是否是应当需要加以分配的善。当然，关于文化的世界主义并不认为某种文化共同体的成员身份是应当需要加以分配的善，而是认为国家并不应当操心文化的衰败或者繁荣问题。

科克-肖·谭还在谢弗勒的上述论述之基础上，探讨了关于正义的世界主义和关于文化的世界主义之间的关联性。科克-肖·谭强调那种认可关于正义的世界主义理念的全球分配正义观念并没有对民族文化之成员身份的正面价值或者负面价值做出任何判断，分配正义主

---

① 上述观点参见 Samuel Scheffler, "Conceptions of Cosmopolitanism", in Gerard Delanty and David Inglis (eds.), *Cosmopolitanism* (*Volume 1: Classical Contributions to Cosmopolitanism*), London and New York: Routledge, 2011, pp. 57–58.

要关注如何公平分配财富和资源，并对文化与个人自由之间的关系问题不发表任何意见，上述两种世界主义之间不存在任何必然的联系，也就是说，关于正义的世界主义独立于关于文化的世界主义，因为下述情况是可能出现的："一个人既拒斥关于文化的世界主义学说（即它主张文化成员身份是个人的一种重要的善），同时又接受世界主义的正义理念（即否认物质商品的基本分配应当受到有关成员身份的考量的限制），这在逻辑上是可能的。"① 当然，下述情况也是有可能出现的，即一个人既拒斥关于正义的世界主义，同时又接受关于文化的世界主义，比如这个人既反对分配原则不应当考虑人们所拥有的公民身份和民族身份等道德上的任意因素这一观点，又不认为文化成员身份是一种重要的善。

四　极端的世界主义与温和的世界主义

虽然谢弗勒将世界主义分为"关于正义的世界主义"与"关于文化的世界主义"，但是这并不意味着谢弗勒同时认可这两种世界主义或者只认可其中的一种世界主义，我们接下来将要论述谢弗勒对世界主义的另一种区分，即将世界主义分为"极端的世界主义"（extreme cosmopolitanism）和"温和的世界主义"（moderate cosmopolitanism）。② 谢弗勒认为虽然关于正义的世界主义与关于文化的世界主义在内容方面存在诸多差异，但是它们都认可世界上的每个人都是世界公民，每个人都拥有世界公民身份这一世界主义的根本理念，关于正义的世界主义和关于文化的世界主义都是该理念的变体，两种世界主义的差异之一在于对世界公民身份有着不同的理解。对关于正义的世界主义来说，世界公民身份意味着正义规则必须被视为能够主导人类彼此之间的关系，同时，正义规则不能被视为仅仅适用于单个社会之内或其他

---

① Kok-Chor Tan, "Liberal Nationalism and Cosmopolitan Justice", *Ethical Theory and Moral Practice*, Vol. 5, 2002, p. 444.
② 下面提及的谢弗勒的观点，参见 Samuel Scheffler, "Conceptions of Cosmopolitanism", in Gerard Delanty and David Inglis (eds.), *Cosmopolitanism* (*Volume 1: Classical Contributions to Cosmopolitanism*), London and New York: Routledge, 2011, pp. 59-62.

类型的有边界的共同体之内；然而，对关于文化的世界主义而言，世界公民身份意味着个人有能力通过从各种不同的文化资源方面，形成负有特质的认同而过上一种好的生活，同时，个人不被认为仅仅与一种文化、共同体或传统有关。

在谢弗勒那里，世界公民身份的内涵并不是清晰的，世界公民身份理念的内涵之模糊性会影响到对关于正义的世界主义和关于文化的世界主义的理解，并形成了两种不同类型的世界主义，即"极端的世界主义"和"温和的世界主义"。极端世界主义认为，一种理解世界公民身份理念的方式是，在如下意义上世界公民身份是根本性的：一种观念特别关注某些人是合法的，当且仅当通过诉诸世界公民身份理念才能证明其正当性。在关于正义的世界主义内部，关键的问题并不在于社会成员之间是否彼此负有情感，而在于对其他社会的成员是否负有情感。在关于文化的世界主义内部，极端的世界主义并不认可如下观点：在现代世界，对一个共同体的价值和传统的认可体现了一种切实可行的生活方式。

依谢弗勒之见，温和的世界主义认为理解世界公民身份理念的另一种方式是，一个人说自己是世界公民，这意味着他除了对特定的个人和群体有着情感关系和忠诚以外，也应该与其他人有着一种重要的伦理关系。这并不意味着，一个人与特定个人和群体之间的特殊关系以及感情只有通过诉诸世界公民身份理念自身才能证明其正当性。相反，世界公民身份是一种重要的成员资格形式，一种重要的责任之源。根据对世界主义的温和解释，世界主义仅仅坚持认为一个人的地方性的归属和忠诚必须根据其对他人的利益的考量来平衡或者加以限制。在关于正义的世界主义内部，温和的世界主义认为至少在基本原则的层面上，全球正义并不能取代社会正义，然而，社会正义要受到全球正义的限制。在关于文化的世界主义内部，温和的世界主义认为为了实现繁荣，人民并不需要将自己固定于一种特定的文化共同体。

人们往往将谢弗勒在"极端的世界主义"和"温和的世界主义"之间进行的区分与我们曾论及的米勒在"强式世界主义"与"弱式

世界主义"之间进行的区分相混淆,实际上,谢弗勒的区分和米勒的区分所关注的核心问题是不同的。极端的世界主义和温和的世界主义之间的区分主要涉及世界主义的证成基础,而强式世界主义和弱式世界主义之间的区分主要关涉如何理解平等对待世界上的所有人以及给予世界上的所有人以平等对待的程度之别。在谢弗勒那里,极端的世界主义强调世界主义价值是唯一根本的且重要的价值,对价值的来源持一种一元主义的态度,我们必须依照世界主义来证明其他原则或道德的正当性以及合理性。根据极端的世界主义,爱国主义或民族主义的合理性要根据爱国主义或者民族主义是否是从某些更为根本的世界主义理念中所推导出来的,或者是否在实现世界主义的目标的过程中提供了有益的手段。易言之,爱国主义或者民族主义等理念并不具有一种规范意义上的独立性,其价值应当能够还原为世界主义理念。温和世界主义在很多方面与极端世界主义是针锋相对的,譬如,温和的世界主义认为世界主义并不是唯一根本的且重要的价值,温和的世界主义并不像极端的世界主义那样对价值的来源持一种一元主义的态度,而是持一种多元主义的态度。温和的世界主义认为爱国主义或者民族主义等理念的合理性既不需要从某种根本的世界主义理念中推导出来,也不需要看其是否有利于世界主义目标的实现,换言之,民族主义或者爱国主义等非世界主义的原则和价值具有一种规范意义上的独立性。

第三节 世界主义面临的质疑

伴随着全球正义理论在当代政治哲学和道德哲学中日益引起人们的关注,作为分析全球正义理论的一种重要的研究视角,世界主义也引发了人们的重视。除了贝兹和博格等世界主义者为世界主义进行申述以外,还有很多学者从不同的角度出发批判了世界主义。

一 源自民族主义的批判

20世纪80年代以降,自由主义和共同体主义之间的争论成为当代政治哲学中的重要论争之一,双方聚讼的核心在于我们到底应当以"个人",还是应当以民族、国家等"共同体"作为分析问题的基本出发点?由于当代很多自由主义者认同世界主义理念,因此,自由主义和共同体主义之争往往演化为世界主义与共同体主义之争。共同体主义所涵盖的内容较多,因篇幅有限,我们在此只论及民族主义和爱国主义等共同体主义与世界主义之间的争论。

民族主义有着各种各样的类型,比如既有极端的民族主义,又有温和的民族主义。[①] 民族主义在伦理领域往往有着糟糕的声誉,尤其那些秉承极权主义和种族主义的极端民族主义在20世纪30、40年代给整个世界带来了诸多恶果,极端民族主义在今天几乎已经没有生存的空间。然而,这并不意味着民族主义理念已经不再引起人们的兴趣,相反,有些温和的民族主义在当今已经显得愈发重要。譬如,耶尔·塔米尔(Yael Tamir)、米勒和金里卡等人从自由主义的立场出发,强调通过自由主义来规训民族主义,阐发了一种名曰"自由主义的民族主义"的温和的民族主义理论,并对世界主义理念提出了异议。塔米尔、米勒和金里卡等自由主义的民族主义者对世界主义的主要批判在于世界主义者忽视了个人对其民族成员所负有的特殊义务,漠视了民族身份这一伦理纽带的重要性。塔米尔认为自由主义的民族主义的基本假设之一在于"道德应该建立在关爱的基础上而不是建立在相互冷漠的基础上",因此之故,"自由主义的民族主义不能赞成罗尔斯的思想试验。依据罗尔斯的看法,个体所以能够达成共识,是因为他们从无知之幕出发思考正义问题,这种无知之幕掩盖了他们的特定关系与归属,它意味着共同体的价值与信念应该在思考正义的过程中被超越"。[②] 言下之意,依塔米尔之见,人们有理由偏爱那些与自己同属于一个共同体的人,比如偏爱本民族的成员,对本民族的成员负

[①] 我们将在第六章第一节对"民族主义"以及接下来将要提到的"爱国主义"的内涵及其类型展开详细的论述。

[②] [以]耶尔·塔米尔:《自由主义的民族主义》,陶东风译,上海世纪出版集团2005年版,第104页。

有一种特殊义务和特殊责任。

虽然如上所述,米勒对世界主义进行了一种非常重要的类型学的区分,但是这并不意味着米勒认可世界主义理念。米勒从两个方面批判了世界主义:一方面,世界主义的义务是模糊不清的。米勒认为世界主义是一种关于价值的命题,"世界主义的前提意味着我们不能对那些我们与其没有任何特殊关系之人的命运完全漠不关心。我们对其负有某些义务,但是世界主义自身并不能告诉我们这种义务是一种什么义务,同时它当然也没有告诉我们,我们对其负有某种形式的平等对待的义务"①。在米勒那里,那些继续支持世界主义理念的人需要提供一种独立的论据来说明世界主义的义务是一种什么义务,世界主义者并不能从世界主义理念自身来明晰世界主义义务的内涵;另一方面,民族义务与民族自决是非常重要的。米勒认为世界主义从本源上来讲是一种关于世界公民身份的学说,在当代政治哲学中,世界主义强调世界上的所有人都是道德关怀的目标,这种世界主义可以被称为伦理世界主义。然而,伦理世界主义已经令人不可思议地否认我们对民族成员所负有的特殊义务和特殊责任。这种理念的错误之处在于政治共同体创造了一种互惠的关系,追求一种能够反映文化上的特定价值和信仰的目标,并在同胞之间产生某些特殊义务。强式世界主义要求建立世界政府,这是不现实的。②米勒还捍卫了民族自决,他认为"民族共同体有好的政治上自决的诉求。每个民族应该尽可能拥有自己的一套政治制度,这套制度允许它集体地决定其成员主要关注的问题。有时候这通过民族自决权利来表达,例如 1966 年的《联合国人权公约》"③。为什么民族拥有自决的权利?也就是说,为什么国家边

---

① David Miller, "Against Global Egalitarianism", *The Journal of Ethics*, Vol. 9, No. 1/2, 2005, p. 67.

② David Miller, "Cosmopolitanism: A Critique", *Critique Review of International Social and Political Philosophy*, Vol. 5, No. 3, 2002, pp. 80 – 85.

③ [英] 戴维·米勒:《论民族性》,刘曙辉译,译林出版社 2010 年版,第 81 页。

界与民族边界的一致是有价值的？米勒给出了三点主要的理由。① 其一，在个人有义务满足其他成员的基本需要以及保护其他成员的基本利益的意义上，民族是一个义务共同体。其二，为了保护民族文化，民族也应当拥有自决的权利，尤其对那些期盼实现民族自决却还未实现民族自决的人而言，这种理由是尤为重要的。民族文化对一个共同体有着重要的功用，它不仅能给予其成员一种归属感，提供一种历史认同，而且还能够为其成员提供更多选择如何生活的背景。其三，民族自决是体现集体自主的一种形式，同时，共同体纽带是一种将人们勾连在一起的极其重要的纽带，其重要性是不言而喻和不证自明的。

与民族自决紧密相关的是民族责任。在米勒所勾勒的全球正义图景中，民族国家拥有自决权，通过互不干涉义务和某些援助义务来尊重其他民族的自决权，然而，米勒并不认可贝兹将罗尔斯的差别原则直接运用于全球层面从而得出全球差别原则的这一做法，反复重申在当今世界，并不存在帮助较穷国家的一般义务，"这样一种观点看上去是无情的，但是现在我们了解到它是尊重其他民族共同体的自决所必需的。尊重其他民族的自主也包括将他们视为对他们就资源利用、经济增长和环境保护等可能做出的决定负责。作为这些决定的一个结果，不同国家中的生活标准可能大为不同，而一个人不能通过求助于平等主义原则（例如罗尔斯的差异原则）来证明再分配是正当的"②。换言之，在米勒那里，某些贫困国家应当对自己的贫困状况承担责任，不应当获得其他国家的援助，我们可以称这种观点为"民族责任论"，这种观点确实过于无情。

金里卡主要批判了以孔多塞为代表的启蒙运动时期的世界主义理念，认为孔多塞的"将出现一种普世语言和一个单一的全球社会"这一观点过于乐观，"事实经常证明，世界主义的吸引力远远比不上那

---

① 本段下述内容参见［英］戴维·米勒《论民族性》，刘曙辉译，译林出版社2010年版，第83—90页。

② ［英］戴维·米勒：《论民族性》，刘曙辉译，译林出版社2010年版，第107—108页。

些更加特殊的认同特征的吸引力。在我们的世纪里,世界主义不断与民族主义的势力展开较量,但不论两者何时发生冲突,胜出的通常是民族主义"。① 依金里卡之见,在以前的历史长河中,世界主义主要是反对地方城市、地方阶级和地方宗教团体的特权的结果,然而,在当今世界,情况恰恰发生了变化,世界主义几乎总是通过与民族主义的对比而获得界定的。金里卡认为世界主义者忽视了民族认同的重要性,民族认同并不会像某些世界主义者所设想的那样将会消逝,因为在建构自由主义民主制度的过程中,社会成员之间的高度信任是非常必要的,而那些拥有共同的民族认同的社会成员之间,恰恰会有这种信任,人们相信其他成员愿意认真考虑自己的利益和意见。虽然金里卡为自由主义的民族主义进行了辩护,并反对启蒙运动时期的世界主义,但是他并不想夸大双方之间的冲突以及张力,强调世界主义的敌人并不是民族主义,而是排外、不公正、大国沙文主义、军国主义和帝国主义等,因此,"鉴于自由主义民族主义与启蒙运动的世界主义之间的许多共同之处,并且它们都服膺于自由和平等之普遍价值,我更想说,自由主义民族主义会重新定义世界主义"②。显而易见,为了调和世界主义与民族主义之间的紧张关系,金里卡采取的策略是从自由主义的民族主义的根本立场出发,通过自由主义的民族主义来修正世界主义。

二 源自爱国主义的批判

世界主义除了面临源自民族主义的批判,还面临着源自爱国主义(patriotism)的批判。就爱国主义与民族主义的意涵而言,人们经常将爱国主义与民族主义混为一谈。实际上,我们并不能将两者等而视之,爱国主义比民族主义的历史更为悠久,爱国主义"指一个人对其祖国的热爱之情,其中暗含着一种随时准备以行动去保卫祖国、并且

---

① [加]威尔·金里卡:《少数的权利:民族主义、多元文化主义和公民》,邓红风译,上海世纪出版集团2005年版,第217—218页。
② 同上书,第237页。

在其他方面支持祖国的意思。……民族主义以作为现实的和明显的实体而存在着的民族为其前提,而爱国主义则可以单纯地包含着对自然地域或生活方式的依恋,无须含有任何抽象的'国家'观念"①。可见,爱国主义主要强调个人对其祖国与同胞的忠诚与热爱之情,在某种程度上,为了其祖国及同胞的利益,个人甚至应当牺牲自己的利益乃至生命。依照爱国主义的基本诉求,一个人给予自己的国家及同胞之偏爱的正当性是能够获得辩护的,然而,一个人在予以自己的同胞偏爱的同时,应当如何对待非同胞呢?譬如,在实现自己同胞的利益时,是将非同胞的利益完全弃之不顾甚至以牺牲非同胞的利益为代价,还是应当考虑非同胞的利益呢?这将关涉我们接下来将要探讨的爱国主义对世界主义的批判。一般说来,爱国主义对世界主义的批判可以分为两种类型:一种是在为爱国主义理念进行辩护的同时,完全拒斥世界主义;另一种是在认可爱国主义的同时,并未完全抛弃世界主义。

第一种批判以阿拉斯代尔·麦金太尔(Alasdair MacIntyre)的观点为代表。在现代社会,人们对爱国主义的内涵持有不同的认识,麦金太尔认为人们对爱国主义有着两种截然不同的看法:在19世纪的前期,人们通常将爱国主义视为一种美德,然而,在19世纪60年代,有人将爱国主义视为一种恶习。依麦金太尔之见,爱国主义意味着对特定国家的忠诚,然而,人们不要将爱国主义同一个人并没有意识到的对特定国家的忠诚相混淆。一般说来,爱国主义也包括对自己国家的特征、优点和成就的关注。② 在述说了爱国主义的内涵以后,麦金太尔还探讨了一种与爱国主义相对立的、在西方文化中有着很高声誉的道德学说。该道德学说主张应当从一种不偏不倚的立场做出道德判断,它类似于任何理性的个人在不考虑个人利益的情况下对情感

---

① [英]戴维·米勒、韦农·波格丹诺主编:《布莱克维尔政治学百科全书》(修订版),邓正来等译,中国政法大学出版社2002年版,第571页。
② Alasdair MacIntyre, *Is Patriotism a Virtue?*, The Lindley Lecture, The University of Kansas, 1984, pp. 3–4.

和社会地位做出判断。同时，按照该道德学说，那些符合道德规则的行为，就是按照这种不偏不倚的原则来做出的行为。于是，那些符合道德规则的思考和行动就意味着道德主体是在不考虑个人的社会特殊性和社会偏爱的情况下的思考和行动。由于麦金太尔此时所描述的道德学说的特征与我们一直在探讨的世界主义理念是高度吻合的，我们可以用"世界主义"来称呼该道德学说，即使麦金太尔在此并没有明确使用该术语。麦金太尔认为该道德学说与爱国主义之间的冲突是显而易见的，因为爱国主义要求人们对自己的国家有一种特殊的情感，并要求人们关注一些特定的事实，譬如，一个人出生在什么地方，处于什么政府的统治之下，父母亲是谁，祖父母是谁等情况。虽然麦金太尔主张这种强调不偏不倚原则的道德学说与爱国主义之间的冲突并不一定会出现（比如爱国主义可以限定在一定的范围之内，并受到道德的制约），但是他在下述例子中还是展示了两者之间的强烈冲突。假如有两个共同体争夺石油和天然气等稀缺的自然资源，这些自然资源对任何共同体的生存和繁荣来说都是至关重要的。麦金太尔认为每个共同体都会设法获取更多的自然资源，两个共同体也会因此而产生冲突，同时，"引发冲突的第二种情形还可能存在于各个共同体就每个人的正确生活方式所产生的分歧。不但是为稀缺的自然资源展开的竞争，而且那种源自冲突的信念所造成的不相容性也会导致这样的情形，在其中自由主义的道德立场与爱国主义立场将再次水火不容"①。显然，倘若我们将麦金太尔所描述的不偏不倚的道德学说称为世界主义是较为恰当的，当世界主义和爱国主义之间发生冲突时，麦金太尔毫不犹豫地为爱国主义的立场进行辩护，拒斥世界主义，即否认世界主义所认可的每个人都应该享有平等的道德地位这一道德学说。

爱国主义对世界主义的第二种批判以查尔斯·泰勒（Charles Taylor）的言述为代表。针对纳斯鲍姆有时曾建议以世界主义的理念来替代爱国主义这一做法，泰勒认为纳斯鲍姆的做法是错误的，其中的原

---

① Alasdair MacIntyre, *Is Patriotism a Virtue?*, The Lindley Lecture, The University of Kansas, 1984, p. 6.

因在于在现代世界,倘若没有爱国主义,我们什么也做不了。在泰勒那里,我们当今之所以需要爱国主义,其必要性主要在于以下两个方面:① 一方面,我们正在致力于建设的自由的、民主的以及在某种程度上平等的社会要求其公民具有很强的认同感。这种理念在公民人文主义传统中是非常著名的,那些有赖于其成员支持的自由社会,需要其成员的忠诚感。在现代的代议制民主中,虽然社会已经将现代自由与政治自由的价值结合在一起,但是社会更加需要其成员的忠诚感。当且仅当现代民主社会的成员相信其政治社会是一种共同的事业,相信自己的参与对民主社会的有效运转来说是至关重要的,现代民主才能起作用。这种参与不但要求公民认同共同体的计划,而且要求一种将所有人联系在一起的共同感。现代社会中的很多不平等以及少数群体所感受到的不重视和漠视,很容易伤害到现代民主制度,这也就是为什么现代民主社会不能是一个极度不平等之社会的原因。简而言之,我们需要爱国主义和世界主义,现代民主社会要求个人与其同胞之间有着很强的团结感。另一方面,一般说来,那些并不采取传统的等级制模式的现代国家要求能够将其成员动员起来,这种动员出现在人们拥有共同身份的情况下。在大多数情况下,我们所看到的情况并不是人们在拥有共同身份的情况下是否对动员有所反应,而是人们的两种或两种以上的身份都要求获得人们的忠诚。一些忠诚将对世界主义理念充满敌意。通过上述分析我们可以发现,虽然泰勒并不认可纳斯鲍姆的做法,并为爱国主义进行辩护,但是泰勒并没有像麦金太尔那样完全否定世界主义。

三 批判全球公民身份理念

与源自爱国主义的批判密切相关的是,人们对世界主义的批判往往是与对世界公民身份的质疑关联在一起的。希特对世界公民身份理念进行了批判,他认为关于世界公民身份争论的关键在于主权,具体

---

① 下面的观点参见 Charles Taylor, "Why Democracy Needs Patriotism", in Joshua Cohen (ed.), *For Love of Country?*, Boston: Beacon Press, 2002, pp. 119–121.

而言，争论主要包括在全球化时代，主权国家已经消亡了吗？将主权转移给在全球拥有政治权力的世界政府，这是可能的或者可行的吗？这样做值得吗？根据希特的观点，虽然在当今的国际舞台上，很多跨国机构和诸多超国家和超民族的机构已经出现了，而且有些机构还很有影响力，但是主权国家已经死亡或者人们已经完全不需要主权国家了这一观点是令人难以接受的，究其原因，主要有以下四点。第一，所有国家对其管辖下的公民行使着广泛的司法权等统治权，同时，在国际事务中，国家与国家之间互不干涉这一原则，仍然是国际行为准则的一个重要组成部分。第二，在国际政治舞台上，主权国家仍然普遍存在，而且无论在国内事务中，抑或在国际事务中，主权国家对暴力都拥有合法的和垄断性的权威。主权国家在行使权力时，其行为只要没有背离国际法等国际行为准则，就不应当受到干涉。第三，主权国家仍然是一个强有力的机构，不但能够持续地为其公民提供福利和相应的保护，而且也能够从其公民那里持续地获得忠诚与认同。第四，世界政府是不可能存在的，它简直就是一种天方夜谭，希特还较为详细地阐明了他持有该观点的原因。希特认为在一国范围内，众多公民奉行共同的道德行为准则、法律和政治制度，公民有着明确的公民身份，然而，在全球范围内，不同文化的道德准则之间有着众多的差异。对拥有某种公民身份来说，能够参与某种政治体系是至关重要的，但是，在世界政治体系中，这样的参与机制并不存在，因此，世界政府是不可能存在的。希特还曾设想了建立世界国家的三种方式，并一一进行了反驳。一是通过自发的方式建立世界国家，也就是说，人类愿意建立一个世界国家。然而，如果人类在整体上并不面临入侵的急迫威胁（比如外星人入侵人类），那么，这种通过自发的方式建立世界国家的想法是很难成为现实的。二是人们认识到一个四分五裂的世界是极其危险的，通过将对国家的忠诚转移至其他地方，比如欧盟就是一个经常被提及的例子。然而，欧盟的例子只是限于一定的地理空间，并不具有被推广开来的可能性。三是通过征服的方式建立一个世界国家，比如亚历山大、罗马人、拿破仑和希特勒都曾经采用过该方式，试图建立一个准世界国家。当然，征服的方式显而易见既不是可欲的，又不会受到人们的推崇，最终也会以失败的方式而告终。如果世界政府是通过征服的方式而被建立起来的，那么这会建立一个全球的人间地狱，而不是世界国家。① 在希特那里，即使能够建立一个世界政府，它也不能够持续存在，其中的原因在于无论从管理技术的角度而言，还是从心理的角度来说，世界政府内部所存在的离心力一定会大于维持其存在所必需的向心力。即使世界政府能够存在，恰当地管理这么一个庞大的、前所未有的政治组织，也一定是令人畏惧的。一个掌管着如此庞大的政治组织的统治者，也极有可能会滥用自己手中的权力。

因此，希特认为世界政府并不是一种值得追求的目标，"国家（就其当下的形式是主权的民族国家）是一个事实，履行着重要的功能，因此保留国家是有利于人类的。相反，世界政府并不是事实，也并没有什么用处。而且既然世界政府与独立主权的国家政府的存在是不相容的，所以世界公民与国家公民也是不相容的。从而可以得出的结论是，世界公民既不真实，也没有什么用处"②。可见，为了批判世界公民身份理念，希特采取的论说逻辑是主权国家并没有消亡，仍然是人们认同的主要对象；世界政府不可能存在，即使世界政府能够出现，世界政府在统治的过程中，仍然会面临很多难以克服的困难。

迈克尔·沃尔泽（Michael Walzer）从其共同体主义的立场出发，对世界公民身份理论进行了批判。沃尔泽在回应纳斯鲍姆的世界主义理念时曾说，他认可纳斯鲍姆有关世界主义教育的观点，但是也明确说道：

---

① 上述观点参见［英］德里克·希特《公民身份——世界史、政治学与教育学中的公民理想》，郭台辉、余慧元译，吉林出版集团有限责任公司2010年版，第328—333页。
② ［英］德里克·希特：《公民身份——世界史、政治学与教育学中的公民理想》，郭台辉、余慧元译，吉林出版集团有限责任公司2010年版，第328页。

> 我不是一个世界公民。……我甚至没有意识到存在这样一个我们可以成其公民的世界。没有人曾经授予我世界公民身份，或者向我描述过归化的过程（the naturalization process），没有人将我征募（enlisted）进入世界的制度结构之中，或者向我描述该制度结构的决策程序（我希望它是民主的），没有人为我提供一份公民身份的权益和义务的清单，或者告诉我世界的历法、公共的庆典以及各种公民的纪念仪式。①

沃尔泽在上述话语中，至少对世界主义者的世界公民身份理念提出了两点批评意见：第一，世界主义者既忽视了民族国家的公民对其所属的政治共同体有一种明确的归属感，并拥有一种确切的公民身份，又忽视了这种公民身份为公民带来的明确的权利以及与权利相适应的各种义务；第二，公民身份意味着公民拥有政治参与的权利，政治共同体的决策程序是一种民主的程序，然而，在全球层面上并不存在这样的决策程序，更谈不上有什么民主的决策程序，世界主义者恰恰漠视了这一点。虽然沃尔泽并不认可世界主义者的世界公民身份理念，认为分配正义理论假定了一个有边界的分配世界，人们往往在该边界之内进行分配、交换和分享社会物品，但是这并不意味着在全球层面上不存在援助义务，他认为"人类群体应当帮助他们当中或在路上发现的急需帮助的陌生人。……互助作为一个分配成员资格的（可能的）外部原则，并不依赖于一个特定社会内关于成员资格的普遍看法"②。

希特不但认为世界公民身份在理论上无法界定，在实践中并不存在，也不值得追求，而且还对世界主义进行了批判。希特认为虽然"世界主义"一词今天具有跨国家或超国家的政治含义这样一种用法，但是这只是世界主义近年来才具有的含义，就"世界主义"一词的本

---

① Michael Walzer, "Spheres of Affection", in Joshua Cohen (ed.), *For Love of Country?* Boston: Beacon Press, 2002, p.125.
② ［美］迈克尔·沃尔泽：《正义诸领域：为多元主义与平等一辩》，褚松燕译，译林出版社2002年版，第41页。

义来说，世界主义意味着宇宙公民，"如果一个人被描述为宇宙公民，那么意味着他具有作为整个宇宙、整个生活、整个自然中的一部分的意识，认为所有人类在这些整体中——个人身处其中的政治国家这种共同体更不待言——无非是沧海一粟而已"。① 在希特那里，虽然世界主义理念在当代出现了复兴的局面，但是这并没有证明世界主义理念本身就是可欲的，"如果世界主义的愿景没有深深打动人们的心理，原因最有可能在民族传统的强固力量和相比之下脆弱的全球情感纽带中找到"②。对希特来说，众多公民需要共享着某种共同体的感觉，对共同体有一种认同感，而这种情感最有可能在那种有着共同的语言、共同的文化和共同的传统这样的共同体中产生。事实上，这种情感的形成并不是一朝一夕的事情，而是需要一个漫长的过程，如果这种共同的情感被削弱甚至被抛弃，那么这将会危及共同体的社会团结和根基。由于这样的情感并不可能出现在全球层面上，因此，世界主义的情感和认同感并不能获得人们的普遍认可。

四 拒斥全球分配正义原则

由于当代世界主义者通常认同全球分配正义理论，人们对世界主义的批判往往是与对全球分配正义理论的批判密切相关的。虽然罗尔斯建构了一种非常著名的名曰"作为公平的正义理论"的分配正义理论，但是罗尔斯仅仅将这种分配正义理论限于民族国家的范围之内，并不赞同贝兹和博格等世界主义者在全球层面上对其分配正义理念的拓展，可以说，罗尔斯对全球分配正义原则持一种拒斥的态度，这是非常显而易见的。罗尔斯之所以不认可全球分配正义原则，拒绝对自己的正义理论进行一种世界主义的阐释，主要基于下述几个方面的考虑。③

---

① ［英］德里克·希特：《何谓公民身份》，郭忠华译，吉林出版集团有限责任公司2007年版，第140—141页。
② 同上书，第154页。
③ 我们同样可以将罗尔斯对全球分配正义原则的批评，视为从共同体主义立场出发而进行的批判，因为罗尔斯在《万民法》中主要是以"人民"（people）为关注的中心，有着明显的共同体主义倾向。

其一，罗尔斯追随康德对世界政府的拒斥，认为世界政府是不切实际的：

> 我还假定，这些原则（指万民法的八条原则——引者注）还会为人民间的各种形式的合作联合体和联盟留下空间，却并不认可一个世界国家（a world-state）。在此，我遵循了康德在《永久和评论》（1795）中所提出的思想，他认为，一个世界政府——我指的是一个统一的政治体，其法律权力通常由一个中央政府来运作——要么会成为一个全球性专制制度，要么就是一个脆弱的帝国；当不同的宗教和人民为获取政治自主权而斗争时，这个帝国就会被不断的内战冲击得支离破碎。①

其二，罗尔斯持有一种"纯粹国内因素致贫论"，强调一国贫困的主要根源在于其国内因素。罗尔斯认为："一个人民富裕的原因及其采取的形式，深深植根于其政治文化、支持他们的政治和社会制度的基本结构的宗教、哲学和道德传统，还有该社会成员的勤勉及合作，所有这些都由他们的政治德行支撑着。"② 犹如我们在上一章曾提及的那样，在罗尔斯那里，自然资源的丰裕程度对一国的发展来说并不是至关重要的，因为在世界上还没有国家因自然资源稀缺到无法成为组织有序的社会的一员，诸如日本这样的自然资源稀缺的国家也可能成为组织有序的社会的一员，而诸如阿根廷这样的自然资源丰富的国家在成为组织有序的社会的一员的过程中就面临着很大的困难。在所有这些影响一国发展的国内因素中，罗尔斯最为重视的是一国的政治文化（比如因不利状况而负担沉重的社会的政治文化是一种扭曲的、腐败的政治文化），并着力论述了如何改变一国的政治文化。在罗尔斯那里，并没有什么简单的方法可以帮助一个因不利状况而负担

---

① ［美］约翰·罗尔斯：《万民法》，陈肖生译，吉林出版集团有限责任公司2013年版，第78页。
② 同上书，第150页。

沉重的社会改变其政治文化和社会文化。人们通常建议要么通过给予金钱的方式，使因不利状况而负担沉重的社会自愿改变其政治文化和社会文化，要么通过战争等强制性的方式，强迫因不利状况而负担沉重的社会改变自己的政治文化和社会文化，然而，对罗尔斯来说，前一种方式是不可预的，后一种方式有违万民法的基本精神。

其三，罗尔斯认为其差别原则是一种政治原则，并不适宜处理国家之间的贫困和不平等问题。针对贝兹和博格等人所建议的用其差别原则和其他自由主义的分配正义原则来处理因不利状况而负担沉重的社会所面临的不利状况，并调控国家之间的经济不平等这一建议，罗尔斯回应道，差别原则是针对处理民主社会内部的问题而提出的分配正义原则，将差别原则用于处理民主社会内部的正义问题是合乎情理的，但是将其用于处理社会之间的不平等和贫困的状况，这并不是一种可行的建议。其中的原因在于，在万民社会中，存在着各种各样的差异较大的社会，我们并不能奢望所有社会都接受自由主义的分配正义原则，比如非自由但正派的人民就不会接受自由主义的分配正义原则，同时，各个自由社会之间也存在较大的差异，它们不可能接受同样内容的自由主义的分配正义原则，"在一种建构主义的观念中，没有理由认为适用于域内正义的原则，同样也适合用来规制诸人民组成的社会中的不平等。……每一主题——无论是制度还是个体，是一个政治社会还是由各政治社会所组成的社会——都各由因应其自身而制定的原则来规范。这些原则是什么，必须由一套恰当的程序从一个正确的起点出发来制定"①。显而易见，在罗尔斯那里，并不存在一种能够处理所有社会内部的问题的正义原则，正义原则是随着社会制度的变化而变化的。虽然如此，但这并不意味着组织有序的人民对因不利状况而负担沉重的社会不负有任何义务和责任，罗尔斯认为，这种义务是一种人道主义的援助义务，所有自由主义的分配正义原则——比如用于处理国内不平等问题的差别原则——并不适合处理因不利状况而

---

① [美]约翰·罗尔斯：《万民法》，陈肖生译，吉林出版集团有限责任公司2013年版，第38页。

负担沉重的社会所面临的不利状况。

其四，贝兹和博格等人的全球分配正义原则没有目标和终止点，这是令人难以接受的，正如罗尔斯曾言，"组织有序人民具有一种**责任**（duty）去为负担沉重的社会提供帮助。但这并不能得出，承担这种援助责任的唯一或最好方式就是遵循一种分配正义的原则，并用它来规制各社会间出现的经济和社会不平等。大多数这样的分配正义原则都没有一个明确的目标，目的或终止点（cut-off point），超过它该援助就可以停止了"①。在罗尔斯看来，援助义务的目标并不是致力于增加因不利状况而负担沉重的社会的财富总量以及提高其福祉水平，因为并非所有因不利状况而负担沉重的社会都是贫穷的，犹如并非所有组织有序的人民都拥有大量的财富一样。大量的财富并不是建立一种正义的或者正派的制度的必要条件，建立一种正义的或者正派的制度到底需要多少财富，决定性的因素主要在于该社会的特殊历史及其正义观，只要该社会的政治传统、法律、财产、阶级结构以及深层次的道德、宗教和文化能够支撑该社会成为自由的或者正派的社会，即使相较于其他社会而言，该社会的自然资源和财富都比较少，这也并不会妨碍该社会成为组织有序的社会的一员。可见，罗尔斯对一国贫困所持的"纯粹国内因素致贫论"深深地影响了罗尔斯对全球分配正义原则的看法。

其五，全球分配正义原则会损害人民的政治自主，并未尊重人民的选择。罗尔斯认为贝兹和博格等人的全球分配正义原则（比如全球差别原则和全球资源再分配原则）是没有终点的，会进行一种毫无目的的和毫无节制的援助，虽然罗尔斯承认他接受贝兹和博格等人所说的保障人权和满足基本需要这些目标，但是罗尔斯认为仅仅依靠其人道主义的援助义务就能够涵盖这些目标。罗尔斯通过询问"全球分配正义是否具有目标和终止点"来比较援助义务与全球分配正义。罗尔斯认为，援助义务既有目标，也有终点，全球分配正义恰恰缺乏目标

---

① ［美］约翰·罗尔斯：《万民法》，陈肖生译，吉林出版集团有限责任公司2013年版，第148页。

和终点,援助义务的目标在于通过帮助世界上的穷人,直到他们要么成为一个合乎情理的自由社会的一员,要么成为一个正派的协商等级制社会的一员,援助义务的终点在于只要援助义务的目标达成了,就不需要进一步的援助了,可见,援助义务的目标和终点是合二为一的。罗尔斯不但比较了援助义务与全球分配正义,而且还比较了援助义务与世界主义,"一种世界主义观点的终极关怀,是个体的福祉,而不是社会的正义"。罗尔斯又设想了一个思想试验来进一步对照援助义务与世界主义,譬如,有两个社会 S1 和 S2 都满足罗尔斯的国内正义理论,S1 的处境最差者的处境要比 S2 的处境最差者的处境糟糕一些,假如 S1 和 S2 在继续满足罗尔斯的国内正义理论的情况下,可以通过某种全球再分配原则以改善 S1 的处境最差者的地位,那么,就这种全球再分配方案和原来的再分配方案而言,哪一个会更好呢?罗尔斯认为:"万民法在这两种分配方案中保持中立,而世界主义的观点并非如此。因为世界正义关注的是个体的福利,并因此关注全球范围内的处境最不利者的福祉是否得到了改善。对万民法而言,重要的是自由和正派社会的正义和基于正当理由的稳定性,以及它们作为一个由诸组织有序的人民所组成社会的成员而存在于世界中。"① 显而易见,与全球分配正义和世界主义相较而言,罗尔斯的援助义务是较为保守的。

第四节 为道德世界主义申辩

上述世界主义的批评者对世界主义理念提出了激烈的批评,即使像科克-肖·谭等世界主义理念的著名辩护者也不得不承认世界主义确实有某种缺陷,诚如科克-肖·谭所强调的那样,"世界主义者虽然并不普遍地犯这样的错误(与世界主义的某些批评者的观点不同):完全否认爱国主义的合理性;但是,他们中的某些人确

---

① [美] 约翰·罗尔斯:《万民法》,陈肖生译,吉林出版集团有限责任公司2013年版,第161页。

实犯了这样的错误：未能全面认识并低估了爱国主义的道德意义——认为爱国主义的价值是从世界主义原则中推导出来的或可以还原成后者。也就是说，人们可以正确地批评说，世界主义者未能足够认真地对待爱国主义"①。虽然如此，世界主义之批评者的很多观点仍然是值得商榷的。

第一，无论是米勒的"民族责任论"，还是罗尔斯的"纯粹国内因素致贫论"，犯了一个同样的错误，即都没有注意到一个民族应当对自己的选择承担责任以及国家贫困的主要根源在于其国内因素的前提条件是国际秩序是公正的，然而，当今的国际秩序并不是公正的。米勒的"民族责任论"忽视了各个民族要为自身的选择承担责任这一观点的前提条件是各个民族必须拥有一种公平的背景性条件，而这种背景性条件在国际秩序中往往是阙如的。罗尔斯的"纯粹国内因素致贫论"亦忽视了一个非常重要的情况，即一个国家的政治文化、社会制度的基本结构等国内因素是一个国家富裕的根本原因的前提条件是，上述国内因素并没有受到国际因素的影响。然而，事实情况是另一番景象，不公正的国际政治秩序和国际经济秩序无论是在以前，还是在当下，都在深刻地影响着一些贫困国家的国内因素，不公正的国际政治秩序和国际经济秩序、历史上的殖民统治等因素正是一些国家之所以贫困的主要根源，这些不公正的国际秩序及其遗祸正在使得一些贫困国家的处境雪上加霜。

第二，麦金太尔为了捍卫爱国主义，对世界主义采取一种完全拒斥的态度，这也是值得令人怀疑的。查尔斯·琼斯（Charles Jones）认为麦金太尔所捍卫的爱国主义是一种排他性的爱国主义，即一个人应当仅仅关心自己同胞的福祉，非同胞的利益并不在伦理关切的范围之内。在上述我们所引述的麦金太尔所举的两个共同体争夺稀缺的自然资源的例子中，麦金太尔给出的解决方案是要么爱国主义者选择支持自己的国家，要么放弃自己的爱国主义立场，采

---

① ［美］科克-肖·谭：《没有国界的正义：世界主义、民族主义与爱国主义》，杨通进译，重庆出版社2014年版，第158页。

取第二种立场的人并不是一个真正的爱国主义者。琼斯认为麦金太尔此时犯下了一个严重的错误,"他仅仅为我们提供了两种选择,但是他忽视了另一种不仅现实的而且事实上也是正确的选择。……即爱国主义者可以在特别关注自己同胞的同时,其他共同体对争议中的特殊的稀缺资源也有同样的需求"①。可见,在琼斯看来,除了麦金太尔所给出的两种完全相斥的选择以外,还存在第三种选择,这是麦金太尔未曾注意到的。

第三,世界公民身份理论的批判者和全球分配正义原则的批评者不认可世界主义理念的主要理由在于世界国家是不存在的或者世界国家是危险的,然而,这种批判至多只能驳倒制度世界主义,犹如我们反复申述的那样,道德世界主义并不以世界国家的存在为根本要件。世界主义的批判者往往以世界国家是虚幻的或者危险的为由,从而认为世界主义也是不现实的。世界国家是否存在,这是一个非常有争议性的话题,然而,随着全球化进程的加快以及人类共同体意识的逐步增强,我们并不能完全否认世界国家或者准世界国家存在的可能性。罗尔斯在反对对自己的国内正义理论进行一种世界主义的阐释并批判世界主义时,也不能仅仅以康德的世界国家会导致独裁或者内战这一观点为最终的依据,因为当下以及未来的世界状况,与康德所处的时代已经有很大的不同。即使我们承认希特和罗尔斯的观点,即世界国家并不存在或者世界国家是难以治理的,但是世界国家并不具有可行性这一观点也仅仅为制度世界主义带来了严峻的挑战,并不能从根本上挑战道德世界主义,这与道德世界主义的内涵和目标有着密切的关系,接下来我们对道德世界主义进行进一步的厘清。

从基本诉求上而言,道德世界主义的诉求要比制度世界主义的诉求要弱一些,比如制度世界主义主张建构一个世界国家,而道德世界主义只是主张个人是道德关怀的终极单位,每个人都应当获得平等的

---

① Charles Jones, *Global Justice: Defending Cosmopolitanism*, Oxford University Press, 1999, pp. 135 – 136.

尊重，不论其属于哪个国家，属于哪个民族，易言之，道德世界主义并不包含具体的政策或制度建构。贝兹认为与伦理相关的世界主义并不一定是与制度相关的世界主义：

> 前者与道德世界主义在如下方面是一致的：诸如国家体系这样的东西是比诸如世界政府这样的东西更好的，其原因也许在于个人利益在一个世界被划分成诸多国家的情况下能够获得最好的实现，在其中，社会成员承认对彼此之间的福祉负有一种特殊责任（康德所认可的世界主义就属于这种类型）。道德世界主义并不因任何有关世界政治组织的观点而引人注目，而是因有关这些问题的道德基础的观点而引人注目。①

可见，道德世界主义与制度世界主义的基本诉求是不一样的，并不主张建构一个世界国家。因此，倘若世界主义的批评者以世界国家的不切实际性或者世界国家是难以治理的等为由而试图从根本上撼动世界主义，这是徒劳无益的，世界主义的批评者的"世界国家的不切实际性或世界国家是难以治理的"这个论据只能针对制度世界主义，而不能针对道德世界主义，对道德世界主义的主张并未造成任何伤害。

世界国家将来能否出现，是一个悬而未决的问题。即使世界国家在将来真的像世界主义的批评者所言及的那样不可能出现，道德世界主义的目标也是可以实现的，因为有多种实现道德世界主义的方案并不以世界国家的存在为先决条件。比如我们可以采取博格的"全球资源红利方案"（global resources tax），在全球范围内实现资源的再分配，从而平等关心和尊重世界上的每一个人，无论其公民身份和民族身份如何。博格的全球资源红利方案意为"虽然一国人民拥有和完全控制其领土上的所有资源，但该国人民必须对它选择开采的任何资源

---

① Charles R. Beitz, "International Liberalism and Distributive Justice: A Survey of Recent Thought", *World Politics*, Vol. 51, No. 2, 1999, p. 287.

支付红利"①。譬如,虽然沙特阿拉伯的人民不会同意其他国家的人民免费开采本国丰富的石油资源,但是沙特阿拉伯的人民在开采石油资源的过程中,无论自己消费还是销售给他国,都必须缴纳销售额的1%的红利。全球资源红利并不纯粹由资源的所有者单独承受,资源的消费者同样也要承担一定比例的红利。除了石油,天然气、煤炭、海洋渔业资源和农场用地等,都可以用类似的思路加以征收红利,征收的红利可以被用于解决全球不平等和全球贫困问题,比如可以确保所有人能够在某种程度上享受教育、保健和医疗服务等,并能够过上一种满足基本需要的生活。在博格那里,全球资源红利方案的实施并不需要在全球范围内建立类似于世界政府这样的官僚体制,只需要通过现存的联合国或者世界银行这样的国际组织就可以完成该目标,只要自然资源的销售国和消费国愿意缴纳一定比例的红利即可。

可见,道德世界主义之目标的实现并不以世界政府的存在为前置条件,正如科克-肖·谭曾言,"道德世界主义不仅在原则上可以与制度世界主义区分开来,而且甚至在实践中,经验也表明即使我们自己不追求某种世界政府和模糊的全球公民身份的理念,我们也能够期望——更好地期望——道德世界主义目标的实现"②。如果有人坚持认为只有以世界政府的存在为先决要件,道德世界主义的目标才能实现,那么这种观点未免过于武断,没有准确把握世界主义的内涵。

---

① Thomas W. Pogge, "An Egalitarian Law of Peoples", *Philosophy and Public Affairs*, Vol. 23, No. 3, 1994, p. 200. 当然,博格的全球资源红利方案只是用于实现世界主义以及全球正义的一种备选方案而已,它本身也是非常富有争议性的。比如作为罗尔斯的国际正义理论的重要捍卫者,弗里曼就不认可博格的全球资源红利方案。具体研究参见 Samuel Freeman, *Justice and the Social Contract: Essays on Rawlsian Political Philosophy*, Oxford University Press, 2007, p. 315. 不仅如此,全球正义理论的重要辩护者罗伯特·古丁(Robert E. Goodin)也认为虽然全球资源税可能有某些吸引力,"但是在实践中,资源税在政治上似乎命中注定不会成功。当要对已被人拥有的资源征税时,赢家和输家从一开始就已区分得如此泾渭分明。举例说,当要对采油或采煤征收'能源税'的风声一起时,得克萨斯的石油大王就已十分清楚,他们将要承受多大的损失,于是他们就游说他们在白宫的朋友"。参见[澳]罗伯特·古丁《正义的全球化》,载[英]戴维·赫尔德等《驯服全球化》,董新耕译,上海世纪出版集团2005年版,第64页。我们将会在第七章探讨全球正义理论的其他实现机制。

② Kok-Chor Tan, "Liberal Nationalism and Cosmopolitan Justice", *Ethical Theory and Moral Practice*, Vol. 5, 2002, p. 442.

第三章

全球正义的功利主义阐释
——基于彼得·辛格的全球正义理论的分析

自18世纪中期至20世纪60年代,功利主义(utilitarianism)①是道德哲学和政治哲学中一种占据支配地位的理论。虽然自20世纪70年代开始,在以罗尔斯为首的一些哲学家的强烈批判下,功利主义原先所拥有的那种一统天下的态势得以终结,但是这并不意味着功利主义已经成为一种毫无影响力的理论。为了回应和反击罗尔斯等人对功利主义的批判,形态各异的功利主义在当代道德哲学和政治哲学中不断涌现。当代功利主义者既通过重新阐释古典功利主义的基本原则来应对其所面临的挑战,又通过介入堕胎、安乐死、环境污染、不平等和贫困等实践伦理学中一些棘手的问题来凸显自身的理论优势,将杰里米·边沁等古典功利主义者曾经为众多社会改革寻求合理的基础这一尝试发扬光大。作为"20世纪最有影响力的哲学家之一"②,彼得·辛格就是其中的代表性人物,在辛格的不懈努力下,功利主义成为分析全球正义问题的一种重要分析进路,该分析进路在当代道德哲学和政治哲学中愈发具有影响力。本章首先在对功利主义的基本理念

---

① "Utilitarianism"这个术语被译为"效用主义"可能更为合适一些,但是鉴于目前通行的译法是"功利主义",本书也采用"功利主义"这一译法。然而,为了避免引起歧义,本书将"utility"译为"效用",而不是译为"功利"。

② Dale Jamison, "Singer and His Practical Ethics Movement", in Dale Jamison (ed.), *Singer and His Critics*, Blackwell Publishing Ltd., 1999, p. 1.

做一简要介绍的基础上，探讨辛格是如何用功利主义来分析全球不平等问题的，然后关注辛格的全球正义理论所面临的批判及其回应，最后探讨以辛格的全球正义理论为代表的全球正义的功利主义分析进路的得与失。

第一节　什么是功利主义？

功利主义的流派众多，内部聚讼纷纭，阿玛蒂亚·森（Amartya Sen）曾经对功利主义的核心理念进行了经典的概括，认为功利主义的核心要素包括福利主义（welfarism）、总量排序（sum-ranking）和后果主义（consequentialism），[①] 其中，福利主义要求事物状态的好坏程度仅仅是与该状态有关的效用的函数，总量排序要求对有关任何一种状态之效用的评价只能通过观察该状态所包含的效用总和来进行，后果主义要求包括行为、制度、动机和规则在内的每一种选择，最终由其结果的好坏来决定。功利主义致力于实现效用的最大化，众多功利主义流派的基本分歧在于何谓"效用"以及如何实现"效用的最大化"。以下我们大体上以时代的区分为基础，分别论述以"行为功利主义"（act-utilitarianism）为主要形态的古典功利主义与以"规则功利主义"（rule-utilitarianism）为主要形态的现代功利主义。

一　古典功利主义

古典功利主义的代表人物主要有边沁、约翰·密尔和亨利·西季威克（Henry Sidgwick）等人。虽然我们在苏格兰启蒙运动时期的思想家弗朗西斯·哈奇森、大卫·休谟和亚当·斯密等人的著作中都可以发现功利主义之基本信条的初始表达，但是对功利主义的基本信条进行系统阐释这一工作首先是由边沁完成的。边沁将功利主义的基本

---

① 参见［印度］阿玛蒂亚·森《伦理学与经济学》，王宇、王文玉译，商务印书馆2000年版，第42页。类似的观点亦可参见 Amartya Sen, "Well-Being, Agency and Freedom: The Dewey Lectures 1984", *The Journal of Philosophy*, Vol. 82, No. 4, 1985, p.175。

信条归结为"最大多数人的最大幸福原则",认为行动和动机等的好坏最终是由其所带来的结果的好坏来决定的,即通过一种后果论的原则来评价行为的道德正确与否。边沁主要将"效用"理解为"幸福",认为人的本性在于趋乐避苦,自然将人类置于快乐和痛苦的主宰之下,只有它们才能指示人们应当做什么以及决定人们将要做什么,虽然人们可以在口头上声称不再受其主宰,能够摆脱其带来的限制,但是人们每时每刻都不得不对其俯首称臣,"效用是指任何客体的这么一种性质:由此,它倾向于给利益有关者带来实惠、好处、快乐、利益或幸福(所有这些在此含义相同),或者倾向于防止利益有关者遭受损害、痛苦、祸患或不幸(这些也含义相同);如果利益有关者是一般的共同体,那就是共同体的幸福,如果是一个具体的个人,那就是这个人的幸福"。① 在边沁那里,人们所拥有的幸福或快乐是同质的,人们可以对其进行人际比较,当某事物倾向于增加一个人的快乐或者倾向于减轻一个人的痛苦时,它就被说成促进了这个人的利益;当一项行动能够增大共同体的整体幸福时,它就符合了效用原理,反之,它则背离了效用原理。可见,边沁对效用进行了一种快乐主义的解释,依照该解释,一种资源的分配当且仅当能够使公民的快乐感觉和痛苦感觉的正负结果达到最大可能的正数时,这种分配在道德上才是最为可取的。虽然边沁对效用进行的快乐主义解释在某些方面契合于人们的道德直觉(从直观上而言,大部分人希望自己能够获得更多的快乐,希望自己遭受更少的痛苦),但是这种貌似合理的解释存在的一个致命缺陷是它只重视快乐的数量,而忽视了快乐的质量,这使得边沁的功利主义理论招致了很多批判,经常被戏称为"猪的哲学"。

密尔在秉承边沁的"最大多数人的最大幸福"之原则的前提下,对边沁的功利主义理论进行了修正。密尔首先接受了边沁对效用进行的快乐主义解释,认为:

---

① [英]边沁:《道德与立法原理导论》,时殷弘译,商务印书馆2000年版,第58页。

把"效用"或"最大幸福原理"当作道德基础的信条主张,行为的对错,与它们增进幸福或造成不幸的倾向成正比。所谓幸福,是指快乐和免除痛苦;所谓不幸,是指痛苦和丧失快乐……唯有快乐和免除痛苦是值得欲求的目的,所有值得欲求的东西(它们在功利主义理论中与在其他任何理论中一样为数众多)之所以值得欲求,或者是因为内在于它们之中的快乐,或者是因为它们是增进快乐避免痛苦的手段。①

密尔认为幸福是值得人们欲求的目的,而且是唯一值得人们追求的目的,倘若其他事物也是值得人们期盼的话,那也仅仅是因为它们可以被作为达到幸福的手段。同时,功利主义所强调的幸福或者快乐是人的幸福或快乐,而不是动物的幸福或快乐,而且快乐可以被二分为"精神上的快乐"和"肉体上的快乐",功利主义著作家们将精神上的快乐置于肉体上的快乐之上,因为前者是更加持久的,更加有保障的,同时成本也是更小的。与边沁相较而言,密尔更加重视幸福的质量,而不仅仅是幸福的数量,认为"做一个不满足的人胜于做一只满足的猪;做不满足的苏格拉底胜于做一个满足的猪。如果那个傻瓜或猪有不同的看法,那是因为他们只知道自己那个方面的问题。而相比较的另一方即苏格拉底之类的人则对双方的问题都很了解"②。可见,依照密尔的立场,我们在衡量快乐时不能仅仅注重快乐数量的多寡,更要注重快乐质量的高低。

密尔对边沁的功利主义理论进行的修正是多方面的,例如,他并不认可边沁对功利主义仅仅提出的消极的辩护,而是试图为功利主义原则进行直接的论证。密尔为功利主义进行的论证是非常简单的,他认为能够证明一个对象可以被看到的唯一证据在于人们实际上看见了它,一个不容忽视的事实在于每个人都会关注和追求自己的幸福,

---

① [英]约翰·穆勒:《功利主义》,徐大建译,商务印书馆2014年版,第8—9页。笔者将"Mill"译为"密尔",而不是"穆勒",以下同。

② 同上书,第12页。

"因此我们就不仅有了合适的证据,而且有了可能需要的一切证据来证明,幸福是一种善:即每个人的幸福对他本人来说都是一种善,因而公众幸福就是对他所有的人的集体而言的善。幸福有权利成为行为的目的之一,所以也有权利成为道德标准之一"①。可见,密尔对功利主义的论证的关键环节是由"每个人的幸福对他本人来说都是一种善"转变为"公众幸福就是对所有的人的集体而言的善"。实际上,密尔的上述论证至少在逻辑上是缺乏说服力的,因为我们并不能够从每个人欲求实现自己的幸福直接推导出每个人都追求最大多数人的最大幸福。

密尔对功利主义进行的上述简单证明引起了很多哲学家的批判,较具代表性的是古典功利主义的另一位代表人物西季维克的批判。西季维克并不同意密尔对功利主义进行的论证,认为密尔是将功利主义原则作为正当或错误的标准而提出来的,当密尔对功利主义原则做"普遍幸福是值得欲求的"这样的陈述时,他的意思是说:

> 普遍幸福是每个人**应当**欲求,或至少——在"应当"的更严格的意义上——应当努力在行动中实现的东西。但是,密尔的推理并没有证明这一命题,即使我们可以合理地说实际被欲求的东西就是值得追求的东西,情况也是这样。因为,即使各种实际的欲望是指向普遍幸福的各个部分的,它们的总和也不构成一种存在于某人身上的对普遍幸福的欲望。密尔当然不会认为,一种不存在于任何个人身上的欲望能够存在于个人的总和之中。②

在西季维克那里,人们从每个人实际上追求自己的幸福并不能推导出每个人实际上在追求大多数人的幸福。西季维克试图提出一种针对功利主义的更为严格的论证方式,他将功利主义奠基于他在哲学直

---

① [英]约翰·穆勒:《功利主义》,徐大建译,商务印书馆2014年版,第43页。
② [英]亨利·西季维克:《伦理学方法》,廖申白译,中国社会科学出版社1993年版,第402—403页。

觉主义中所寻找到的"合理仁爱原则",既将功利主义与利己主义区分开来,又表达了功利主义与哲学直觉主义之间的统一性。

以上我们简要论述了以边沁、密尔和西季维克等人为代表的古典功利主义的基本理念,通过论述我们可以发现,古典功利主义对"效用"基本上采取了一种快乐主义的解释,将"幸福"与"道德正确性"相联系,也就是说,古典功利主义在此秉承了后果主义的道德评价原则,认为行为和动机等的好坏最终由其所带来的结果的好坏所决定。这种功利主义通常被称为"行为功利主义",正如 J. J. C. 斯马特(J. J. C. Smart)曾言,"行为功利主义根据行为自身所带来的结果的好坏,来判定行为的正确与错误"。[1] 依照行为功利主义的基本理念,幸福是唯一值得人们欲求的东西,其他东西只是实现幸福的手段而已,某种行为是否拥有道德正确性,主要取决于它所产生的结果的好坏与否,只有那些能够给人们带来幸福的行为,它在道德意义上才是好的,言下之意,如果一个行为倾向于促进幸福,那么它在道德上就是正确的,反之,它在道德上就是错误的。虽然行为功利主义曾经长期在道德哲学和政治哲学领域占据主导地位,但是到了20世纪60年代,行为功利主义面临着很多批判,批判的焦点主要侧重于两个方面:一是古典功利主义者对效用进行的快乐主义解释;二是效用的最大化原则会侵犯人之为人的完整性,与分配正义难以相容。

第一,针对行为功利主义对效用进行的快乐主义解释,人们提出了不少疑问,其中最著名的也许是罗伯特·诺齐克(Robert Nozick,也作诺奇克)的批判了。诺齐克曾设想存在一种体验机,它能给你任何想要的心理体验,卓越的神经心理学家可以通过刺激你的大脑,使你感觉到自己正在撰写一部伟大的小说、在交一位知心的朋友或者正在阅读一本非常有趣的故事书。你可以从这些体验中获得很多快乐,然而,这些快乐无疑都是虚幻的,因为此时你正漂浮在一个罐子里,你的脑袋上插满了各种各样的电极,神经心理学家正是通过电极刺激

---

[1] J. J. C. Smart, "Act-Utilitarianism and Rule-Utilitarianism", in Jonathan Glover (ed.), *Utilitarianism and Its Critics*, New York: Macmillan Publishing Company, 1990, p.199.

你的大脑，你才从中获得了众多奇妙的体验。那么，为了获得快乐，你应当钻进该体验机吗？根据古典功利主义者对效用的快乐主义解释，你无疑应该钻进体验机中生活。诺齐克认为基于下述考虑，你不会钻进体验机中："第一，我们想**做**一些事情，而不仅仅是想拥有做事情的体验……第二，我们所以不钻进去，原因在于我们希望以某种方式**存在**，希望成为某种类型的人……第三，钻进体验机，就是把我们限制在一个人造的现实里，限制在这样一个世界中，即不存在任何比人造事物更深刻或更重要的东西。"① 总之，在诺齐克那里，很少有人愿意过这种虚幻的生活，因为这种快乐并不是人们所企盼的真正快乐，钻进这个体验机中，无异于一种自杀。对行为功利主义的某些批判者来说，快乐既不总是善的，又不是唯一值得欲求的善。

第二，伯纳德·威廉斯（Bernard Williams）通过侧重于人的"完整性"（integrity）而批判了行为功利主义。他认为行为功利主义对个人提出了一种过于苛刻的道德要求，侵犯了人之为人的完整性。在威廉斯看来，功利主义试图把人们的道德判断还原为一种后果主义的计算，按照某种行为的后果来判断其道德正确性，这种思维模式过于简单。功利主义以总体效用的最大化作为自己的目标，并根据个人的行为对效用最大化的贡献程度来对其进行道德方面的评判，换句话说，个人有义务去促进效用的最大化，否则他的行为在道德上就是不正当的，同时，功利主义只是关注那些能够带来效用最大化的行为，并不关注该行为是如何造成的以及由谁造成的。在功利主义者看来，当个人在思考哪种行为能够实现效用的最大化时，个人不能给予自己的幸福和计划以优先性，没有更多的理由来提升自己的幸福，必须以一种不偏不倚的态度来看待自己的幸福以及他人的幸福。然而，这种思维方式明显背离了道德常识，因为在日常生活中，人们经常根据自己的幸福和喜好来做出各种选择，不可能时时刻刻想着如何促进总体效用

---

① [美]罗伯特·诺奇克：《无政府、国家和乌托邦》，姚大志译，中国社会科学出版社 2008 年版，第 52—53 页。

的最大化。① 可见，依威廉斯之见，行为功利主义违背了人的道德直觉，对人们提出了一种过于苛刻的和不切实际的道德要求，威胁到了人之为人的完整性，使一个人与其道德情感相异化，行为功利主义在现实生活中注定是行不通的。

第三，在罗尔斯看来，行为功利主义对效用之最大化原则的强调会侵犯人的权利，行为功利主义理论非常关注效用总量的增加，而不关注效用怎样在人们之间进行分配，这样就有可能出现为了社会总体效用的增加而牺牲个人利益的情况，这就违背了"人是目的，而不仅仅是手段"这一康德式的道德原则。实际上，"社会的每一成员都被认为是具有一种基于正义或者说基于自然权利的不可侵犯性，这种不可侵犯性甚至是任何别人的福利都不可逾越的。正义否认为使一些人享受较大利益而剥夺另一些人的自由是正当的。把不同的人当作一个人来计算它们的得失的方式是被排除的"。② 为了实现效用的最大化，行为功利主义允许牺牲某些人的利益，甚至为了更大的利益而剥夺少数人的自由和权利。这样功利主义就忽视了个人的特殊性，成为"效用的怪物"③。对罗尔斯等行为功利主义的批判者来说，行为功利主义的上述做法显然是不恰当的。

二 现代功利主义

鉴于行为功利主义将效用界定为快乐和幸福所带来的一些问题，一些现代功利主义者开始以"偏好"来界定效用，认为偏好是一个人的福祉的基本构成要素，给予人们想要的东西这一行为就会让他们过得更好，当且仅当某种东西能够满足一个人的偏好，它才是善的，

---

① 参见 Bernard Williams, "A Critique of Utilitarianism", in J. J. C. Smart and Bernard Williams, *Utilitarianism: For and Against*, Cambridge: Cambridge University Press, 1973, pp. 99–117.

② [美] 约翰·罗尔斯：《正义论》，何怀宏、何包钢、廖申白译，中国社会科学出版社1988年版，第27页。

③ James Wood Bailey, *Utilitarianism, Institutions, and Justice*, New York, Oxford: Oxford University Press, 1997, p. 19.

"偏好理论的这些特征给它带来了一些相对于享乐主义的优势:与现实的联系更紧密,陷入专断的风险更小,并且更易于度量"①。在一些功利主义者看来,偏好理论能够轻松地化解诺齐克对功利主义的上述质疑,倘若一个人想要过一种真实的生活,这个人就会拒绝由体验机所带来的那种虚幻体验。然而,这种对效用的解释方式仍然会面临着其他批判,比如人们可能仅仅成为偏好的消极载体,同时,并不是所有的偏好都是正当的,都拥有同样的道德分量,有些人恰恰拥有一些"冒犯性的嗜好"。譬如,在一个父权主义盛行的社会中,男性在社会地位、教育程度、财富、权利和数量等方面占据着一种绝对的优势地位,他们有歧视女性的偏好。如果男性歧视女性的偏好获得满足后,整个社会的效用能够实现最大化,那么依照功利主义的效用最大化原则,这些偏好无疑应当获得满足。毫无疑问,这背离了大多数人的道德信念,"冒犯性的嗜好"在效用计算的过程中并不应当获得平等的考量,或者根本就不应当受到考量。

因行为功利主义者直接追求效用的最大化面临着各种诘难,一些学者提出了"规则功利主义"②,这种功利主义也是现代功利主义的主要形态。斯马特认为:"规则功利主义认为一个行为的对或错是根据由规则——该规则是任何人在相同的环境中都应当遵守的——所带来的后果的好或坏来判定的。"③ 规则功利主义并不像行为功利主义那样要求我们的每一个行为都要遵循效用最大化的原则,而是认为道德

---

① [英]蒂姆·莫尔根:《理解功利主义》,谭志福译,山东人民出版社2012年版,第91页。

② 当然,除了规则功利主义以外,现代功利主义还包括其他类型的功利主义,比如结果功利主义(outcome utilitarianism)、动机功利主义(motive utilitarianism)、消极功利主义(negative utilitarianism)、制度功利主义(institutional utilitarianism)、偏好功利主义和唯心功利主义等,具体研究可参见 Amartya Sen, "Utilitarianism and Welfarism", *The Journal of Philosophy*, Vol. 76, No. 9, 1979, pp. 463 – 489; Amartya Sen and Bernard Williams (ed.), *Utilitarianism and Beyond*, Cambridge University Press, 1982; Barrow Robin, *Utilitarianism: A Contemporary Statement*, Hants, England: E. Elgar Pub. CO., 1991; Thomas Rawson Briks, *Modern Utilitarianism*, Kessinger Publishing CO., 2008.

③ J. J. C. Smart, "Act-Utilitarianism and Rule-Utilitarianism", in Jonathan Glover (ed.), *Utilitarianism and Its Critics*, New York: Macmillan Publishing Company, 1990, p. 199.

上正确的行为是那些符合效用最大化规则的行为,也就是说,"一个行动是正确的,当且仅当那个行动是一个规则要求我们做的事情,而那个规则则属于这样一套规则——对那套规则的接受和服从会比接受和服从任何一套其他规则产生更大的社会效用"①。可见,规则功利主义并不要求我们的行为直接与效用最大化的原则相勾连,而是要求我们的行为通过"规则"间接地与效用最大化的原则相关联,基于此,规则功利主义通常被称为"间接功利主义",而行为功利主义通常被称为"直接功利主义"。

作为规则功利主义的主要代表人物之一,理查德·布兰特(Richard B. Brandt)认为规则功利主义的历史比行为功利主义的历史更为悠久,可能对当今哲学家的影响更大一些,规则功利主义的大致主张是,"当且仅当拥有一种允许某行为的道德准则与拥有禁止该行为的任何其他相似的道德准则同样有利时,这种行为在道德上才是正确的"②。依照布兰特的观点,正确的行为就是被道德规则所允许的那些行为,对行为者所处的社会而言,这种道德规则是最优的,一个最优的道德规则被用于实现善或者福利的最大化。在布兰特那里,规则功利主义会面临着不少难题,比如规则功利主义所追求的效用最大化之"效用"的内涵并不是非常清晰的,同时,道德规则的内涵是什么?这也并不是清晰的。任何社会都是由多个亚群体所构成的,虽然某项道德规则对某个亚群体来说可能是最优的,但是对其他许多亚群体来说并不一定是最优的,譬如,外科医生和病人所理解的那些能够带来最优效果的道德规则就不会是完全一样的。虽然如此,布兰特仍然强调这并不会为规则功利主义带来一些无法解决的难题,规则功利主义者可以通过诉求以充分的信息为基础的"理想的道德规则"来实现效用的最大化,理想的道德规则也是布兰特所推崇的最优的道德规则。

---

① 徐向东:《自我、他人与道德——道德哲学导论》上册,商务印书馆2007年版,第339页。
② [美] R. B. 布兰特:《功利主义的问题:真正的和所谓的》,晋运锋译,《世界哲学》2011年第1期。

对规则功利主义的崇拜者来说,规则功利主义可以弥补行为功利主义的某些缺陷,对某些问题可以给出更加具有说服力的阐释。例如,行为功利主义的批评者经常强调为实现效用的最大化,行为功利主义在每次行动之前都要进行某种非常复杂的效用计算,采取极为烦琐的"成本—效益分析",易言之,行为功利主义在实践上是不可行的。规则功利主义只是要求行为能够符合某些既定的道德规则——比如布兰特所强调的"理想的道德规则"——即可,而不要求在从事每种行为之前都要进行繁杂的效用计算,不要求实现各种具体行为的效用最大化,言下之意,规则功利主义比行为功利主义更加具有可行性。针对功利主义的批评者所指控的为了实现效用的最大化,行为功利主义者会允许牺牲少数人的利益这一指控,莫尔根曾提到了一个著名的例子:"你是一个与世隔绝的西部小镇的警长。一起谋杀案发生了。大多数人相信鲍勃是有罪的,但是你知道他是无辜的。除非你现在就绞死鲍勃,否则镇上就会发生一场暴动,还有不少人会因此丢掉性命。功利主义说,你必须绞死鲍勃,因为阻止暴动发生的价值远大过他失去生命的价值。"① 针对上述指控,规则功利主义者可以回应道,鲍勃不应该被绞死,因为鲍勃是无辜的,无辜者不应该受到惩罚这一规则应该被遵守,遵守这一规则会实现效用的最大化,然而,从社会的长远利益来看,惩罚无辜者并不利于社会长远利益的最大化。

虽然规则功利主义在某些方面可以化解行为功利主义所面临的困境,但是规则功利主义仍然面临着不少批判。一方面,理想的道德规则的内涵并不是清楚明了的,同时,即使规则功利主义者能够清晰地界定理想的道德规则的内涵,理想的道德规则并不一定能够实现效用的最大化。不仅社会上的不同群体有可能遵循不同的道德规则,而且不同群体对理想的道德规则亦会有着不同的理解和认识,很多人在行事时往往按照自己的道德直觉行事。即使我们能够知道理想的道德规则的意涵,理想的道德规则也不能等同于效用的最大化。规则功利主

---

① [英]蒂姆·莫尔根:《理解功利主义》,谭志福译,山东人民出版社2012年版,第121页。

义强调遵守道德规则,即使某些道德规则不利于效用的最大化,在道德规则被改变以前,也应当毫不犹豫地去遵守它,这会使得规则功利主义面临着我们接下来要提到的"规则崇拜"这一批判。另一方面,规则功利主义缺乏稳定性,即规则功利主义要么会走向某种形式的"规则崇拜",要么难以与行为功利主义清晰地区分开来。有论者曾言:"规则崇拜的意思是,这种理论可能最终是依据行动的规则而不是行动的后果来做出道德结论的;滑向行为功利主义立场指的是,如果功利主义者必须坚持后果的最优化原则的话,规则功利主义在实践上是等价于行为功利主义的。"① 倘若规则功利主义遵守那种有违效用最大化的道德规则,规则功利主义者就是以道德规则而非以效用最大化作为行为的基础,这样的话,规则功利主义者已经背离了功利主义的基本立场,已经蜕变成一个义务论者。也就是说,作为一种间接功利主义,规则功利主义本身是非常不稳固的。

第二节 以援助义务为内核的全球正义理论

虽然无论行为功利主义还是规则功利主义,都存在不少有待克服的难题,但是在当代关于全球正义理论的研究中,功利主义仍然不失为一种重要的分析进路,辛格就在这方面进行了有益的尝试,值得引起人们的关注。

一 批判伦理相对主义和伦理主观主义

在探讨辛格如何将功利主义用于分析全球正义问题之前,我们应当首先关注辛格对伦理相对主义和伦理主观主义的批判,因为辛格对伦理相对主义和伦理主观主义的批判是辛格所认可的功利主义伦理观的重要起点之一。辛格认为伦理相对主义意为适用于所有人和所有地方的伦理判断是不存在的,伦理判断的客观性或者有效性只是相对于

---

① 程炼:《伦理学导论》,北京大学出版社2008年版,第161页。

一个社会的文化、传统或者实践而言的。依照伦理相对主义，某些行为在一种情况下能够带来好的结果，在另一种情况下却可能带来效果完全相反的结果。辛格曾以性行为和奴隶制为例来探讨伦理相对主义，倘若一种不负责任的性行为孕育出了无法得到父母悉心照料的孩子，该性行为就是错误的；倘若采取了有效的避孕手段而不致怀孕，该性行为就没有什么值得谴责的地方。① 在辛格看来，这种相对主义是非常浅薄的，19 世纪开始出现一种更加基本的相对主义，这种相对主义认为"不仅19世纪欧洲的道德准则不是客观有效的，而且一切道德判断都只不过是在反映其赖以形成的社会习俗"②。倘若一个社会反对奴隶制，另一个社会秉持完全相反的观点，不遗余力地为奴隶制的观点"背书"，依照伦理相对主义的立场，上述两个观点之间并不存在什么冲突，当一个人说奴隶制是错误的时候，这个人只不过是在言说其所在的社会并不赞成奴隶制罢了；当另一个人声称奴隶制是正确的时候，这个人也只不过在说其所处的社会赞成奴隶制。显而易见的是，今天已无人在为奴隶制进行公开的辩护，至少在该问题上，伦理相对主义的观点是不能为人们接纳的。

辛格还批判了伦理主观主义，认为伦理主观主义面临着与伦理相对主义同样的困境。伦理主观主义声称伦理判断依赖于判断者自身是持一种赞同的态度还是持一种反对的立场，而不像伦理相对主义所声称的那样取决于判断者所处社会的整体认知状况。譬如，当一个人断言歧视妇女是错误的时候，这个人只不过是在言说自己反对歧视妇女，伦理主观主义无法解决人们在伦理方面所持有的一些歧见，"相对主义者依据社会差异来解释伦理分歧所面临的困难，也就是主观主义者依据个人意见的不同去解释伦理分歧时面临的困难"③。然而，斯蒂文森（C. L. Stevenson）、黑尔（R. M. Hare）和麦基（J. L. Mackie）等人所倡导的非粗陋的主观主义可以免受上述反驳，这种主观主义认

---

① ［美］彼得·辛格：《实践伦理学》，刘莘译，东方出版社2005年版，第4—5页。
② 同上书，第5页。
③ 同上书，第7页。

为伦理判断没有真假之分,没有对错之别,因为它们既不描述客观的伦理事实,也不描述人的主观心理状态,比如斯蒂文森认为伦理判断只是判断者所表达的一种态度,而不是在描述一种态度,人们之所以在某些问题上会产生道德分歧,只是因为人们试图通过表达自己的态度而让倾听者也采纳类似的态度而已。辛格认为这些主观主义"否认在真实世界中有独立于我们而存在的伦理事实——就此而论,它们无疑是正确的。可是,我们能否由此推论说,伦理判断可以免受批评,没有必要在伦理中诉求理性或论证,或者,从理性的角度看,任何伦理判断都与其他伦理判断一样好?我不认为可做这种推论"①。辛格接下来就揭示了一种理性在伦理决定中占据重要地位的伦理观,即辛格所推崇的"功利主义的伦理观"。

二 功利主义的伦理观

辛格认为,自古以来哲学家们和道德主义者们就主张伦理行为是那种从普遍的视角来看能够被人们接受的行为,这种理念不仅在西方的历史中绵延流长,而且历久弥新。例如,摩西所倡导的要求人们超越自己的个人利益并"爱人如己"的"黄金法则",基督教律令中的"将心比心"的思想,康德所言说的"只按着那种你同时也想望它变为普遍规则的准则而行动",黑尔在拓展康德理论的基础上将"可普遍化"(universalisability)视为道德判断的逻辑特征,苏格兰启蒙运动时期的哲学家哈奇森、休谟和斯密等人所崇尚的从不偏不倚的旁观者(impartial spectator)的立场出发去检验道德判断,从边沁到斯马特等功利主义者所倡导的"每个个体都只能并且最多只能被当作一个个体",罗尔斯的"原初状态"和"无知之幕"这一著名设置使得原初状态中的各方在选择正义原则时对个人的得失情况一无所知。在辛格看来,人们在进行伦理判断时应该采取一种普遍的视角,当然,这种普遍的视角并不意味着人们从中得出的伦理判断也必须是放之四海

---

① [美]彼得·辛格:《实践伦理学》,刘莘译,东方出版社2005年版,第8页。

第三章 全球正义的功利主义阐释

而皆准的,只是意味着"我们在做出伦理判断时要超越自己的爱憎。从伦理的观点看,(比方说)一种更平均的收入分配使我受益而使你受损,这一事实本身无关紧要。伦理要求我们超越'我'和'你',达至普遍法则,做出可普遍化的判断,这就是不偏不倚的旁观者或理想观察者的立场"①。对辛格来说,功利主义就是这样一种伦理观,只不过辛格所认可的功利主义并不是古典功利主义,而是一种基于利益的功利主义。

依辛格之见,一旦我们承认伦理判断必须源自一种普遍的不偏不倚的视角,我们就不得不承认我们不能因为一种利益是自己的利益,其重要性就超过了他人之利益的重要性。虽然每个人都有追逐私利的本性,但是一旦我们进行伦理思考时就必须采取一种不偏不倚的视角,将对自己利益的观照相应地推广到他人的利益身上。我们在进行伦理思考时,不能仅仅因为某种利益是自己的利益,它就比他人的利益更重要,那么,我们应该怎样行动呢?我们如何在不同的选择——有时是相互冲突的选择——中进行抉择呢?辛格认为我们在进行伦理判断时,不得不将自己的行动所影响到的所有人或者动物的利益纳入考虑的范围,而不是仅仅考虑自己的私利或者人类的利益:"许多哲学家与其他的作者,在不同的形式下都曾提出对利益的平等考虑这项原则,以作为基本的道德原则;但是他们中间没有几个人看出,这项原则对其他物种与人类一样适用。"② 也就是说,辛格此时采取了一种"利益的平等考虑原则",这种原则也是辛格所认可的功利主义伦理观的主要组成部分。

辛格认为利益的平等考虑原则的本质在于:

在伦理慎思中,我们要对受我们行为影响的所有对象的类似

---

① [美]彼得·辛格:《实践伦理学》,刘莘译,东方出版社2005年版,第12页;类似的观点亦可参见[美]彼得·辛格《生命,如何作答——利己年代的伦理》,周家麒译,北京大学出版社2012年版,第184页。

② [美]彼得·辛格:《动物解放》,孟祥森、钱永祥译,光明日报出版社1999年版,第9页。

利益予以同等程度的考虑。这意味着，如果某一可能的行动只影响 X 和 Y，并且如果 X 的所失要大于 Y 的所获，那么，最好是不采取这种行动。如果接受利益的平等考虑原则，我们就不能说：尽管有以上描述，但由于我们关心 Y 超过关心 X，因此这样行动就好于不这样行动。该原则的真实含义是：被平等考虑的利益不因是谁的利益而有所不同。①

利益的平等考虑原则要求人们不偏不倚地权衡各种利益，哪种利益更重要，或者哪些利益的总和更重要，人们就要优先考虑哪种利益或哪些利益。由于利益的平等考虑原则将关注的重心放在"利益"上，而不是将侧重点置于"谁"的利益上，因此，在人们衡量各种利益的重要性时，它既可以将种族主义或者性别主义排除在外，也可以将奴隶制排除在外，它成为一种可以为人人平等进行辩护的原则。然而，利益的平等考虑原则只是一种最弱意义上的平等原则，它并不要求实行平等对待，它有时会导致不平等的对待，但是这种不平等对待的目的是产生更加平等的结果。辛格曾设想了一个思想实验来说明这一观点，②比如地震发生之后，某医生碰到了两个伤员，A 的腿被压碎了，非常痛苦，B 的大腿被划伤了，痛苦的程度较小。医生此时只有两针吗啡，倘若要实行平等对待的原则，就要给 A 和 B 每人一针吗啡，然而，一针吗啡并不足以缓解 A 的痛苦。在此种情况下，利益的平等考虑原则要求将两针吗啡都给 A。可见，践行利益的平等考虑原则，并不一定会带来平等的结果。利益的平等考虑原则并没有主张将两针吗啡给 B，以使 B 的痛苦完全得以消除，而是让 A 和 B 都承受一些痛苦，在辛格看来，这与经济学家所推崇的"边际效用递减原则"相吻合。

辛格所推崇的利益的平等考虑原则包括哪些呢？辛格认为"人的最重要利益并不受智力差异的影响，这些最重要利益包括：避免

---

① ［美］彼得·辛格：《实践伦理学》，刘莘译，东方出版社 2005 年版，第 22 页。
② 同上书，第 24—25 页。

痛苦，发展自己的能力，对于食品和住房等基本需求的满足，享有亲密的私人关系，享有不受干涉地追求事业的自由，以及其他许多利益"①。在辛格那里，利益的平等考虑原则是平等理论唯一能够获得辩护的基础，它使得我们能够捍卫那种涵盖了人类所有成员的平等形式，无论他们之间存在的差别是什么（比如智商、国籍、性别、种族、民族、财富和教育程度等方面存在的差别）。同时，平等是一种道德判断，而非一种事实描述，虽然人与人之间的诸多差异是客观存在的，但是这并不意味着人们是不平等的，并不意味着人们有高低贵贱之别。虽然利益的平等考虑原则受到了很多哲学家和道德主义者的拥护，并将其作为基本的道德原则，但是很少有人将其适用于人类以外的其他物种，边沁是一个例外。边沁不同于其以前的伦理学家，他持有一种非人类中心主义的立场，认为动物具有感知能力，能够感受苦乐，因此，人类不应当像目前那样残忍地对待动物："**可能**有一天，其余动物生灵终会获得除非暴君使然就绝不可能不给它们的那些权利。法国人已经发觉，黑皮肤并不构成任何理由，使一个人应当万劫不复，听任折磨者任意处置而无出路。会不会有一天终于承认腿的数目、皮毛状况或骶骨下部的状况同样不足以将一种有感觉的存在物弃之于同样的命运？"② 在边沁的效用计算方法中，每个个体都只能算作一个，然而，边沁此时所说的个体，并不仅限于人类的成员，还包括除人类以外的那些能够感知苦乐的动物。辛格继承了边沁的上述观点，在其于1975年出版的成名作《动物解放》——该书被誉为动物解放运动的"圣经"——中探讨了如何将功利主义原则应用于动物身上，认为"只要某个生物感知痛苦，便没有道德上的理由拒绝把该痛苦的感受列入考虑。无论该生物具有什么性质，平等的原则要求把他的痛苦与任何其他生物的类似痛苦——只要其间可以做大概的比

---

① ［美］彼得·辛格：《实践伦理学》，刘莘译，东方出版社2005年版，第31页。
② ［英］边沁：《道德与立法原理导论》，时殷弘译，商务印书馆2000年版，第349页。

较——做平等的看待"①。对辛格来说，一切动物都是平等的，人与人之间亦是平等的，而且这种平等与人的国籍没有任何关联性，正如他曾言说的那样，"当做出伦理判断的时候，我必须超越个人视角或其他宗派的视角，进而把所有被影响的人的利益纳入考虑。这就意味着我们是在评估利益，但却没有考虑哪些利益是我的利益、澳大利亚人的利益或欧洲裔的利益"②。辛格正是将这种作为功利主义伦理观之重要组成部分的利益的平等考虑原则用于分析全球正义问题，接下来我们将展开具体的分析。

三 援助义务

辛格之所以关注全球正义问题，在很大程度上与他对全球不平等和全球贫困等问题的深刻洞察密切相关。辛格曾引用了一组经常被援引的数据指出了全球不平等和全球贫困的残酷现实：

> 世界60多亿人口中的大约1/5，或者说大约12亿人，每天靠不到1美元维持生活……在这12亿人中，大约8.26亿人缺少足够的营养，有超过8.5亿的人是文盲，甚至几乎所有人都缺乏最基本的卫生保障。在富国，每100个婴儿中，不到一个死于5岁以前；而在穷国，5个当中就有1个死于5岁以前。这样，每天就有3万儿童死于本可预防的疾病。在富国，平均预期寿命是77岁，而在非洲撒哈拉南部地区，平均寿命只有48岁。③

辛格上述所描述的全球贫困并不是富裕国家中存在的所谓"相对贫困"，而是以严重的营养不良、传染病的频发、较低的识字率、较高的婴儿死亡率、较短的预期寿命和居无定所等为主要特征的"绝对

---

① [美]彼得·辛格：《动物解放》，孟祥森、钱永祥译，光明日报出版社1999年版，第12页。
② [美]彼得·辛格：《实践伦理学》，刘莘译，东方出版社2005年版，第22页。
③ [美]彼得·辛格：《一个世界——全球化伦理》，应奇、杨立峰译，东方出版社2005年版，第78—79页。

贫困"。与绝对贫困形成鲜明对照的是，有些人在满足自己及其家人的基本需要以后，手头的金钱仍然绰绰有余，可以满足自己的各种消费，言下之意，这些人是绝对富裕的。面对世界上的绝对贫困之赤裸裸的现实，美国和英国等发达国家采取什么行动了呢？为了缓解全球贫困，发达国家确实提供了某种援助，这是我们不得不承认的事实，然而，对于缓解全球贫困而言，这种援助在辛格看来是远远不够的，而且发达国家对本国公民的关心程度远远大于对其他国家的贫困者的关心程度，比如：

> 2000年，美国人为各种外援提供的私人捐助总计约为给每个需求者4美元，或大致相当于每个家庭20美元。而2001年9月11日生活在曼哈顿南部的纽约人，不管是否富裕，平均每个家庭能够得到5000美元。这些数字的差距体现了许多人关心他人的范围止步于他们自己国家的边界（如果说还能达到那么远的话）。人们说："仁爱始于自家"，并更明确地认为："在处理国外的贫困问题前，我们应当关心自己国家的贫困问题。"[①]

那些主张偏爱自己同胞的人认为国家等共同体的边界具有道德上的重要性，认为人们对其配偶、孩子、亲属、朋友以及其他同胞负有一种特殊的义务，并认为这一观点是不言而喻和不证自明的。不过辛格对这一观点提出了异议。

辛格曾用了一个著名的有关"拯救落水儿童"的思想实验来反驳上述"偏爱同胞"的观点。辛格首先确立了两个基本原则，认为人们对如下两个基本原则是没有任何异议的：第一个基本原则是由于缺乏食物、住所和医疗保障等原因所遭受的苦难和死亡是坏的；第二个基本原则是，倘若预防某些坏的事情的发生是我们力所能及的，并不会

[①] ［美］彼得·辛格：《一个世界——全球化伦理》，应奇、杨立峰译，东方出版社2005年版，第154—155页。美国红十字会认为那些生活在美国曼哈顿南部地区的人被认为受到了"9·11"恐怖袭击的极大影响，应当获得补偿。

因而牺牲掉任何具有类似的道德重要性的东西，那么从道德上而言，我们就应该那么做。辛格设想假如 M 在经过一个非常浅的池塘旁时，发现一个小孩不小心掉进去了，并意识到这个小孩有被淹死的危险。倘若 M 伸出援手去拉那个小孩，那个落水小孩就会得救，不致被淹死，即使这会弄湿 M 的衣服或者会耽误 M 的一场重要的演讲；倘若 M 不去救那个小孩，那个小孩将会被淹死。辛格认为根据上述两个原则，M 应该去救那个小孩，对辛格而言，如果我们从一种不偏不倚的视角出发来思考类似的问题，那么我们就不能因为一个人离我们较远而进行区别对待。有人可能对此反驳道，当穷人离我们较近时，我们应当优先给予援助，而且可能更好地判断穷人到底需要什么，相反，当穷人离我们较远时，我们可以不进行援助。在辛格看来，随着科学技术的发展，交流和交通会越来越便捷，通过某种组织或技术就可以直接将援助送到饥民手中，而且可以像援助我们的同胞那样快捷和方便，因此，因为距离的原因而在同胞和非同胞之间所做的区别对待是不可行的。还有一个反对意见认为可能有很多可以提供帮助的人没有提供帮助，为什么偏偏要让我提供帮助呢？辛格对此回应道，倘若当有很多人能够提供帮助时而恰恰没有人提供帮助，自己也没有提供帮助，自己的负罪感可能会少一些。然而，就上述落水儿童的例子来说，假如 M 看到周围还有很多人，同时那些人也看到那个落水的小孩了，但是他们什么也没有做，这并没有使得 M 不去承担不去救那个落水的小孩的道德义务。① 因此，对辛格而言，倘若预防一些非常坏的事情的发生是人们力所能及范围内的事情，且不会因而牺牲掉其他任何具有道德重要性的东西，从道德上而言，人们应该去做，不应该避而远之。

---

① 本段上述观点参见 Peter Singer, "Famine, Affluence, and Morality", *Philosophy and Public Affairs*, Vol. 1, No. 3, 1972, pp. 231–233。辛格曾经在多个地方使用了该思想实验，只是在某些方面进行了微调，具体研究可参见［美］彼得·辛格《实践伦理学》，刘莘译，东方出版社 2005 年版，第 224—225 页；［美］彼得·辛格《一个世界——全球化伦理》，应奇、杨立峰译，东方出版社 2005 年版，第 159 页；Peter Singer, *The Life You Can Save*, New York: Random House Trade Paperbacks, 2010, p. 3.

第三章 全球正义的功利主义阐释

在辛格那里，国家的边界并不像某些辩护者①所申述的那样具有根本的道德重要性。辛格还从拯救落水儿童这一思想实验推导出富裕国家对贫困国家所负有的援助义务，这一论证也是辛格的全球正义理论的关键论证之一。他认为一旦我们认真执行"在不牺牲有类似的道德重要性的事情的前提下去阻止恶"这一原则，那么我们的生活以及所处的世界将会发生翻天覆地的变化。那个原则不仅适用于拯救池塘落水儿童的情况，而且适用于援助绝对贫困者的情况。假设那些表现为饥饿、较低的识字率、无家可归、频发的传染病、较高的婴儿死亡率以及较低的预期寿命的绝对贫困是一种恶；假设减少绝对贫困是富人与富国力所能及范围之内的事情，而这又不会牺牲道德上具有类似重要性的事情。对辛格来说，上述原则和这两个假设在一起就使得富裕国家对贫困国家负有一种援助义务，倘若富国不提供帮助，富国就犯下了错误，正如 M 不拯救那个落水儿童一样是错误的。② 辛格曾用一种更加明确的方式表达了其对援助义务的论证："前提一：如果我们能够阻止恶，而又不至于牺牲在道德上具有类似重要性的事情，那我们就应该去阻止。前提二：绝对贫穷是恶。前提三：我们能够阻止某些绝对贫穷，而又不至于牺牲在道德上具有类似重要性的任何事情。结论：我们应该阻止某些绝对贫困。"③ 在辛格那里，前提一和前提二的争议性较少，能够被那些持有不同道德立场的人所接受，只有前提三有着较多的争议性，前提三仅仅是在主张阻止某些绝对贫困而又不致牺牲道德上某些具有类似重要性的东西，它能够避免一个人所能给予的援助对缓解世界贫困来说是微不足道的这一反驳，因为前提三的关键之处在于一个人所能给予的援助是否能够阻止某些贫穷的发生或恶化，而不是是否能够明显地改善世界的贫困状况。因此，依辛格之见，前提三也是可以为人们所接受的，辛格就通过上述方式完成了对援助义务的论证，认为我们不能认为人们对其邻居和同胞负有特

---

① 比如我们在第六章将要提到的某些民族主义者和爱国主义者。
② ［美］彼得·辛格：《实践伦理学》，刘莘译，东方出版社 2005 年版，第 225 页。
③ 同上书，第 226 页。

殊的义务而对外国人不负有特殊的义务。

以上我们探讨了辛格是怎样将"拯救落水儿童的义务"扩展为"援助义务"的,那么,富裕国家应该对贫困国家援助多少呢?辛格从理论和实践两个方面提出了援助标准。就理论层面的标准而言,辛格继续采取了一种后果主义的分析思路,他认为:"我们给予的捐赠应该一直到边际效用(marginal utility)的水平上,也就是说,通过给予更多的捐赠,我将我自己或者那些依赖我的人也几乎遭受同样的苦难这样的水平上。"[①] 辛格随后还提及了那些能够预防坏事情发生的强版本和更加温和版本的策略,前者认为我们应该预防坏事情的发生,除非这样做,将使得我们牺牲某些在道德上具有类似重要性的东西(something of comparable moral significance),而后者要求我们应该预防坏事情的发生,除非这样做,将使得我们不得不牺牲某些道德上重要的东西(something morally significance)。对辛格而言,强版本的策略是一种可行的策略;辛格在实践层面对国家和个人提出了不同的标准,就国家应当提供的援助而言,辛格援引联合国所确立的最低标准,即国内生产总值的0.7%,在辛格看来,这一标准并不高,但是即使如此,目前也只有瑞典、荷兰、挪威和一些阿拉伯石油输出国等为数不多的国家达到了这一标准,英国、德国、日本和美国等富裕国家的援助数量远远低于联合国所提出的最低标准,它们的对外援助的数量分别占国内生产总值的0.31%、0.41%、0.32%和0.15%。[②] 就个人应该提供的援助而言,辛格曾有过不同的表述,他在早年认为那些富裕国家中的有足够的余钱用于购买奢侈品的人"应当至少将其收入的1%捐赠给难以得到足够的食物、干净饮用水、基本住所和医疗的人们。……未达到这一标准,那就表现出一种麻木不仁的态度,对无休止地延续的极端贫困和与贫困相关的、本可避免的死亡的无动于

---

① Peter Singer, "Famine, Affluence, and Morality", *Philosophy and Public Affairs*, Vol. 1, No. 3, 1972, p. 241.
② 参见[美]彼得·辛格《实践伦理学》,刘莘译,东方出版社2005年版,第217页。

衷"①。近年来，他认为一种比较容易实现的目标是"那些在经济上比较宽裕的人大概应该捐赠年收入的5%"②。对辛格来说，只要国家和个人的援助能够达到上述比例，全球贫困和全球不平等能够在很大程度上获得缓解。

第三节　辛格的全球正义理论面临的挑战及其回应

依辛格之见，富裕国家对贫困国家负有一种援助义务，倘若富裕国家没有帮助贫困国家，这使得贫困国家中的不少人身处困境甚至极端危险（比如死亡）之中，富裕国家就正在做一些错误的事情。那么，富裕国家的行为同有意开枪杀人的行为是一样的吗？辛格认为我们不能做出这样的判断，因为二者无论在杀人的动机，还是在杀人的难易程度以及是否有明确的受害者等方面都是截然不同的，虽然如此，辛格还是认为"在杀人和让人死亡之间不存在内在的区别。它们之间存在外在的区别，也就是说，它们通常却并不必然与这种杀人和让人死亡的区别联系在一起"③。辛格提出了多种理由以支撑上述观点，他反复提到了一个例子：④ 某汽车司机高速穿越人行横道斑马线，毫不顾及行人的安全问题。倘若该司机没有撞到任何人，他并不是一个谋杀者，然而，这并不意味着该司机的行为就是正确的。依照该例子中的逻辑，辛格推论道，那些提供援助的人所提供的援助并不一定能够挽救一条生命，虽然与蓄意谋杀的极大错误相较而言，不提供援助的错误确实要轻一些，但是这并不意味着不提供援助这一行为就是可以为人们所接受的。就杀人的动机而言，倘若那位鲁莽的汽车司机

---

①　[美]彼得·辛格：《一个世界——全球化伦理》，应奇、杨立峰译，东方出版社2005年版，第193—194页。

②　Peter Singer, *The Life You Can Save*, New York: Random House Trade Paperbacks, 2010, p. 152.

③　[美]彼得·辛格：《实践伦理学》，刘莘译，东方出版社2005年版，第219—220页。译文有改动。

④　同上书，第221—222页。

真的撞到了行人，虽然该司机并不是故意伤害行人——该行为毕竟与蓄意谋杀不同，但是这并没有使得该汽车司机的行为免遭惩罚，同样的情况是，那些没有提供援助的人也应当受到相应的谴责。

本章上一节已经指出，辛格将"拯救落水儿童的义务"扩展为一种"援助义务"，这一扩展也是辛格的全球正义理论的核心部分，辛格的这一论证是可以接受的吗？辛格的全球正义理论面临着不少批判，他也进行了回应。第一，有人认为援助义务是一种慈善的行为，而不是一种义务。事实上，该批评意见并不纯粹是针对辛格的全球正义理论的，而是很多全球正义理论所共同面临的批判。依照该批评意见，既然援助是一种慈善的行为，倘若一个人进行援助的话，他就应该受到表扬；然而，倘若某人既无怜悯之心，亦无慈善之举，他也不应该受到任何道义上的谴责，他的行为并不是一种错误的行为。针对这种批评意见，辛格认为我们应当重新划分慈善与义务（duty）之间的界限，传统的划分慈善与义务之间界限的方式使得那些发达国家中的富人的援助行为被视为一种慈善行为，这一划分方式是不能得到辩护的。辛格依照功利主义的思维论证道，当一个人购买新衣服的目的不是出于保暖的目的而是出于美观时，这个人并不是在满足一种重要的需要。倘若捐钱能够解决饥荒问题，这个人就应当捐款，而不是将金钱用于购买一件并不是用于保暖的新衣服，否则，这个人的行为就是错误的，其中的原因在于，从一种不偏不倚的伦理立场来看，人们应当超越自己的利益来看待问题。①显然，辛格所言及的援助义务给人们提出了一种较高的要求，这也使得辛格的全球正义理论面临着我们接下来提及的另一种批判。

第二，援助义务对人们提出了一种过分的要求。这种反对意见认为辛格的援助义务对人们提出的道德要求过高，貌似只有难得一见的圣人才能达到，正如巴里所述说的那样，虽然他同意辛格将拯救落水儿童的义务扩展为援助义务，但是他并不同意辛格对富人应该援助多少这一问题的说明。辛格对此问题的回答是阻止某些绝对贫困而又不

---

① Peter Singer, "Famine, Affluence, and Morality", *Philosophy and Public Affairs*, Vol. 1, No. 3, 1972, pp. 235–237.

至于牺牲道德上某些具有类似重要性的东西，巴里认为这是一种后果主义的最大化形式，然而，"大多数人并不能找到任何理由支持一种实现全世界的总体善的数量最大化的义务"①。辛格对这一反对意见也进行了详细的说明，认为这种反对意见至少有三种形式："第一，由于有如此这般的人性，我们不可能企及这么高的标准；并且，由于要求我们自己所做不到的事情这一点是荒谬的，我们就必须拒绝要我们贡献如此之多的主张。第二，即使我们可以企及这么高的标准，这么做也是不可取的。第三，确立如此高的标准之所以不可取，是因为人们将会感到这是难以企及的标准，这样就会挫伤有此愿望的人的积极性。"② 对于这三种异议形式，辛格随后一一进行了回应。③ 就第一种形式的异议而言，辛格认为虽然人有偏袒的本性，更愿意实现自己及其亲人的利益，而不怎么愿意促进和提升陌生人的利益，但是人们要做到从一种不偏不倚的视角看待问题，也不是不可能的。辛格给出的进一步的解释诉诸"应当"意味着"能够"这一观点，按照这一观点，人们"应该"做到不偏不倚，意味着人们"能够"做到不偏不倚。就第二种形式的异议而言，辛格认为在他所谈及的不偏不倚的道德框架中，人们可以在一定程度上"偏袒"其亲朋好友等关系密切之人的利益，维持与其亲朋好友之间的亲密的人际关系也是良善生活的不可或缺的组成部分，辛格认为他并不要求人们做出这样的牺牲。就第三种形式的异议来说，辛格回应道，人们没有证据证明其立论所设立的标准太高了，以致会产生完全相反的效果，虽然与其他人设定的标准相比，他设立的标准确实太高了，可事实情况是，人们习以为常的标准显而易见太低了。

第三，个人不提供援助在道德上并不是一件错误的事情，同时援助穷人是政府应当担负起来的责任而非个人的责任。科林·麦金尼

---

① Brain Barry, *Liberty and Justice: Essays in Political Theory 2*, Oxford: Clarendon Press, 1991, p.187.
② [美]彼得·辛格：《实践伦理学》，刘莘译，东方出版社2005年版，第237页。
③ 辛格对上述三种异议形式的回应，参见[美]彼得·辛格《实践伦理学》，刘莘译，东方出版社2005年版，第237—240页。

(Colin McGinn) 是前一种批评意见的代表人物之一,辛格曾提出了人类应当担负如下两种义务:第一种义务是缓解动物的痛苦,停止杀戮动物,后一种义务是减缓世界上的穷人、饥民和生病之人的痛苦,麦金尼认为前者是可以接受的,后者是不可以接受的。为了支持这一观点,麦金尼让我们考虑如下两种论证,论证 A 认为:(1)让动物遭受不必要的痛苦和死亡,在道德上是错误的;(2)我们确实给动物带来了不必要的痛苦和死亡;因此,(3)我们确实在道德方面对动物犯了错误。论证 B 认为:(1)让人遭受不必要的痛苦和死亡在道德上是错误的;(2)我们确实让人遭受了不必要的痛苦和死亡;因此,(3)对那些正身处痛苦之中的人和那些将死之人来说,我们在道德方面确实犯了错误。在论证 A 中,动物遭受的痛苦包括吃动物、打猎和活体解剖等等,在论证 B 中,一些错误的行为包括不捐款帮助世界上的饥民和穷人等。麦金尼认为论证 A 是合理的,但是论证 B 并不是合理的,论证 B 只是体现了一种糟糕的功利主义原则,缺乏可行性。[①] "援助穷人是政府的责任而非个人的责任"这一批评意见认为既然国家的对外援助是政府的责任,个人就不应该从事对外援助,否则,政府就会逃避自己的援助义务。辛格对此回应道,该观点看起来是在言说,倘若个人的海外援助越多,政府所承担的援助责任就会相应地越少,然而,这种观点既缺乏可信度,也是难以获得辩护的,那种认为减少或拒绝私人援助就能促使政府扩大海外援助的人,必须提出某些令人信服的证据。相反,如下情况更有可能:倘若个人不愿意进行海外援助,政府就会认为其公民对帮助其他国家的人民不感兴趣,公民不希望政府进行海外援助,政府也就会相应地减少海外援助乃至不进行海外援助。同时,很多人往往将"这是政府的责任"作为自己不从事任何援助的一个借口,[②] 并不会将其作为自己应该非常积极地采取援助

[①] Colin McGinn, "Our Duties to Animals and the Poor", in Dale Jamison (ed.), *Singer and His Critics*, Blackwell Publishing Ltd., 1999, pp. 150 – 151.

[②] Peter Singer, "Famine, Affluence, and Morality", *Philosophy and Public Affairs*, Vol. 1, No. 3, 1972, pp. 239 – 240.

行动的理由。正如我们在上文提及的那样,很多富裕国家的海外援助总量远远低于联合国所设定的国民生产总值的0.7%,依照辛格的基本立场,无论个人还是政府,都应该提高对外援助的数量。

第四,人们应当优先关心自己的亲人及同胞的利益,比如人们应该首先关心亲朋好友,关心本国的穷人,然后才可能会考虑到他国的穷人,而援助义务恰恰违背了这一立场。为什么人们应当对自己的同胞负有一种特殊的义务?一种观点认为个人与其同胞都参与了某种集体的事业,埃蒙·卡伦(Eamonn Callan)就持有这种立场。① 辛格回应道,在一个幅员辽阔的国家中,共同体成员之间往往缺乏直接的联系,甚至素不相识,一生中也难以相见,这使得人们与其同胞之间的相互性义务就受到了削弱,虽然我们很容易理解人们往往将对其同胞的义务置于对其他国家的公民的义务之前,但是这并不是将对自己的同胞的义务置于他国公民的非常迫切的需要(如地震后急需干净的饮用水和食物)之前的充足理由,"大多数公民生来就是某个国家的成员,而且他们中许多人很少关心国家的价值和传统。有些人也许还拒斥它们。而在富裕国家的边界之外,则有数百万难民极想得到成为这些国家共同体的一部分的机会。没有理由认为,如果我们允许其进入,他们在报答从共同体得到的各种利益时,一定比土生土长的公民做得差"②。因此,对辛格来说,人们并不能仅仅以生活在一个共同体中为由而为针对同胞的特殊义务进行公共辩护。

实际上,辛格对上述第四点反对意见的回应主要诉诸其一直推崇的"利益的平等考虑原则",他认为毫无疑问人们会有一种优先帮助那些与自己关系亲近之人的利益的本性,比如任何人都不可能看到自己的孩子被淹死而无动于衷,但是这并不能使得人们对与自己关系密切之人的义务同对他国之人的义务有着实质性的差别。辛

---

① Eamonn Callan, *Creating Citizens: Political Education and Liberal Democracy*, Oxford: Clarendon Press, 1997, p. 96.
② [美]彼得·辛格:《一个世界——全球化伦理》,应奇、杨立峰译,东方出版社2005年版,第171页。

格认为那些有着欧洲血统的人并不应该首先帮助贫穷的欧洲人而应该首先帮助贫穷的非洲人，因为利益的平等考虑原则已经清晰地表明：一个人是否需要食物与其所属的种族无关，倘若贫穷的非洲人比贫穷的欧洲人更加需要食物，利益的平等考虑原则就要求优先满足前者的利益。同样的情况是，一个人是否需要食物也与其国籍没有任何关联性，而只是与人的生物机能有关。在辛格那里，人们确实觉得对自己亲人的义务比对同胞的义务要更加强烈一些，倘若自己的孩子饥肠辘辘，没有哪个父母愿意把仅有的一碗米饭或者一个面包让予他人，这是人之本性使然。然而，富裕国家之人并不会面临这种情况，富裕国家中的贫困往往是一种"相对贫困"，所谓"穷人"的基本需要已经获得满足："我们的孩子吃得好、穿得好，受到良好的教育，现在还想要新自行车、立体声系统和自己的汽车。在这些情况下，我们对自己孩子可以尽的任何特殊义务都已经完成，而陌生人的需要对我们提出了更强的要求。"① 辛格认为其所推崇的援助义务并不要求富裕国家中的人要为世界上所有人的福利承担同样的责任，而只是要求当一些人处于绝对贫困，另一些人在提供援助时能够不牺牲道德上具有类似重要性的东西时，应当向那些绝对贫困之人尽一种援助义务。

第五，援助义务会侵害人们的财产权。这种反对意见依赖于诺齐克等自由至上主义者通过拓展约翰·洛克的观点而得出的财产权理论，依照诺齐克的观点，"如果一个人根据获取和转让的正义原则或者根据对不正义的矫正原则（由前两个原则所规定的）对其持有物是拥有资格的，那么他的持有就是正义的。如果每一个人的持有都是正

---

① ［美］彼得·辛格：《实践伦理学》，刘莘译，东方出版社2005年版，第228页。辛格认为父母亲通常会心甘情愿地将自己子女的利益置于自己的利益之上，比如为了让自己的孩子有一个幸福的生活，父母亲通常会省吃俭用，这是"人是自私自利的"的这个命题的反例，"当父母亲在哄一个啼哭的孩子时，他们想到的不是二三十年以后，这孩子可以在他们老的时候照顾他们。他们的照料来自内心深处的爱，不忍心看到孩子啼哭时的可怜模样——特别是那个小可怜又是自己的孩子"。参见［美］彼得·辛格《生命，如何作答——利己年代的伦理》，周家麒译，北京大学出版社2012年版，第99页。

义的,那么总体的持有(分配)就是正义的"①。对诺齐克来说,即使一个人饥饿难耐,倘若没有经过他人的同意,也不能随意拿走别人的食物。辛格认为除了诺齐克等自由至上主义者的权利观之外,托马斯·阿奎那、社会主义者和功利主义者都提出了与诺齐克等自由至上主义者截然不同的权利观,即使人们接受诺齐克式的权利论,只需稍微做些调整,援助义务就能够获得证成,然而,诺齐克式的权利论是不应该获得认可的,因为这种理论过于依赖运气因素:"例如,一些人的祖先碰巧生活在波斯湾的荒漠中居住下来,由于地下埋有石油,他们现在就变得极端富裕;而另一些人的祖先定居于撒哈拉以南较好的土地上,但由于干旱和收成不好,现在就生活于绝对贫穷中。"② 对辛格而言,依照前述的不偏不倚的伦理观,如果人们的命运的好坏在很大程度上受到运气因素的强烈影响,那么这是令人难以接受的,例如,一些拥有丰富石油资源的富裕国家就应该帮助那些因不利的自然环境而处于绝对贫困中的人。

辛格曾在课堂上让学生对自己的观点提出异议,有一位学生认为"人们有权利花自己挣的钱",辛格回应道,很多人也许会持有同样的理念:你努力工作,得到了你现在拥有的东西,难道没有享受它的权利吗?辛格认为这种理念貌似公平,然而,你也许会发现你属于发达国家中产阶级的一员,能够过上一种舒适的生活;倘若你生活在世界上的其他地方,属于第三世界的一员,也许会很贫困,无论你多么努力,往往也无力改变自己的处境。辛格还援引经济学家的研究结论认为"社会资本"在富裕国家人们的收入中所占

---

① Robert Nozick, *Anarchy, State, and Utopia*, New York: Basic Books, Inc., 1974, p. 153.

② [美]彼得·辛格:《实践伦理学》,刘莘译,东方出版社 2005 年版,第 230 页。在当代政治哲学和道德哲学中,有很多思想家与辛格一样非常重视运气因素对分配所带来的影响,比如罗尔斯和罗纳德·德沃金(Ronald Dworkin)等人。伊丽莎白·安德森(Elizabeth S. Anderson)在 1999 年首创了"运气均等主义"一词来总结上述观点,运气均等主义认为由运气所带来的不平等应该获得某种程度的补偿,然而,由自身的选择所带来的不平等不应该获得补偿。具体研究参见 Elizabeth S. Anderson, "What is the Point of Equality?", *Ethics*, Vol. 109, No. 2, 1999, pp. 288–290.

的比例至少有90%，比如良好的社会制度、高效的银行系统和警察系统，倘若没有这些东西，无论你做出何种程度的努力，往往很难过上一种舒适的生活。辛格认为即使承认其学生的反驳意见"人们有权利花自己挣的钱"，实际上，有权利做某事并没有解决你应该做什么事情这一问题。如果你有权做某事，我并不能合法地强迫不让你做，但是我仍然能够告诉你做那件事是愚蠢的。你也许有权利在周末去冲浪，但是做如下事情仍然是正确的：你应该去看望你生病的母亲。相似的情况是，我们也许说富人有权利将钱用于购买各种各样的奢侈品，然而，我仍然认为选择购买奢侈品而不是将钱用于挽救生命，是一种错误的行为。① 可见，辛格在回应那些通过诉诸财产权而反驳援助义务之人的观点时主要认为一个人或一个国家拥有多少财产，往往与其所拥有的运气因素有很大的关联性，比如生在一个社会制度较为健全和公正的国家中，拥有丰裕的自然资源等，然而，这些因素往往与个人或者国家的努力程度没有关联性。同时，一些穷人和穷国在很大程度上是由于较差的运气而身处困境，因此，对辛格而言，那些因好运气身处富裕境况中的人或国家应该帮助那些因较差的运气而身处困境中的人或国家。

第六，援助义务会促使贫困国家的人口增长过快，进而将会产生更多的穷人。这种反对意见采取了一种后果主义的思路，认为当今世界绝对贫困的主要原因在于人口的过剩，对那些处于绝对贫困中的人施以援手，将会使得人口增长过快，很多人一生下来就将处于绝对贫困之中。由于辛格对全球正义理论采取的功利主义分析进路也是一种后果主义的思路，因此，辛格认为这是其援助义务所面临的最为严峻的反对意见。辛格分析道，依照上述反对意见，最为彻底的解决思路在于采纳战争时期的医疗，即"筛选"政策："由于医生太少，无法处理所有的伤员，就只得把伤员分成三类：无医疗救助也有可能存活的，有医疗救助才可能存活的，即使有医疗救助也不太可能存活的。

---

① Peter Singer, *The Life You Can Save*, New York: Random House Trade Paperbacks, 2010, pp. 26-27.

只有中间那一类才能获得医疗救助。"① 筛选理论的目的是在战争期间最大效率地利用稀缺的医疗资源,无论是对第一类伤员而言,还是对第三类伤员而言,救助都不是必要的。依照同样的论说逻辑,援助义务的对象既不应该是那些没有援助也能够养活自己民众的国家,也不是那些即使得到援助也不能够养活自己民众的国家,而是那些在获得援助后能够在食品供应与人口增长方面取得动态平衡的国家。倘若世界人口持续增长,那应该怎么办呢?筛选理论的支持者认为人口不会持续地和无限制地增长,"它会因为出生率下降或死亡率上升而受到遏制。那些主张实施筛选政策的人提议我们允许某些国家的死亡率的上升以遏制其人口增长,也就是通过下述方式,比如营养不良以及相关疾病的增加,大规模的饥荒、婴儿死亡率上升、传染病流行"②。对辛格来说,筛选理论所带来的后果是极其可怕的,只是筛选理论正确地考虑到了援助行为的长远后果,这与辛格的功利主义理论是较为契合的。辛格认为筛选理论的软肋在于其立论基础,无论是筛选理论,还是其他后果主义理论,都必须将结果出现的概率纳入考虑的范围,筛选理论恰恰忽视了这一点。实际上,人口并不会无限地增长,当人们很贫穷的时候,繁殖能力确实会很强,但是也会伴有较高的婴儿死亡率(比如因先天的营养不良或者后天的糟糕环境等因素),当人们摆脱贫困以后,避孕手段和节育手段将会被广泛采用,妇女也将从过往纯粹生育孩子的职能中解放出来,人口增长率也会逐渐下降。因此,"人口增长不是反对海外援助的理由,尽管这应该启发我们思考采取什么援助方式。与其分发食物,不如提供能够缓解人口增长的援助。也许这就意味着我们为农村的贫困人口提供农业援助、教育援助或提供避孕措施的服务。无论在特定环境下最有效率的援助形式是什么,都不能削弱援助的义务"③。可见,在辛格那里,那种以人口增长

---

① [美]彼得·辛格:《实践伦理学》,刘莘译,东方出版社 2005 年版,第 230—231 页。
② 同上书,第 232 页。
③ 同上书,第 235 页。

为由来反对援助义务的立场是不合理的。

第四节 辛格的全球正义理论的得与失

以上我们分析了以辛格为代表的全球正义理论的功利主义分析进路的基本理念,辛格的全球正义理论是一种较为可行的全球正义理论吗？它的得与失在什么地方呢？首先我们来看看辛格的全球正义理论的洞见。

第一,在辛格的长期努力下,功利主义已经成为全球正义理论的主要分析进路之一。虽然罗尔斯在 1971 年出版的《正义论》中对功利主义提出了一种非常具有挑战性的批判,但是这没有使功利主义理论变得无人问津,濒于灭亡。辛格在 1972 年于《哲学与公共事务》上发表的《饥荒、富裕与道德》[①] 一文中正是以功利主义为主要分析工具,建构了一种以援助义务为主要内核的全球正义理论,凸显了功利主义在分析现实问题上的理论优势,辛格后来在《实践伦理学》和《一个世界——全球化伦理》等著作中进一步完善了自己的全球正义理论。无论人们对辛格的理论持何种态度,人们也不得不承认,正是在辛格的不懈努力下,功利主义成为当代政治哲学界和道德哲学界公认的全球正义理论的重要分析进路之一,比如琼斯在一部研究全球正义理论的力作《全球正义：捍卫世界主义》[②] 一书中就重点述说了全球正义的功利主义分析进路,而且在其中反复征引辛格的观点。

第二,在当下这样一个利己主义横行的时代,辛格倡导了一种不偏不倚的伦理观,这种伦理观无疑具有一种积极的意义。辛格的全球正义理论在解决一些实际问题时,对人们提出了较高的要求,要求人们过一种伦理生活,"从新的视野看出去,你将会看到一个截然不同

---

① Peter Singer, "Famine, Affluence, and Morality", *Philosophy and Public Affairs*, Vol. 1, No. 3, 1972, pp. 229–243.

② Charles Jones, *Global Justice: Defending Cosmopolitanism*, Oxford University Press, 1999, pp. 23–49.

的世界。有一点是可以确定的：你的眼前会有做不完的有价值的事物。你不再感到人生枯燥无味，也不会找不到生命的实现感。最重要的是，你会清楚地知道你这一生毕竟没有白走一遭，因为你已经变成了一个拔苦予乐的伟大传统的一分子，你变成了一个创造美好世界的人间菩萨"①。伦理生活要求人们放弃利己，不能纯粹关注个人的享乐与满足，要求人们采取一种能够超越基督教教义和康德伦理学的可普遍化的判断。可普遍化的判断就是一种人们要超越自己的个人视角，采取一个不偏不倚的旁观者所具有的普遍视角，采取一种利益的平等考虑原则，超越个人利益并按照可普遍化的判断去行事。这一伦理要求最终会引导人们思考生命的意义到底何在，思考如何过一种充实的和幸福的生活，在当今利己主义至上的时代，这一观点无疑具有重要的意义。

第三，辛格的全球正义理论呼吁人们关注世界上的贫困人口，呼吁发达国家及其人民提高对世界上身处绝对贫困境地之人的捐赠数量，甚至强调生活在当今世界上的富裕国家的人"对外国人的义务要超过对自己同胞的义务。……减少生活在绝对贫困中的人数，确实比减少由某些人住在宫殿里而其他人住在只是不宽敞的房子里所引起的相对贫困更为迫切"②，倘若那些绝对贫困之人获得的援助能够得到提升，世界贫困和不平等无疑会获得极大程度的缓解。作为当代实践伦理学的一个代表人物，辛格不仅从学理上深入研究道德哲学，而且在实践方面身体力行。他长期以来与各种机构通力合作，一同致力于动物解放运动、安乐死的合法化运动、环境保护运动以及消除世界贫困等运动。在辛格那里，实践伦理学的目的不仅在于解释世界，而且应该在于改造世界，他号召人们停止以动物为食，停止养殖环境非常恶劣的工业化养殖、停止用动物做实验（比如活体解剖、用兔子的眼睛

---

① ［美］彼得·辛格：《生命，如何作答——利己年代的伦理》，周家麒译，北京大学出版社2012年版，第233页。
② ［美］彼得·辛格：《一个世界——全球化伦理》，应奇、杨立峰译，东方出版社2005年版，第177页。

测试化妆品对人的皮肤的刺激程度等），呼吁人们关注世界上处境较差者的处境。

虽然辛格的全球正义理论有不少值得称道的地方，但是该理论仍然存在不少亟待解决的难题。首先，作为辛格的全球正义理论的核心论证之一，辛格将"拯救落水儿童的义务"扩展为"援助世界穷人的义务"会面临着一些困难。譬如，在琼斯看来，辛格的拯救落水儿童这一思想实验涉及了个人实现善的义务，比如拯救落水儿童，在大多数情况下，拯救落水儿童确实是一种义务，即使它可能要求义务承担者做出部分牺牲或者冒险，然而，辛格依照同样的论说逻辑认为，"富裕国家中的人们应该尽力挽救那些贫困国家中的穷人，否则，要是没有他们的帮助，这些穷人将会饿死。这种有争议性的思路存在的问题在于它针对的富裕国家中的**个人**，正是这种特征使得援助义务对人们提出了过高的要求这一反对意见具有可信性"①。辛格在上述扩展中所采取的论证是一种"类比论证"，类比论证存在的一个关键难题是那些被用于类比的双方或者多方，是否具有逻辑上的相似性或者事实上的相似性，否则，人们就不能从中得出相同的或者相近的结论，辛格的类比论证就存在这一问题。"拯救落水儿童"和"援助世界上的穷人"这两个事例是极为不同的，前者是一个较为简单的情况，后者所涉及的情况则复杂得多。当人们看到一个儿童掉进一个浅浅的池塘时，很多人有恻隐之心，可能会毫不犹豫地将其救上来，不可能让其被活活淹死，即使像辛格所设想的那样会弄湿自己心爱的衣服或者耽误一场重要的演讲，也会在所不惜。个人只要伸出援手，落水儿童一定会被救上来。然而，倘若人们接受辛格所说的"拯救落水儿童"的这一义务，这也并不意味着人们就会自然而然地接受辛格所言说的援助全球穷人的义务，其中的原因主要在于"拯救落水儿童"和"援助世界上的穷人"这两个事例至少在两个方面存在差别：一方面，在前者中，只有一个孩子落水和一个路人经过，救援的对象和实施救

---

① Charles Jones, *Global Justice: Defending Cosmopolitanism*, Oxford University Press, 1999, p. 36.

援者都是非常明确的，而在后者中，世界上有很多穷人，而且援助全球穷人的责任是一种集体责任而非个人责任，并不会明确地落在哪个人或哪个国家身上；另一方面，在前者中，路人只要施以援手，落水儿童必将被救上来，而在后者中，单个行动者的努力是否能够帮助到全球穷人，是非常令人怀疑的，援助的效果也并不是确定的，因为援助全球穷人需要很多人和很多机构的通力配合。

其次，辛格的全球正义理论中的"类似的道德重要性"这一重要概念是非常模糊的，而且对人们提出了一种过高的要求。我们在本章第二节论及辛格有关援助义务的论说时发现如下是一个非常关键的观点："倘若预防某些坏的事情的发生是我们力所能及的，并不会因而牺牲掉任何具有类似的道德重要性的东西，那么从道德上来说，我们就应该那么做。""类似的道德重要性"这一概念非常重要，它意味着什么？它的确切含义是什么？麦金尼也主要针对辛格由"拯救落水儿童的义务"向"援助世界穷人的义务"的扩展这一观点提出了自己的看法。在麦金尼看来，辛格所说的类似的道德重要性是指遭受的痛苦在类型和数量方面具有相似性。比如 M1 必须使得自己在做出牺牲时，M1 付出的成本少于 M1 给捐赠对象带来的收益，比如为了减少第三世界中的某些孩子的痛苦，M1 应该使自己的孩子不上大学，决定不去旅游，不去看电影或者不在饭店吃饭。麦金尼认为辛格将要求人们做出上述牺牲，在辛格那里，虽然上大学、旅游、看电影和在饭店吃饭这些行为都拥有内在价值，但是它们没有由放弃这些行为所能阻止的痛苦重要。类似的道德重要性致力于拉平世界上的痛苦程度的水平，并提出了一种非常强的要求。在麦金尼看来，这一原则并不是不证自明的，比如一个人将把所有的钱捐给纽约的乞丐，直到没有人过得比他差吗？为什么我们应该如此行动以拉平世上之人的痛苦水平呢？只有某些主张不偏不倚伦理的功利主义才会认为我们有义务实现福祉的最大化以及痛苦的最小化。麦金尼认为这一观点并不能获得捍卫，会带来一些可怕的后果：假如 M2 是一位年轻貌美的、性感的女性，受到很多男性的青睐，M2 可以轻易地满足倾慕其的男性的性欲。

M2 可以同他们性交以减轻他们的痛苦，比如每天同 10 个人性交。假设 M2 能够如此行动，并没有使自己感到痛苦，因此，M2 可以如此行动以传播由性带来的快乐，并没有使自己的福祉降低到相应的程度上。当然，貌美的男性也会遇到同样的或类似的情况。M2 愿意这么做吗？M2 当然不愿意，其中的原因在于为什么自己的生活会成为满足他人愿望的工具呢？① 可见，对麦金尼来说，相似的道德重要性这一原则要求人们牺牲很多重要的价值，因此从道德上而言，该原则是坏的。

当然，辛格可以回应道，麦金尼所举的例子过于极端，他自己所推崇的援助义务并不需要人们做出如此的牺牲。那么，辛格要求人们做出何种牺牲呢？辛格曾在对比履行不杀生的义务与拯救人的义务时说："完全履行不杀生的义务，要比拯救人的义务容易得多。要尽自己的可能拯救每一条人命，就意味着要把我们的生活水准降到只能维系基本需求的程度。……严格来讲，我们将需求降到与维持现有收入相当的生活水准上，并在满足基本需求后捐助余下的大部分钱财。"② 根据辛格的观点，人们应尽可能地捐助，直到仅仅能够满足自己的基本需求为止，辛格持此种观点背后的原因在于他认同经济学家推崇的"金钱的边际效用递减"假设："一旦基本需求获得满足之后，我们很可能不会由任何程度的物质舒适中获得长期的，且在程度上显著地高于其他层面的满足感。"③ 辛格的观点可行吗？实际上，出于下述两个方面的考量，辛格的观点是值得商榷的。一方面，辛格主张人们应当尽可能地捐助，直到自己的收入仅够用于维持基本的收入。例如，M3 的收入达到一个国家的中等收入水平，他在满足自己的基本需求以后，他非常喜欢一部正在上映的电影，他考虑到倘若他节省下来 50 元的电影门票钱，就可以减少他国的某个饥民的痛苦；他在逛街的时

---

① Colin McGinn, "Our Duties to Animals and the Poor", in Dale Jamison (ed.), *Singer and His Critics*, Blackwell Publishing Ltd., 1999, pp. 154–156.
② [美] 彼得·辛格：《实践伦理学》，刘莘译，东方出版社 2005 年版，第 219 页。
③ [美] 彼得·辛格：《生命，如何作答——利己年代的伦理》，周家麒译，北京大学出版社 2012 年版，第 55 页。

候发现街道旁边有卖冰激凌的,他考虑到倘若他不买冰激凌并节省下15元钱,就可以减少他国的某个饥民的痛苦。易言之,M3在花自己口袋中的金钱时要随时进行效用的计算,只能将自己的收入用于满足自己的基本需要,这样的生活是可预的吗?大多数人可能认为这样的生活是非常乏味的,人们会牺牲太多东西。另一方面,"边际效用递减"毕竟是一个假设,并不适用于所有的情况。依照该假设,一个人所拥有的金钱越多,他能从1元钱中获得的满足就越少,其所获得的满足少于一个乞丐从1元钱中所获得的满足。因此,一个能够实现效用最大化的分配应当能够使得每个人从1元钱中所获得的满足的边际效用是同样的,这样的话,就需要重新分配财富,以增加总体的幸福总量。然而,在有些情况下"边际效用递减"这一假设并不成立,比如一个人非常渴望买一台标价5000元的电脑,他手中此时只有4999元,并不足以购买电脑,倘若他此时又获得1元钱,无疑他的需求会获得满足。

再次,辛格在回应其全球正义理论面临的批判时有时违背了他自己一直推崇的"利益的平等考虑原则"。譬如,辛格在回应从人口增长的角度对其援助义务的批评时曾经碰到了一个麻烦的问题:倘若某个穷国人口已经严重过剩了,但是由于宗教或者民族等方面的理由,它限制避孕措施的使用并拒绝降低人口增长的速度,富裕国家应当如何对待这种国家呢?富国是否仍然应该提供援助,或者在提供援助的同时,增加一些诸如降低出生率等附加条件呢?富国在提供援助时提出一些附加条件,这种行为很有可能会招致人们提出如下反对意见:将自己的想法强加于独立的主权国家,侵犯了他国的国家主权。辛格认为即使这样,这种强加也是能够获得辩护的。即使如此,辛格认为倘若援助义务没有减少绝对贫困的可能性:

> 我们就没有义务援助这样的国家,其政府制度的政策会使我们的援助失败。对于这些国家的贫穷公民来讲,这也许显得过于残酷,因为他们毕竟不是政府政策的制定者,但只有最大效率地使用我们的资源,从长远来看,我们才能帮助更多的人。(顺便

提一下,这个原则也适用于拒绝采取措施以提升援助效率的国家,比如拒绝改革土地所有制,以至于让贫穷佃农承担着不能忍受的重担。)①

我们姑且不论及在提供援助时强制附加一些额外条件是否合理这一问题,仅仅关注辛格所言的不援助那些不愿意采取措施限制人口增长的贫困国家,实际上,辛格的这一观点违背了其全球正义理论一直申述的"利益的平等考虑原则"。为什么贫困国家中的公民仅仅因为其政府的不当政策而丧失了获得援助的资格呢?为什么这些人的利益不能获得平等的考量呢?这些人往往对政府的政策缺乏发言权,而且可能还会受到政府的压制。倘若我们认可辛格的上述立场,我们就等于承认一些人应当对不是由自己的选择所带来的后果承担责任,这显然与人们的道德直觉相悖,而且与我们在上一节曾提及的辛格对运气因素的看法相悖。一个人生活在何种政府的统治下,往往并不是个人所能决定和选择的,可能一出生就处于某个政府——该政府既可能是民主的,也可能是专制的——的统治下,倘若某个人要对不是因自己的选择所带来的不利境地负责,显然,这是有失公允的。然而,辛格在考虑是否提供援助时,仅仅考虑能否实现援助资金的效用最大化的问题,忽视了利益的平等考虑原则,这与其理论的初衷相悖。

最后,由于辛格在建构其全球正义理论时主要采取了一种功利主义的分析进路,功利主义在当代政治哲学和道德哲学领域又是非常富有争议性的,因此,辛格的全球正义理论亦会面临着与功利主义一样的反对意见,比如辛格的全球正义理论倡导了一种不合理的责任观。让我们再次回到辛格将"拯救落水儿童的义务"扩展为"援助贫困国家的义务"这一论证上来,在该论证中,辛格主张富裕国家对贫困国家负有一种援助义务,如果富国不提供帮助就是错误的,就要为贫困国家的人所承担的痛苦承担某种责任,正像那个正好经过池塘旁边

---

① [美] 彼得·辛格:《实践伦理学》,刘莘译,东方出版社2005年版,第236页。

的人不去拯救那个落水儿童一样是错误的,要为儿童的死亡承担责任。辛格的这种责任观是可以为人们接受的吗?我们可以借用威廉斯的观点来说明这一问题,威廉斯曾经例举了一个著名的思想试验:吉姆热爱考察植物,有一天他来到南美某个小镇的中心广场上,20个印第安人被捆绑着,站在广场的墙旁边,大多数印第安人一直恐惧不安,他们面前站着几个全副武装的军人。上尉向吉姆解释道,这些印第安人胡作非为,抗议政府的政策,正在等待被处决。由于吉姆是一个外来者,应当受到尊重,上尉非常高兴地给予远道而来的客人亲手杀死一个印第安人的机会。倘若吉姆接受了该要求,作为对他的特殊敬意,其他印第安人将会被无罪释放。倘若吉姆拒绝了该要求,刽子手就会立刻采取行动,杀死所有的印第安人。吉姆也不知道假如他能够获得一支枪,他是否能够解救所有的印第安人,然而,他非常明白一旦他试图这样做,他自己以及那些被捆绑着的印第安人都会被射杀。那些被捆绑着的印第安人以及围观的群众都恳求吉姆接受这一"荣耀",选择杀死一个印第安人,以拯救其他19个印第安人。吉姆应当做何选择呢?依照功利主义的内在逻辑,吉姆显然应该接受这一"荣耀"。虽然吉姆接受这一"荣耀",会杀死一个印第安人,但是倘若他不接受的话,更多的印第安人将必死无疑。威廉斯认为作为一种后果主义理论,功利主义包含"强烈的消极责任学说,也就是说,假如我知道如果我做 X,O1 就会发生,如果我不做 X,O2 就会发生,而且我也知道 O2 比 O1 更糟糕,那么,倘若我自愿地不做 X,我就要对 O2 负责"①。在上述思想实验中,倘若吉姆拒绝了通过杀害1个印第安人而拯救其他19个印第安人的要求,20个印第安人的亲戚就可能抱怨吉姆,他们的亲戚本来是有机会活下来的——即使仍然会有一个印第安人必然死亡。吉姆要为印第安人的死亡承担责任吗?显然不应该,因为我们既没有充分的理由认为正是吉姆的行为促使了印第安人的死亡(印第安人的死亡与吉姆没有任何关系,是那个上尉命令刽

---

① Bernard Williams, "A Critique of Utilitarianism", in J. J. C. Smart and Bernard Williams, *Utilitarianism: For and Against*, Cambridge: Cambridge University Press, 1973, p. 108.

子手杀死印第安人的），也没有理由认为吉姆应该为印第安人的死亡负责。同样的情况是，在辛格的上述类比论证中，当一个富人没有将钱捐给一个贫困国家中的穷人时，即使该穷人要承担极大的痛苦，该富人也不应该为该穷人所承担的痛苦承担责任。当然，倘若该贫困国家的贫困是由他国的长期殖民和剥削所造成的，那么那些从事殖民活动的国家应该对该贫困国家的贫困承担责任。可见，辛格的全球正义理论预设了一种不恰当的责任观，仍然面临着功利主义所通常面临的某些批判。

第五节　小结

本章以上分析了以辛格为代表的全球正义理论的功利主义分析进路，通过分析我们可以得出以下结论：第一，辛格在批判伦理相对主义和伦理主观主义的基础上，建构了一种功利主义的伦理观，该伦理观倡导从一种不偏不倚的视角出发思考问题，认为虽然每个人都有追逐私利之本性，但是一旦进行伦理思考时就必须将对自己利益的关照推广到他人的利益身上，即主张一种"利益的平等考虑原则"。在辛格那里，利益的平等考虑原则是平等唯一能够获得辩护的基础，它使得我们能够捍卫那种将人类所有成员涵盖在内的平等形式，无论他们的国籍、种族、民族、财富、社会地位和教育程度等方面存在什么差别。

第二，辛格将功利主义伦理观用于分析全球正义问题，认为国家的边界并不像某些民族主义者或爱国主义者所言说的那样具有根本的道德重要性。辛格的全球正义理论的关键论证之一是从"拯救落水儿童"这一思想实验推导出"富裕国家对贫困国家所负有的援助义务"，援助义务也是其全球正义伦理的核心组成部分。

第三，虽然辛格曾经回应了其全球正义理论面临的以及有可能面临的某些批判，但是辛格的全球正义理论仍然存在不少有待解决的问题。譬如，辛格的由"拯救落水儿童的义务"扩展为"援助世界穷人的义务"这一关键论证是不能令人信服的,其全球正义理论中的"类似的道德重要性"这一重要概念也有待澄清,他在回应其全球正义理论面临的批判时有时违背了其一直推崇的"利益的平等考虑原则",同时,辛格的全球正义理论预设了一种不恰当的责任观,仍然面临着功利主义通常面临的某些诘难。

第四章

全球正义的契约主义之维
—— 以查尔斯·贝兹和达雷尔·
莫伦道夫等人的理论为例

契约主义是全球正义理论的另一种重要的分析进路,这在很大程度上应当归功于罗尔斯在《正义论》和《万民法》等著作中分别建构其国内正义理论和国际正义理论的过程中,对契约主义方法的青睐和不懈运用。然而,贝兹和莫伦道夫等世界主义者依照契约主义的方法,得出了迥异于罗尔斯的国际正义理论的、罗尔斯曾明确加以拒斥的诸多全球分配正义原则。具体而言,本章将在简要论述两种社会契约论——霍布斯式的契约主义和康德式的契约主义——以及罗尔斯的政治建构主义之基本内容的基础上,探讨某些世界主义者依照契约主义方法(尤其是罗尔斯式的契约主义方法),建构的几种有代表性的全球分配正义原则(比如全球差别原则、全球机会平等以及布洛克在批判上述两种全球分配正义原则的基础上所提出的"基于需要的最低门槛原则"),并展示其中的激烈纷争以及可能存在的某些缺陷。

第一节 社会契约论与罗尔斯的政治建构主义

契约论的历史非常悠久,我们可以将其追溯至古希腊时期。譬如,在公元前4世纪的古希腊,契约论就是一种较为流行的观念,一些古希腊的智者开始阐释契约论。然而,作为契约论的重要流派之一，社会契约论在 17、18 世纪逐渐成为一种重要的哲学理论，才开始取代中世纪时期占据绝对主导地位的国家起源学说——"君权神授理论"，同时，在霍布斯、洛克、卢梭、康德和罗尔斯等契约论者的倡导下，社会契约论对现当代政治哲学的发展和流变也产生了不容小觑的影响。

一 霍布斯式的契约论与康德式的契约论

一般说来，古典社会契约论者在诉诸契约主义方法来证成自己的理论时，大体上会出于两种目的：一种目的是致力于探讨政府的起源问题，即"政治社会是如何产生的"，而且试图将社会契约论视为一种历史的解释模式，这也是引发某些无政府主义者和以休谟等人为代表的古典社会契约论的批评者不断诟病的原因之一①；另一种目的并不关注政治社会事实上是如何被建立起来的，而只是力图探究理想的政府是怎样的，即"理想的政治社会应当如何被建构起来"，同时，这种社会契约论的倡导者明确地将社会契约论视作一种分析方法，因而也可以避免一些古典社会契约论之批评者的不少诘难。前一种社会契约论的倡导者以霍布斯和洛克为代表，后一种社会契约论的推崇者以卢梭和康德为代表。鉴于霍布斯和康德的社会契约论对社会契约论的发展所产生的重要影响，以及金里卡对社会契约论的经典分类，②我们可以将社会契约论分为两种：一种是"霍布斯式的契约论"，另一种是"康德式的契约论"。

霍布斯和洛克的社会契约论主要关注政治社会是如何产生的。与

---

① 大卫·休谟对社会契约论的批判，可参见［英］休谟《论原始契约》，载［英］休谟《休谟政治论文选》，张若衡译，商务印书馆 2010 年版，第 119—138 页。休谟在该书的第 123 页曾言："几乎所有现存的政府，或所有在历史上留有一些记录的政府开始总是通过篡夺或征伐建立起来的，或者二者同时并用，它们并不自称是经过公平的同意或人民的自愿服从。"

② 威尔·金里卡曾将当代的契约论分为"霍布斯式的契约论"和"康德式的契约论"，前者强调互利（mutual advantage）的重要性，后者强调不偏不倚（impartiality）的重要性。具体研究参见 Will Kymlicka, "The Social Contract Tradition", in Perter Singer (ed.), *A Companion to Ethics*, Blackwell Publishers Ltd., 1993, pp. 186 – 196.

早期的契约论者一样，霍布斯也设想在政治社会产生以前，人类处于一种自然状态之中，只不过霍布斯对自然状态这一前政治状态的描述是较为特殊的。霍布斯认为在自然状态中，所有人都是平等的，这与人的本性有关，"自然使人在身心两方面的能力都十分相等，以致有时某人的体力虽则显然比另一人强，或是脑力比另一人敏捷；但这一切总加在一起，也不会使人与人之间的差别大到使这人能要求获得人家不能像他一样要求的任何利益，因为就体力而论，最弱的人运用密谋或者与其他处在同一种危险下的人联合起来，就能具有足够的力量来杀死最强的人"①。对霍布斯来说，亚里士多德的"人本质上是不平等的"这一观点是不能被接受的，相反，霍布斯强调"那些交锋不相上下的人是平等的，那些有着最强悍的力量——杀人的力量——的人实际上掌握着同等的力量。因此，所有人天生彼此平等。我们现实中的不平等是被民法带进来的"②。霍布斯认为由于在自然状态中人们在体力和智力方面是平等的，倘若任何两个人想获取同一个东西而又不能同时使自己的欲望获得满足时，彼此便会成为仇敌。人们为了实现自己的愿望，就会想方设法控制或征服他人，并争斗不已，因此，"在没有一个共同权力使大家慑服的时候，人们便处在所谓的战争状态之下。这种战争是每一个人对每个人的战争。因为战争不仅存在于战役或战斗行动之中，而且也存在于以战斗进行争夺的意图普遍被人相信的一段时期之中"③。人们在战争状态这样一种自然状态中，过着相互斗争的野蛮生活，人们在其中是孤独的、悲惨的和残酷的，并时刻面临着死亡的威胁。

由上可见，虽然在自然状态中，人人平等，但是人的利己主义本性使得人们彼此争斗，使得自然状态最终蜕变为一种令人生怕的、真正悲惨的"战争状态"，自然状态中没有任何正义可言，为此人们必须运用其理性能力，放弃自己的自然权利，走出自然状态，自然法为

---

① ［英］霍布斯：《利维坦》，黎思复、黎廷弼译，商务印书馆1985年版，第92页。
② ［英］霍布斯：《论公民》，应星、冯克利译，贵州人民出版社2003年版，第6页。
③ ［英］霍布斯：《利维坦》，黎思复、黎廷弼译，商务印书馆1985年版，第94页。

人们解决冲突提供了一种较为便利的规则。然而，霍布斯认为人人都想攫取大于他人的权力以保存自己，仅仅依靠自然法是很难实现和平的，因此，必须有一个更大的公共权力——一个共同的恐惧对象——作为自然法的后盾，这个公共权力就是人们通过缔结社会契约而建立的一个庞大的"利维坦"，即"国家"。然而，我们需要注意的是，霍布斯所言说的社会契约并不是统治者与人民之间的契约，而是人民与人民之间的契约，正如迈克尔·莱斯诺夫（Michael Lessnoff）曾评论的那样："霍布斯的论证最引人注目而又最具创新的特征或许就在于，他完全放弃了人们所熟知的统治者和人民之间存在一个契约的思想，而且，他是有意这么做的。"① 在霍布斯的社会契约论中，由于主权者并不是契约的当事人，主权者就不受契约的约束，享有至高无上的权力，这个主权者是拥有合法的政治权威的君主，人民也就拥有服从君主的政治义务。

洛克为了阐述其社会契约论，也设想在政治社会出现以前，人类处于一种自然状态之中，只不过洛克对自然状态的理解异于霍布斯的观点。洛克并不像霍布斯那样认为自然状态是恐怖的和野蛮的，而是认为自然状态是一种自由的状态，"一种平等的状态，在这种状态中，一切权力和管辖权都是相互的，没有一个人享有多于别人的权力。极为明显，同种和同等的人们既毫无差别地生来就享有自然的一切同样的有利条件，能够运用相同的身心能力，就应该人人平等，不存在从属或受制关系"②。洛克强调人类生来就是自由的、平等的和独立的，强调在自然状态中人们受到自然法的支配，同时拥有平等的生命权、自由权和财产权等自然权利。大概自洛克开始，自由权利和个人财产成为社会契约论关注的核心内容。虽然如此，洛克并没有主张自然状态是一种完备无缺的、美好的状态，而是强调它还存在很多缺陷，比如在自然状态中，缺少一种众所周知的、含义清晰的法律；由于人们

---

① ［英］迈克尔·莱斯诺夫等：《社会契约论》，刘训练等译，江苏人民出版社2005年版，第73—74页。

② ［英］洛克：《政府论》下篇，叶启芳、瞿菊农译，商务印书馆1964年版，第5页。

的自私自利，在自然状态中，还缺乏一个有权依照既定的法律来裁判各种争议的知名的、公正的和能够获得普遍认可的裁判者；即使有一个公正的裁判者，也没有一个有权力的机构来执行公正的判决。鉴于自然状态所拥有的上述严重缺陷，人们为了生存下去，必须想方设法走出自然状态，洛克所设想的方法是，人们要"甘愿各自放弃他们单独行使的惩罚权力，交由他们中间被指定的人来专门加以行使；而且要按照社会所一致同意的或他们为此目的而授权的代表所一致同意的规定来行使。这就是立法和行政权力的原始权利和这两者之所以产生的缘由，政府和社会本身的起源也在于此"①。在社会契约论中，洛克凸显了"同意"的重要性，强调没有经过个人在自主情况下的同意，没有人服从另一个人的政治权力。

对洛克来说，在人类缔结社会契约、走出自然状态、建立政府的过程中，人们的生命权、自由权和财产权等自然权利并没有丧失，同时，作为一个自由主义者，洛克所设想的政府并不是一个无限政府，而是一个有限政府，其必须遵守与人民之间的各种约定，否则，人民便可以通过革命等方式推翻政府，并重新通过缔约等方式建立一个政府。为维护公民的基本权利，洛克阐述了其分权学说，他把权力三分为立法权、执行权和对外权，并论述了"三权分立"的思想：立法权和执行权由不同的人掌握，执行权和对外权由同一个人掌握。可见，虽然霍布斯和洛克都通过社会契约论来解释政府的起源，但是他们所设想的政府是不一样的，前者设想了一个权力不受限制的主权者的存在，而后者设想了一个有限政府，试图通过人民所拥有的不能被褫夺的自然权利来限制政治权力。另外，我们需要注意的是，为契约论找寻一些经验性的证据的努力在霍布斯的社会契约论中已经初现端倪，在洛克的社会契约论中则显现得更为明显。譬如，洛克认为，"两个人在荒芜不毛的岛上，如同加西拉梭在他的秘鲁历史中所提到的，或一个瑞士人和一个印第安人在美洲森林中所订立的交换协议和契约，

---

① ［英］洛克：《政府论》下篇，叶启芳、瞿菊农译，商务印书馆1964年版，第78页。

对于他们是有约束力的，尽管他们彼此之间完全处在自然状态中。因为诚实和守信是属于作为人而不是作为社会成员的人们的品质"①。可见，霍布斯和洛克并不是像其契约论的继承者们那样纯粹将契约论作为一种分析问题的工具，也试图分别为契约论找寻一种历史的论证，赋予其现实性。

卢梭和康德等社会契约论者关注的问题不同于霍布斯和洛克等人所关切的问题，他们主要通过契约主义这一分析工具，思考理想的政府应当如何被组织起来。卢梭在先后出版的两本著作《论人与人之间不平等的起因和基础》与《社会契约论》中探讨了其社会契约论。卢梭认为对社会的基础进行研究的哲学家，不得不追溯到自然状态，比如格劳秀斯、普芬道夫、霍布斯和洛克等人都莫不如此，然而，自然状态是否真正存在，恰恰令人感到怀疑。虽然如此，卢梭仍然强调："首先让我们抛开事实不谈，因为它们与我们探讨的问题毫无关系。切莫把我们在这个问题上阐述的论点看作是历史的真实，而只能把它们看作是假设的和有条件的推论，是用来阐明事物的性质，而不是用来陈述它们真实的来源，这和我们的物理学家在宇宙的形成方面每天所作的推论是相似的。"② 显然，与霍布斯和洛克等人不同，卢梭已经开始将社会契约论作为一种分析和思考问题的方法，这也标志着社会契约论的一个重要转向，只不过卢梭的立场不是那么彻底，因为他在《山中来信》中曾言，"书中论述的那个原始契约和主权的实质

---

① [英]洛克：《政府论》下篇，叶启芳、瞿菊农译，商务印书馆1964年版，第11页。洛克曾在《政府论》下篇的第八章"论政治社会的起源"中明确回应了对其契约论的如下反对意见："在历史上找不到这样的例子：一群彼此独立和平等的人集合在一起，以这种方法开始和建立一个政府。"洛克认为文字的出现是非常晚的，可能很多政府的建立方式，并没有被记载下来，一些美洲人早期处于自由的和平等的自然状态中，美洲的许多地方的政府正是起源于人们的自愿结合，"我们的论证显然是有理的，人类天生是自由的，**历史的实例**又证明世界上凡是在和平中创建的政府，都以上述基础为开端，并基于人民的同意而建立的；因此，对于最初建立政府的权利在什么地方，或者当时人类的意见或实践是什么，都很少有怀疑的余地"。参见 [英]洛克《政府论》下篇，叶启芳、瞿菊农译，商务印书馆1964年版，第64页。黑体字为笔者所加。

② [法]卢梭：《论人与人之间不平等的起因和基础》，李平沤译，商务印书馆2007年版，第47页。

与法律的威力，以及政府的组建和政府为了用强力来弥补其效力之不足而采取的不同程度的紧缩方式与篡取主权的倾向，还有人民定期举行的集会以及政府取消这种集会的手段和一天天威胁你们而我极力防止的国家的毁灭；所有这些，难道不是一笔一画全都是按照你们的共和国从诞生到今天的形象描述吗？"① 后来，社会契约论的"逻辑分析导向"而非历史解释导向在康德和罗尔斯等人的社会契约论那里得到了更为透彻的体现。

与其他契约论者一样，卢梭也没有放弃自然状态这一思考问题的起点，认为人是生而自由和平等的，中世纪时期的不容置疑的君权神授理论是不可信的，任何人对自己的同类都不拥有天然的权威，然而，这并不意味着自然状态就是一种美好的状态，"我设想，人类曾达到过这样一种境地，当时自然状态中不利于人类生存的种种障碍，在阻力上已经超过了每个个人在那种状态中为了自存所能运用的力量。于是，那种原始状态便不能继续维持；并且人类如果不改变其生存方式，就会消灭"②。对卢梭来说，人类为了避免受到消亡的威胁，必须设法走出自然状态。那么，人类应该采取何种方式走出自然状态呢？卢梭认为正如任何人对自己的同类没有任何天然的权威一样，强力也不能为政治权威带来合法性，唯有"契约"才能成为人间一切合法权威的基础："要寻找出一种结合的形式，使它能以全部共同的力量来卫护和保障每个结合者的人身和财富，并且由于这一结合而使每一个与全体相联合的个人又只不过是在服从自己本人，并且仍然像以往一样的自由。"卢梭认为，这种社会契约论可以被归结为"**我们每个人都以其自身及其全部的力量共同置于公意的最高指导之下，并且我们在共同体中接纳每一个成员作为全体之不可分割的一部分**"③。在社会契约论中，卢梭并不像洛克申述的那样主张参与立约的各方转让自己惩罚他人的权利，而是强调参

---

① [法]卢梭：《山中来信》，李平沤译，商务印书馆2012年版，第176页。此处所说的"书"是指《社会契约论》，所提到的"共和国"是指日内瓦。
② [法]卢梭：《社会契约论》，何兆武译，商务印书馆1980年第2版，第22页。
③ 同上书，第23—24页。

与立约的各方都将自身的一切权利转让给整个集体,由于每个人都这样做,每个人也会在缔约的过程中得到自己所丧失之东西的等价物,同时,人民既是主权者的一部分,又是公民。

作为卢梭思想的重要继承者,康德与卢梭一样并不试图为社会契约论提供一种历史的证成方式,明确否认了契约论的历史真实性,认为我们并不需要将原始契约或社会契约视为一种事实,因为这是绝对不可能的,原始契约或社会契约"其实只不过是理性所设想的一个**理念**(idea),但无疑有着实践中的真实性。因为它迫使每个立法者都根据整个民族的联合意志立法,并将每个臣民——只要他能获得公民身份——看做好像他已经在公意之中表达了自己对法律的同意一样"①。正如有论者曾总结的那样,康德承认"原始契约的理论不是对政治社会如何产生的一种历史解释,而是对政治社会之基础的一种逻辑分析"②。可以说,康德的社会契约论首次明确地将契约论阐释为一种规范性的理念,而且其契约论比以前所有先驱的契约论拥有更加明确的非历史特征。康德认为虽然在自然状态中人们拥有种种自然权利,但是由于人的利己倾向以及贪婪本性,人与人之间会相互争斗,自由便难以获得保障,于是,人们就会放弃自身的部分自由,订立契约:

> 人民根据一项法规,把自己组成一个国家,这项法规叫做**原始契约**。这么称呼它之所以合适,仅仅是因为它能提出一种观念,通过此观念可以使组织这个国家的程序合法化,可以易为人们所理解。根据这种解释,人民中所有人和每个人都放弃他们的外在自由,为的是立刻又获得作为一个共和国成员的自由。从人民联合成为一个国家的角度看,这个共和国就是人民,但不能说在这个国家中的个人为了一个特殊的目标,已经牺牲了他与生俱

---

① [德]康德:《论俗语在理论上也许是正确的事,却在实践中行不通》,载[英] H. S. 赖斯编《康德政治著作选》,[英] H. B. 尼斯贝特英译,金威中译,中国政法大学出版社 2013 年版,第 57 页。

② [英]戴维·里奇:《社会契约论历史的贡献者》,载[英]迈克尔·莱斯诺夫等《社会契约论》,刘训练等译,江苏人民出版社 2005 年版,第 250 页。

来的**一部分**——外在的自由。①

在康德的社会契约论中，人们通过放弃那种粗野的、无法律状态的自由，建构一个国家，从而享有法律保护下的自由。依照康德的立场，社会契约论扮演着一种重要的角色，康德将社会契约用于检验政治制度的公正性和证明国家存在的合法性，公正的政治制度是那种能够得到人们同意的政治制度，社会契约也可以使得人民认为自己有服从国家的政治义务，使得人民确信国家拥有合法的权威。虽然如此，即使国家在某些方面侵犯了人民的权利，康德的社会契约论仍然没有为人民反抗国家之行为的正当性提供某种辩护，这也使得康德的社会契约论在某种程度上要比洛克和卢梭等人的社会契约论显得稍微保守一些。

二 罗尔斯的政治建构主义

我们以上分别探讨了古典社会契约论中的"霍布斯式的契约论"和"康德式的契约论"，这两种社会契约论（尤其是前者）都遭到了以休谟和边沁等人为代表的功利主义、以黑格尔和马克思等人为代表的历史主义的批判，社会契约论逐渐式微，渐渐丧失了其在政治学、法学和哲学等学科中所拥有的重要地位，功利主义逐渐兴起。然而，二战后，在罗尔斯等人的努力和坚持下，社会契约论得以开始复兴。当代社会契约论基本上秉承了古典社会契约论的精神，从总体上而言，大卫·高蒂尔（David Gauthier）和詹姆斯·布坎南（James Buchanan）主要发展了霍布斯式的契约论，而罗尔斯和托马斯·斯坎伦（Thomas Scanlon）主要沿着康德式的契约论传统前行。② 鉴于当代很

---

① ［德］康德：《法的形而上学原理——权利的科学》，沈叔平译，商务印书馆1991年版，第142页。

② 高蒂尔、布坎南和斯坎伦的观点，可分别参见 David Gauthier, *Morals by Agreement*, Oxford: Oxford University Press, 1986；［美］詹姆斯·M. 布坎南、［美］戈登·塔洛克《同意的计算——立宪民主的逻辑基础》，陈光金译，中国社会科学出版社2000年版；［美］托马斯·斯坎伦《我们彼此负有什么义务》，陈代东等译，人民出版社2008年版。我们需要注意的是，相较于古典社会契约论对自然法和自然权利的重视，当代社会契约论并不怎么看重自然法和自然权利观念，有时候甚至尽力摒弃它们。

多全球正义理论的阐发者主要受到罗尔斯式的契约论的影响,接下来我们将着力分析罗尔斯对古典社会契约论的继承与修正。

与卢梭和康德等人的契约论一样,罗尔斯的契约论仅仅是一种思想实验,而不是在述说一种真实的历史事件。罗尔斯的契约论的着力点并不像霍布斯式的契约主义那样关注政治权威和政治义务问题,① 而是着重审视社会基本结构的正义问题,并致力于回答下述问题:人们在他所构想的思想实验中会选择何种能够适用于自由民主社会的正义原则? 更准确地说,罗尔斯的契约论主要是一种建构主义的方法,在《正义论》中,罗尔斯在批判道德实在论和道德相对论的基础上,采取康德式的建构主义方法,提出了一种"作为公平的正义理论"以及通过对作为公平的正义理论的修正而得到的"政治性的正义观念"。随后罗尔斯在一系列论文以及《政治自由主义》中,更加明确地阐述了建构主义的方法,并将康德的"道德建构主义"修正为"政治建构主义"。

一般说来,建构主义会涉及建构的起点、建构的程序和建构的结果三个方面。就建构主义的建构起点而言,罗尔斯曾言,"政治建构主义是从实践理性跟合适的社会观念和个人观念、实践理性与正义原则之公共作用的统一着手的。建构主义并不单纯从实践理性出发,它也需要一种塑造社会观念和个人观念的程序"②。罗尔斯上述所言说的社会观念和个人观念正是其政治建构主义的建构起点。罗尔斯对社会观念和个人观念有着一种特殊的解释,他认为社会是一种包括先辈、当代人和后代的世代相继的公平的合作体系,这是人们在思考正义问题时的一个基本理念。社会合作理念至少包括三个本质特征:第一,社会合作是由众所周知的规则和程序来指导的,而那些从事合作的人

---

① 罗尔斯曾言,"我们并不把原初契约设想为一种要进入一种特殊社会或建立一种特殊政体的契约,而毋宁说我们要把握这样一条指导线索:原初契约的目标正是适用于社会基本结构的正义原则。"参见[美]约翰·罗尔斯《正义论》(修订版),何怀宏等译,中国社会科学出版社2009年版,第9页。

② [美]约翰·罗尔斯:《政治自由主义》(增订版),万俊人译,译林出版社2011年版,第98页。

要用这些规则和程序来调节自身的行为，否则，他们将会受到相应的惩罚；第二，社会合作要包含一种公平的合作条款，即所有参与者都会理性地接受的规则；第三，社会合作的理念包含了每个参与者的合理利益或者善的观念。① 在政治建构主义中，罗尔斯说的个人观点是指自由且平等的公民观念。对罗尔斯来说，个人所拥有的能够参与社会合作的能力是个人应当拥有的基本能力，为此，个人必须具备两种基本的道德人格能力，即罗尔斯曾着力强调的"正义感的能力"和"形成善观念的能力"："正义感的能力乃是理解、运用作为公平社会合作条款的正义原则，并在通常情况下能受按照这一原则来行动的有效欲望驱使（而不仅仅是去按照这一原则而行动）的能力。形成善观念的能力则是人们形成、修正并合理追求这一善观念的能力，这也就是说，它是人们合理追求一种尊重我们自己有价值的人生观的能力。"② 作为政治建构主义的建构起点，公平的社会合作体系和自由且平等的公民观念并不是罗尔斯人为建构和设想出来的，而是罗尔斯从现代民主国家的公共政治文化中总结以及提炼出来的。

罗尔斯的政治建构主义的建构程序主要是罗尔斯的"原初状态"（original position）和"无知之幕"（the veil of ignorance）的设计。依罗尔斯之见，在古典社会契约论中，霍布斯、洛克、卢梭和康德等人所设定的形态各异的自然状态并不是一种真正平等的状态，因为那些参与立约的各方在体力、智力、财富、性别、种族和教育程度等方面仍然存在诸多差异，也清晰地知道个人的所有相关信息，他们在选择正义原则的过程中，仍然会考虑到自身的特殊因素，很难达成一种能够获得各方共同认可的正义原则。于是，罗尔斯将古典社会契约论中的自然状态修正为原初状态，这也是罗尔斯对古典社会契约论的关键修正之一。虽然罗尔斯曾强调原初状态类似于古典社会契约论者所言

---

① 参见［美］约翰·罗尔斯《作为公平的正义——正义新论》，姚大志译，上海三联书店2002年版，第11页。

② ［美］约翰·罗尔斯：《政治自由主义》（增订版），万俊人译，译林出版社2011年版，第279页。

说的自然状态，但是原初状态与自然状态之间存在着一种根本的差异，它毕竟不是自然状态，而是一种保证立约者能够拥有自由和平等地位的公平的初始状态。在原初状态中，没有人知道与个人相关的一些重要信息，譬如，自身的自然才能、智力、体力、善观念和特殊的心理倾向等内容。"无知之幕"是原初状态的重要组成部分，它能够将一切有可能引起分歧的因素都屏蔽掉了，比如任何人都不知道其在社会中的地位、财富、受教育程度、阶级出身、自然能力和善观念等内容。① 罗尔斯所设想的无知之幕是极为厚实的，② 它将罗尔斯的契约论与古典社会契约论非常清晰地区分开来，在无知之幕的遮蔽之下，那些参与立约的各方除了知道有关人类社会的一般事实、政治事务、经济理论规则、社会组织的基础以及人类的心理学原理以外，对其他所有情况都一无所知。无知之幕要求原初状态中那些自由且平等的人在为一个良序社会选择行之有效的、能够获得普遍共识的正义原则的过程中，要持有一种不偏不倚的客观立场，从而深入思考什么样的正义原则是应当被各方选择的正义原则。原初状态与无知之幕这两个设置决定了正义的原则将是那些理性的和自利的人，在一种完全公平的状态下，在不知道自身的自然偶然因素和社会偶然因素（运气均等主义者所着重关注的"运气"）的情况下会同意的正义原则，这些人并不知道通过何种方式来扬长避短，以实现自己利益的最大化，这也是罗尔斯将其正义理论称为"作为公平的正义理论"的主要原因之一。另外，我们在此需要注意的是，罗尔斯明确强调原初状态与无知之幕仅仅是一种用于分析问题的思维工具，并不是真实存在的，正如他曾言，"原初状态当然不可以看作是一种实际的历史状态，也并非

---

① ［美］约翰·罗尔斯：《正义论》，何怀宏、何包钢、廖申白译，中国社会科学出版社 1988 年版，第 136 页。

② 罗尔斯的这一设置引起了很多人的批判，譬如，德沃金认为罗尔斯的契约只是一种虚拟的契约，在如此厚实的无知之幕的遮蔽之下，原初状态中的人们的预期利益并不等同于人们的真实利益，由此得出的契约对人们来说并不真正具有约束力。具体研究参见 Ronald Dworkin, *Taking Rights Seriously*, Cambridge, Massachusetts: Harvard University Press, 1977, pp. 151 – 152.

文明之初的那种真实的原始状况,它应被理解为一种用来达到某种确定的正义观的纯粹假设的状态"①。罗尔斯也曾强调他将原初状态描述为能够体现纯粹程序正义的原因:"它使得我们能够解释原初状态各派,如何既是理性的建构行动者,但又是自律的。使用纯粹程序性正义意味着,正义原则本身是由一个慎思过程所建构的,这是一个可直观地设想为由各派在原初状态中所执行的过程。"②虽然罗尔斯的建构主义在很多方面不同于康德的建构主义,但是在将契约主义作为一种分析工具这一点上,罗尔斯与康德是高度一致的。

然而,我们接下来需要思考的另一个重要问题是:在原初状态中,既然人们作为理性的行动者,不知道与自己有关的所有特殊信息,那么人们会根据什么东西或方法来选择正义原则呢?在罗尔斯那里,虽然在原初状态中,无知之幕已经屏蔽了个人的所有特殊信息,然而人们无论过何种生活,总有想拥有一些对过一种良善生活来说基本的必不可少的东西,罗尔斯将这些东西称为"基本善"(primary goods):"基本善是各种各样的社会条件和适于各种目的之手段(all-purpose means),而对于让公民能够全面发展和充分运用他们的两种道德能力,以及去追求他们明确的善观念,这些社会条件和适合于各种目的之手段一般来说是必需的。"③基本权利、自由、权力、机会、收入、财富和健康等基本善是公民度过整个人生所必需的一些基本东西,倘若一个人是理性的,他都想拥有更多的基本善,基本善越多越好,倘若一个人在其一生中拥有的基本善越多,他就越有可能过上一种良善的生活。既然人们会根据基本善去选择正义原则,人们应当采取什么方法选择正义原则?罗尔斯此时设想的策略,也是后来备受争议的策略,他认为人们是非常审慎的风险厌恶者,应当采取"最大的

---

① 参见[美]约翰·罗尔斯《正义论》,何怀宏、何包钢、廖申白译,中国社会科学出版社1988年版,第12页。
② [美]约翰·罗尔斯:《道德理论中的康德式建构主义》,载《罗尔斯论文全集》上册,陈肖生等译,吉林出版集团有限责任公司2013年版,第351页。
③ [美]约翰·罗尔斯:《作为公平的正义——正义新论》,姚大志译,上海三联书店2003年版,第93页。

最小值规则"（maximin rule）："最大最小值规则告诉我们要按选择对象可能产生的最坏结果来排列选择对象的次序，然后我们将采用这样一个选择对象，它的最坏结果优于其他对象的最坏结果。"① 这种方法就像假定由你的敌人来决定你的处境一样。依罗尔斯之见，在原初状态下，依照最大的最小值规则，人们会选择如下两个正义原则：

第一个原则

每个人对与所有人所拥有的最广泛平等的基本自由体系相容的类似自由体系都应有一种平等的权利。

第二个原则

社会和经济的不平等应该这样安排，使他们：①在与正义的储存原则一致的情况下，适合于最少受惠者的最大利益；并且，②依系于在机会公平平等的条件下职务和地位向所有人开放。②

上述两个正义原则也是罗尔斯通过政治建构主义方法得到的正义原则。当在《正义论》中提出这两个正义原则时，罗尔斯雄心勃勃，试图将其视为一种普适性的、完备性的正义原则，能够被用于检验社会制度的正义与否，也就是说，该正义原则能够成为检验社会制度正义与否的标准。然而，伴随着学界对其正义观的强烈批判（当然也有部分学者为其正义观进行辩护并对其拓展），罗尔斯在回应各种批判的过程中，认识到在现代民主社会中存在各种各样的宗教、哲学和道德学说的情况下，这是不可行的，哪怕所谓最完备的学说（倘若它存

---

① ［美］约翰·罗尔斯：《正义论》，何怀宏、何包钢、廖申白译，中国社会科学出版社1988年版，第151—152页。罗尔斯后来进一步考虑了为何原初状态中的各方会选择"最大的最小值原则"，认为其中的理由在于"值得审慎考虑的正常的风险规避（这是原初状态的特别性质所决定的），在信息上要求不高，更适合成为一个公共原则，以及较弱的承诺张力"。参见［美］约翰·罗尔斯《主张最大化最小值标准的几个理由》，载《罗尔斯论文全集》上册，吉林出版集团有限责任公司2013年版，第259页。

② ［美］约翰·罗尔斯：《正义论》，何怀宏、何包钢、廖申白译，中国社会科学出版社1988年版，第302页。

在的话），都不可能获得所有公民的普遍认可，因此，罗尔斯开始不断调整自己的立场，转而追寻一种"重叠共识"，并建构了一种政治性的正义观念。总之，罗尔斯通过政治建构主义的方法构建了其正义理论，他为其正义原则的产生设计了原初状态和无知之幕等程序，经由这些程序所达成的任何结果都是正义的，无论结果是什么，人们都应当接受。罗尔斯通过原初状态和无知之幕这一系列思想实验试图排除影响人们做出选择的各种因素，以达到一种正义的结果。

第二节　全球差别原则

罗尔斯不但在《正义论》和《政治自由主义》中建构国内正义理论时采用了契约主义的方法，而且在《万民法》中构建国际正义理论时也同样使用了契约主义的方法。只不过罗尔斯由此所得出的"万民法"的八条原则与一些世界主义者的期待相距甚远。一些世界主义者将罗尔斯的契约主义方法用于分析国际社会上的一些制度以及相关的实践问题，譬如，有些世界主义者就将罗尔斯的"差别原则"直接适用于全球层面，并将其拓展为"全球差别原则"，其中贝兹和达雷尔·莫伦道夫（Darrel Moellendorf）先后做了重要的和富有影响力的尝试。① 我们首先来看看贝兹的观点。

一　贝兹的全球差别原则

贝兹在1975年发表的《正义与国际关系》一文和1979年出版的《政治理论与国际关系》一书中，思考了富裕国家的公民是否有建立在正义基础之上的义务，帮助穷人并与穷人分享他们的财富这一问题，为此，贝兹大胆地将罗尔斯《正义论》中的契约主义分析工具用

---

① 虽然贝兹并不是第一个将罗尔斯的契约主义分析工具应用于全球问题的学者——巴里和斯坎伦等人比贝兹更早进行了这种尝试，但是贝兹的尝试更为细致，所产生的争议和影响也较大。

于分析全球不平等、全球贫困和全球自然资源的分布等问题,坚持罗尔斯的国内正义理论可以在全球层面上适用,提出了全球差别原则(以及资源再分配原则)。① 正如有论者曾评论的那样,贝兹在其经典著作《政治理论与国际关系》中"大概比任何其他文本,证明了伦理和政治理论对 21 世纪的国际关系和国际法的重要性。在这本书中,贝兹也提出了被广泛誉为第一个令人信服的全球正义理论。……贝兹实现了罗尔斯的理论的世界主义转变"②。贝兹在《政治理论与国际关系》一书中试图建立一种规范的国际政治理论或者一种国际政治哲学,这种规范的国际政治理论或者国际政治哲学的核心就是全球分配正义。

贝兹在全球层面上拓展罗尔斯的国内正义理论,主要采取的是罗尔斯所一贯采用的契约主义方法,并将其用于分析全球问题,然而,贝兹对契约主义的理解不同于罗尔斯对契约主义的理解。罗尔斯主要将契约主义方法的适用范围限于封闭的政治共同体——民族国家——之中,而贝兹恰恰主张契约主义方法有着更加广阔的适用范围,认为"基于契约主义的根据,能够给出有力的证据证明不同公民身份的人们彼此之间有分配的义务,这类似于那些同一个国家的公民。国际分配的义务建立在正义的基础之上,而不仅仅是根据互助"③。同时,犹如我们在本书第一章中曾经提及的那样,罗尔斯在建构其正义理论时两次使用了原初状态这一工具:通过原初状态的第一次应用(即国内原初状态)得到了国内正义理论,通过原初状态的第二次应用(即国际原初状态,其中又包括两个阶段:第一国际原初状态和第二国际原初状态)得到了国际正义理论。然而,贝兹主张并不需要像罗尔斯那

---

① Charles R. Beitz, "Justice and International Relations", *Philosophy and Public Affairs*, Vol. 4, No. 4, 1975, pp. 360–389. Charles R. Beitz, *Political Theory and International Relations*, Princeton University Press, 1979.

② Robert Paul Churchill, "Charles R. Beitz", in Deen K. Chatterjee (ed.), *Encyclopedia of Global Justice*, Springer, 2011, p. 61.

③ [美]查尔斯·贝兹:《政治理论与国际关系》,丛占修译,上海译文出版社 2012 年版,第 116 页。

样两次使用原初状态，强调只需要设想一种全球原初状态即可，思考在全球原初状态中应当选择何种正义原则。贝兹主要基于下述两种考虑认为，在全球层面上拓展罗尔斯的国内正义理论是一种较为妥切的选择，其中与全球差别原则有关的主要是第二种考虑。

第一种考虑是罗尔斯在《正义论》中对国际正义理论的简要论述是以民族国家是自足的这一假定为基础的，即使这个假定是正确的，罗尔斯仍然忽视了自然资源的分布的任意性问题，这并不能经得起推敲。罗尔斯早在《正义论》的第58节中已经将契约论框架延伸到国际关系领域，并阐述了"万国法"，然而，此时罗尔斯是以民族国家是自足的这一基本假定为要件的。贝兹首先假设罗尔斯的民族国家是自足的这一假定是可以被接受的，那么在罗尔斯所设想的国际原初状态中，各方的代表大概知道自然资源的分布是不均匀的，有些地区的自然资源较为丰富，那些处于这些区域中的国家就更有可能走向繁荣和富强，而有些地区的自然资源恰恰是非常匮乏的，处于这些区域中的国家就很难提高其民众的生活水准，民众也很难安居乐业。既然罗尔斯认为在国内原初状态中，人的自然才能的分布是不均匀的，属于道德上的任意因素，那么国际原初状态中的代表会选择一种资源再分配的原则吗？贝兹认为依照相似的推理方式，国际原初状态中的各方也有理由认为自然资源的分布与人的自然才能的分布一样，也是道德上任意的因素。那些因为运气较好而处于自然资源丰富之区域的国家，没有理由认为其应得那些丰富的资源，没有理由认为其有权利排除其他人从中获得好处，因此，国际原初状态中的各方会选择一种资源再分配的原则，以免自己所代表的国家拥有匮乏的自然资源从而处于较为不利的境地。[①] 这也是贝兹对全球资源再分配原则的一种主要的论证方式。

第二种考虑是民族国家并不是像罗尔斯所言及的那样是自足的以

[①] 参见［美］查尔斯·贝兹《政治理论与国际关系》，丛占修译，上海译文出版社2012年版，第128—129页。

及国际社会的相互依赖会产生一些聚集性的利益。对"民族国家是否如罗尔斯设想的那样是自足的"这一问题,贝兹明确主张,"当然,现在世界并不是由自足国家组成的。国家对复杂的国际经济、政治和文化关系的参与表明存在一个全球社会合作系统"。① 在贝兹看来,伴随着国际投资和国际贸易的持续增长,国际上相互依赖的经济制度会影响全球范围内的收入和财富的分配,譬如,日益紧密的国际相互依赖非但没有缩小富国和穷国之间的收入差距,反而扩大了它们之间的收入差距。鉴于国际相互依赖程度的日益加深及其对收入和财富的全球分配的重要影响,贝兹认为在当今这样一个相互依赖的世界中,像罗尔斯那样将社会正义原则仅仅限于一个封闭的政治共同体中,所产生的效果是对贫困国家进行征税,这对贫困国家的艰难处境而言,无疑是雪上加霜。国际政治、经济和文化的相互依赖为制定一种全球分配正义原则提供了有力的支撑,同时,为了调节国际相互依赖在全球范围内所带来的收入和财富的分配差异,贝兹主张应该制定一种全球原则,他认为我们可以对罗尔斯的国内正义理论进行适当的重新解释,它能够在全球范围内适用:

> 如果全球经济和政治相互依赖的证据表明存在一个全球社会合作系统,我们就不应认为国家边界具有根本的道德重要性。既然边界与社会合作的范围并不是同延的,它们就没有为社会义务标出界限。因此不能假定原初状态中的各方知道他们是特定国家社会的成员,从而主要是为那个社会选择正义原则。无知之幕必须延伸到国家公民身份的所有问题,并且所选择的原则将会在全球适用。②

对贝兹来说,鉴于国际社会的制度与国内制度的相似性,如果人

---

① [美]查尔斯·贝兹:《政治理论与国际关系》,丛占修译,上海译文出版社2012年版,第131页。
② 同上书,第137页。

们承认在国内原初状态中，罗尔斯的差别原则是一种可行的选择，那么在国际原初状态中，人们并没有理由拒绝罗尔斯的差别原则，即全球差别原则是存在的。正如人们需要有一种国内差别原则确保社会基本机构能够公平地运作一样，人们也需要一种全球差别原则确保全球基本结构的公平运作。

全球差别原则的适用对象是谁呢？具体言之，人们应当提升全球处境最差的个人的地位，还是应当提升全球处境最差的国家的地位呢？贝兹推崇的是前者，他认为，"就正是全球最不利代表人（或单个群体）的地位要最大化的意义而言，国际差别原则似乎很明显适用于个人"。既然人们应当提升全球处境最差之个人的地位，全球差别原则并不一定要求将富裕国家的财富转移给贫困国家，仅仅通过国家之间的转让也不能充分满足全球差别原则的要求。同时，如果最小化国内的不平等对提升全球处境最差的个人的地位是必需的，那么也应该实现国内的不平等的最小化。贝兹还认为国家应当是国际分配责任的基本主体："在实现贯彻全球原则所必需的无论什么政策上，也许是国家，作为国际政治的主要参与者，比单个的人处在更加适当的位置。在缺少实现全球差别原则的一个更好策略的情况下，也许国家间的再分配应该被看作是一个次优的方案。"① 同时，贝兹的全球差别原则"可能要求在世界经济秩序的结构方面，以及在自然资源、收入和财富的分配方面进行根本的变革。此外，由于全球分配原则最终适用于个人而不是国家，它们可能要求，国家之间的转让和国际制度的改革应该旨在达到特定的国内分配后果"②。上述是贝兹对全球差别原则之基本理念的说明。

贝兹接下来还考虑了全球差别原则可能遭遇的两种反对意见，第一种反对意见是即使人们接受国际社会与国内社会具有相似性这一假设，人们仍然可能认为对于正义原则的全球适用而言，国际社会的相

---

① ［美］查尔斯·贝兹：《政治理论与国际关系》，丛占修译，上海译文出版社2012年版，第139页。

② 同上书，第162页。

第四章　全球正义的契约主义之维

互依赖性仅仅是一个必要但不充分的条件，同时使得正义原则能够在全球层面适用的其他必要条件，在国际社会上并不存在。国际社会与国内社会的差别是多种多样的，比如在国际社会中，一种像国内社会中那样的能够做出行之有效的决策以及能够执行决策的机构是不存在的，同时，全球正义感也是不存在的。贝兹对此回应道，"这样的反对意见是没有说服力的，因为它们误解了理想理论与现实世界之间的关系。理想理论规定了一些标准，如果假定一个公正的社会能最终达到，那么这些标准在非理想的世界中就成为政治变革的目标。仅仅指出目前这个理想还不能达到并不能损害这个理想"①。对贝兹来说，虽然国际社会与国内社会之间存在诸多差异是一个客观存在的不可忽视的事实，但是这并没有使得差别原则在全球层面上不可适用。

贝兹所设想的针对其全球差别原则的第二种反对意见是即使人们接受国际社会与国内社会之间存在相似性这一假设，人们仍然可以主张国内社会中的社会合作的某些特定方面会超过全球差别原则的要求，以至全球差别原则并不能成为一种终极的标准。第二种反对意见可以采取多种反对形式，比如有一种诺齐克式的反对意见：富裕国家有资格获得其自身的财富。贝兹为回应该观点援引了罗尔斯对"自然的自由体系"的反对意见，罗尔斯认为自然的自由体系是不正义的，"从直觉上来看，自然的自由体系的最明显的不正义之处在于它允许分配的份额受到这些从道德观点上看非常任意的因素的不恰当的影响"②。贝兹认为，"如果罗尔斯的反论算做是对国内社会中自然—自由观点的反驳，那么它同样也挫败了对一种全球化差别原则的当前反对。一个社会的公民不能将他们对大于由差别原则准许的分配份额的要求，建立在道德上任意的因素之上"③。显而易见，在贝兹那里，对

---

① [美]查尔斯·贝兹：《政治理论与国际关系》，丛占修译，上海译文出版社 2012 年版，第 141—142 页。
② John Rawls, *A Theory of Justice*, Cambridge, Massachusetts: The Belknap Press of Harvard University Press, 1971, p. 72.
③ [美]查尔斯·贝兹：《政治理论与国际关系》，丛占修译，上海译文出版社 2012 年版，第 148 页。

全球差别原则的诺齐克式的反对意见既不能挫败全球差别原则，也不能削弱全球差别原则的力量。

针对贝兹在全球层面上对其国内正义理论的拓展，罗尔斯基本上不认同贝兹的全球差别原则（以及资源再分配原则），认为贝兹的全球差别原则与博格的平等主义原则"在许多方面是相似的。对于这些富有启发性的和获得大量讨论的原则，我要说明我为什么不需要它们。但是，当然，我的确接受博格和贝兹所阐述的达致自由或正派的制度、保障人权和满足基本需要这些目标。……援助义务中已经涵盖了这些东西"①。对罗尔斯来说，他的援助义务能够涵盖建立一种自由的或正派的制度、保障人权和满足人民的基本需要等目标，已经将全球分配正义包括在内，援助义务优先于全球分配正义。为了回应罗尔斯的反驳，贝兹挑战了罗尔斯的援助义务。针对罗尔斯的援助义务是否已经足够这一问题，贝兹通过驳斥罗尔斯认为援助义务优先于全球分配正义的三种原因进行回答。

其一，罗尔斯认为决定一个社会的经济状况和为其成员提供一种体面生活的能力的最重要的因素是其政治文化、宗教、道德传统和人民的性格。在贝兹看来，罗尔斯对国家富裕的原因的论述是值得商榷的，作为一个经验问题，国家经济落后的根源是很难被确定下来的，这些根源有很多种，比如自然资源、技术、人力资本、政治和经济文化等，同时，这些因素往往在不同的社会有着不同的重要性。贸易关系、对外国资本或者市场的依赖程度和易受国际金融制度的影响等都会对国内的经济和政治结构产生影响，在这种情况下，很难区分上述因素对社会经济状况的影响程度。② 贝兹还假定，即使罗尔斯的这种经验假设是正确的，但这并不意味着不需要考虑全球分配正义在外交政策中所扮演的角色。

---

① [美]约翰·罗尔斯：《万民法》，陈肖生译，吉林出版集团有限责任公司2013年版，第157页。译文有改动。
② Charles R. Beitz, Rawls's Law of Peoples, *Ethics*, Vol. 110, No. 4, 2000, pp. 689 – 690.

其二，罗尔斯认为世界主义的分配原则将不公平地使那些为其经济行为承担责任同时没有从中获益的社会承受更多的负担。在贝兹看来，罗尔斯假定两个社会都能满足正义的或正派的标准，结果我们必须假定它们的制度的公正或正派所带来的结果是，两个社会的成员被假定好像他们的代表理解他们的政府的经济政策的后果。同时，两个社会被假定在政治上是自主的，它们的有关经济政策的决定不受到国际资本市场等因素的影响。贝兹认为，上述条件过于苛刻，即使我们能够满足这些条件，罗尔斯的观点能够成功地反驳全球分配正义原则吗？贝兹持否定的态度，认为罗尔斯的观点依赖与个人道德进行的类比。我们通常认为社会没有义务使人们不受到自身的非强迫性的选择所带来的伤害，社会的责任在于维持公正的背景制度，在其中人们应当对其非强迫性的决定所带来的结果承担责任。贝兹认为罗尔斯的类比是错误的，因为个人遭受的任何不利都源于个人的选择，然而，在有关社会的情况中情况并非如此，将当代人的坏的选择的成本强加在下代人的身上，这是不公平的。①对贝兹来说，也许有其他原因要求社会承担上代人的选择所带来的结果，比如鼓励社会进行投资或储蓄，然而这是一种工具性的判断，不是一种正义的判断。

其三，罗尔斯提到的缓解国内社会的分配不平等的原因包括缓解绝对贫困以至于人民能够过上体面的生活、缓解与财富差异相关的自卑感以及为民主的政策寻求公平的条件，同时，罗尔斯认为通过确保每个社会能够成为公正的或正派的，就能够缓解贫困。在贝兹看来，罗尔斯的该观点依赖于他在建构国际原初状态时的一些自相矛盾的细节。假如我们问：为什么国际原初状态中的各方将设定一种能够确保最低标准的原则，对最低标准以上的分配并没有设定限额，而在国内原初状态中，为了使处境最差者能超越最低标准，设定了某种程度的分配限制？贝兹认为即使我们接受罗尔斯对国际原初状态的建构，国

---

① Charles R. Beitz, "Rawls's Law of Peoples", *Ethics*, Vol. 110, No. 4, 2000, pp. 691–692.

际原初状态与国内原初状态之间的差异也许不像他认为的那么大。①另外，我们在此需要注意的是，虽然在贝兹那里，罗尔斯的观点缺乏说服力，但是贝兹仍然强调罗尔斯对援助义务的阐发对于缓解当今的世界贫困来说有着重要的意义。

二 莫伦道夫的全球差别原则

莫伦道夫是全球正义理论的契约主义分析进路的另一位重要的代表人物，他既为全球差别原则进行了一种比贝兹更为缜密的论证，也为我们在下一节将要探讨的全球机会平等进行了论证，虽然他认为全球机会平等只是一种最低限度的平等主义原则，对于缓和全球不平等以及解决全球贫困问题而言，在全球层面上仅仅践行该原则仍然是不够的。从总体上来说，为了论证全球差别原则等全球分配正义原则是存在的，莫伦道夫主要通过三个步骤来完成：首先，探讨了一种依赖于罗尔斯的政治建构主义理念的世界主义，这主要是为了完成有关世界主义正义的证成基础问题；其次，论证世界主义的正义的义务是存在的；最后，依照罗尔斯的契约主义方法，分析了以全球差别原则（以及全球机会平等）为核心的全球分配正义原则的基本理念。接下来我们将依次详述这三个步骤，尤其重点分析最后一个步骤。

莫伦道夫对世界主义的论证主要是通过批判和拓展罗尔斯的国际正义理论来完成的，不过他认为罗尔斯在《正义论》和《政治自由主义》等著作中所建构的国内正义理论是令人信服的。莫伦道夫所捍卫的世界主义认为，罗尔斯的作为公平的正义理论应当在全球层面上适用，不过罗尔斯并不同意这一观点，罗尔斯只是捍卫了一种要求最低限度的人权，既不要求将宪政民主涵盖在内的国际正义理论，也不要求限制社会经济不平等的国际正义理论。在莫伦道夫看来，"罗尔斯的《万民法》将人权置于一种不确定的基础之上，

---

① 参见 Charles R. Beitz, "Rawls's Law of Peoples", *Ethics*, Vol. 110, No. 4, 2000, pp. 692–693.

他对宪政民主的抛弃以及不限制社会经济不平等的原因是不能令人信服的。我将捍卫一种替代性的方案，该方案主张将正义原则延伸至全球层面，既包括宪政民主的要求，也限制了社会经济的不平等"①。莫伦道夫认为罗尔斯的万民法的八条原则并不包括宪政民主原则，《万民法》也许还应包括原则（9）：政治安排（political arrangements）要尊重宪政民主制度。莫伦道夫之所以不使用罗尔斯的"人民"一词，而是使用"政治安排"一词，其中的原因在于莫伦道夫认为罗尔斯所用的"人民"一词是有局限性的，并不足以将"政治安排"一词包括在内的地区性的制度、全球性的制度和国家制度涵盖在内。在莫伦道夫看来，原则（9）仅仅是一种形式上的要求，并没有规定全球正义到底要求什么，那些处于罗尔斯所谓的国际原初状态中的自由人民的代表将因赞同原则（6）"各人民都要尊重人权"的同样原因而赞同原则（9），原则（9）是国际原初状态中的自由人民的正义观的一个组成部分。莫伦道夫还认为罗尔斯的《万民法》的八条原则并没有包括对实质性的社会经济平等的承诺，以援助义务为主要内容的原则（8）只是一种最低限度的要求，自由人民并不需要认可作为公平的正义原则所包括的实质性的平等主义原则，如差别原则。莫伦道夫质疑道，为什么罗尔斯要求自由人民仅仅认可一种较弱的平等主义原则而不是认可平等主义色彩更浓的差别原则呢？为什么《万民法》不包括一种比原则（8）更强的平等主义的分配正义原则呢？莫伦道夫认为罗尔斯看起来未曾注意到自由人民的代表将要求一种更强的平等主义原则的原因与他们认可原则（6）和（9）的原因是一样的，万民法的原则（8）应该被重新表述为"政治安排应当尊重实质性的平等主义的分配正义原则"，莫伦道夫称之为原则（8*）。在莫伦道夫看来，原则（8*）和原则（9）当然不能获得正派的等级制人民的认可，这也解释了为什么罗尔斯不将正派的等级制人民安排在国际原初状态的第一阶

---

① Darrel Moellendorf, *Cosmopolitan Justice*, Westview Press, 2002, p. 8.

段之中，罗尔斯为了想使自由人民的代表所认可的原则能够获得正派的等级制人民的认可，也就是说，为了使《万民法》获得广泛的认可，罗尔斯牺牲了完全的正义。同时，在莫伦道夫那里，《万民法》的原则（6）所涵盖的人权清单过于简单，在世界主义的原初状态中，各方会要求比罗尔斯的最低限度的人权清单要求更多的人权，譬如，反对折磨、任意性的逮捕和歧视，保护基本的安全权和生存权等，因此，原则（6）应当被修正为原则（6*）：政治安排要尊重人们所拥有的范围更加广泛的人权，比如《世界人权宣言》所规定的一些权利。① 由上可见，莫伦道夫并不认可罗尔斯有关国际正义理论的国家中心主义解释，认为罗尔斯的《万民法》的八个原则忽略了一些极为关键的原则，莫伦道夫通过运用罗尔斯的政治建构主义程序而得出了一些其他原则，即范围更加广泛的人权清单、宪政民主制度和社会经济平等原则。

莫伦道夫在完成了对世界主义正义观的证成基础问题的阐释以后，紧接着思考了世界主义的正义义务是否存在这一问题，并回应了一些可能出现的反对意见。② 莫伦道夫认为鉴于正义的义务的条件（恰当的合作形式）在全球范围内是存在的，世界主义的正义义务也是存在的，而且这种义务与如下观点亦是相容的：我们对同胞负有一种特殊义务。当代很多政治哲学家往往将关注的重心放在那些针对国家的分配正义的理论上，他们之所以这样做，有着不少显而易见的原因，比如作为合作的例子之一，直到 20 世纪末，国家仍然是当今国际舞台上拥有政治权力的主要政治机构。然而，在莫伦道夫看来，该原因并没有使得人们对正义的关注仅仅局限于单一的国家，人们有很多理由在全球层面上关注正义问题。莫伦道夫依照罗尔斯对社会合作的关注这一观点，凸显了全球合作的重要性，认为全球合作对世界上

---

① 对世界主义的正义观的证成基础问题的论述，参见 Darrel Moellendorf, *Cosmopolitan Justice*, Westview Press, 2002, pp. 11–18.

② 本段的下述观点参见 Darrel Moellendorf, *Cosmopolitan Justice*, Westview Press, 2002, pp. 31–44.

无论身处哪个角落的人的利益都有着重要的影响，而且用罗尔斯式的话语来说，全球经济制度和原则对个人生活情景的影响，从一开始就是巨大的，因此，在全球层面上个人之间就存在正义的义务，而不仅仅像某些民族主义者或者爱国主义者所反复申述的那样同胞之间才相互负有正义的义务。莫伦道夫认为他的上述观点会面临着很多反对意见，其中一个重要的反对意见认为正义的义务的力量与所负义务之人之间的距离成反比，即距离越远，正义的义务的强度就越弱。可能有人会认为由于人们与其大部分同胞之间的距离比其与非同胞之间的距离更近，人们对同胞所负的特殊义务就更强。莫伦道夫对此回应道，对同胞的特殊义务的优先性并不能像上述反对意见所言说的那样以较近的距离为前提，比如居住在美国和墨西哥边境线附近的美国人同边境线另一侧的墨西哥人之间的距离更近，同居住在阿拉斯加州的美国人之间的距离较远。如果人们以距离的远近作为衡量正义义务之强度的标准，那么居住在美国和墨西哥边境线附近的美国人对边境线另一侧的墨西哥人就负有较强的义务，而对那些居住在阿拉斯加州的美国人就不负有义务或者仅负有一种较弱的义务，那些支持对同胞负有特殊义务之人显然不会赞同该观点。

　　莫伦道夫在完成上述两个步骤以后，开始详细论述他自己所认可的全球分配正义原则。莫伦道夫在论及具体的全球分配正义原则之前，回应了罗尔斯、巴里、特里·纳尔丁（Terry Nardin）和迈克尔·沃尔泽（Michael Walzer）等人对全球分配正义原则的批判，因篇幅所限，我们在此只简要论述莫伦道夫对罗尔斯的观点的回应。罗尔斯为了批判全球分配正义原则，曾经设想了两个思想实验，其中一个如下：在他设想的思想试验中，存在两个拥有相同财富水平和相同规模的人口的自由的或者正派的国家 S1 和 S2，在其中人民是自由而负责的，能够做出自己的决定。S1 决定实行工业化并提高自身的实际存储率，但是 S2 并未这样做，只是安于现状。几十年过去了，S1 的财富数量是 S2 的财富数量的 2 倍。那么，人们应当对 S1 进行征税，以便为 S2 提供资金吗？罗尔斯认为："根据援助义务，根本不需要征税，并且这看起来是正当的;然而按照漫无目标的全球性平等主义原则,只要一群体人民的财富比其他群体人民少,便要源源不断地征税。"① 在罗尔斯那里,S2 应当对自己的选择承担责任,不应当获得补偿,莫伦道夫对此回应道,对目的承担责任的能力确实是个人的特征之一,但是罗尔斯的这一观点只是针对国内正义理论提出的。在国内层面上罗尔斯认为个人对自己的目的承担责任,也存在分配正义的义务,莫伦道夫主张人们可以按照罗尔斯的思想实验中暗含的论说逻辑而设计另外两个思想实验:第一个思想实验是设想两个拥有同样机会和自然禀赋的年轻人,一个选择从事压力较高和较赚钱的职业,另一个选择赚钱较少的轻松工作;第二个思想实验是两个拥有同样机会的妇女,一个妇女选择放弃生育,从事一种能够提高自己收入和财富的职业,另一个妇女想拥有一个人口众多的家庭,因而不能拥有较多的财富。莫伦道夫认为罗尔斯并不会主张这些偏好上的差异使得富裕者对贫困者没有分配正义的义务,其中的原因在于罗尔斯的无知之幕的设计使得各方会选择一种能够有利于处境最差者的制度,如果一个人不能主张个人应得那些能够导致自己成功的所有因素,那么他亦不能合乎情理地声称其能够应得自身成功所带来的全部成果。② 莫伦道夫接下来依照罗尔斯的思路,认为全球原初状态中的各方一方面会选择我们在下一节将要论及的"全球机会平等原则",另一方面也会选择全球差别原则。

与贝兹一样,莫伦道夫在全球层面上对原初状态的设想不同于罗尔斯的国际原初状态观念,莫伦道夫只是设想了存在一种全球原初状态——世界主义的原初状态,全球原初状态中的各方是世界上的"个人"的代表,而不是像罗尔斯所设想的那样是"人民"的代表或者是某些共同体主义者所设想的"国家"等共同体的代表。在全球原初

---

① [美]约翰·罗尔斯:《万民法》,陈肖生译,吉林出版集团有限责任公司 2013 年版,第 159 页。罗尔斯同时还列举了另一个类似的思想实验,只不过 S1 对本国的人口进行控制,S2 并不控制本国的人口数量,结果 S1 的处境优于 S2 的处境,罗尔斯同样认为 S2 应当对自己的行为负责,不应该获得补偿。

② 参见 Darrel Moellendorf, *Cosmopolitan Justice*, Westview Press, 2002, pp. 70 - 71.

状态中，在无知之幕的遮蔽之下，那些参与立约的各方既不知道其所处国家的特征、领土、人口规模、自然特征和社会特征，也不知道其所代表之人的能力和才能等因素，他们也想让较好的才能和能力有益于所有人，而不仅仅是有益于较好才能和能力的持有者。倘若全球原初状态中的代表并不知道其所代表之人拥有较高才能和能力的概率，他们在进行利益计算时将会较为保守，并关注处境最差者的利益。因此，全球原初状态中的代表"将要求制度要确保源自才能和能力的不平等的禀赋的分配，必须有利于那些处境最差者的利益的最大化"①。这就是莫伦道夫所推崇的全球差别原则的主要含义。莫伦道夫还设想了对全球差别原则的另一种论证方式，他认为在全球层面上存在着日益密切的经济合作，假如所有人都应当获得平等的尊重，那么，什么原则能够确立一种公平的分配体系呢？平等的尊重要求尽管每个人都拥有不同的自然偶然因素和社会偶然因素，所有人都应该拥有平等的获益机会，否则，分配就受到了个人所拥有的道德上的任意因素的影响，此时全球差别原则就是一种有益的选择，那么，如何实现全球差别原则呢？莫伦道夫建议通过对全球贸易进行征税（托宾税）②的方式以帮助世界上的处境最差者，比如对目前的全球贸易额征收0.1%的税，每年就会获得562.3亿—2000亿美元的收益，这些巨额的收益将会有益于直接改善世界上处境最差者的处境。

莫伦道夫随后还考察了全球差别原则所面临的两种批评意见，并一一进行了回应。③ 第一种批评意见认为全球最低限度的兜底原则（a global minimum floor principle）是一种比全球差别原则更加合适的原

---

① Darrel Moellendorf, *Cosmopolitan Justice*, Westview Press, 2002, p. 80.
② 托宾税（Tobin tax）是由美国经济学家、诺贝尔经济学奖获得者詹姆斯·托宾（James Tobin）在1972年首次提出的，意为对现货外汇交易在全球征收统一的税，其特点在于全球性和单一的税率。与莫伦道夫一样，古丁也认为托宾税是一种可行的、能够用于实现全球正义的重要机制，并强调"按我的看法，托宾税是不需要世界上每一个国家绝对合作即可运行的另一个国际体制的例子。只要（比如说）世界上前20名的贸易大国加入这一体制，它就可完美地运转起来"。参见［澳］罗伯特·古丁《正义的全球化》，载［英］戴维·赫尔德等《驯服全球化》，董新耕译，上海世纪出版集团2005年版，第66页。
③ 下述观点参见 Darrel Moellendorf, *Cosmopolitan Justice*, Westview Press, 2002, pp. 81–83.

则,与全球差别原则一样,该原则并不侧重于人们在竞争某种职位时是否拥有起点平等,相反,它通过采取所有人要拥有不低于正义所要求的状况这一原则来限制竞争过程中的不平等。该原则主张满足安全、食物和健康等方面的基本需要,它有时可能会更加讨人喜爱,因为全球差别原则被认为是更加平等正义的。全球最低限度的兜底原则主张我们在测量那些能够令人接受的不平等时,不能像全球差别原则那样以平等为基准,认为仅仅以目前的持有状况为基础的再分配才是合理的。莫伦道夫对此回应道,该观点的问题在于它以目前的持有为基准,并没有关注目前的持有有时也许是非正义之行为的产物这一道德批判。由于一个人的起点会影响到其终点,以现在的持有为基准,这一观点允许诸如自然偶然因素和社会偶然因素等道德上的任意因素影响最终的资源分配。倘若那些选择分配正义原则的各方被允许知道目前的持有状况,我们并不能确保一种最低限度的兜底原则被选择,富人也许只要求机会的公平平等,而穷人也许将会选择差别原则。莫伦道夫认为,倘若再测量那些可以被接受的不平等时选择以平等为基准,我们有很好的原因认为全球原初状态中的参与立约的各方将会选择全球差别原则。第二种批评意见认为全球差别原则对个人提出了一种过高的要求,斯坦利·霍夫曼(Stanley Hoffman)曾将该批评意见总结为"捐赠者在将自己的任何资源用于帮助本国人之前,必须优先关注外国的穷人"。莫伦道夫认为霍夫曼看起来假定在一个实现分配正义的世界中,制度将使个人根据正义的要求将财富捐赠给世界上的穷人,然而,霍夫曼误解了目前的全球分配是不公正的这一观点。在莫伦道夫看来,不正义并不在于人们没有捐赠,而是在于制度并没有恰当地进行分配,倘若目前的全球分配的不平等是不公正的,正义并不要求富人捐赠更多的财富给穷人,它要求在先于富人的捐赠行为之前,穷人能够获得更多的财富。

第三节 全球机会平等

诚如我们的上述分析所指出的那样,贝兹和莫伦道夫依照罗尔斯的契约主义方法建构了全球差别原则，鉴于罗尔斯的差别原则在当代政治哲学界和道德哲学界有关平等理论和正义理论的研究中成为很多学者关注的焦点，全球差别原则越来越引起众多学者的关注也就不足为奇了。同时，人们依据罗尔斯的契约主义方法而构建的另外一种全球分配正义原则——"全球机会平等"——也越来越引发了学界的重视，而且与全球差别原则相较而言，全球机会平等原则可能具有更大的争议性。

一 为全球机会平等进行辩护

何谓全球机会平等？塞尔维·罗瑞奥克斯（Sylvie Loriaux）曾总结道："就最通常的形式而言，全球机会平等要求无论那些拥有相同才能和积极性的人处于哪个社会，他们都应该拥有大致平等的获取社会利益的机会。从本质上而言，全球机会平等也要求无论一个人身处哪个社会，他应该被给予一种能够拥有才能和积极性的公平的机会。"① 虽然在莫伦道夫那里，全球机会平等只是一种最低限度的平等主义原则，在全球层面上仅仅践行全球机会平等理念仍然不足以解决当今世界上的不平等和不正义的问题，但是全球机会平等理念的主要倡导者仍然非莫伦道夫莫属。从总体上而言，莫伦道夫的全球机会平等主要源自罗尔斯的"机会的公平平等观念"："各种地位不仅要在一种形式的意义上开放，而且应使所有人都有一平等的机会达到它们。……假定有一种自然禀赋的分配，那些处在才干和能力的同一水平上，有着使用它们的同样愿望的人，应当有同样的成功前景，不管他们在社会体系中的最初地位是什么，亦即不管他们生来是属于什么样的收入阶层。"② 我们可以说，莫伦道夫的全球机会平等观念是将罗尔斯的机会的公平平等观念在全球层面上适用的结果。莫伦道夫非常

---

① Sylvie Loriaux, "On the Applicability of the Ideal of Equality of Opportunity at the Global Level", in Diogo P. Aurélio, Gabriele De Angelis and Regina Queiroz (ed.), *Sovereign Justice*: *Global Justice in a World of Nations*, De Gruyter, 2011, p. 127.

② ［美］约翰·罗尔斯：《正义论》，何怀宏、何包钢、廖申白译，中国社会科学出版社1988年版，第73页。

推崇罗尔斯在建构国内正义理论时曾提到的机会的公平平等观念,认为即使正义理论基于应得或者契约自由的基石之上,个人的道德平等仍然要求将机会的公平平等作为正义的原则之一,机会的公平平等要求某一代中被允许的不平等不应该影响到下一代取得成功的机会。在莫伦道夫那里,机会的公平平等只是一种最低限度的平等主义的分配原则,因为它仅仅限制针对后代的不平等的效果,并没有试图限制针对当前一代的不平等的内容。虽然如此,莫伦道夫仍然认为目前全球资源的分配状况在很大程度上背离了全球机会平等,强调"如果机会平等得以实现,一个在莫桑比克的农村长大的孩子将与瑞士银行的高级行政官的孩子拥有同样的机会成为瑞士银行的高级行政官。因为教育和健康方面的基础设施的差异以及满足安全和生存需要方面的有效能力的差异,那些最贫困的发展中国家中的儿童在成功的机会方面远远不如发达国家中的儿童"[①]。当人们在论及全球机会平等时,莫伦道夫的上述观点也会经常被援引。

以上是莫伦道夫对全球机会平等的简要说明。莫伦道夫还对全球机会平等进行了更为详细的论说,他认为在全球原初状态中,各方在一种非常厚实的无知之幕的遮蔽之下,在不知道其所代表之人的种族、性别、社会地位、性格、健康程度以及各种善观念的情况下,也会选择全球机会平等。自由平等的分配原则主张在有效率或者帕累托最优的意义上,分配应该有利于所有人的利益,同时,不平等应该与如下原则相关:在机会的公平平等的情况下,职位向所有人开放。在莫伦道夫那里,机会的公平平等并不仅仅主张不歧视那些申请公职的人,它也要求那种能够成功地获取某种职位的机会既不应该依赖于人的社会偶然因素(如出生地、父母的财富状况和社会地位等),又不应该依赖于人的自然偶然因素(如性别、种族和民族等),一个人不能主张应得这些偶然因素,因此,这些东西不能成为分配的基础。也就是说,一旦一个人生而拥有的社会偶然性和自然偶然性等因素被视

---

① Darrel Moellendorf, *Cosmopolitan Justice*, Westview Press, 2002, p. 49.

为不应得的，机会的公平平等就成为任何对稀缺资源的竞争体系的一种程序性的要求。莫伦道夫还认为机会的公平平等原则与洛克和诺齐克等人所极力推崇的自我所有权原则是相一致的，倘若社会偶然性的影响能够被中立化，机会的公平平等允许那些建立在个人才能和能力基础之上的不平等的存在。总之，在全球原初状态中，参与立约的代表不知道其所代表的人所拥有的社会偶然性和自然偶然性等因素的优劣状况，既然参与立约的代表不想让分配依赖于这些道德上的任意因素，全球机会平等将会是一种有益的和理性的选择。那么，如何实现全球机会平等呢？莫伦道夫认为为了实现全球机会平等，至少应该采取如下措施：第一，对目前的全球经济进行重要的变革，应该将大量的投资用于改善世界贫困地区的基础设施，譬如，改善世界贫困地区的交通、医疗和饮用水等方面的基础设施；第二，全球机会平等要求发达国家中的最富裕之人的财富应当大量地向发展中国家转移，以支持发展中国家的教育、健康、食品和安全等方面取得长足的进步；第三，在全球范围内以及在男性和女性之间实现教育机会的平等化，医疗服务也应当大体上平等，所有人都应当免受由种族、民族、性别、宗教和政治隶属等因素所带来的困扰。① 对莫伦道夫来说，判断全球机会平等是否被实现的标准在于获得某种职位的机会是否平等，同时，机会的公平平等是一种最低限度的平等主义原则，即使如此，它仍未得以实现。

卡尼是全球机会平等理念的另一位重要的代表人物，然而，与莫伦道夫和贝兹等人明显不同的是，他对用契约主义的方法来思考应该采取何种全球分配正义原则持一种怀疑的立场。譬如，卡尼认为贝兹和博格在全球层面上对罗尔斯的差别原则的运用是不能令人信服的，这并不意味着全球原初状态或全球差别原则就应当被拒斥，然而，"我们有很好的理由怀疑一种虚拟的契约能否为正义原则提供独立的支持。即使我们接受了虚拟契约的有效性，一种批评意见也许对原初状态中的各方是否会选择差别原则提出不同的看法。然而，我们应该

---

① Darrel Moellendorf, *Cosmopolitan Justice*, Westview Press, 2002, pp. 78–79.

明白，该观点并不是在批评世界主义进路，因为它并没有否认存在世界主义的分配正义原则，只是否认将选择一种特定的世界主义原则"①。虽然如此，卡尼并没有完全拒斥契约主义方法，他只是明确否认在全球原初状态中，全球差别原则将会成为一种必然的选择。鉴于卡尼是当代著名的全球正义理论家，发表了一系列重要的充满睿智的相关论著，为全球机会平等进行的辩护产生了很大的影响，我们接下来将探讨卡尼的全球机会平等理论。

在卡尼看来，全球机会平等主张"不同民族（nations）的人应该拥有平等的机会：没有人应该因其民族身份（nationality）而拥有较差的机会"②。卡尼认为我们既然认可国家层面上的机会平等，那么也应当认可全球机会平等，国家层面上的机会平等完全采取一种纯粹形式的概念，认为在分配职位时，某人不能因自身的种族或者性别等因素而处于一种不利的境地。然而，国家层面上的机会平等并不关注个人在获取某种职位时所处的社会环境和经济环境，譬如，它并不关注如下事实：人们也许因生在一个不富裕的阶级而拥有较少的资源，从而不能拥有较好的处境。卡尼并不推崇上述形式意义上的机会平等，而是与莫伦道夫一样，崇尚罗尔斯所说的机会的公平平等。在卡尼那里，如果在一个国家内部，一个人因其所属的阶级等因素而拥有较差的生活，这被认为是不公平的，那么，倘若一个人因其民族身份而过一种较差的生活，也会同样被视为不公平的。卡尼设想在某个世界中，人的基本权利受到了保护，然而，不同民族的人拥有极为不平等的机会，即使在这个世界上没有人会被饿死，有些人仍然处于赤贫状态，有些人拥有巨额的财富，原因仅仅在于前者是纳米比亚人，而后者是美国人。卡尼认为这是令人感到非常疑惑的，为什么这些道德上的任意因素应当深刻影响乃至决定人们的生活前景呢？鉴于一些人因其所属的阶级而拥有较差的机会通常被视为不正义的，那么另一些人

---

① Simon Caney, *Justice Beyond Borders: A Global Political Theory*, Oxford University Press, 2005, p. 115.

② Ibid., p. 122.

因其民族身份而拥有较差的机会，为什么不同样被视为不正义的呢？① 易言之，依卡尼之见，罗尔斯的机会的公平平等理论的内在逻辑可以在全球层面上加以推广，这就得到了全球机会平等，即人们应该拥有同样的机会获得某种职位，无论其属于哪一个民族、国家、阶级、宗教或者种族。另外，我们需要注意的是，卡尼还曾提醒我们不能忽视全球机会平等理论的两种重要特征：一方面，这种机会平等并不要求结果平等，它只是一个与程序相关的概念，而不是与结果相关的概念。虽然全球机会平等要求个人不因其民族身份而拥有较差的机会，但是这并不意味着结果不重要。另一方面，全球机会平等是一种关于人们的资格（entitlements）的主张，这种机会平等也意味着个人有义务创建并支持由全球正义原则所要求的制度。② 可见，卡尼在旗帜鲜明地为全球机会平等理论进行辩护时，其背后所隐含的逻辑无疑是罗尔斯式的，基本上将罗尔斯国内正义理论中的机会的公平平等理论适用于全球层面，在这一点上，他与莫伦道夫是高度一致的。

那么，为什么人们应当接受全球机会平等呢？卡尼认为其中的关键原因在于，在人们对全球机会平等的认可背后是如果某些人因其文化身份而拥有较差的机会，那么这是不公平的这一观念在起作用。于是，人们就可以认为，如果某人因其阶级、社会地位或者种族而在生活中拥有较差的机会，那么这同样是不公平的，同时，如果某些人因其拥有的民族身份或者公民身份而拥有较差的机会，那么这也是不能被允许的。卡尼上述观念背后的道德直觉在于，个人不应当因其来自哪个共同体而在生活中拥有较差的机会，这种直觉可以用两种方式来加以表达：一种是否定性的方式，即个人不应该因偶然因素而处于一种不利的或悲惨的境地，同时，其前景不应该受到民族身份或者公民身份等因素的影响；另一种是肯定性的方式，即个人有资格与他人拥

---

① Simon Caney, *Justice Beyond Borders: A Global Political Theory*, Oxford University Press, 2005, p. 123.

② Simon Caney, "Cosmopolitan Justice and Equalizing Opportunities", *Metaphilosophy*, Vol. 32, 2001, p. 114.

有同样的机会。对卡尼来说，既然在国家的范围内人们认可机会平等，那么人们也应该认可全球机会平等，他还通过将全球机会平等和其他全球分配正义原则（比如我们将在第五章探讨的亨利·舒伊[Henry Shue]的基本的生存权观点）进行对照，从而说明全球机会平等理论的优越性。在舒伊那里，全球正义要求每个人拥有一种基本的生存权，卡尼对此回应道，假如在某个国家中，所有公民的基本权利都受到了保护，然而在其中，一个民族比其他民族拥有更好的机会，虽然该国家保护了人民的生存权，但是我们仍然认为这种体系是不公正的。那种能够保护所有人的基本权利而将教育、健康和娱乐等机会仅仅给予拥有某种民族身份的人的立场，同样是值得怀疑的。[①]可见，全球正义论者的内部也有着激烈的纷争，对卡尼来说，在解决当今世界的一些非正义问题时，人们不能像舒伊那样仅仅将目标限定在保护每个人的生存权上，卡尼所推崇的全球机会平等要优于舒伊所倡导的基本生存权观念，全球机会平等比其他全球分配正义理论更有利于缓解当今世界的贫困状况，某些人之所以不能拥有一种富裕的生活，部分原因至少在于其在生活中缺乏一种较为公平的起点。

然而，我们需要在此强调的是，卡尼并没有认为其所推崇的全球机会平等理论是唯一能够获得辩护的全球分配正义原则，而且也未主张我们纯粹依靠其所言说的全球机会平等，全球正义就能够得以实现。譬如，虽然卡尼曾强调与全球机会平等相比，舒伊的观点并不是充分的，但是卡尼仍然认为舒伊的基本生存权观念并不是多余的。[②]因为当今世界并没有实现舒伊的观点，很多人仍然朝不保夕，挣扎在死亡的边缘，同时，为了真正实现全球正义，全球机会平等应该同基本生存权等其他全球分配正义原则（比如舒伊的观点）相结合。

二 批判全球机会平等

全球机会平等理论在当代政治哲学中面临诸多批判，其中较具代

---

① Simon Caney, "Cosmopolitan Justice and Equalizing Opportunities", *Metaphilosophy*, Vol. 32, 2001, pp. 115–116.

② Ibid., p. 117.

表性的是伯纳德·波希尔（Bernard Boxill）、戴维·米勒以及我们下一节将要谈到的布洛克的批判。波希尔主要从"文化多样性"的视角出发批判了全球机会平等，他的观点主要由两部分组成。一是"只要存在不同的文化，机会平等的原则就只能被不完美地加以实施。于是，倘若在有些社会中地位高的职位由商人占据，但是这并不意味着情况一直如此；在印度，这一职位由僧侣占据，在古代中国，这一职位则由博学之人占据，在其他社会，由士兵占据。我们应该根据上述哪个标准来将机会平等化？选择其中一个标准而放弃其他标准，看起来是武断的和自以为是的"。二是"尽力使那些拥有相似才能的儿童和在不同的社会奋斗的人拥有在每个社会中达到成功的同等机会，这是不可能的。首先，为前景的平等设定标准，既存在概念上的问题，又会带来非常不同的激进后果。同时，即使该问题得以解决了，也存在实践方面的问题"。[①] 可见，在波希尔那里，只有当一定程度的文化共识在全球层面上能够存在时，全球机会平等才是可行的，然而，这一条件在全球层面上并不存在，也就是说，全球机会平等面临的根本困难是世界是由拥有不同文化和成功标准的不同社会所构成的，鉴于世界上文化的多样性，全球机会平等并不是一种恰当的全球分配正义原则。

波希尔对全球机会平等进行的批判是非常著名的，也直接影响了米勒（以及布洛克）等人对全球机会平等的看法，米勒在批判全球平等主义的过程中，同样从文化多样性的视角出发批判了全球机会平等。米勒首先界定了他所反对的全球机会平等的含义，即"无论出生在哪个社会，那些拥有相似才能和积极性的人都应当获得同样的机会，特别是受教育的机会、获得工作的机会以及由此带来的获得报酬的机会"[②]。米勒根据全球机会平等之要求的差异，将其分为两种类型：第一种全球机会平等主张不管出生在哪个社会，那些拥有同样才

[①] Bernard Boxill, "Global Equality of Opportunity and National Integrity", *Social Philosophy and Policy*, Vol. 5, 1987, pp. 148–149.

[②] David Miller, "Against Global Egalitarianism", *The Journal of Ethics*, Vol. 9, 2005, p. 59.

能和积极性的人应该拥有相同（identical）的机会，莫伦道夫是这种全球机会平等理论的代表人物，在米勒看来，我们在上文曾提及的莫伦道夫的"如果机会平等得以实现，一个在莫桑比克的农村长大的孩子将与瑞士银行的高级行政官的孩子拥有同样的机会成为瑞士银行的高级行政官"这一观点提出了一种极为苛刻的要求。某些职位的获取是以某种特殊的公民身份为前提条件的，例如，只有美国公民才可能参与竞选美国总统这一职位，倘若践行莫伦道夫的全球机会平等理论，它就会要求那种不受限制的移民权和完全开放的公民身份，米勒认为这显然是不能为人们所接受的，对一个国家的发展也会产生难以估量的负面影响，这也使得莫伦道夫的全球机会平等理论注定是一种空想。第二种类型的全球机会平等并不要求人们拥有相同的机会，只是要求人们拥有一种相当的（equivalent）机会，倘若莫桑比克的儿童只要能够获得某个地方（不一定是瑞士，可以是莫桑比克）的银行主管的职位，同时与瑞士银行家的那些拥有相同才能和积极性的孩子想要获得的职位拥有同样的薪酬即可。[1] 可见，第二种全球机会平等比第一种全球机会平等更加灵活，也更加具有可行性。

　　米勒接下来重点分析了第二种全球机会平等。为了确定人们是否拥有相当的机会，米勒强调我们可以采取两种衡量标准：一种是较为具体的标准，比如成为瑞士银行的首席执行官的机会；另一种是比较宽泛的标准，比如成为某个国家银行的首席执行官的机会。在米勒看来，第二种标准比第一种标准显然更为可取。米勒曾通过如下思想实验来分析两种衡量标准：村庄 A 和村庄 B 的面积和人口大致相同，前者拥有一个足球场但是没有网球场，后者拥有一个网球场但是没有足球场。在米勒看来，这两个村庄的人拥有同样的运动机会，因为无论是网球场，还是足球场，都属于运动设施的范畴。然而，假如村庄 A 拥有一所学校但是没有教堂，村庄 B 拥有一所教堂但是没有学校，此时两个村庄的村民就不拥有相同的机会，因为前者的村民可以接受教

---

[1] David Miller, "Against Global Egalitarianism", *The Journal of Ethics*, Vol. 9, 2005, pp. 59–60.

育,后者的村民则缺乏受教育的机会,但是我们不能说两个村的村民都拥有接受教化的机会。就上述两个思想实验而言,人们是如何判断村庄 A 和村庄 B 的村民是否拥有平等的机会呢?米勒认为其答案是文化理解力,它主张因为足球场和网球场都属于运动设施的范畴,因此之故,第一个思想实验中的村庄 A 和村庄 B 的村民拥有相同的运动机会。然而,由于学校和教堂是两种完全不同类型的东西,因此,第二个思想实验中的村庄 A 和村庄 B 的村民并不拥有同样的机会。在米勒那里,文化理解力告诉我们第一个思想实验中的"使用运动设施"这一较为宽泛的衡量标准比"使用足球场的机会"这一更为具体的衡量标准更为恰当一些,然而,第二个思想实验中的"能够上学的机会"这一具体的衡量标准比"接受教化的机会"这一宽泛的衡量标准更好一些。[①] 米勒在明晰了全球机会平等的内涵及其衡量标准以后,开始对全球机会平等进行了批判。

米勒认为那种在民族国家内部被践行的机会平等是非常复杂的,比如有各种各样的、重要的且不可替代的衡量标准:个人的安全、教育和医疗等,当这种复杂的机会平等观念被运用于全球层面以及在进行跨国家、跨文化的机会比较时,会遭遇到一些严重的困难。譬如,如果国家 A 和国家 B 采取了不同的教育形式,那么,我们应当怎样判断到底是国家 A 中的孩子拥有较好的教育机会,还是国家 B 中的孩子拥有较好的教育机会呢?倘若我们能够找到一种用于衡量教育机会优劣的标准,例如,冰岛人比葡萄牙人拥有更好的教育机会,但是葡萄牙人比冰岛人拥有更好的娱乐机会;那么,我们怎样衡量哪个国家的人民拥有更好的生活呢?倘若以教育作为衡量的标准,冰岛人的处境较好,然而,倘若以娱乐作为衡量标准,葡萄牙人的处境较好。米勒设想道,全球机会平等的辩护者可能会以我们应当关注极端的不平等来回应上述问题,比如关注欧盟的成员国与撒哈拉沙漠以南的贫困国家之间的不平等,而不是关注欧盟的成员国之间的不平等,衡量不平

[①] David Miller, "Against Global Egalitarianism", *The Journal of Ethics*, Vol. 9, 2005, pp. 61–62.

等的标准多种多样，比如平均寿命和基本的读写能力这一联合国人类发展指数就是一种经常被采纳的标准。米勒对此回应道，虽然这一衡量指标确实指出了那些生活在贫困国家中的公民所享有的机会少于那些生活在富裕国家中的公民所享有的机会，而且那些在联合国人类发展指数得分方面极低的社会（如撒哈拉以南非洲的贫困国家）的存在，确实是一种全球非正义的现象，然而，这既不意味着我们可以在那些富裕的社会群体内部进行比较，也不意味着我们可以在那些贫困的社会群体内部进行比较。对米勒来说，在当今这样一个文化极其多元的世界中，不同的社会以形态各异的方式看待善，并赋予其不同的权重，全球机会平等的含义并不清晰。[①]可见，与波希尔一样，米勒也认为由于当今世界上的文化是多种多样的，全球机会平等理念是不可行的，同时，在米勒那里，倘若人们在全球层面上力图践行全球机会平等，注定要面临着各种各样的挑战，可以说，全球机会平等理念是一种乌托邦，但是这并不意味着人们就应该接受当下全球非正义的事实，只是意味着人们纯粹依靠全球机会平等并不能够解决全球非正义的问题。

第四节 基于需要的最低门槛原则

世界主义者到底应当支持何种全球分配正义原则？世界主义者所设定的全球原初状态中的参与立约的各方除了有可能选择全球差别原则和全球机会平等以外，还会选择什么全球分配正义原则呢？布洛克在批判上述两种全球分配正义原则的基础上，认为全球原初状态中的各方会选择"基于需要的最低门槛原则"（a needs-based minimum floor）。

一 批判全球机会平等

布洛克认为机会平等背后的否定性直觉是非常具有吸引力的，即倘若有人因其所属的种族、民族和阶级等因素而比他人拥有一种较差

[①] David Miller, "Against Global Egalitarianism", *The Journal of Ethics*, Vol. 9, 2005, pp. 62–64.

的生活前景,这显然是非常不公平的。然而,一旦我们试图以某种更加肯定性的方式来阐发和实现该理想时,很多困难就会逐渐涌现,该理想主张所有公民不论其阶级和出身如何,只要拥有相同的能力和积极性,就应该拥有那种能够获得有利社会地位的相同机会。在布洛克看来,一旦试图在全球层面上贯彻这种理念,问题就会立刻出现,布洛克批判了莫伦道夫和卡尼的全球机会平等观念,尤其重点批判了卡尼的观点,认为卡尼对波希尔的观点的回应是不能成立的。布洛克对莫伦道夫的全球机会平等理论评论道,"我们试图将机会平等观念从国家层面扩展到全球层面所面临的问题之一在于不同的文化经常重视不同的目的或不同的善,同时,对某一职位的向往程度往往随着价值观的变化而变化"①。可见,布洛克对全球机会平等的批判基本上延续了波希尔从文化多样性的视角对全球机会平等的批判。

为了进一步分析布洛克的观点,我们首先回到卡尼对波希尔所提出的批评意见的回应上来。卡尼认为波希尔的观点仅仅能反驳如下两种全球机会平等理论,"全球机会平等要求(那些拥有同样能力和积极性的)人们拥有达到一个为人所偏好的社会中的有价值的职位的平等机会"和"全球机会平等要求(那些拥有同样能力和积极性的)人们拥有达到所有社会中的有价值的职位的平等机会",并不能被用于反驳第三种全球机会平等理论,"全球机会平等要求(那些拥有同样能力和积极性的)人们有获得一种拥有相似生活水准的平等机会"。② 在卡尼看来,第三种全球机会平等理论既不要求人们在一个社会中拥有获取有价值的职位的平等机会,又不要求人们在所有社会中拥有获取有价值的职位的平等机会,只是侧重于人们拥有相似的生活

---

① Gillian Brock, "The Difference Principle, Equality of Opportunity, and Cosmopolitan Justice", *Journal of Moral Philosophy*, Vol. 2, No. 3, 2005, p. 347.

② Simon Caney, "Cosmopolitan Justice and Equalizing Opportunities", *Metaphilosophy*, Vol. 32, 2001, p. 120. 卡尼对生活水准的分析,主要采取了阿玛蒂亚·森(Amartya Sen)和玛莎·纳斯鲍姆(Martha Nussbaum)对人们所拥有的可行能力(capabilities)的说明,具体研究参见[印度]阿玛蒂亚·森等《生活水准》,徐大建译,上海财经大学出版社2007年版; Martha C. Nussbaum, *Frontiers of Justices*, Cambridge, Massachusetts: The Belknap Press of Harvard University Press, 2006.

水准的平等机会，因此，它既可以免于波希尔的批判，又可以容纳文化的多样性。

布洛克认为卡尼对"生活水准"的侧重确实在某种程度上改进了莫伦道夫的观点，不容易再受到波希尔的诘难，然而，它仍然存在着致命的缺陷，因为卡尼的回应并不能充分地限制各种类型的不平等机会和歧视。布洛克曾通过下述三个例子述说了该反对意见。在第一个例子中，某国家的公民 A 有机会成为世界卫生组织（WHO）的医生、美国有线电视新闻网（CNN）的记者和国际货币基金组织（IMF）的银行家等，另一个国家的公民 B 有机会成为巫医、讲故事的人和马戏团演员等，假如上述两类机会符合卡尼的观点，即在特定的国家拥有相同的价值。布洛克对此回应道，即使 A 和 B 分别有可能拥有按照其所在国家的标准衡量的同样的生活水准，他们的权力可能相去甚远，譬如，就对国家的政策和全球机会的影响能力而言，A 的权力要远远大于 B 的权力，甚至说有着天壤之别。布洛克通过第二个例子说明卡尼所赞同的全球机会平等理论也不能限制现实生活中的性别歧视。例如，B 有机会成为巫医、讲故事的人和马戏团演员等，而由于这个社会实行了族长制，同一个社会中的女性公民 C 只有机会成为巫医的妻子、讲故事之人的妻子和马戏团演员的妻子等，在很多国家，那些拥有权力之人的妻子也被认为拥有权力，在该社会中，妻子与丈夫拥有同样的价值，即与丈夫拥有同样的生活水准。布洛克回应道，实际上，妇女并不与男性拥有同样的机会，卡尼的理论并未注意到这一点。在第三个例子中，只要一个人所拥有的工作能够保证其与他人拥有相等的生活水准，卡尼的理论允许社会依照一个人所属的种姓或者种族来分配工作，比如在斐济，斐济的印度人经常从事管理、商业和专业工作，而本土斐济人经常从事诸如清洁工这样的非技术性的低工资的工作。布洛克对此回应道，按照卡尼的理论，只要人们拥有了相当的生活水准，人们就拥有了平等的机会，在第三个例子中，这两个群体也许拥有相同的福祉水平，因为斐济的印度人在物质上富足但是缺少政治权力，而本土斐济人在物质上匮乏但是拥有政治权力。这表明斐济的印度人和本土斐济人可能享有相同的福祉水平,但是不能实现机会平等的理想,同时,人们也有可能在享有较低福祉水平的情况下满足卡尼的全球机会平等理论。① 显而易见,在布洛克那里,卡尼的全球机会平等理论是存在致命缺陷的。

然而,我们需要注意的是,更加准确地说,布洛克并不是反对所有版本的全球机会平等,他只是反对以一种更加肯定性的方式对全球机会平等的阐释,并不反对以一种否定性的方式对全球机会平等进行的解释,即倘若有人因其所属的种族、民族和阶级等因素而比别人拥有较差的生活前景,这是不公平的,为了实现这一目的目标,我们应该消除那些正在阻碍人类进步的一些障碍,应该确保人们有机会获得干净的水、食品、教育和医疗等。然而,在布洛克看来,一旦我们将注意力完全放在全球机会平等之上,我们就很有可能忽视一些有关全球分配正义的基础性的和真正重要的因素,"从严格意义上来说,人们应当拥有一种**体面的**(decent)机会集,而不是拥有一种**平等的**(equal)机会集。基本的目标当然是体面的机会集,而不是平等的机会集,因为就针对实现低水平上的平等而言,所有人都拥有平等的机会,但是这是远远不够的"②。我们在下面将会详述布洛克对人们应当过一种体面的生活的说明。

二 为何不选择全球差别原则而选择基于需要的最低门槛原则?

从总体上而言,布洛克通过两种方式来证成基于需要的最低门槛原则:一是理论论证,即在他所设定的全球原初状态中,那些参与立约的各方会通过选择基于需要的最低门槛原则,从而使得人们能够过上一种体面的生活,并不会选择全球差别原则等其他全球分配正义原则;二是经验论证,即采纳诺曼·佛罗利克(Norman Frohlich)和乔·奥本海默(Joe Oppenheimer)所做的著名实验。

---

① Gillian Brock, "The Difference Principle, Equality of Opportunity, and Cosmopolitan Justice", *Journal of Moral Philosophy*, Vol. 2, No. 3, 2005, pp. 348 – 349.

② Ibid., p. 350.

与贝兹和莫伦道夫等契约主义者一样,布洛克也设定了一种全球原初状态,但是布洛克对全球原初状态进行的说明更为细致和缜密。布洛克认为依靠契约主义方法而进行的思想实验,为思考全球正义问题提供了一种系统的方法,他所采取的思想实验的灵感源自罗尔斯,罗尔斯式的思想实验非常适合考察在一个理想的世界中,我们应该选择何种正义原则。然而,布洛克认为其思想实验在细节上与罗尔斯式的思想实验有着很大的区别,这种区别主要体现在其对全球原初状态的构想上。与贝兹等世界主义者一样,布洛克也设想存在一种单一的全球原初状态,他认为全球原初状态有如下特征。[①] 第一,理想世界是由不同的群体所构成的,有些群体可能相互重叠,而有些群体不互相重叠;有些划分方式很明确,而有些划分方式比较模糊,比如有按照政治派系、国家、宗教、文化和语言而划分的不同群体。第二,全球原初状态中的各方是利己的,并不是无私的,但是各方并不是极端利己主义的,从不考虑他人,而是持有有限的同情。第三,全球原初状态中的各方可能在很多方面知道一些历史、心理状态和经济等方面的信息,但是并不知道世界人口的详细统计资料,这是为了不让代表通过概率推测出自己到底属于哪个国家。譬如,假如有代表知道在世界上的 60 亿人口中有 10 亿印度人,他就有可能倾向于猜想自己是印度人,从而做出偏袒印度人的决定。倘若代表不知道自己属于哪个国家之概率的话,各方在做出选择的时候会从一种不偏不倚的视角出发,由于上述原因,全球原初状态中的参与立约的各方并不知道自己所属的国家、国家的领土面积、人口数量、权力的大小、经济的发展状况以及自然资源的丰裕程度等。第四,全球原初状态中的代表知道人类所面临的一些共同的、需要迫切通过合作的方式来解决的全球问题,例如,大规模的杀伤性武器、恐怖主义活动、毒品、环境污染和那些由传染性极强的疾病所带来的威胁,无论是在当下,还是在将来,人类只有通过通力合作的方式,才能达到一定程度的和平、安全

[①] 本段的下述观点参见 Gillian Brock, *Global Justice: A Cosmopolitan Account*, Oxford University Press, 2009, pp. 48–50.

和幸福。

在设定好上述全球原初状态以后，布洛克设想，假如召开一次全球会议，M 以一种随机的方式被选择为会议的决策代表之一，参与决定处理世界各地的居民之间的交往和关系的公平框架，在厚实的无知之幕被揭开之前，M 既不知道自己所属的国家，又不知道当全球会议结束以后自己的真正身份，那么，M 会同意何种原则呢？布洛克认为"从更加积极的层面而言，不论代表们选择什么，他们觉得让每个人都能够享受一种体面生活的前景似乎是谨慎的和合乎情理的，同时，主要的讨论将是有关这种生活的（最低限度的）内容。我认为，协议的条款主要围绕两个具有同等重要性的方针，也就是说，所有人都享受**某些**平等的基本自由，同时所有人都受到保护，免受**某些**真正（或很可能）受到严重伤害的风险"①。布洛克紧接着对上述两个条款展开了详细的论述。就基本自由而言，在布洛克那里，虽然任何理性的人们不会将自由看作唯一重要的东西，但是他们肯定需要一定程度的自由，至少是最低限度的自由，这些最低限度的自由既包括人身不受侵犯的自由、免受奴役的自由、迁徙自由和结社自由，又包括持有异议的自由、宗教自由、言论自由以及在未经审讯或者没有充足理由的情况下不得被监禁以及不得遭受各种极端压迫的自由。就免受严重伤害的风险而言，布洛克认为人们在某些情况下会遭受到某些严重的风险，比如一些不负责任的跨国公司可能会污染当地的环境（如土地和水源），致使农作物颗粒无收，也可能会给予工人一些难以维持基本生存的工资。在此情况下，人们的生存能力无疑会受到极大的破坏，全球原初状态中的各方不仅会考虑那种能够满足人们的基本需要的制度，而且会考虑到当人们永远丧失劳动能力等处于极端的依赖时期时应该怎么办。总之，在布洛克那里，全球原初状态中的各方会考虑不仅人们拥有满足基本需要的机会，而且考虑在人们不能自我满足的情况下如何获得他者的帮助。就基于需要的最低门槛原则的意涵而言，

---

① Gillian Brock, *Global Justice: A Cosmopolitan Account*, Oxford University Press, 2009, p. 50.

布洛克曾总结道，"在理想的选择情境中，那些能够得到合乎情理地赞同的最低保障规定了我们应当享有的体面的生活前景，即满足我们的以及我们的依赖者的基本需要（但是必须有明确的条款以确保永久残障或暂时残障之人能够获得充分关注），以及对基本自由的保护。我们将会以此作为底线，支持那些至少能够保证和承诺这些重要利益的社会的和政治的安排"①。这就是布洛克所主张的基于需要的最低门槛原则的主要内涵。那么，如何确保每个人能够过上一种体面的生活呢？布洛克随后给出的设想是任何政府必须能够将保护关键利益（如人的生存能力）作为首要的任务，倘若政府不能完全这一任务，其就缺乏合法性。然而，布洛克并不像某些世界主义者那样主张取消现存的国家而建构一个世界政府，而是认为鉴于如下原因保留现存国家是一个谨慎的选择："第一，考虑到存在的巨大风险，在决策时采取风险规避策略是慎重的，这就确保了采取一种谨慎行事的方法。第二，还有一种正当的担心，即倘若世界政府变得非常邪恶，这应该怎么办？"② 显而易见，就对世界政府的态度而言，布洛克的观点与康德和罗尔斯等人的观点是比较契合的。依照布洛克的基本立场，倘若人们取消现存国家而建立世界政府，这将会使人类面临巨大的风险，因而，世界政府并不是一个可行的选择。

以上我们介绍了布洛克对其所推崇的基于需要的最低门槛原则这一全球分配正义原则的理论论证，接下来我们探讨布洛克对该原则的

---

① Gillian Brock, *Global Justice: A Cosmopolitan Account*, Oxford University Press, 2009, p. 52.

② Gillian Brock, *Global Justice: A Cosmopolitan Account*, Oxford University Press, 2009, p. 53. 布洛克对世界政府担心的原因与康德的观点较为类似："国际权利的观念预先假定有许多互相独立的毗邻国家分别存在，尽管这样一种状态其本身已经就是一种战争状态了（假如没有一种各个国家的联合体来预防敌对行动爆发的话）；可是从理性观念看来，就是这样也要胜于各个国家在另一个凌驾于一切之上的并且朝着大一统的君主制过渡的权力之下合并为一体，因为法律总是随着政权范围的扩大而越发丧失它的分量的，而一个没有灵魂的专制政体在它根除了善的萌芽之后，终于也就会沦于无政府状态。"参见［德］伊曼努尔·康德《永久和平论》，何兆武译，上海世纪出版集团2005年版，第36—37页。罗尔斯后来也接受了康德的这一观点，具体研究参见［美］约翰·罗尔斯《万民法》，陈肖生译，吉林出版集团有限责任公司2013年版，第78页。

另一种论证方式,即经验论证。布洛克对基于需要的最低门槛原则的经验论证主要源自佛罗利克和奥本海默所进行的实验。佛罗利克和奥本海默认为理解分配正义问题的关键之处在于在不偏不倚的情况下进行选择,因此,他们通过设立一种不偏不倚的条件(比如选择者并不知道自己的直接利益),然后估计人们会选择何种原则以及人们的这些选择结果的稳定性,并在不同的国家重复该实验。他们为参与者提供了四种不同的选择:

1. 基本收入(the floor income)的最大化:"最公平的收入分配就是使社会中的基本收入(或最低)的最大化。"

2. 平均收入(the average income)的最大化:"最公平的收入分配就是使社会中的平均收入最大化。"

3. 带有基本收入(×美元)限制的平均收入最大化:"最公平的收入分配是在保证所有人特定的最低收入后使平均收入最大化。"

4. 带有贫富差距(×美元)限制的平均收入最大化:"最公平的收入分配是在保证社会中贫富差距(即收入幅度)不大于特定额度后努力使平均收入最大化。"①

在经过一系列恰当的操作之后,佛罗利克和奥本海默开始让人们进行选择,结果是"几乎没有人支持差别原则(即基本收入的最大化原则);这个原则是最不受欢迎的,仅仅1%的人选择了它。目前在所有国家中最受欢迎的选择是保证基本收入原则,78%的人选择了该原则,12%的人选择平均收入最大化原则,9%的人选择收入差距限制原则,1%的人选择了差别原则"②。布洛克认为佛罗利克和奥本海默的上述实验证明了在不偏不倚的情况下,几乎没有人选择罗尔斯的

---

① Gillian Brock, *Global Justice: A Cosmopolitan Account*, Oxford University Press, 2009, pp. 54 – 55.

② Ibid., p. 55.

差别原则，相反，大多数人会选择最低收入原则，这种原则就属于其所支持的基于需要的最低门槛原则。

三　对基于需要的最低门槛原则的进一步说明

在布洛克的基于需要的最低门槛原则中，基本需要和基本自由是非常重要的，那么，人类的基本需要是什么？我们为什么应当关注人类的基本需要呢？布洛克给出了较为详细的说明，他主要引述了当代政治哲学中的一些重要观点来说明这一问题。布洛克认为有两种重要的代表性观点值得引述。一是大卫·布雷布鲁克（David Braybrooke）的观点。布雷布鲁克将那些倘若得不到满足个人就不能履行公民、父母、户主和工作者这四个社会基本角色的事物，视为人类的基本需要，比如食物、水、运动、有规律的休息、对同伴的需要、接受教育的需要、社会接受和认可的需要、性行为的需要等。二是伦恩·道伊尔（Len Doyal）和伊恩·高夫（Ian Gough）的观点。他们认为基本需要可以保证人们不受阻碍地参与任何形式的生活，譬如，营养食品、洁净水、服装、住房、安全的工作环境和教育等就属于人类的基本需要。布洛克认为那些具有道德重要性的需要至少对人类的机能来说是必不可少的，倘若这些需要不能获得满足，人们就不能做任何事情，更不可能过上一种较为体面的生活，同时，满足行动与形式能动性（agency）密切相关，只有在自身的需要获得满足之后，人们才能做事情，才能行使自身的能动性，这体现了需要的重要性。[①] 可见，为了说明需要的重要性，布洛克引入了当代政治哲学中另一个重要的概念，即能动性。人应该具有哪些能动性呢？布洛克认为从总体上而言，"人的能动性包括（1）一定程度的身体健康和心理健康；（2）对于行动能力的充分保障；（3）对于选择范围的充分理解；（4）一定

[①] Gillian Brock, *Global Justice: A Cosmopolitan Account*, Oxford University Press, 2009, pp. 63–64.

程度的自主性；（5）至少与他人有一种体面的社会关系"①。布洛克随后还解释了衡量上述能动性的各种标准，譬如，我们可以通过特定年龄的死亡率、寿命的长短和各种心理疾病的发病率等来衡量人的身心健康程度，可以用谋杀率来衡量对于行动能力的保障程度如何，可以用文盲程度来衡量人们是否拥有充分的理解力等。

基本自由是布洛克的基于需要的最低门槛原则的另一个重要组成部分，布洛克也进一步论证了基本自由的价值，他认为基本自由的重要性至少体现在三个方面：其一，基本自由是理性的人们能够要求的基本权利，人们能够要求并期待他人也尊重这些基本自由；其二，拥有基本自由对于人们参与人类的主要活动来说是至关重要的；其三，基本自由可以源自基本需要，尤其是源于对自治的需要。② 在布洛克那里，理性的人们至少会要求诸如不受折磨、随意逮捕、拘禁以及不受歧视等一些最低限度的自由，基本自由不但在保证每个人拥有一些重要机会方面会起到作用，而且对人们参与一些核心的人类活动来说也同样是至关重要的，然而，在全球层面上，基本自由并没有获得充分的保障（基本自由受到侵犯的现象还时有发生），为了使基本自由获得充分的保障，国际社会需要通力合作，比如维护各国的新闻自由等。总之，在布洛克所建构的基于需要的最低门槛原则这一全球分配正义理论中，布洛克将关注的重心置于人们的基本需要和基本自由，而不是像贝兹和莫伦道夫等人那样侧重于全球处境最差者和全球机会平等方面，认为一旦人们的基本需要和基本自由获得了保障，人们就可以过上一种较为体面的生活。

第五节　一个简要的评析

我们在以上分别论述了在当代政治哲学界和道德哲学界一些世

---

① Gillian Brock, *Global Justice: A Cosmopolitan Account*, Oxford University Press, 2009, pp. 66 – 67.

② Ibid., p. 152.

主义者根据罗尔斯式的契约主义方法，所构建的三种较具代表性的全球分配正义原则，即全球差别原则、全球机会平等原则和基于需要的最低门槛原则。① 下面我们将分别对上述三种原则做一简要的评析，尤其重点审视全球差别原则。

我们在探讨贝兹等人的全球差别原则可能存在的问题之前，应该首先关注一种对贝兹等人的全球差别原则的根本挑战，即认为贝兹等人的全球差别原则是不存在的。弗里曼从总体上认为在不存在全球政治权威的情况下，人们不能像某些世界主义者反复申述的那样将罗尔斯的差别原则在全球层面上适用。在弗里曼看来，一些世界主义者之所以主张将罗尔斯的差别原则应用于国际关系领域，原因主要在于下述两个方面。一方面，某些世界主义者经常主张，出于理论上的一致性的需要，罗尔斯必须将其差别原则应用于全球层面。正如我们曾反复提及的那样，罗尔斯在支持差别原则和反对效率原则时认为，在分配收入和财富的过程中，人们不应该受到那些生而具有的自然的或社会的有利或不利状况的影响，也不应该对这些有利或不利状况承担责任。世界主义者认为根据同样的论说逻辑，在全球层面上，人们也不应该因生在一个穷国或富国而处于不利的境地或者有利的境地，因此，世界上的收入和财富应该再分配，以实现世界上处境最差者的利益的最大化，而不是实现每个特定社会的处境最差者的利益的最大化。弗里曼认为世界主义者所提出的这种反对意见恰恰低估了社会合作对社会、政治和经济正义的重要性。弗里曼强调，某些世界主义者未曾注意到，罗尔斯是在以互惠性和相互尊重为基础的社会合作关系的背景下主张，社会偶然因素和自然偶然因素等运气因素不应该决定民主社会内部的分配份额，然而，这并不意味着一个特定的民主社会的成员身份对决定分配的份额是不相关的，在决定分配的份额时，成员身份恰恰是非常重要的。相似的情况是，一个人没有生而拥有较高

---

① 与我们在第三章探讨的全球正义理论的功利主义分析进路相较，全球正义理论的契约主义分析进路有不少优越之处，譬如，它强调平等尊重每个生命的尊严和地位，认真对待每个个体，全球正义理论的功利主义分析进路恰恰没有做到这一点。

的才能和较好的相貌，与其在家庭中获得关心和照顾是不相关的，然而，另一个孩子并没有生在那个特定的家庭这一事实，同其在那个特定的家庭中的地位和权力是高度相关的。罗尔斯的差别原则被设计用于特定的社会合作关系，而不是被设计用于全球层面的，不是用于世界上的公民之间的变化的和不发达的合作关系的。① 显而易见的是，在弗里曼那里，某些世界主义者误解了罗尔斯对运气因素以及社会合作的看法。

另一方面，一些世界主义者非常自信地诉诸全球经济制度和全球基本机构，好像罗尔斯已经忽视了全球基本制度这样一个众人皆知的事实。弗里曼认为罗尔斯的批评者所提到的一些经济关系和政治关系只是一些次要的制度，而不是基本的制度：它们之所以是次要的，是因为它们是建立在政治社会的财产、契约和商业规则的基础之上的，是国家之间进行协商的结果；它们之所以不属于全球基本结构的范畴，是因为它们不是全球基本制度。罗尔斯的批评者经常提到的一项全球基本制度是各国承认国家拥有和控制其所占有的领土上的土地和自然资源，贝兹和博格等人据此认为人类社会需要一项全球分配原则，并决定应该怎样分配全球资源。弗里曼并不认可贝兹和博格等人的上述观点，强调罗尔斯的批评者所持有的"这项制度是一种全球基本制度"这一观点是错误的，其中原因在于人民对领土的控制权和管辖权是一个人民可能存在的必要条件，也为其有关财产的法律制度和其他基本的社会制度提供了必不可少的框架。对其他人民的领土的尊重，这是《万民法》的一部分，全球基本制度是不存在的，因为全球政权是不存在的。同时，民主的社会合作和政治合作在全球层面上是不存在的，也可能永远不会存在。② 可见，在弗里曼看来，在全球政治权威并不存在的情况下，全球差别原则是不存在的。

如果弗里曼的上述立场是可以为人们所接受的，那么对贝兹等人

---

① Samuel Freeman, *Rawls*, Routledge, 2007, p. 443.
② Samuel Freeman, *Justice and the Social Contract: Essays on Rawlsian Political Philosophy*, Oxford University Press, 2007, pp. 307–308, 318.

的全球差别原则来说，弗里曼的观点就是一种根本性的和颠覆性的批判。弗里曼认为全球差别原则是微弱的乃至不存在的一个根本原因是全球基本制度是不存在的，他认为全球基本制度的存在应以全球政权（比如世界国家）的存在为前提条件，显而易见，弗里曼的观点是罗尔斯式的。众所周知，罗尔斯将其正义原则用于社会基本机构，该基本结构能够对人们生活的方方面面带来持续的以及重要的影响，同时认为世界国家也是不存在的。实际上，全球基本结构现在是否存在？世界国家将来能否出现？这些确实是一些非常富有争议性的和挑战性的问题。依照人类社会目前的发展程度以及全球化的程度，我们大致可以合理地推测，全球基本结构可能有着各种各样的形式和类型，即使罗尔斯意义上的全球基本结构目前并不存在，其他类型的全球基本结构也有可能存在，同时，随着全球化的进一步发展以及国际相互依赖性的逐渐增强，全球基本结构即使现在不存在，将来与世界国家一样，还是有可能存在的。

即使我们像弗里曼那样承认目前全球基本结构不存在，弗里曼也没有从根本上说明全球差别原则是不存在的。因为贝兹在证成其全球差别原则的过程中，可以不诉诸国内社会与国际社会之间的类比论证，可以不以全球基本结构的存在为前提要件，而是直接诉诸自由主义的正义观。有的自由主义的正义观具有世界主义精神，认为自由主义的正义观能够在全球范围内适用，不需要局限于某个国家。贝兹后来也确实是这样做的，正像他在其备受好评的著作《政治理论与国际关系》（1999 年）的修订版后记中曾言，全球分配正义的世界主义理论并不要求有一种最佳的国际政治制度，并不要求国家应该服从一个全球政治权威或世界政府，而是强调道德世界主义的重要性，道德世界主义对全球的政治性正义的内容持一种不可知论，即它并没有承认自己到底赞成或者反对应该存在一种全球政治权威这一主张。① 与罗尔斯一样，弗里曼只是从直觉上申述了国家和家庭等共同体的边界具

---

① Charles R. Beitz, "Cosmopolitanism and Global Justice", *The Journal of the Ethics*, Vol. 9, 2005, p. 18.

有根本的重要性，并没有确切地证明为什么边界应该具有他和罗尔斯加诸其上的重要性。因此，弗里曼并没有从根本上颠覆全球差别原则，全球差别原则是存在的，世界国家目前的不切实际性，并不意味着全球差别原则的不存在。

在探讨了全球差别原则在理论上是否存在这一问题之后，让我们回到贝兹等人的全球差别原则的现实困境这一问题上来，贝兹等人的全球差别原则的最大问题可能是全球差别原则在实践中的可行性问题，即如何落实全球差别原则以及由谁来实施全球差别原则。第一，在资源有限的情况下，全球差别原则与国内差别原则有可能是不相容的，全球差别原则的实施有可能产生的结果是，提升了世界上处境最差者的地位，却是以本国的处境最差者的地位的下降为代价的。比如马克·纳温（Mark C. Navin）曾总结道："既最大化世界上处境最差者的持有，又最大化每个社会内部的处境最差者的持有，这也许是不可能的。例如，一个社会也许能够仅仅通过将原来用于国内援助的资金用于国际援助，从而提升世界上处境最差者的持有。"① 纳温随后还提到了一种化解这种冲突的方式，就是国内差别原则和全球差别原则分别适用于不同的领域，比如国内差别原则应用于国内制度，全球差别原则应用于国际制度。然而，纳温又进一步指出，这种限制全球差别原则的适用范围的尝试又会带来另一种批评意见。有人担心全球差别原则不能像国内差别原则那样成为背景的程序正义的一部分，而是用于引导诸如社会这样的道德主体的日常决定。例如，全球差别原则也许要求单个的社会在进行贸易谈判时，优先考虑世界上处境最差者的利益。如果情况确实如此，那么全球差别原则将非常不同于国内差别原则，因为全球差别原则将不会侧重于背景制度，而是侧重于单个的道德主体的选择的前景。然而，如果全球差别原则的适用范围被限于国际制度，那么单个的社会在日常决策的过程中并不需要优先考虑世界上处境最差者的利益。这样的话，全球差别原则仍然是一种针对

---

① Mark C. Navin, "Global Difference Principle", in Deen K. Chatterjee (ed.), *Encyclopedia of Global Justice*, Springer, 2011, p. 403.

背景制度的正义原则。

第二,在全球公认的政治权威并不存在的情况下,如何落实贝兹的全球差别原则?全球差别原则有不同的实施方式,比如有的侧重于诸如国际贸易组织和世界银行这样的国际组织在制定国际政策时优先关注不发达国家的利益,有的主张对自然资源的出售和消费进行征税,有的主张扩大现有的国际援助的范围以及力度,并提升世界上处境最差者的利益,贝兹采取了最后一种方式,但是这种方式还是过于抽象。弗里曼曾设想了两种实施全球差别原则的方式并指出了其中存在的问题,譬如,政府可以单独地将全球差别原则运用于本国的基本制度,并着力提升世界上处境最差者的处境,这种建议的实际问题是,一个拥有权力并塑造本国基本结构的人民并没有权力去改变他国的基本制度。当某人民对其他人民的政策或者世界上处境最差者的生活前景缺乏政治控制力的时候,怎么能够有效地改变自己的基本制度,从而最有利于世界上处境最差者的处境呢?弗里曼提出的另一种实施全球差别原则的方式是,全球差别原则不应用于国家的经济制度或世界上的所有经济产品,而是只运用于全球制度和源自人民之间的合作的边际产品。弗里曼接着指出这种范围有限的全球差别原则是否以及能在多大程度上实际提升世界上处境最差者的处境。[①] 贝兹仅仅提议应该提升世界上处境最差者的处境,全球差别原则"可能要求在世界经济秩序的结构方面,以及在自然资源、收入和财富的分配方面进行根本的变革"[②]。"在缺少实现全球差别原则的一个更好策略的情况下,也许国家间的再分配应该被看作是一个次优的方案。"[③] 然而,如何进行国家间的再分配,如何真正改善世界上处境最差者的生活,贝兹并没有进一步的阐述,其全球差别原则仍需进一步的建构。

第三,由谁来实施贝兹的全球差别原则,即全球差别原则的实施

---

① Samuel Freeman, *Rawls*, Routledge, 2007, p. 445.
② [美]查尔斯·贝兹:《政治理论与国际关系》,丛占修译,上海译文出版社2012年版,第162页。
③ 同上书,第139页。

主体是谁？目前并不存在一个至少在某些方面像现存国家那样拥有某些强制力的全球政治权威，虽然联合国在某些方面可能与上述全球政治权威相类似，但是如今联合国并没有成为能为国际社会主持正义的机构，相反，它有时候成为少数强权国家（比如美国）达到自身目的的不良工具。像欧盟这样的地区性组织只是为了促进本区域的发展并与一些发达国家相抗衡而建立的区域性组织，也不可能成为一种实施全球差别原则的机构。因此，我们并不能寄希望于联合国和欧盟这样的国际组织来实施全球差别原则。如果全球差别原则的实施方式和实施主体难以界定的话，那么全球差别原则目前可能在理论上只是一种美好的"愿景"而已，在实践方面还缺乏切实可行性。

虽然贝兹的全球差别原则存在诸多困境，以至贝兹后来已经从其原初立场退却了，但是贝兹的《政治理论与国家关系》一书仍然是当代有关全球正义论辩的核心著作，[1] 他的全球差别原则对解决全球贫困和其他的全球非正义问题提出了一种解决思路。同时，贝兹的全球差别原则在方法论上也有着重要的意义，贝兹将罗尔斯所复兴的契约主义方法应用于国际关系领域，真正拓展了契约主义方法的适用范围。

我们在分析了贝兹的全球差别原则存在的问题及其影响以后，下面来简要评析全球机会平等这一日益具有影响力的全球分配正义原则。笔者认可波希尔、米勒和布洛克等人从文化多样性的视角出发对莫伦道夫和卡尼的全球机会平等理论进行的批判，波希尔等人确实指出了莫伦道夫等人的全球机会平等理论所存在的主要问题，在当今世界上，存在着各种各样的文化，人们对机会亦有着不同的看法，在全球层面上践行莫伦道夫等人所说的机会平等，一定会面临着各种各样的挑战。然而，波希尔等人在批判莫伦道夫等人的全球机会平等理论的过程中，还忽视了莫伦道夫和卡尼等人的全球机会平等理论存在的另一个重要问题，即莫伦道夫等人所采取的论证方式所存在的问题。

---

① David Miller, "Defending Political Autonomy: A Discussion of Charles Beitz", *Review of International Studies*, Vol. 31, No. 2, 2005, p. 381.

莫伦道夫和卡尼在阐发自己的全球机会平等理论时，基本上采取了一种"类比论证"的方式，都是在全球层面上直接拓展罗尔斯在论述其国内正义理论时曾重点提及的"机会的公平平等理论"，认为既然在国内层面上，自然偶然因素和社会偶然因素等道德上的任意因素不应该影响人们生活的优劣，在全球层面上，也应当如此，即无论一个人属于哪一个民族、国家、阶级、宗教或种族，都应该拥有同样的机会获得某种职位。然而，这种类比论证方式存在的问题是，即使人们在国内层面上接受罗尔斯的机会的公平平等理论，也不一定认为可以在全球层面上推广该理论。譬如，对一些认为国界具有根本的道德重要性的世界主义之批评者（如某些民族主义者和爱国主义者）来说，他们就不会同意在全球层面上直接拓展罗尔斯的机会的公平平等理论。况且，罗尔斯的机会的公平平等理论本身就有很大的争议性，比如诺齐克等自由至上主义者就不认可该理论。可见，全球机会平等并不是一种恰当的全球分配正义原则。

　　布洛克在批判全球差别原则和全球机会平等理论的基础上，提出了基于需要的最低门槛原则，正如本章上一节提及的那样，基于需要的最低门槛原则侧重于人们的基本需要和基本自由，致力于使人们过上一种较为体面的生活。虽然布洛克的理论在理论细节确实上比贝兹和莫伦道夫等人的理论要更加精致和严密一些，而且将关注的视角侧重于食物、水、运动、有规律的休息、对同伴的需要、接受教育的需要、住房、安全的工作环境和教育等，这也更加契合人们的道德直觉。然而，布洛克的基于需要的最低门槛原则仍然存在不少问题：一方面，布洛克的"基于需要的最低门槛原则"推崇建立一种社会保障制度，然而，这是以在全球原初状态中每个人都不爱冒险为前提条件的，事实上并非如此，正如有论者曾言，"每个人都同意建立最低社会保障就是绝对理性的吗？并非如此，这还取决于对冒险的态度，就像它得取决于理性地选择最低生活水准一样"①。也就是说，那些甘愿

---

　　① ［英］迈克尔·莱斯诺夫等：《社会契约论》，刘训练等译，江苏人民出版社2005年版，第199页。

冒险的人并不一定会同意建立一种兜底的社会保障制度；另一方面，面临着布洛克在批评全球机会平等理论时所提及的"文化多样性"的问题。在世界上，对于何种生活是一种体面的生活这一问题，人们往往有着不同的理解，正如斯密所说的，在当时的英格兰，亚麻衬衫和皮鞋是过体面生活的必备要件之一，如果人们没有这些东西，那么人们是不会在公共场合出现的，否则人们就会觉得有失颜面："欧洲大部分，哪怕一个日工，没有穿上麻衬衫，亦是羞于走到人面前去的。没有衬衫，在想象上，是表示他穷到了丢脸的程度，并且，一个人没有做极端的坏事，是不会那样穷的。同样的，习俗使皮鞋成为英格兰的生活的必需品。哪怕最穷的体面男人或女人，没穿上皮鞋，他或她是不肯出去献丑的。"① 然而，在其他国家，亚麻衬衫和皮鞋就不是过体面生活的必备条件之一。可见，布洛克的基于需要的最低门槛原则仍然没有解决由文化多样性所带来的挑战。

---

① ［英］亚当·斯密：《国民财富的性质和原因的研究》下卷，郭大力、王亚南译，商务印书馆1974年版，第431页。

第五章

全球正义的人权分析进路
——以亨利·舒伊和涛慕思·博格
等人的理论为中心的讨论

全球正义理论的代表性的分析进路除了我们在上述两章所分析的"全球正义的功利主义分析进路"和"全球正义的契约主义分析进路"以外,还有我们将要探讨的另一种非常具有影响力的分析进路,即"全球正义的人权分析进路"。虽然人权以及与其相关的权利观念——尤其是自然权利——源远流长,大体上可以溯源至古希腊和古罗马时期,但是在全球层面上严肃地讨论人权问题,这是半个多世纪以前才开始出现的。两次世界大战给人类社会带来了深重的灾难,尤其是在第二次世界大战中,作为极权主义的代表之一,德、意、日等国的法西斯主义理念及其邪恶实践挑战和践踏了人类文明的底线,人权受到了严重的侵犯,很多无辜的生命惨遭蹂躏。世界各国意识到了通过国际公约保护人权的重要性和必要性,《世界人权宣言》及其诸多附属权利公约正是在此背景下才得以问世。很多学者在思考如何解决当今全球层面上的日益加剧的不平等、贫困和暴力等棘手的问题时,开始将关注的重心聚集于"人权",在舒伊、博格、琼斯和曼德勒等人的不懈推动下,人权遂成为全球正义理论的重要分析进路之一。本章将在简要分析权利和人权概念的基础上考察全球正义理论的人权分析进路的四种典范性的理论,然后透视全球正义理论的人权分析进路面临的批判以及对上述批判展开的回应。在笔者看来,全球正义理论的人权分析进路优于我们上述探讨的全球正义理论的其他两种分析进路,也是笔者认可的一种全球正义理论的分析进路。然而,笔者并不认为全球正义理论的人权分析进路是完备无缺的,为了使其更具说服力,本章的最后一节将对其进行简要的拓展。

第一节 权利与人权

在较为深入地考察全球正义理论的人权分析进路之前,我们应当首先关注权利以及人权的概念。从概念的外延而言,人权从属于权利①,我们将首先对权利的概念展开分析。

一 权利

权利是一个非常流行的政治词词,它不但经常出现于各种学术著作和官方文件中,而且也频繁地出现在人们的日常话语中。然而,人们对权利的确切含义并没有达成共识,正像人们对自由、平等和正义等耳熟能详的概念有着不同的解读一样,学界对权利的概念也有着各种各样的界定,大体上而言,人们对权利的解释有"资格论""利益论"和"要求论"等观点。"资格论"的代表人物 A. J. M. 米尔恩(A. J. M. Milne)认为:"权利概念之要义是资格。说你对某物享有权利,是说你有资格享有它,如享有投票、接受养老金、持有个人见解以及享有家庭隐私的权利。诚然,说权利就是资格,不过是换个字眼,但这种替换对于阐述权利概念却大有益处。"② 在米尔恩那里,一个人对某物是否拥有权利,取决于他是否对其拥有资格,倘若一个人有资格享有某物,因其他人的作为或者不作为而否认他享有该物,那就是不正当的。然而,对权利最具影响力的分析是由分析法学派的主

---

① 权利不仅包括人的权利,而且包括除人以外的其他动物的权利等。有关动物权利的研究,可参见 [美] 汤姆·雷根、卡尔·柯亨《动物权利论争》,杨通进等译,中国政法大学出版社 2005 年版。

② [英] A. J. M. 米尔恩:《人的权利与人的多样性——人权哲学》,夏勇、张志铭译,中国大百科全书出版社 1995 年版,第 111 页。

要代表人物 W. N. 霍菲尔德（W. N. Hohfeld）对权利所进行的四重区分：

> （1）作为一种要求的权利（claim-rights），它是一种对某人的活动或不活动而言的可实行的要求。如果某人对 X 有一种权利，那么他能要求 X 做他所应得的。（2）作为不涉及他人的特权和自由（privileges or liberties），只有自己这方面缺少某种义务。（3）作为规范权力（normative power），即改变与另一个人的法律关系的一种合法能力，例如立遗嘱的权力。（4）作为豁免权（immunities），即能使一个人免受他人行为伤害而得到保护的权利。①

针对霍菲尔德对权利进行的上述四重区分，我们可以做出进一步的阐释：第一种权利被称为"要求权"，比如债权人有要求债务人遵守诺言（如偿还债务）的权利；第二种权利被称为"自由权"，例如在法律许可的范围内，人们所拥有的随意支配自己财产的权利；第三种权利被称为"权力权"，比如在某个犯罪现场，警察有要求目击者陈述其所看到的情况的权利；第四种权利被称为"豁免权"，譬如，某财产的合法所有者有权使自己的财产不被他人或者国家没收。在上述四种权利中，要求权具有一种支配性的意义，倘若一个人有权拥有 X，那么其他人或组织就负有尊重这种权利的义务。

除了霍菲尔德对权利进行的上述四重区分以外，根据不同的分类标准，我们还可以将权利分为不同的类型。第一，根据权利的来源或基础的不同，我们可以将权利分为"法律权利"和"道德权利"。法律权利是一种制度性的权利，是由某个社会的法律赋予其公民的权利，往往有着非常强的地域性和时效性。道德权利是一种非制度性的权利，是由某个社会的伦理观念和道德规范所认可的权利，道德权利

---

① ［英］尼古拉斯·布宁、余纪元编著：《西方哲学英汉对照辞典》，王柯平等译，人民出版社 2001 年版，第 886 页。

第五章 全球正义的人权分析进路

的有效性只能根据共同体的道德规范来确定，它缺乏强制性。第二，依照权利的效力范围的不同，我们可以将权利分为"绝对权利"和"相对权利"。绝对权利是那种在任何情况下都不能被褫夺的权利，比如本章着重探讨的"人权"就是这种权利。相对权利意味着权利的效力与其所处的环境密切相关，譬如，债权就是债权人所拥有的相对于债务人而言的一种相对权。第三，根据权利的实体内容的不同，我们还可以将权利分为"公民权利""政治权利"和"社会权利"等权利，这也是英国社会学家 T. H. 马歇尔（T. H. Marshall）所言说的公民身份理论所涵盖的主要内容。[①] 具体言之，公民权利主要指公民的生命权、自由权和财产权等内容，政治权利包括人的选举权、集会和结社自由等权利，社会权利就是福利权，比如人们在医疗、教育等方面享有的权利，社会权利也通常被视为"积极权利"。

当谈及权利时，我们不得不提及"自然权利"以及与自然权利密切相关的"自然法"。在古希腊时代，自然法就经常被提到，例如，斯多亚学派在强调人的自然平等时，就阐明了自然法的观念，在乔治·萨拜因（George Holland Sabine）那里，公元前 5 世纪古希腊的"自然哲学家们所探求的实质，再一次成了一种'自然法则'或'自然法'（a law of nature），而这就是在人之情势的无穷的限制和变化中所恒在的那种法则。只要能够发现这样一项恒久不变的法则，就能够使人类的生活达致一种合理的境界"。[②] 在古罗马时期，自然法也经常为人们所提及，比如古罗马法学家西塞罗曾言，"真正的法律是与自然（nature）相合的正确的理性；它是普遍适用的、不变的和永恒的；它以其指令提出义务，并以其禁令来避免做坏事"[③]。西塞罗此时推崇的法

[①] T. H. 马歇尔对公民身份的具体论述，可参见［英］T. H. 马歇尔《公民身份与社会阶级》，刘训练译，载郭忠华、刘训练编《公民身份与社会阶级》，江苏人民出版社 2007 年版。

[②] ［美］乔治·萨拜因：《政治学说史》（第四版），邓正来译，上海人民出版社 2008 年版，第 58 页。

[③] ［古罗马］西塞罗：《国家篇 法律篇》，沈叔平、苏力译，商务印书馆 1999 年版，第 104 页。

律就是"自然法",在西塞罗那里,自然法先于人类制定的实在法,是人类制定的实在法的重要渊源,是一种普遍存在的至高无上的法则。虽然如此,从古希腊以及古罗马时期的自然法理念中并没有衍生出现代意义上的"自然权利"观念,即一个人作为人应当拥有的东西,"实际上,现代意义上的'自然权利'这个术语,尽管在中世纪晚期就开始出现了,但直到17世纪和18世纪才得到广泛应用"。① 接下来我们主要论述洛克和康德关于自然权利观念的经典言述及其引起的相关纷争。

在中世纪时期,托马斯·阿奎纳等人在论及自然权利时,自然权利思想中的神学内容是显而易见的,洛克等人开启了自然权利观念的世俗化历程,强调了人的理性在自然法和自然权利理论中的重要性。在洛克的政治思想体系中,自然法以及从自然法中衍生出来的自然权利处于一种非常重要的位置。洛克曾言:

> 一种法则不可或缺的因素都在自然法中被发现了。因为,首先,它是更高意志(superior will)的律令,其中似乎包含了一种法则的形式因。……第二,作为一种法则的正当功能,它规定了什么当为什么不当为。第三,它约束着人类,因其自身所有之旨而建立一种义务。毫无疑问,虽然它不以成文法的方式为人类所认知,但仍能被充分地认知(一切也无不因之而必备),因为人类仅凭本性便可觉知它。②

可见,在洛克那里,自然法是其他法律的渊源,是判断善恶的尺度,同时,人类应该受到自然法的约束,而且这种约束是永恒的和普遍的,其约束力始终伴随着人类。洛克认为自然权利源于自然法,认为在其为建构社会契约论而设定的自由和平等的自然状态中,"有一

---

① [英]詹姆斯·格里芬:《论人权》,徐向东、刘明译,译林出版社2015年版,第12页。
② [英]洛克:《自然法论文集》,李季璇译,商务印书馆2014年版,第5—6页。

第五章 全球正义的人权分析进路

种为人人所应遵守的自然法对它起着支配作用；而理性，也就是自然法，教导着有意遵从理性的全人类：人们既然都是平等和独立的，任何人就不得侵害他人的生命、健康、自由或财产"①。洛克此时提到的生命权、自由权和财产权等权利就是其一直推崇的自然权利，并认为人类在通过缔结契约而走出自然状态、加入政治社会的过程中，这些自然权利并没有为人们所放弃，是不能被褫夺的。然而，洛克并没有仔细探讨从自然法中是怎样衍生出自然权利的，同时，洛克除了仔细探讨财产权的产生及其特性以外，对其他自然权利的论述也只是泛泛而谈。虽然我们在上文提及洛克开启了自然权利的世俗化过程，但是这一过程并不是非常彻底的，因为洛克的政治思想有着深厚的基督教背景，无论是在《政府论》中，还是在《自然法论文集》中，洛克都反复申述了上帝之意志的重要性，有时认为自然法源自上帝的意志：人们"所制定的用来规范其他人的行动的法则，以及他们自己和其他人的行动，都必须符合于自然法即上帝的意志，而自然法也就是上帝的意志的一种宣告"②，洛克有时候也强调自然法源自人的理性。

自然权利的世俗化这一任务主要是由康德所完成的。康德试图将权利奠基于自然法之上，并认为规定权利的法律可以被分为"自然法"和"实在法"："那些使外在立法成为可能的强制性法律，通常称为**外在的法律**。那些外在的法律即使没有外在立法，其强制性可以为先验理性所认识的话，都称之为**自然法**。此外，那些法律，若无真正的外在立法则无强制性时，就叫做**实在法**。因此，一种包括纯粹自然法的外在立法是可以理解的。"③ 在康德那里，自然法是独立于立法者的意志的，具有普遍的约束力，而实在法是指被立法者制定出来的法律，并不具有普适性，它可能只适合于某个时间和某个地点，并不一定适合于其他时间和其他地点，也就是说，与自然法所拥有的普遍

---

① [英]洛克：《政府论》下篇，叶启芳、瞿菊农译，商务印书馆1964年版，第6页。
② 同上书，第84页。
③ [德]康德：《法的形而上学原理——权利的科学》，沈叔平译，商务印书馆1991年版，第31页。

约束力相比，实在法并不具有普遍的约束力。康德并不像中世纪时期的某些神学家那样将上帝的意志视为自然法的最高权威，而是非常重视人类的理性，并对权利进行了分类，认为"从科学的理论体系来看，权利的体系分成自然的权利和实在的权利。自然的权利以先验的纯粹理性的原则为依据；实在的或法律的权利是由立法者的意志规定的"①。对康德来说，自然权利并不是法律所规定的权利，而是纯粹先验地为每个人的理性所认识的权利。在康德为包括自然权利在内的权利找寻基础的过程中，他强调了自由的重要性，认为自由是每个人由于其人性而拥有的独一无二的、与生俱来的权利。另外，我们在此需要注意的是，"尽管康德想要将法权学说奠基于自然法之上，但他仍然希望提供一种法权论证，这种法权论证坚持一些基本主张，许多诉诸某种形式的社会契约以作为规定法律的模型的思想家们将这些基本主张作为讨论的目标。这就是如下论证，即认为只有在人与人彼此分离的情形下，政治权威才能获得证明"②。由于我们在第四章已经提及了康德的社会契约论，此处不赘。

我们以上简要回顾了洛克和康德对自然权利进行的经典论述，这些论述也引起了不少纷争，比如以边沁为代表的功利主义者就对自然权利观念（以及社会契约论）进行了严厉的批判。边沁认为自然权利观念不仅在理论上是站不住脚的，而且也会带来不少恶果："自然法是个暧昧不明的幽灵，它在那些追逐其踪影的人的想像中，有时表示**习俗**，有时表示**法**，表示法的场合有时是**现有的**法，有时则是**应有的法**。"③ 在边沁那里，不但自然法的含义是非常模糊的，自然权利的含义也是较为模糊的，自然权利观念不仅在逻辑上是荒谬的，而且在道德上是有害的，正如有论者曾言，"边沁认为实际上没有自然权利，自然权利的概念本身就是'矛盾的词汇'。而且自然权利缺乏内在一

---

① ［德］康德：《法的形而上学原理——权利的科学》，沈叔平译，商务印书馆1991年版，第49页。
② ［美］莱斯利·阿瑟·马尔霍兰：《康德的权利体系》，赵明、黄涛译，商务印书馆2011年版，第26—27页。
③ ［英］边沁：《道德与立法原理导论》，时殷弘译，商务印书馆2000年版，第365页。

致性,没有诸如永恒性这样的特征,这样的特征应该是必备的。自然的和永恒的可能是'夸大其词',而自然权利简直就是'胡扯'"①。边沁之所以对自然权利观念深恶痛绝,与他对"权利"之含义的理解切实相关,对边沁来说,权利主要是一种关系性的概念,某人拥有权利,相应地,他就应当担负相应的义务。

二 人权

自然权利观念具有较强的革命性,可以成为人们反抗暴政、捍卫自身利益的重要利器,然而,在18世纪的大部分时间里,自然权利观念还停留在书斋式的理论阶段,并未被付诸实践。在自然权利观念逐渐被践行的过程中,"人权"观念也日益引起了人们的重视,这主要与美国独立战争和法国大革命等政治运动密切相关。"'人权'一词在法语中最早出现于1763年,它可以表达像'自然的权利'之类的意思。……虽然讲英语的人在整个18世纪更喜欢坚持用'自然权利'或只用简单的'人权',但是在18世纪60年代法国人首创了一个新的表达词语——'人权'。"②伴随着1776年美国《独立宣言》和1789年法国《人权和公民权利宣言》的问世,尤其是1948年联合国《世界人权宣言》及其众多附属权利公约获得了世界上的大部分国家的认可,人权不但成为一个广为流行的政治词语,而且往往成为判断一种制度是否好坏的重要衡量标准,即一种尊重和保护人权的制度通常被视为好制度,否则,它就会被视为坏制度。我们在对人权的概念展开分析时,关键之处在于把握人权的内涵、外延和特征。

什么是人权?顾名思义,人权是人之为人应当拥有的权利,这也

---

① [加] L. W. 萨姆纳:《权利的道德基础》,李茂森译,中国人民大学出版社2011年版,第101页。
② [美] 林·亨特:《人权的发明:一部历史》,沈占春译,商务印书馆2011年版,第9页。虽然"人权"这一概念出现于18世纪,但是人权观念的历史是非常悠久的,正如朱利安(François Jullien)曾言,"人权观念上溯古希腊,它历经了种种吸纳和融合,比如说斯多亚派道德中的人权观,就曾极深地影响了基督教;人权观直到现代才孕育成形,它无疑是(西方式)双重抽象的产物:'人'的抽象和'权利'的抽象"。参见[法]朱利安《论普世》,吴泓缈、赵鸣译,北京大学出版社2016年版,第123页。

是人们通常对人权进行的一种最为笼统的阐释,这一貌似简明的概念却比表面上看起来要复杂得多。在米尔恩看来,"倘若着意于'人的'(human)这个形容词,那么,人权概念就是这样一种观念:存在某些无论被承认与否都在一切时间和场合属于全体人类的权利。人们仅凭其作为人就享有这些权利,而不论其在国籍、宗教、性别、社会身份、职业、财富、财产或其他任何种族、文化或社会特性方面的差异"①。也就是说,一个人作为人就应该拥有人权,人权应该是普遍地为所有人持有的,与人们在性别、宗教、种族、民族、社会地位、教育程度和财富等方面的差异是没有任何关联性的。詹姆斯·格里芬(James Griffin)曾为人权的概念提供了一种深刻的说明,他首先区分了论说权利的两种不同进路:一种进路是结构性的说明,另一种进路是实质性的说明。德沃金和诺齐克等人对权利往往采取了前一种分析进路,格里芬则偏爱后一种分析进路。具体到对人权的分析而言,格里芬认为哲学有两种一般的方式来为人权提供一种更为实质性的说明:一种是当今哲学界中的大多数人所采取的"自上而下的研究方式",另一种是格里芬自己所采纳的"自下而上的研究方式",前者意为"我们开始于一个主导原则或一些原则,或者一个权威性的决策程序,例如效用原则或绝对命令,或者各方通过契约来达成协议的模型,然后从这种东西中把人权推导出来"。后者意为"我们开始于实际的社会生活中政治家、律师、社会活动分子以及各种理论家所使用的人权,然后看看我们可以用什么更高的原则来说明人权的道德分量(当我们认为它们有道德分量时),来解决它们之间的冲突"。② 格里芬依照这种思路,将"人格"(personhood)视为人权的根据,认为人权旨在保护我们作为人的资格或者保护我们的人格。在格里芬看来,人格是由如下三个要素构成的:"自主性""最低限度的供给"

---

① [英]A. J. M. 米尔恩:《人的权利与人的多样性——人权哲学》,夏勇、张志铭译,中国大百科全书出版社1995年版,第2页。
② [英]詹姆斯·格里芬:《论人权》,徐向东、刘明译,译林出版社2015年版,第35页。

和"自由"。自主性是指在一个人能够成为行动者的最充分的意义上，为了成为一个行动者，一个人必须选择自己的生活途径，即没有受到其他人或者其他东西的支配或控制；最低限度的供给意为一个人必须能够做出真实的选择，能够拥有基本的教育和信息，同时，一个人在做出选择后，必须拥有最低限度的资源和能力；自由是指其他人不能阻止一个人追求其为自己所设想的值得过的生活。① 然而，上述对人权的界定并不能较为清晰地告诉人们，人到底应该拥有何种人权？虽然格里芬为人权提供了一种非常深刻的说明，但是其人权观念过于抽象，格里芬所言说的人格的三个组成部分不但需要做出进一步的说明，而且其本身也是极具争议性的，譬如，什么是真实的选择？资源与能力之间的关系是什么？显而易见的是，格里芬对人权的界定仍然过于笼统。② 为了较为清晰地把握人权的内容，我们还需要进一步明晰人权的外延。

人权的外延是什么？权利的内容是非常广泛的，但是并不是所有的权利都应当被视为人权，只有那些基本权利才可以被恰当地视为人权。人权的外延大概包括那些具有影响力的各种人权宣言所提及的部分权利，比如我们刚刚提到的1776年美国《独立宣言》、1789年法国《人权和公民权利宣言》和1948年联合国《世界人权宣言》及其附属权利公约所列举的一些权利。③ 因篇幅所限，我们在此只能简单提及上述诸权利宣言中的部分代表性的内容。《独立宣言》和《人权和公民权利宣言》中所列举的一些人权往往被视为"第一代权利"。《独立宣言》曾言，"人人生而平等，造物主赋予了它们若干不可让

---

① 参见［英］詹姆斯·格里芬《论人权》，徐向东、刘明译，译林出版社2015年版，第39—40页。

② 格里芬的人权理论引起的其他纷争，可参见 Charles R. Beitz, *The Idea of Human Rights*, Oxford University Press, 2009, pp. 59–68.

③ 本章以下在引用《独立宣言》和《人权和公民权利宣言》中的部分条款时，依据的是《人权的发明：一部历史》（［美］林·亨特著，沈占春译，商务印书馆2011年版）后面的附录。本章以及其他章节在引用《联合国宪章》《世界人权宣言》及其附属权利公约的部分条款时，依据的是《联合国核心人权文件汇编》（张伟主编，中国财富出版社2013年版）。以下同。

渡的权利，其中包括生命权、自由权和追求幸福的权利"。显而易见的是，生命权和自由权应该是人们享有的基本权利。与《独立宣言》对人权的抽象说明相较而言，《人权和公民权利宣言》比较详细地规定了人应当享有的一些基本权利，比如"任何人在其未被宣告为犯罪以前应被推定为无罪，即使认为必须予以逮捕，但为扣留其人身所不需要的各种残酷行为都应受到法律的严厉制裁"。"私人财产神圣不可侵犯，除非当合法认定的公共需要所显然必需时，且在公平而预先赔偿的条件下，任何人的财产不得受到剥夺。"上述不受到虐待的权利和私有财产权就是人们享有的一些基本权利。到了20世纪中期，人权的范畴逐渐扩大，经济权利和人们在17世纪、18世纪基本上闻所未闻的社会权利等"第二代权利"被纳入了人权的范围之中，这主要体现在《世界人权宣言》中，也体现了人类文明的不断进步。《世界人权宣言》的很多内容明显受到《人权和公民权利宣言》等权利宣言的影响，① 它是迄今为止最为详尽地规定公民所享有的权利的一个宣言，它不但重申了"第一代权利"中的一些内容，比如其第4条强调"任何人不得使为奴隶或奴役；一切形式的奴隶制度和奴隶买卖，均应予以禁止"，第7条强调"法律之前人人平等，并有权享受法律的平等保护，不受任何歧视"，而且提及了"第二代权利"中的一些权利，比如第25条强调"人人有权享受为维持他本人和家属的健康和福利所需的生活水准，包括食物、衣着、住房、医疗和必要的社会服务；在遭到失业、疾病、残废、守寡、衰老或在其他不能控制的情况下丧失谋生能力时，有权享受保障"。由于《世界人权宣言》及其附属权利公约所列举的权利是非常广泛的，"当代人权学说中的所有权利并不是都可以貌似有理地具有优先权。在某些社会的经济条件和社会条件下，人们不可能立刻满足所有类型的权利，同时，即使人们能够满足某种权利，这也是以不满足另一种权利或者以牺牲其他一些

---

① 《世界人权宣言》及其附属权利公约的出台是一个非常复杂的过程，受到了各种已有的权利理论、权利宣言、各国的立场以及各种国际组织的影响，具体的论述可参见 Charles R. Beitz, *The Idea of Human Rights*, Oxford University Press, 2009, pp. 14 – 27.

公共政策的重要目标为代价的"①。另外，我们需要在此强调的是，上述各种宣言列举的所有权利并不是都可以被视为人权。

人权拥有什么特征？通过审视《世界人权宣言》等一些具有典范意义的权利宣言，我们可以发现，人权至少拥有三个特征。第一，人权是每个人与生俱来的，不是被创造或者发明出来的，比如《独立宣言》在谈及人人所享有的"生命权、自由权和追求幸福的权利"时强调"人人生而平等"，《人权和公民权利宣言》强调人人所有享有的"天赋的"人权，就体现了人权的"与生俱来性"，体现了人权是一个人仅仅作为人，生来就拥有的基本权利。第二，人权是被每个人平等享有的，具有普遍性，正如博格曾言，"就人权所表达出的道德关注而言，所有人拥有**平等的地位**：所有人恰恰拥有同样的权利，而且这些权利的道德重要性及其实现，不会因人而异"②。一个人是否拥有人权，与其国籍、财富、社会地位、教育程度、种族和民族等外在特征是没有任何关系的，这在《世界人权宣言》的下述条款中获得了清晰的政治表达和显现："人人生而自由，在尊严和权利上一律平等。……人人有资格享有本宣言所载的一切权利和自由，不分种族、肤色、性别、语言、宗教、政治或其他见解、国籍或社会出身、财产、出生或其他身份等任何区别。并且不得因一人所属的国家或领土的政治的、行政的或者国际的地位之不同而有所区别。"可见，人权是被所有人平等地享有的，这种享有与人的本身的特征和所处的地域等方面的差异缺乏关联性，贫穷并不是一种阻碍人们享有人权的障碍，我们既不能说富人比穷人拥有更多的人权，又不能说美国人比墨西哥人拥有更多的人权。上述诸权利宣言经常采取了一种普遍性的语言，比如在涉及权利的主体时，采用的是"人人""每个人"或者"人类"等词汇。然而，我们需要注意的是，人权自产生伊始并不具有普遍性，其普遍性是人类文明不断进步的体现和结果，譬如，在第

---

① Charles R. Beitz, *The Idea of Human Rights*, Oxford University Press, 2009, p. 30.
② Thomas Pogge, "The International Significance of Human Rights", *The Journal of Ethics*, Vol. 4, No. 1/2, 2000, p. 46.

二次世界大战以前，往往只有有产者、有知识的人、男性、白人或者基督徒等特定群体的成员才拥有权利，而无产者、文盲、女性、有色人种或异教徒等群体的成员并不拥有权利，这种情况到了二战以后才有所改观。第三，人权是不可被褫夺的，是保障个人所享有的其他权利的基本权利，是享有其他权利的基础，正如德沃金曾言，"个人权利是个人持有的政治的王牌。当基于某种理由，一个集体目标不能充分证明可以否认个人希望获得什么、享有什么和做什么时，或不足以证明可以强加于个人某些损失或损害时，个人便拥有权利"①。人权是一个人作为人能够生活下去而必须拥有的一些基本权利，倘若其受到了严重的侵犯，人不但会毫无尊严地生活着，而且更有可能苟延残喘，甚至难以生存下去。

以上我们探讨了人权的内涵、外延及其特征，然而，对那些否认人的平等权利的怀疑论者来说，我们还必须回答"为什么所有人都应该享有平等的人权？"这一问题，这也是我们接下来将要稍加关注的问题。J. 范伯格（J. Feinberg）在探讨这一问题时曾引用了格雷戈里·弗拉斯托斯（Gregory Vlastos）的如下观点：普遍平等的人权学说是以平等和普遍的人的价值概念为前提条件的，人的价值这一概念与人的优良品质的观念有着明显的区别，虽然人们可以根据人的才能、技艺和特征等可以进行品评的性质，将人分为三六九等，然而，就人的价值而言，所有人都是平等的。虽然范伯格同意弗拉斯托斯将平等的人权奠基于"人的价值"之上，但是范伯格认为我们并不能止步于此，因为这并不能真正回应那些否认平等权利的怀疑论者的挑战。针对人的价值的依据到底在什么地方，范伯格认为人们提出了各种各样的回答，譬如，有人选取了理性等人所具有的一些固有能力，有人选取了人的易于遭受痛苦和苦难的倾向等人的出于本性的脆弱性，有的人则选取了人的超验属性。虽然在范伯格看来，上述回答都是不可取的，比如倘若将人的源自本性的脆弱性作为人的价值的依据，低等动物因拥有类似的脆弱性从而也会拥有与人一样的价值，但是范伯格也

---

① Ronald Dworkin, *Taking Rights Seriously*, Cambridge, Massachusetts: Harvard University Press, 1977, p. xi.

未能找寻到人的价值的终极根据何在，而是认为对人类的普遍尊重在某种意义上来说是找不到根据的，它已经是一种终极的态度，是不能用一种更终极的术语来加以言说的。① 琼斯也曾经论及"为什么所有人都应该享有平等的人权？"这一问题，琼斯认为在道德与政治讨论中，权利话语不能以权利自身作为依据（这是一种循环论证），应该从某种相关的道德属性中寻找自身存在的依据，或者应该从对个人极为重要且不易全部获得的某物的存在中证明人人都拥有获得某物的权利，那么，平等的人权的依据是什么呢？琼斯认为："人权最好被看成是对人的基本利益的保护，根据这种观念，其他任何权利内容都不具有维持生存之权利内容所拥有的道德优先地位，尽管与维持生存相比，其他权利内容可能同样重要。……人权最好在基本的人类利益当中找到最终根据。"② 显而易见，琼斯将利益视为平等的人权的依据，并主张人的生存权具有根本的重要性。

第二节　全球正义的人权分析进路的支持者

一如上述分析所指出的那样，人权具有平等性、普遍性和不可褫夺性等特点，一个人所享有的人权与其性别、家庭、财富、种族和民族等因素是没有关系的，这是一个极具革命性的观点，当代的一些世界主义者将其发扬光大。很多世界主义者在思考如何解决全球范围内的不平等和贫困等一些世界性的棘手问题时，不约而同地将关注的焦点侧重于"人权"，接下来我们将大体上以各种理论出现的先后时间为序，分析全球正义理论的人权分析进路的拥趸者及其内部的某些纷争。

---

① 参见［美］J. 范伯格《自由、权利与社会正义——现代社会哲学》，王守昌、戴栩译，贵州人民出版社1998年版，第96—101页。
② ［加］查尔斯·琼斯：《全球正义：捍卫世界主义》，李丽丽译，重庆出版社2014年版，第61—62页。

一 亨利·舒伊论作为基本权利的生存权和安全权

从总体上而言，舒伊认为生存权（subsistence rights）和安全权（security rights）属于基本权利的范畴，与其他权利相较而言，它们应该获得优先保障。对于舒伊的这一观点，我们至少需要思考下述三个问题：（1）何谓基本权利？（2）何谓生存权和安全权？（3）为什么生存权和安全权是基本权利，从而与其他权利相比具有优先性？我们将依次探讨这些问题。舒伊认为很多关于人权的国际文件强调了人权包括公民权利、政治权利、经济权利、社会权利和文化权利等权利，他并不打算探讨上述所有的权利，而只探讨其中的一些基本权利。舒伊强调一种权利能够为一种公正的要求提供合理的基础，基本权利可以使人的生命免遭严重的伤害，可以免遭经济和政治暴力，至少可以被用来反对对人们的某些基本需要的实际剥夺。众所周知，基本权利是所有人对其他人提出的最低限度的合乎情理的要求，那么，为什么基本权利是非常重要的？舒伊认为其中的原因在于：

> 权利在如下意义上是基本的：持有某种权利对享有所有其他权利来说是必不可少的。这也是基本权利的独特性所在。当一种权利是基本权利时，通过牺牲基本权利而享受其他任何权利的尝试，将是自我挫败的，削弱了自身存在的根基。因此，如果某种权利是基本权利，那么为了保护基本权利，非基本权利可以被牺牲——如果是必须的话。然而，为了享有非基本权利，不应该牺牲基本权利。[①]

也就是说，在舒伊那里，基本权利具有优先性，人们在保护其他权利之前，应该优先保护基本权利。

---

① Henry Shue, *Basic Rights: Subsistence, Affluence, and U. S. Foreign Policy* (Second Edition), Princeton University Press, 1996, p. 19. 该书第 1 版出版于 1980 年，故我们首先论述舒伊的理论。

哪些权利属于舒伊所说的基本权利呢？舒伊认为安全权和生存权是基本权利，而教育权不是基本权利，舒伊随后又明确强调，他并不是否认教育权的重要性，而是认为倘若人们一定要在教育权和他所说的安全权等基本权利之间进行抉择的话，人们应该优先满足安全权等基本权利，一种权利是不是基本的，并不依赖于该权利自身是否拥有价值。同时，舒伊强调，虽然他着重论述了作为基本权利的安全权和生存权，但是他并不认为安全权和生存权是唯一的基本权利。什么是安全权和生存权？在舒伊那里，安全权包括人不受到谋杀、折磨、故意伤害、强奸和攻击等，生存权包括拥有没有受到污染的空气和水，充足的食物、衣服，住房和最低限度的医疗保障等。有一种观点认为由于死亡和严重的疾病会妨碍到人们所享有的权利，因此，所有人都应该有不死亡或不生病的基本权利，舒伊认为这种观点是荒谬的，其中的原因在于死亡或生病的原因是多种多样的，比如气候发生了变化或者发生了地震，很多原因与社会是毫不相关的，然而，社会组织也应该为人们提供一种宜居的生存环境，比如确保空气和水是清洁的。①

为什么安全权和生存权属于基本权利的范畴呢？在舒伊那里，安全权和生存权之所以是基本权利，其中的理由是相同的，即安全权和生存权对于人们过一种正常的健康生活来说是非常必要的，那些不能确保自身的安全和生存的人以及安全和生存难以获得社会保障的人是无力的，有时是非常无助的，正因为如此，舒伊强调：

> 由于安全和生存在保护人们的所有其他权利以及使人们享有所有其他权利方面所扮演的角色，生存权和安全权是基本权利。在安全权或生存权不能被享有时，其他权利也不能被享有，即使其他权利在这样的环境中在某些方面奇迹般地获得了保护。同时，如果安全权或生存权确实受到了威胁，那么其他权利无论如

---

① 舒伊对安全权和生存权的内涵的界定，参见 Henry Shue, *Basic Rights: Subsistence, Affluence, and U. S. Foreign Policy* (Second Edition), Princeton University Press, 1996, pp. 20–25.

何也不能获得保护。享有其他权利要求一定程度的身体完整性。①

显然,舒伊主要通过探讨安全权和生存权所扮演的角色来论述作为基本权利的安全权和生存权,生存权和安全权是个人享有其他权利的先决条件,倘若一个人想享有其他权利,那么他的生存权和安全权必须获得保护。譬如,社会要为其生存权和安全权提供某种程度的保障(如法律、制度和资源等方面的保障),这也使得与其他非基本权利相较而言,安全权和生存权处于一种优先的位置。

舒伊除了论及安全权和生存权属于人所拥有的基本权利的范畴以外,还试图反驳人们有关安全权和生存权的一种常见观点,即安全权是一种"消极权利",生存权是一种"积极权利",并进而强调,与安全权相比,生存权处于从属地位,没有安全权那么重要,尽管某人的生存权至少对其享有的安全权来说是必不可少的,尽管当某人不能生存下来时,其安全问题也不可能出现。② 依照对积极权利和消极权利的惯常理解,有些人认为积极权利要求人们积极地采取行动,即去做某件事情,而消极权利仅仅要求人们不采取行动而已,即不做侵犯消极权利的事情,只要克制住自己的某些行为就可以了。譬如,有些人认为生存权就是一种积极权利,其原因在于它要求人们为那些不能发现、生产、购买食物或清洁空气的人提供食物或清洁的空气,有些人强调安全权就属于消极权利的范畴,其原因在于它仅仅要求其他人不伤害那些持有安全权利的人。舒伊对上述观点曾评论道,我们必须考虑安全权是否是纯粹的消极权利,生存权是否是纯粹的积极权利,并认为(1)安全权比通常认为的更加"积极";(2)生存权比通常认为的更加"消极"。考虑到(1)和(2),我们不能认为(3)安全权是基本权利,生存权不是基本权利。在舒伊那里,安全权和生存权都

---

① Henry Shue, *Basic Rights*: *Subsistence*, *Affluence*, *and U. S. Foreign Policy*(Second Edition), Princeton University Press, 1996, p. 30.

② 舒伊对这一观点的具体反驳,参见 Henry Shue, *Basic Rights*: *Subsistence*, *Affluence*, *and U. S. Foreign Policy*(Second Edition), Princeton University Press, 1996, pp. 35 – 39.

是非常复杂的,就身体的安全权而言,也许有人认为仅仅不做侵犯身体的事情就没有伤害身体的安全权,然而,倘若政府不采取某些积极的行动,就不可能保护人们的身体安全权。例如,为了保护人们的身体安全权,人们需要必不可少的警察力量、刑事法庭、监狱、律师、军校和税收等;就生存权来说,人们不能仅仅将其视为积极权利,生存权有时也要求他人或社会履行一些相应的消极义务,同时,虽然当饥荒来临时,那些拥有充足食物的人有为那些缺乏食物的人提供食物的义务,但是即使采取积极行动满足生存权,也不需要比满足安全权采取更为昂贵的或者更为复杂的政府计划。譬如,发给失业者或者贫民的食品券计划,比那些致力于减少抢劫和谋杀的反毒品计划可能更加昂贵或者更加便宜,哪个计划更加昂贵或更加便宜并不受如下观点的影响:安全权是消极权利,生存权是积极权利。

二 涛慕思·博格的制度性人权观

博格的全球正义理论在很大程度上源于他对罗尔斯的国际正义理论的批判,在博格看来,罗尔斯的国际正义理论忽视了全球背景制度不正义的问题,没有将个人视为道德关怀的终极对象,没有建构一种平等主义的万民法等。① 博格的全球正义理论也有着强烈的现实基础,即他对全球不平等的深刻洞察以及发达国家在消除全球贫困和缓解全球不平等上的几乎不作为。正如我们在本书导论部分提及的那样,博格曾在不同的场合多次阐释了全球贫困的惊人现实:今天大约仍有15亿人生活在贫困线之下,7.9亿人营养不良,10亿人没有安全的饮用水,24亿人享受不到基本的医疗保健,在发展中国家每5个孩子中就有2个孩子发育不良,有2.5亿的儿童要离家挣钱,这些人将来也会加入目前10亿成年文盲的大军。② 那

---

① 参见 Thomas W. Pogge, "An Egalitarian Law of Peoples", *Philosophy and Public Affairs*, Vol. 23, No. 3, 1994, pp. 195–224.

② 参见[美]涛慕思·博格《康德、罗尔斯与全球正义》,刘莘、徐向东等译,上海译文出版社2010年版,第421—422页。

么，面对有关全球贫困的令人触目惊心的现实，人们应该采取什么方案来消除全球贫困状况呢？博格早期曾主张采取一种"全球资源红利"的方案以调节国际不平等状况，该方案的核心理念是："虽然一国人民拥有和完全控制其领土上的所有资源，但该国人民必须对它选择开采的任何资源支付红利。"① 在博格那里，极端贫困阻碍了人们的社会权利和经济权利、与民主和法治密切相关的公民权利和政治权利的实现，后来他主要将关注的重心放在全球贫困者的人权，反复申述一个复杂的和在国际上能够获得认可的基本正义的内核也许最好以人权的话语被表达出来，并呼吁进行一场以人权为中心的全球制度变革。

依博格之见，超国家层面、国家层面以及亚国家层面的法律体系包含了各种各样的人权，不论是在成文的国际法中，还是在国际的习惯法中，各种人权都获得了广泛的承认，然而，人权依然没有得到真正的实现，人权受损的现象在国际层面上比比皆是。博格将人权分为"法律人权"和"道德人权"，前者是指那些受到了法律承认和保护的权利，而后者的有效性独立于各种政府组织，博格紧接着强调法律人权和道德人权实际上并不能被非常清晰地区分开来，很多人所认为的人们所享有的人权就是那些获得政府认可的权利，这一观点对法律人权来说或许是真的，然而，它对道德人权来说并不是真的。博格除了对人权进行的上述常见分类以外，还对人权进行了一种著名的类型学的区分，将人权分为"互动性的人权"（the interactional understanding of human rights）和"制度性的人权"（the institutional understanding of human rights），前者意味着假如某人拥有人权 X 等于断言一些人或者所有人以及集体性的组织有一种不否认其的 X 或者剥夺其的 X 的义务，后者意味着在合乎情理的情况下，任何强制性的社会制度应当被设计得使那些受其影响的人都能够获得人权，人权是针对任何强制性的社会制度的一种道德主张，因而也是反对针对任何人的强迫的一种

---

① Thomas W. Pogge, "An Egalitarian Law of Peoples", *Philosophy and Public Affairs*, Vol. 23, No. 3, 1994, p. 200.

道德主张。① 也就是说，按照对人权的互动性理解而言，政府和个人有义务不侵犯人权，而按照对人权的制度性理解而言，政府和个人有义务建立一种能够确保所有社会成员都能获得实现人权的手段的制度，博格主要认可制度性的人权观。

人权意味着哪些相应的义务呢？人们对此持有不同的看法，自由至上主义者对与人权相关的义务进行了一种最低限度主义的阐释，往往只承认消极义务，譬如，《世界人权宣言》的第22条至第27条所强调的诸如社会安全、工作、休息、娱乐、教育或文化等内容。除了自由至上主义者的上述解释以外，有些人对与人权相关的义务还有一种宽泛的解释，一些功利主义者就持有这种观点，认为人权不仅意味着消极义务，也意味着积极义务。博格强调他对人权进行的制度性的理解完全可以超越上述两种观点，能够获得《世界人权宣言》的第28条——"人人有权要求一种社会的和国际的秩序，在这种秩序中，本宣言所载的权利和自由能获得充分实现"——的积极支持，有关人权的制度性理解并没有增加任何其他权利，而是明晰了人权的含义或要求。博格强调对人权所要承担的相应义务落在所有参与同样的社会系统的人身上，在当今世界，民族国家是该社会系统最为典型的例子，实现人权的义务落在政府及其民众的身上，"对人权的制度性理解建立在如下具有吸引力的中间立场上：它超越（主张最低限度的互动性的）自由至上主义的权利观，即它使我们不负有那些不是由我们的直接行为带来的义务；它超越（主张最为宽泛的互动性的）功利主义的权利观，即它主张我们所有人应对所有的剥夺负责，不论我们与那些剥夺之间是否有因果联系"②。博格的制度性人权观并没有否认自由至上主义者的人们负有不伤害他人的消极义务这一观点，而是在认可该观点的情况下，主张全球贫困者还拥有社会权利和经济权利。

---

① 参见 Thomas W. Pogge, *World Poverty and Human Rights: Cosmopolitan Responsibilities and Reforms*, Polity Press, 2002, pp. 46–53.

② Thomas W. Pogge, *World Poverty and Human Rights: Cosmopolitan Responsibilities and Reforms*, Polity Press, 2002, p. 66.

博格的制度性人权观非常强调《世界人权宣言》第 28 条的重要性，他认为第 28 条应该被理解为下述主张："任何制度秩序的道德品质或正义，主要取决于它在多大程度上向它的所有参与者（在可行的范围内）提供了获取其人权对象的保障：任何制度设计都要通过参考它对受它约束的那些人之人权实现的相对影响来加以评价和改革。"① 依照博格的基本立场，倘若某种制度可预见地导致了一种实质性的和本来可以避免的人权缺失，该制度以及对它的实施就明显是在违反人权。在博格那里，虽然目前的国际法在很多方面承认了人权，但是它在很多方面也违反了人权，比如我们在上文曾强调的国际法对"国际资源特权"和"国际借贷特权"的承认，导致了大规模的极端贫困的产生和加剧，因此，博格呼吁通过对全球制度进行改革（如发达国家应当提高对外捐赠的数量，在贸易、贷款、投资和知识产权方面的措施要有利于贫困国家），以尽量杜绝当今世界的人权得不到有效保护的现象。

三 查尔斯·琼斯对生存权的强调

琼斯认为权利进路是全球正义理论的一个重要分析进路，以权利为基础的理论要求社会、政府和经济制度认可人们所持有的一系列权利，任何侵犯权利的行为或者制度都需要有一种能够获得辩护的正当理由，该理由即使不诉诸其他权利，也要诉诸某种或者某些相对有力的道德理据。琼斯并没有对权利泛泛而谈，在其全球正义理论中捍卫的权利是人的"生存权"。对于琼斯的观点，人们可以非常轻易地宣称，虽然所有人都拥有生存权，并没有人否认他人的生存权，然而，如果找不到支持这一权利主张的理由，该观点仅仅是一个宣言而已，只能停留在权利宣言或者人们的头脑里，琼斯认为该观点的根据是我们在本章第一节提到的"利益"，并认为"这种根据权利来对正义的基本要求进行理解的尝试，在最近的政治理论当中是比较常见的，但

---

① ［美］涛慕思·博格：《康德、罗尔斯与全球正义》，刘莘、徐向东等译，上海译文出版社 2010 年版，第 446 页。

是，它却常常限定于那些能够为民族—国家所认可的权利。全球正义不应该以这种方式受到限制。……当一个人采取道德视角来思考时，这些权利持有者就不能仅仅限制于特定民族—国家的公民；因此，这种道德视角引导我们重新考虑**人权**（human rights）"。① 在琼斯那里，国家的边界并不像某些民族主义者或爱国主义者所反复申述的那样重要，人权的重要性使得人权可以超越民族国家的边界。

琼斯所强调的生存权包括什么？琼斯通过确定人们所拥有的基本的底限需要来确定生存权的内容：

> 一种描述这一承诺——不允许任何人由于挨饿或者由于没有必要的住房而不能维持一种底限的可接受的生存状态——的方式，就是肯定人们对于那些相关的内容——也就是食物、住房、衣物、最低限度的医疗保健、清洁的空气和水——拥有权利。人们的生存权就是人们拥有的对于满足这些底限需要来说必不可少之手段的权利。似乎个人存在于可持续的、满足底限舒适度的生活之中的利益应该成为把某个人或某一集体置于一种义务的约束之下的充分理由，**如果存在这样的理由的话**。②

琼斯除了通过上述方式确定生存权的内涵及其内容以外，还通过援引舒伊和杰里米·沃尔德伦（Jeremy Waldron）的观点进一步论述了生存权，并赋予了其相对于其他权利的优先性。

琼斯将舒伊对生存权进行的论证称为"间接论证"，即没有生存权，就没有任何权利的存在，也就是说，一个人的生存权是其享有其他权利的先决条件。琼斯认为舒伊采取该论证策略的目的在于说服那些自由权利的支持者，应当承认对自由权所要担负的义务需要认可生存权的存在。琼斯强调倘若要说明一种权利依赖于另一种权利，还需

---

① ［加］查尔斯·琼斯：《全球正义：捍卫世界主义》，李丽丽译，重庆出版社 2014 年版，第 64 页。

② 同上书，第 65 页。

要进一步地阐明：第一，倘若一个人因营养不良、囊中羞涩、居无定所以及缺乏预防疾病的医疗措施等因素而不能从事某些自主的活动，我们通常把保障上述活动看作是对最重要的公民权利和政治权利予以关切的合理性的证明。然而，这并不能说服那些对生存权持怀疑态度的人。第二，那些生活于糟糕环境之中的人们不仅遭受到诸如饥饿、疾病等一些显而易见的伤害，而且在某些方面也不得不屈服于权势人物，这一点应当引起那些自由权利之捍卫者的注意。换言之，倘若人的生存权不能获得认可，其自由权利也会遭到相应的限制，例如，一个人在缺乏生存权的情形中，其他人、专制的政府或者其他组织就有可能随意地剥夺其维持底限的生存所需的一些手段，并对其施以压迫。在琼斯看来，由于舒伊的论证已经预设了某种权利或者某些权利的存在，舒伊对生存权进行的"间接论证"也许并不能说服那些对所有权利均持一种怀疑立场的人。①

为了避免那些对所有权利都持怀疑态度之人的诘难，琼斯接下来提到了沃尔德伦的论证，并称之为"直接论证"，该种论证方式并不首先预设某种权利或者某些权利的存在，而是认为权利是强加义务的根基，同时，权利本身需要通过诉诸个人所拥有的存在于那些权利之中的利益而获得辩护。对直接论证非常关键的地方在于，找寻到一种非常重要的和根本的人类利益，沃尔德伦强调这种利益就是个人满足其生存需要的利益，比如住所、充足的食物和基本的医疗措施等利益，倘若个人的这些根本利益不能获得满足，对个人的生活所产生的影响比剥夺其宗教自由或者政治自由所带来的影响更甚。当然，这并不是否认宗教自由或者政治自由对个人过一种令人满意的生活的重要性，而是强调在有关人权的理论中，生存权应该处于一种优先的位置。② 显而易见，琼斯在其全球正义理论中赋予了生存权以优先性，认为与其他权利相比，生存权明显处于一种优先的地位。另外，我们

---

① 参见[加]查尔斯·琼斯《全球正义：捍卫世界主义》，李丽丽译，重庆出版社2014年版，第66—68页。
② 同上书，第68页。

在此也可以发现，琼斯对生存权的基本论证主要源自舒伊和沃尔德伦的观点，在原创性方面，稍显逊色，他对生存权的言述较为精彩的部分是我们在本章下一节将要提到的他为生存权进行的辩护。

四 乔恩·曼德勒的基本人权清单

曼德勒也在其全球正义理论中提出了一种基本人权的解释，他认为人权应该获得所有人的尊重，同时应该被所有人享有，用《世界人权宣言》中的话语来说，就是人们在享有和践行权利时，不会受到"种族、肤色、性别、语言、宗教、政治或其他见解、国籍或社会出身、财产、出生或其他身份"等因素所带来的歧视，"由于这里探讨的人权是由其在全球正义理论中所扮演的特别角色所塑造的，与在其他语境和为了其他目的而提出的人权理论相比，它的内容是更加有限的"。① 曼德勒在探讨基本人权的内涵及其所带来的相应义务的基础上，提出了一种非常详尽的基本人权清单。

曼德勒认为当某人言说某种东西属于基本人权的范畴时，这个人是在主张应该有一种较高层面的社会合作，以使得基本人权不受到威胁或者侵犯，非常显而易见的情况是，主张某种东西是基本人权，是在声明一种道德主张，是在确立一种用于评判社会实践、政策、法律或者制度的基础。在曼德勒那里，基本人权不但对社会提出了一种很强的道德要求，而且对那些支持以及能够影响建立用于保护人权的政策的人提出了一种道德要求，与其他竞争性的道德主张相比，人权具有一种显而易见的优先性。曼德勒还通过一些例子述说了人们所享有的基本人权，比如人们享有不被谋杀的权利，这一权利当然要求政府不实施谋杀这一恶劣行径，同时，它要求政府应该采取充分的措施，以阻止个人免于被谋杀。虽然制定一部法律经常是保护基本权利的关键手段，但是它既不是必要的，亦不是充分的，譬如，对于保护人权而言，仅仅一部反对谋杀的法律将不是

---

① Jon Mandle, *Global Justice*, Polity Press, 2006, p. 44.

充分的，倘若它不能得到有效执行的话。曼德勒还强调了基本人权所带来的义务，当一种基本人权存在时，它带来了一种针对所有人的尊重那种权利的相应义务，例如，人拥有的一种免于被谋杀的权利产生了一种要求所有人不进行谋杀他人的义务，基本人权对那些能够影响相关社会制度的所有人都提出了一种义务，虽然这些义务并不一定对所有人都提出了同样的诉求。在曼德勒那里，全球正义理论关注的焦点并不在于权利对个人所提出的义务，而是权利对社会制度所提出的义务，社会制度是人为建构的而非自生自发的结果，既然它是人的行为的产物，我们就可以审视其是否公正，倘若它是不公正的，我们应当思考怎样规训它。我们应该确保制度是公正的，能够保护基本人权，当然，不同的人也许会对制度的非正义担负不同的责任。① 可见，与博格一样，曼德勒在其全球正义理论中，也将关注的焦点侧重于社会制度本身的正义与否。

曼德勒不但论及基本人权的内涵及其所带来的相应义务，而且提出了一种基本人权清单，这种人权清单远比我们在第一章提及的罗尔斯的极简主义的人权清单更加丰满，会更加受到某些世界主义者的青睐。曼德勒在提出基本人权清单的过程中，遵循了米哈伊尔·伊格纳季耶夫（Michael Ignatieff）② 所提出的如下进路："拥有不同文化的人们也许继续对什么是善的拥有不同的意见，但是他们将对什么是难以忍受的、明确无误的恶持有一致的意见"，并提出了下述具体的人权清单：

  1. 身体安全权：包括不被谋杀、折磨或奴役，以及身体的完整性；
  2. 程序和法治方面的基本权利：包括不受任意的逮捕和拘禁，当被指控犯罪时受到公正审判以及法律面前人人平等的

---

① 参见 Jon Mandle, *Global Justice*, Polity Press, 2006, pp. 45-47.
② 米哈伊尔·伊格纳季耶夫是加拿大著名的学者和新闻从业人员，也是人权、民主、公共安全和国际事务等领域的资深专家。

权利；

3. 政治参与权：制定法律时通过直接或间接的方式选举代表的参与的权利，（政治方面的）言论自由和结社自由的权利；

4. 基本的良心自由、表达自由和结社自由：包括选择（如果一个人做出了自己的选择）或改变宗教信仰的自由、至少最低限度的言论自由（以自己的语言）、进行和平集会的自由（政治性的和个人性的）、婚姻自由、迁徙自由；

5. 分享最低限度份额的资源的权利：包括充足的有营养的食物、干净的水和基本的医疗，控制个人财产的能力；

6. 基本教育的权利。①

在曼德勒那里，否认上述基本人权清单上的权利，将会严重削弱一个人过一种令人满意的生活的前景，为保护上述各种权利，各个社会所提供的保护水平并不是一样的，因为在不同的环境中上述权利面临的威胁是千差万别的，各个社会能够提供的资源也是不一样的。

通过审视曼德勒的上述基本人权清单，我们可以发现，曼德勒的基本人权清单不仅比罗尔斯在《万民法》中所推崇的极简主义的人权清单更为丰满，而且也比舒伊和博格等全球正义论者的人权清单更为详尽，它不仅包括舒伊所强调的"安全权"和"生存权"——曼德勒将其表述为"分享最低限度份额的资源的权利"，该权利也可以被称为"社会权利"，而且包括政治权利和法律权利——曼德勒所强调的程序和法治方面的基本权利、基本的良心自由、表达自由和结社自由。另外，曼德勒也强调了人们应该拥有基本的教育权利。可见，曼德勒提出的是一种范围非常宽泛的，将政治权利、法律权利和社会权利等权利涵盖在内的基本权利清单。

---

① Jon Mandle, *Global Justice*, Polity Press, 2006, p.44.

第三节　全球正义的人权分析进路面临的批判

与人们对人权观念有着不少异议一样，全球正义理论的人权分析进路在当代政治哲学界和道德哲学界也面临着很多质疑。从总体上而言，不少学者主要从全球正义理论的人权分析进路所言说的人权清单的主要内容以及在全球层面上关注人权所带来的后果等方面来质疑全球正义理论的人权分析进路。

一　挑战人权清单的内容

我们在上一节提到了一些全球分配正义的支持者所开列的各种人权清单，全球正义理论的人权分析进路所面临的一个重要批判就是全球正义论者的人权清单的内容是令人怀疑的。在此方面，全球正义理论的人权分析进路面临的一种非常激进的反对意见是 A. 麦金太尔（A. Macintyre）对权利所提出的一般意义上的反对意见，即人权是不存在的。当然，麦金太尔并未否认由成文法或者习俗授予某特定阶级成员的权利，而是否认属于人类本身的那些权利，即人权："它们是 18 世纪作为自然权利或人的权利而被提及的权利。它们是消极地、严格地作为不受干涉的权利被界定的。这是 18 世纪特有的现象。不过在 18 世纪的某些时候，人们也把积极的权利——例如正当程序权、受教育权或就业权——加在其中，这种做法在我们自己的时代就更为经常了。"[①] 麦金太尔强调无论是作为消极权利的人权，抑或作为积极权利的人权，人们经常强调人权是平等地属于个体的，无论个人的性别、种族、宗教、天赋或者功过如何，然而，"根本不存在此类权利，相信它们就如相信狐狸精与独角兽那样没有什么区别"[②]。既然狐狸精和独角兽显而易见是不存在的，在麦金太尔那里，人权亦是不存在

[①] ［美］A. 麦金太尔：《追寻美德：伦理理论研究》，宋继杰译，译林出版社 2003 年版，第 87 页。

[②] 同上书，第 88 页。

的。这是全球正义理论的人权分析进路所面临的一种非常激进的反对意见,倘若全球正义论者不能有效地予以反驳和回击,全球正义理论的人权分析进路本身就是根基不稳的。

我们在麦金太尔的上述反对意见中也发现了很多人在批判全球正义论者提出的人权清单时所经常诉诸的有关权利的一种常见分类,即人们通常将权利分为"消极权利"与"积极权利",这也往往构成了人权清单的批评者进行批判的重要前提。消极权利是要求那些与该权利相关的义务承担者不去做某种事情的权利,比如言论自由就通常被视为一种消极权利,它要求不干涉言论自由的持有者自由发表自己的言论;积极权利是要求那些与权利相关的义务承担者去做某种事情的权利,例如,我们在上一节反复提及的"生存权"就被视为一种积极权利,当某人食不果腹和衣不蔽体时,它要求其他人、国家或者某些非政府组织为生存权的持有者提供基本的生活资源,以保证该人的生命能够得以维持。

在将人权分为消极权利与积极权利的基础上,人权清单的某些其他批评者并不像麦金太尔那样完全拒斥人权,而是对全球正义理论的人权分析进路提出了一种稍显温和的批评意见,即承认某些人权的存在(比如公民权利和政治权利),并往往将公民权利和政治权利等权利视为唯一的人权——这也是欧美国家对人权的惯常看法,而不承认社会权利和经济权利(如舒伊所强调的"生存权"等权利)属于人权的范畴——一些发展中国家往往强调生存权与发展权等权利。莫里斯·克兰斯敦(Maurice Cranston)就是上述观点的代表人物之一,他同意《世界人权宣言》将政治权利视为人权,而不同意《世界人权宣言》将经济权利和社会权利也纳入其中,其中的原因在于政治权利通常能够获得法律的有效保护,而经济权利和社会权利在当下很难仅仅通过法律就能够获得切实的保障。在克兰斯敦那里,为了确保公民的经济权利和社会权利获得保障,除了需要制定法律以外,还需要以大量的财富作为后盾,然而,当今世界上很多贫困的国家并不拥有大量的财富,因此,经济权利和社会权利根本就是不存在的。① 在经济权利和社会权利的批评者看来,经济权利和社会权利属于积极权利的范畴,它们的存在必须以大量的物质财富为先决条件,是不能够自我实施的,然而,在目前这样一个贫富分化极其严重且有扩大之势的世界上,很多第三世界的国家恰恰缺乏大量的物质财富,不少人的生活是毫无保障的,经济权利和社会权利等人权是不切实际的,仅仅是一种乌托邦,是一种"宣言性的权利"而已:一方面,在目前的环境中,经济权利和社会权利是不可能实现的或者得不到切实保障的,它们能否得以实现,在很大程度上与其所拥有的公民身份密切相关。譬如,富裕国家之公民的经济权利和社会权利往往能够获得保障,相反,贫困国家之公民的经济权利和社会权利往往是不切实际的。另一方面,人们既没有能够用来阻止人权受到戕害的强有力的国际制度或者机构,也不清楚经济权利和社会权利到底包括哪些义务或者义务的承担者是谁。

对全球正义的人权分析进路的批评者来说,全球正义论者的人权清单过于宽泛,难以获得广泛的认可,很多人开始推崇一种不那么宽泛的人权清单,比如罗尔斯在其国际正义理论中只认可《世界人权宣言》的第3条至第18条所规定的权利,并提出了一种极简主义的人权清单:

> 生命权(如获得生存的手段和安全的权利);自由权(免于成为奴隶、农奴和强制劳动的自由权利,以及一定程度上足够的良心自由权,以确保信仰和思想自由);财产(个人财产)权;以及由自然正义规则所表达的形式平等(比如说,相似的情况应相似处理)。人权,如果这样理解的话,也就不能说它是自由主

---

① 参见 Maurice Cranston, *What Are Human Rights?*, New York: Basic Books, 1962, pp. 36–38.

义或西方传统所独有的而将之拒绝。①

除了包括上述权利以外，罗尔斯认为其基本人权清单还包括某些良心自由权、结社自由权和移民权。

二 质疑人权的普遍性

我们在探讨人权的特点时曾经提到"普遍性"是人权的重要特点之一，很多人也开始质疑人权的普遍性。有的批评意见认为人权是以不同的文化为基础的，处于不同文化背景中的人们对人权的理解是迥然不同的，有关人权的普遍标准是不存在的。譬如，西方人对人权的理解就不同于东方人对人权的理解，目前国际上流行的人权话语完全是西方的、个人主义的，并不适用于东亚社会，持这种批评意见的人可以被称为"文化相对论者"。文化相对论者强调在那些天主教有着深远影响的西方社会中被视为侵犯人权的行为（比如堕胎），在某些东亚国家中，经常被视为一种司空见惯的行为。虽然《世界人权宣言》的起草者并不纯粹是西方人，但是《世界人权宣言》主要体现的仍然是西方的价值观，正如科斯塔斯·杜兹纳（Costas Douzinas）曾言，"纽伦堡和1948年《世界人权宣言》发起了人权运动。但是宣言的意识形态色彩却显然是西方国家的和自由主义的。起草委员会的成员包括埃莉诺·罗斯福夫人、一名黎巴嫩的基督徒和一位中国人"②。《世界人权宣言》在诞生之初就是极具争议性的，"虽然在表决《世界人权宣言》的过程中没有国家投反对票，但是苏联、乌克兰、沙特阿拉伯、白俄罗斯、波兰、捷克斯洛伐克、南斯拉夫和南非等8个国家投了弃权票，萨瓦尔多和也门则缺席了表决大会"③。日本

---

① ［美］约翰·罗尔斯：《万民法》，陈肖生译，吉林出版集团有限责任公司2013年版，第107页。

② ［美］科斯塔斯·杜兹纳：《人权与帝国：世界主义的政治哲学》，辛亨复译，江苏人民出版社2010年版，"中文版导言：权利是普遍的吗？"第6页。

③ Matt Deaton, "Universal Declaration of Human Rights", in Deen K. Chatterjee (ed.), *Encyclopedia of Global Justice*, Springer, 2011, p. 1115.

学者大沼保昭和加拿大学者贝淡宁（Daniel A. Bell）就对目前人权话语体系中所流行的人权观念的普遍性提出了质疑。

　　大沼保昭认为毫无疑问，人权在当今世界有着重要的意义，它能够保障人的基本生存方式，是个人用于对抗主权国家的恣意行动以及保护个人的思想和制度，《世界人权宣言》和《国际人权公约》等文件的正当性也基本上获得了世界各国及其民众的普遍认可，然而，在当今国际社会中，占支配地位的人权观念和思想仍然有着浓厚的西方色彩，西方国家不断地强调人权的普遍性，这也往往引起了某些非西方国家的反感和厌恶。大沼保昭强调："在美国和西欧为中心的知识和情报空间里，不仅人权，就是今天我们看问题的方法、思想方式以及感受方式本身，都同样不知不觉地逐渐在以欧美为模式。由此，有关人权的观念及讨论，都受欧美中心的思想方式和感受方法的支配。"① 大沼保昭对此回应道，那些源于欧美的思想或者制度在全世界普及和扎根，这是我们无法否认的事实，比如西服、可口可乐、肯德基和麦当劳等确实已经遍及世界，然而，这些现象并不意味着那些源于欧美的思想或者制度本身就有普遍性，这乃是欧美列强通过殖民征服或者殖民统治等非正当的手段进行对外扩张的结果，有时甚至采取了一些骇人听闻的方式。大沼保昭批判了现行人权话语体系中的欧美中心主义、自由权中心主义和个人中心主义，认为：

　　　　人权中的欧美中心主义最典型地表现为固执地将表现自由、多党制在内的公民和政治性权利等同于人权一般。而且，自由权中心主义不仅主张真正的人权就是公民和政治性权利，而经济、社会和文化性权利不是人权。同时，它还认为，有关人权的考察和讨论都潜在地限于政府对自由权（特别是公民性权利）的侵害，而对社会权的侵害，非国家主体的人权侵害以及经济和社会

---

① ［日］大沼保昭：《人权、国家与文明》，王志安译，生活·读书·新知三联书店2014年第2版，第193页。

构造所带来的侵害问题，都只是附带性问题。①

大沼保昭强调人权中的个人中心主义仅仅主张保护作为抽象存在的个人的权利，而妇女、无产阶级或者少数民族等作为集体性存在的主体，则没有任何权利可言。对大沼保昭来说，现行人权话语中普遍存在的欧美中心主义、自由权中心主义和个人中心主义都是非常有害的，我们不能仅仅将公民权利和政治权利作为人权，经济权利和社会权利也应当被视为人权。为了克服上述不恰当的倾向，大沼保昭主张应当承认人权概念的流变性与相对性，而不能仅仅在其中强调欧美的价值体系，并建构一种"文明相容的人权观"，因篇幅所限，我们在此不再进行探讨。

贝淡宁质疑了现行人权理论的普遍性，并主张我们在探讨人权问题时，必须注意"地方性知识的重要性"，比如应该关注"亚洲价值"。虽然那些将人权涵盖在内的西方自由民主主义理论家的理论产生于西方社会的历史与实践，但是这些理论往往因西方社会目前的强势地位而在全球范围内被普遍使用，未曾注意到世界上其他国家的历史和文化的丰富多彩性等内容，正如贝淡宁所言，"直至今日，最具影响力的英美政治哲学家们仍然未脱某种普遍主义道德推理（moral reasoning）传统的窠臼，这种传统假定，对于理想政体问题的探寻，存在一个最终的答案；而此种理想政体，目前仍然只是颇为荒谬地奠基于西方社会的道德诉求和政治实践之上"。② 贝淡宁强调，目前西方关于人权的讨论可能过于狭隘了，因为西方在强调西方价值的普遍性时并没有为地方性知识在思考社会和政治改革的过程中所要充当的角色留下一定的空间，亚洲价值观就是这样一种地方性知识。然而，我们在此需要注意的是，贝淡宁并不是反对所有人权的普遍性，比如他

---

① ［日］大沼保昭：《人权、国家与文明》，王志安译，生活·读书·新知三联书店2014年第2版，第200—201页。

② ［加］贝淡宁：《东方遭遇西方》，孔新峰、张言亮译，上海三联书店2011年版，第4页。

认为"一种人权模式应当是保护我们最基本的人性——最根本的人的善（或者需要、或者利益），它是任何'合理'的人的全面发展的概念基础。但是哪些人的善是根本的？对不被杀害、折磨、奴役以及种族灭绝的权利很少有公开的争议（不用说，虽然许多政府继续秘密地干着这些肮脏的事情）"[①]。对贝淡宁来说，处于不同的文化和社会之中的人们都会认可不被杀害、折磨、奴役以及种族灭绝等权利的普遍性。虽然贝淡宁强调要关注亚洲价值等地方性知识的重要性，但是"这里绝不是认为关于人权的普遍主义论述应当完全为特殊的、对传统敏感的语言所代替，而是要指出，在一些西方式人权的批评者看来，自由主义者没有严肃地对待普遍主义，没有做那些使人权成为一种真正的普遍理念所必须要做的事情"[②]。为了实现这一目的，有人曾提倡各个文明的成员之间进行全面的对话，比如上述大沼保昭所说的"文明对话的人权"，贝淡宁对这种对话方式表示了担忧，认为全面对话是不切实际的，只会反映某些政客、学者或者权势人物的观点，同样由于篇幅的原因，我们不再赘述。

三　义务问题上的模糊性

全球正义理论的人权分析进路的批评者认为即使我们认可全球正义理论的人权分析进路的人权清单的内容及其所申述的人权的普遍性，其还存在的一个相关问题是既然人权是不能自我实施的，人权的保护需要他者承担相应的义务，那么义务的正当性何在？承担何种义务？由谁来承担义务？就义务的正当性来说，有些人认为当今世界上很多人的人权受到侵犯的现象，并不是由于全球正义理论的人权分析进路的赞成者所设想的义务承担者（如富国）所造成的。例如，在当今世界上，很多国家和个人共同参与了一种竞争体系，穷国在竞争中由于失败而致使其公民的人权得不到保障，并不能将责任归咎于那些在竞争中取得成功的富国。全球正义理论的人权分析进路的支持者或

---

① ［加］贝淡宁：《超越自由民主》，李万全译，上海三联书店2009年版，第71页。
② 同上书，第77—78页。

者同情者可能回应道,人们无法否认的一种客观事实是,富国在历史上曾经做了一些不正当的事情,比如侵略或殖民了当今某些穷国,也就是说,富国过去的某些邪恶行径与当今某些贫困国家的人权得不到保障这一现象之间存在着某种因果关系。众所周知,任何一种行为都会直接地或者间接地影响到其他行为,很多结果是无法预知的,至少是无法精确地预知的。斯特尔凡·肖维耶(Stéphane Chauvier)对这种因果关系曾经回应道,所有让他人承受的恶都不能一定被视为是对权利的侵犯,如果说在所有因果关系中所带来的结果都是对权利的一种侵犯,那么这是说不通的。① 当然,我们需要注意的是,肖维耶在此并不是为一些国家过往的侵略行径进行某种辩护,而只是强调在有关全球贫困和全球不平等的事实中所可能存在的因果关系的复杂性。

就承担何种义务来说,有些人认为这种义务的内涵和种类是不确定的,欧诺拉·奥尼尔(Onora O'Neill)就是这种立场的持有者。虽然奥尼尔本人也是全球正义理论的支持者,但是她认可全球正义理论的义务分析进路,并不认可全球正义理论的人权分析进路,强调:

> 不幸的是,关于权利的许多著述和讨论武断地宣称普遍的物品权或服务权,特别是在国际宪章和宣言中占主导地位的"福利权"和其他社会权利、经济权利和文化权利,却没有表明每一个假定的权利持有者与某些特殊的义务承担者之间的关系,这使得这些假定权利的内容完全变得模糊不清。这种模糊不清已经引发了大量的政治理论争论。……这些权利必须被建制化:如果它们不是建制化的,就不存在权利。②

在全球正义的人权分析进路的批评者看来,全球正义的人权分析

---

① Stéphane Chauvier, "The Right to Basic Resources", in Thomas Pogge (ed.), *Freedom from Poverty as a Human Right: Who Owes What to the Very Poor?*, Oxford University Press, 2007, p. 311.

② [英]奥诺拉·奥尼尔:《迈向正义与美德:实践推理的建构性解释》,应奇等译,东方出版社 2009 年版,第 137 页。

进路的支持者以及其他全球正义论者并不能清楚地告诉我们通过何种义务的履行就能够使全球穷人的人权得到保障以及实现全球正义，认为共享的公民身份被视为权利以及相应的义务的源泉和限度。很多全球正义论者有可能回应道，富裕国家应该履行"援助"贫困国家的义务，也就是说，富裕国家对贫困国家负有一种"援助义务"，国家的边界并不像某些民族主义者或者爱国主义者所申述的那么重要。然而，全球正义理论的人权分析进路的批判者往往认为援助义务是不能超越国家边界的，一个人只能对自己社会的成员（同胞）负有援助的义务，对其他社会的成员并不负有援助义务，或者对其他社会的成员至少不负有那种针对同胞的同样的援助义务，譬如，当人们要在援助外国人和援助同胞之间做出一种较为艰难的抉择时，毫无疑问，人们应当优先援助同胞。换言之，全球正义理论的人权分析进路的批评者持一种"同胞优先性"的观点，认为援助义务不是普遍的，并不能超越国家的界限。

  全球正义的人权分析进路的批评者也可以认为即使在义务拥有正当性以及能够确立何种义务的情况下，义务的承担者也是不确定的。这些批评者大体上认为：一方面，虽然富裕国家有可能成为义务的承担者，但是这将会给富裕国家带来很多负担，其中的不少负担往往是较为沉重的。正如希斯所强调的那样，当全球正义论者建议在全球层面上适用分配正义原则时，这意味着需要转移大量的财富，然而，在全球层面上并不存在分配正义的义务，这不仅仅是因为"霍布斯式的原因"（国家不能期待别人尊重它），也是因为政策方面的原因（主权国家不能合理地向其他国家提出这样的要求）。① 虽然贫困国家也有可能成为义务的承担者，但是这些国家恰恰没有能力和资源来履行与人权相关的各种义务。另一方面，一些国际组织有可能成为义务的承担者，但是，国际组织既缺乏履行义务所必需的一些资源，也缺乏履行义务所需要的各种能力。因此，在贫困国家和国际组织难以履行义

---

① Joseph Heath, "Rawls On Global Distributive Justice: A Defence", *Canadian Journal of Philosophy*, Supp. Vol. 31, 2005, pp. 199–202.

务的情况下以及在富裕国家不愿意进行履行相关义务的情况下，我们只能寄希望于世界政府在将来能够出现并履行这一义务，然而，世界政府是不可能出现的，即使能出现也会是非常专制的，正如罗尔斯所言，其"遵循了康德在《永久和平论》（1795）中所提出的思想，他认为，一个世界政府——我指的是一个统一的政治体，其法律权力通常由一个中央政府来运作——要么会成为一个全球性专制制度，要么就是一个脆弱的帝国；当不同的宗教和人民为获取政治自主权而斗争时，这个帝国就会被不断的内战冲击得支离破碎"①。虽然罗尔斯并不认为世界政府会存在，但是他仍然主张组织良好的国家对负担不利条件的国家有一种"援助义务"，只不过这种援助义务与贝兹和博格等全球正义论者的期望有着不少差距。

四 在全球层面上保护人权会带来严重后果

全球正义理论的人权分析进路还面临着一种后果主义的批评，该批评意见认为倘若在全球层面上保护人权，会带来很多严重的不可欲的后果，譬如，它既会带来更多的穷人，也会阻碍经济的发展。当我们思考在全球层面上是否应当保护人权以及如何保护人权时，我们不得不考虑人口的数量与资源的数量等一些非常现实的问题，无论是人口的数量，还是资源的数量，都会给我们思考全球层面上的人权保护问题带来不少挑战。有些人认为在目前的技术条件下，资源的匮乏是一个不容忽视的以及人类社会要长期面对的客观事实，同时，人口又有不断膨胀的趋势。针对不断加剧的资源匮乏和人口的日益膨胀这一矛盾，一些人的人权——尤其是其中的生存权——得不到保障，这是控制人口的一种有效手段，也就是说，这是一种调节人口增长的自然法则。当这些人的人权像某些全球正义论者所倡导的那样获得保障时，将会使得人口更加膨胀，这至少会带来两种不可欲的后果：一方面，世界上将会出现更多的穷人，这会给本来已经非常匮乏的资源带

---

① ［美］约翰·罗尔斯：《万民法》，陈肖生译，吉林出版集团有限责任公司2013年版，第78页。

来更大的压力；另一方面，资源更加匮乏，物价上涨，很多原来不属于贫穷行列的人也可能因物价飞涨等因素而成为贫困人口中的一员，人口的膨胀会威胁到当今世界上那些人权已经得到保障的人的生活水准，比如生活质量的下降，穷人和富人之间的矛盾不断加剧。这种反对意见还可以进一步反驳道，当我们将视角主要关注世界上的穷人的人权时，可能忽视了很多重要的问题，比如就全球不平等和全球贫困的根源而言，世界上很多不平等和贫困的根源可能并不在于穷人的人权得不到保障，也可能因为穷人所属国家的政府及其官员的腐败、制度的落后、文化的落后、同胞的麻木不仁等。

对这种对人权的基于人口的反对意见所可能引发的后果，舒伊曾总结道，有些人因为担心对生存权的保护会带来人口的膨胀，便反对为生存权提供一种普遍的保护，这些人会试图从中得出更加具体的结论，一种比较激进的观点认为生存权是不存在的，另一种不那么激进的观点并不否认生存权的存在，而是认为与其他权利一样，生存权有时可以被推翻，同时，当生存权的保护引发人口急剧膨胀在内的严重后果时，生存权也应当被推翻，也就是说，生存权并不是绝对的。目前对所有人的生存权的保护有一种自我挫败的倾向，因为对某些人的某些权利的保护，将阻止实现相关的或不相关的人们的同样或不同的权利，例如，考虑到有限的资源，人口增长将导致生活质量的下降。① 当然，舒伊并不认可对人权的基于人口的反对意见，我们将在下一节具体探讨舒伊对该批评意见的回应。

全球正义理论的人权分析进路的批评者还认为在全球层面上对人权的保护会阻碍经济的发展。在某些批评者看来，保护人权与发展经济并不能和谐共存，它们之间往往存在一种张力，甚至对发展经济来说，对人权的保护并不总是有益于经济的发展，甚至成为一种严重的负担，而且西方某些发达国家经常以发展中国家的人权状况——以西方的人权标准衡量发展中国家的人权状况并得出了某些发展中国家的

---

① 参见 Henry Shue, *Basic Rights: Subsistence, Affluence, and U. S. Foreign Policy* (Second Edition), Princeton University Press, 1996, pp. 94–96.

人权状况恶劣的结果——为由，来不断干预发展中国家的国内事务。"亚洲价值"的重要捍卫者、新加坡前总理李光耀是该批评意见的代表人物之一，李光耀认为发展中国家的领导人应该将消除贫困作为第一要务："作为新加坡总理，我的首要任务是让我的国家摆脱贫困、无知与疾病的泥潭。既然是可怕的贫困让人的生命变得如此低贱，那么与贫困相比其他的事情都是第二位的了。"① 从李光耀的上述言论我们可以合理地推断，李光耀认为与满足公民的基本物质需要相较而言，公民的人权处于一种次要的位置，换言之，国家应当毫不犹豫地将经济发展的重要性置于人权的重要性之前，当经济发展与人权产生所谓的"冲突"时，国家应当优先发展经济，甚至以人权为代价或牺牲某些人权也在所不惜。

第四节　回应批评：人权分析进路能否获得辩护？

全球正义理论的人权分析进路的批判者所提出的上述四点批判意见能够获得辩护吗？它们能够使得全球正义理论的人权分析进路成为一种缺乏吸引力的分析进路吗？我们接下来将对其进行一一检视。

一　人权清单是可以接受的吗？

我们首先来探讨麦金太尔对人权所提出的一种非常激进的批评意见，即人权是不存在的。麦金太尔在对人权提出上述非常激进的批评意见时，并没有进行详细的论证，仅仅进行了一种简单的"类比论证"，即与狐狸精或独角兽是不存在的一样，人权也是不存在的。实际上，麦金太尔的观点过于武断，因为麦金太尔并不能从狐狸精或者独角兽的不存在，推断出人权亦是不存在的，人权是一种显然不同于狐狸精或者独角兽的东西。人们通常将狐狸精或者独角兽视为虚幻的东西，即使在古代社会，曾经有人相信其存在，那也是由于在人类处

---

① 此话源自内森·加德斯（Nathan Gardels）在1992年对李光耀的采访，转引自[加]贝淡宁《超越自由民主》，李万全译，上海三联书店2009年版，第54页。

于蒙昧时代,科技不发达的缘故,随着科技越来越发达,显然已经基本上没有人再认为狐狸精或者独角兽是真实存在的。然而,无论是在古代社会,还是在现代社会,作为人成其为人的权利,人权(或者古典时代的自然权利观念)经常获得了人们的认可,而且在当今社会越发具有影响力,已经成为评判很多制度或者行为的正当性的关键标准之一。可见,麦金太尔对人权所提出的激进的批评意见是不能令人信服的。

对人权的较为温和的批评意见只将政治权利和公民权利等为数不多的权利视为唯一的人权,并认为经济权利和社会权利并不属于人权的范畴,这种批评意见的一个重要前提在于将权利分为"消极权利"与"积极权利",倘若该区分在某些方面是模糊的,该批评意见的说服力就是比较孱弱的。事实上,虽然"消极权利"与"积极权利"这种对权利常见的二分法经常被人们提及,但是这种二分法并不是非常清晰的,因为所有的权利既有"消极的"一面,又有"积极的"一面,既不存在纯粹的消极权利,又不存在纯粹的积极权利。比如人们通常将"言论自由"视为一种消极权利,言下之意,只要不干涉说话者的权利,言论自由就得到了维护,然而,仅仅不干涉说话者的权利,言论自由并不能得到维护。例如,当某些个人或者组织故意干涉或者限制——这是经常出现的情况——说话者自由表达观点时,仅仅将言论自由视为一种消极权利,并不能使言论自由得到真正的实现,此时倘若要使说话者的言论自由权利得到真正实现,还需要满足一个根本性的前提条件:当说话者的言论自由权利受到侵犯时,要有相应的惩罚措施等预防性机制,使得那些试图干涉或限制他人言论自由的人不敢从事类似的行为。易言之,为了使言论自由得到真正的实现,我们并不能仅仅将其视为"消极权利"。

作为经济权利和社会权利的重要组成部分的"生存权"通常被视为积极权利的典型,然而,生存权的有效实现,除了要求国家、个人或某些非政府组织负有为生存权的持有者提供基本的生活资源等"积极义务"以外,还需要一个非常重要的前提条件,即其他人或组织所担负的不对生存权进行干涉的"消极义务"。换言之,为了确保生存权的真正实现,我们也不能只将生存权视为一种积极权利,也要求其他人或组织不去从事某些行动。可见,人们通常将权利分为"消极权利"与"积极权利"的二分法并不是无懈可击的,我们的这一结论在此意味着什么呢?正如琼斯所言,"一旦我们看到消极权利与积极权利之区分难以为继的时候,那么,对于所谓的社会经济权或者福利权就不能简单地弃之不顾"。① 也就是说,我们并不能像全球正义理论的人权分析进路的批评者那样只将政治权利和公民权利视为人权,经济权利和社会权利同样是人权的不可或缺的组成部分。虽然全球正义理论的人权分析进路的批评者所强调的如下情况是事实:在目前这样一种贫富分化非常严重的世界上,很多第三世界的国家缺乏大量的物质财富,其国民的生活往往是没有保障的;然而,这并不意味着世界上的穷人就不应该享有经济权利和社会权利,经济权利和社会权利能否得到切实保障是一回事,其是否属于人权的范畴则是另一回事。相反,我们并不能因为经济权利和社会权利目前在某些国家得不到保障就认为经济权利和社会权利不是人权,经济权利和社会权利(比如生存权)也应当是人之为人的权利。

当然,我们以上对经济权利和社会权利进行的辩护,并不意味着我们认为《世界人权宣言》及其附属的权利公约所列举的所有经济权利与社会权利都属于人权的范畴。譬如,《世界人权宣言》的第23条所强调"人人有权工作、自由选择职业、享受公正和合适的工作条件并享受免于失业的保障",第24条所强调"人人有享有休息和闲暇的权利,包括工作时间有合理限制和定期给薪休假的权利",工作权和闲暇的权利等权利通常只被视为公民权利,并不被视为人权,上述权利能否获得尊重,与个人的公民身份是密切相关的,只有那些对人的生活来说是不可或缺的基本权利,才能被视为人权。

---

① [加]查尔斯·琼斯:《全球正义:捍卫世界主义》,李丽丽译,重庆出版社2014年版,第71页。

二 人权是普遍的吗？

那些对人权的普遍性提出质疑的文化相对论者认为目前对人权的解释过于依赖西方的价值观（比如西方的自由主义传统以及作为自由主义传统重要组成部分的个人主义理念），也就是说，在文化相对论者那里，人权是以不同的文化为基础的，人们并不能主张各国采纳同样内容的人权观，"亚洲价值"等地方性知识在有关人权的解释中也应当扮演一种重要的角色。当然，正像大沼保昭和贝淡宁等人所强调的那样，我们需要注意到目前在整个人权话语体系中，流行着一种欧美中心主义和自由权中心主义，需要强调本国的历史与文化，例如，作为中国代表团的团长，刘华秋先生于1993年6月曾在维也纳召开的联合国世界人权大会的发言中强调："人权的概念是历史发展的产物，同一定的社会政治、经济条件，同一个国家的特定历史、文化和观念密切相关。在不同的历史发展时期具有不同的人权要求，处于不同发展阶段或具有不同历史传统和文化背景的国家，对人权的理解和实践也会有所差别。因此，不能也不应将某些国家的人权标准和模式绝对化，要世界上所有国家遵照执行。"[①] 然而，我们并不能以现实的人权话语体系中流行的欧美中心主义、个人中心主义和自由权中心主义等所谓西方价值为借口，来质疑人权概念本身的普遍性。事实上，我们在一些非西方的主流文化中可以发现人权概念所涵盖的一些基本理念。

在目前的人权话语体系中，西方价值确实得到了更多的体现，而且某些西方国家（比如美国）也经常以人权为借口不断干涉他国（比如中国）的内政，并试图将自己的人权观强加于其他国家之上，这是一种无法否认和忽视的客观事实，我们当然也应当批判和反对这些行为。然而，这只是意味着目前的人权话语体系以及人权实践存在着诸多缺陷，意味着非西方社会在以后的国际人权对话中还应当进一

[①] 转引自［美］安靖如《人权与中国思想：一种跨文化的探索》，黄金荣、黄斌译，中国人民大学出版社2012年版，第1页。

步努力，这并不能影响人权概念的普遍性。人权是一个人作为人所应当拥有的权利，无论其国籍、性别、种族、民族、财富和教育程度等因素如何，诚如阿玛蒂亚·森曾言，"人权的观念建立在我们共同拥有的人性的基础上，这些权利并非源于任何国家的公民身份或任何民族的成员身份，而被认为是每一个人都应享有的权利与资格。因此，它不同于宪法赋予特定人群（比如美国或法国的公民）的受到保障的权利。例如，一个人免遭酷刑或恐怖分子袭击的权利与其所属的国家无关，也与该国或其他任何国家政府愿意提供什么或支持什么无关"①。人权对个人的生活来说是非常关键的，如果其人权得不到保障，那么其生活将是难以为继的。人权之普遍性的依据在什么地方呢？大体上而言，人权之普遍性的依据有两个：一是启蒙运动时期很多思想家所强调的"自然权利"以及人的尊严和道德人格，自然权利也是每个人生而就拥有的不容被褫夺的权利；二是当代国家对《世界人权宣言》及其附属的国际权利公约的认可，虽然世界各国对人权的具体内涵及其保护方式有着各种各样的理解，但是在每个人都拥有人权这一点上还是有着国际共识的。

我们需要注意的是，我们并不能以本国历史的特殊性为由对人权的侵犯或者不重视人权等不光彩的行为进行辩护，往往是某些政府官员而非普通民众质疑人权概念本身的普遍性，正如曼德勒所强调的那样，"我们不可能不注意到那些批评人权的、亚洲价值的捍卫者就是政府官员，这些人能够通过否认基本政治权利来维持自己的权力"②。有些政府官员质疑人权概念的普遍性的动机是非常值得怀疑的。依有些政府官员之见，保护人权与发展经济在一定时期内并不是可以兼得的，而且民众的权利意识越高，某些政府的工作（往往是一些违背民意的工作）就不能顺利开展，官员可能更加期望民众是古代社会中的那种缺乏权利意识以及尚处于蒙昧状态的"草民""顺民"或者"臣

---

① ［印度］阿玛蒂亚·森：《正义的理念》，王磊、李航译，中国人民大学出版社2012年版，第132页。
② Jon Mandle, *Global Justice*, Polity Press, 2006, p.70.

民"，而不是在现代社会中权利意识日益高涨的"选民""公民"或者"纳税人"，因此，他们就会对人权持一种怀疑的态度，甚至质疑其普遍性。同时，正如我们在下文将要强调的那样，有些政府官员所主张的"在经济发展与保护公民权利和政治权利之间存在某种冲突"这一观点往往缺乏经验证据的支持，即使在经济发展与保护公民权利和政治权利之间存在某种冲突，即使上述观点能够获得某些经验证据的支持，这也不能挑战人权本身所具有的普遍性。

某些亚洲价值有时同人权是相容的，下面我们将以我们国家为例来言说这一观点。虽然在19世纪以前，汉语中并没有一个可以被翻译为"right"的词语，但是这并不意味着中国的思想传统中就没有"权利"思想。尽管"人权"概念起初确实是一个产生于西方的自由主义的概念，但是"人权"观念并非专属于西方，并非只能被适用于西方，并非西方以外的地区就没有人权观念。美国学者安靖如（Stephen C. Angle）曾在《人权与中国思想：一种跨文化的探索》中详细探讨了中国传统中的人权思想，他认为黄宗羲、顾炎武和戴震等人：

> 既认为我们拥有正当的欲望，也认为我们有责任确保他人也能满足其正当欲望。这两种观点的结合非常类似于西方权利话语其中一篇奠基之作——胡果·格老秀斯（Hugo Grotius，1583—1645）——所著之《论战争与和平法》中所提出的核心观点。格老秀斯认为，自然法根植于我们的社会性：我们渴望社会，因而我们也恰当地渴望——正如我们的理性所确认的那样——相互尊重权利，没有这一点就没有社会。①

德国学者奥特弗利德·赫费（Otfried Höffe）也曾强调了亚洲文化（以及非洲文化）中的人权观念，认为"在所有的文化中都会保护某些人权受尊重的权利，诸如保护身体和生命的权利，保护财产和好名

---

① ［美］安靖如：《人权与中国思想：一种跨文化的探索》，黄金荣、黄斌译，中国人民大学出版社2012年版，第109—110页。

声(名誉)的权利。……不只是那种把人权说成西方国家特有发明的西方式高傲是没有根据的;反过来,那种肤浅的纯粹自我批评,即把人权看成是在治疗似乎只有西方才有的病症中不得已而形成的说法,同样是错误的"①。虽然与东亚很多国家一样,我国长期以来比较强调集体的权利而非个人的权利,但是个人的权利观念也越来越获得人们的认可,尤其自第十届全国人大二次会议通过宪法修正案将"国家尊重和保障人权"纳入《中国人民共和国宪法》以来,人权观念更加深入人心,而且在我国的发展过程中发挥了更加重要的作用。

三 对义务的进一步澄清

针对全球正义理论的人权分析进路的异议者所提出的义务问题是模糊不清的这一反对意见,我们可以进一步进行澄清。就义务的正当性来说,博格曾论述道,富裕国家的人民至少在三个方面与全球贫困者存在道德意义上的联系:

> 首先,他们的社会起点与我们的社会起点的差别,源于由一系列巨大错误构成的历史过程。历史上的不正义,包括种族灭绝、殖民主义和奴隶制,既造就了他们的贫困,也造就了我们的富裕。其次,他们与我们都依赖于同样的自然资源,而他们本应从中享有的利益,在很大程度上被没有补偿地剥夺了。……第三,他们与我们共同生活在一个单一的全球经济秩序中,而这个经济秩序正在不断延续甚至恶化全球的经济不平等。②

虽然全球贫困的事实触目惊心,富裕国家的人民有义务消除全球贫困,但是富裕国家在消除全球贫困方面的努力是远远不够的。虽然

---

① [德]奥特弗利德·赫费:《全球化时代的民主》,庞学铨等译,上海世纪出版集团2007年版,第52—53页。
② [美]涛慕思·博格:《康德、罗尔斯与全球正义》,刘莘、徐向东等译,上海译文出版社2010年版,第430页。

我们在此引用博格的观点强调富裕国家对贫困国家所负义务的正当性，但是我们并不是强调肖维耶所反对的因果链条中无限向前追溯，而是强调当今很多国家贫困的根源除了在于一些国内因素以外，也与其历史上所遭受的不公正对待或者目前的国际政治秩序与国际经济秩序的不合理有很大的关系，比如博格所强烈反对的国际资源特权和国际借贷特权。

为了在全球层面上保护人权，义务的承担者应该承担何种义务呢？舒伊曾详细论述了该问题，他认为与基本权利相关的义务有三种，即"1. **避免**（avoid）剥夺权利持有者的义务；2. **保护**（protect）权利持有者免受剥夺的义务；3. **援助**（aid）那些权利被剥夺者的义务。"[1] 舒伊紧接着分析了针对其所强调的安全权和生存权的义务，舒伊认为按照上述分析思路，有关安全的义务包括三种，即不去剥夺一个人的安全的义务、保护安全权利的持有者的安全免遭他人剥夺的义务和为那些不能为自己的安全提供保障的人提供援助的义务，同时，有关生存的义务包括如下三种：不去剥夺一个人的仅有的生存手段的义务、保护那些仅有生存手段的人的生存免遭他人剥夺的义务和为那些不能为自己的生存提供保障的人提供援助的义务。

根据舒伊对与基本权利相应的义务的分类我们可以推断出，为了保护人权，既需要有消极义务（"避免"），也需要有积极义务（"保护"和"援助"）。消极义务的履行可能对义务的承担者不会提出太多的要求，积极义务的履行对义务的承担者可能提出了较高的要求，比如就援助义务而言，贝兹和博格等全球正义论者要求富裕国家及其人民对世界上的穷人要提供大量的援助。当然，这并不意味着非全球正义论者反对援助义务，比如罗尔斯认为"组织有序的人民"对"因不利状况而负担沉重的社会"负有一种"援助义务"，并试图以援助义务来替代贝兹和博格等全球正义论者所主张的全球分配正义原则，认为"援助的目的是帮助负担沉重的社会，使得它们有能力合乎情理

---

[1] Henry Shue, *Basic Rights: Subsistence, Affluence, and U. S. Foreign Policy* (Second Edition), Princeton University Press, 1996, p. 52.

地和理性地处理其自身事务，并且最终变成组织有序人民所组成的那个社会中的一员。这就界定了援助的'目标'。在这一目标达成之后，就不再要求进一步的援助，即使这个现在变得组织有序了的社会依然贫困"。① 可见，将因不利状况而负担沉重的社会变成组织有序人民的一员，能够理性地处理自身的事务，实现自主治理，这既是罗尔斯所推崇的援助义务的目标，也是其援助义务的终点。实际上，罗尔斯的援助义务并不能够解决当今世界的不正义问题，并不足以代替全球分配正义原则，它仅仅设置了一些要达到的最低限度的标准，满足人民的基本需要而已。事实上，那些目标仅限于将因不利状况而负担沉重的社会变成组织良好的社会、满足人民的基本需要的援助义务，只能部分地解决当今世界上的一些非正义现象，针对当今世界的大部分不正义的现象，它往往是无能为力的，这样的援助义务也不能被用于反驳乃至替代贝兹和博格等人所推崇的全球分配正义原则。

应当由谁来承担保护人权的义务呢？也就是说，谁是义务的承担者呢？一般而言，国家、个人和非政府组织应当承担起保护人权的义务。作为保护人权的义务的承担者，国家包括两种：一是穷人的所属国，二是富国。当然，前者应该担负起保护本国公民的人权的主要责任，这也是其义不容辞的责任，然而，很多穷人的所属国因种种原因非常贫困，已经无力为本国穷人的人权提供充分的保障，此时那些资源和财富较为丰裕的国家和个人就应该在尊重贫困国家之主权的前提下，为了使得世界上的穷人的生活能够有所改善，在全球层面上为保护人权尽一份自己的力量，比如提高对外捐款以及对外援助的数量等。在目前世界政府并不存在的情况下，以联合国为代表的国际组织也应该承担起保护人权的义务，比如作为联合国的一个下属机构，世界卫生组织在保护人们的生存权等方面有着不少的举措。当然，国际组织所提出的保护人权的措施对于主

---

① [美]约翰·罗尔斯：《万民法》，陈肖生译，吉林出版集团有限责任公司2013年版，第153页。

权国家来说，往往缺乏约束力。

四 在全球层面上保护人权会带来严重的后果吗？

全球正义的人权分析进路面临的另外一种非常严厉的批评意见是它会带来更多的穷人以及阻碍经济的发展等严重后果，情况果真会如此吗？我们先反思"它会带来更多的穷人"这一反对意见，这一反对意见背后的理念是倘若穷人的生活水平提高以后，他们会有着更强烈的生育意愿，会生育更多的后代。实际上，上述理念是有违世界人口的出生规律的，经济发达地区的人口出生率低于经济落后地区的人口出生率，其中的原因既可能与生育观念有关，也可能与孩子的抚养成本有关。就生育观念而言，经济发达地区的居民可能并不打算生育更多的孩子，欧美等发达国家经常出现人口负增长的现象，"少子化"已经成为一个亟待解决的社会问题，相反，那些经济落后地区的居民因为受到"养儿防老""重男轻女"等传统观念的影响，往往会倾向于生育更多的孩子；就抚养孩子的成本而言，经济发达地区的孩子抚养成本（如教育、医疗、住房和结婚等方面的成本）远远高于经济落后地区的孩子抚养成本。比如，就我国的人口增长规律而言，当改革开放之前或者改革开放初期经济较为落后的时期，人口的增长较快，很多夫妇有生育"二孩"乃至多孩的意愿，当时我国也不得不将"计划生育"作为基本国策确定下来。然而，随着我国的经济逐渐增长和社会的不断进步，人们的生育观念开始逐渐发生变化，人口增长的速度低于经济不发达时期的人口增长速度。为了进一步完善我国的人口结构（比如解决人口老龄化问题），在2013年底，第十二届全国人大常委会第六次会议表决通过了《关于调整完善生育政策的决议》，决定实施"单独二孩"的政策，即一方是独生子女的夫妇可生育两个孩子。然而，即使依照"单独二孩"政策，很多可以生"二胎"的人也放弃了生"二胎"。2016年初，《中共中央、国务院关于实施全面两孩政策改革完善计划生育服务管理的决定》提出实施全面二孩政策。"单独二孩"政策以及随后的"全面二孩"政策（至少在短期内）并没有像有些人预期的那样引起人口大幅度的增长。

舒伊也曾经回应了以人口的增长为借口而否定人的生存权这一反对意见，[①] 他认为这种反对意见面临的主要问题是其所暗含的控制人口增长的措施是否是可以被接受的，即使其对人口增长的诊断是正确的。舒伊认为以饥饿来控制人口增长这一措施既是错误的，又是极其不人道的，现如今很多贫困国家的一半儿童的死亡是因为营养不良，那些反对给予生存权以优先性的人并不会说以饥饿来控制人口增长这种政策就是其观点所建议的。倘若对人权的基于人口的反对意见是正确的，那么保护所有人的生存权的后果是更加邪恶的，即因饥饿而死亡的人数仅仅被推迟到将来出现。对舒伊来说，对人权的基于人口的反对意见是错误的，控制人口的最为人道的方法是降低人口的出生率，而不是提高已经出生的儿童的死亡率，穷人生育更多孩子的原因是对自身的经济状况明显无助的反映，很多证据显示，当人们的生活水准提高以后，人们更易于采取人口控制措施，无论人们的生活水准是否得到了提高，婴儿死亡率的减少会促使人们更愿意控制人口的实际出生率。

下面我们反思"对人权的保护会阻碍经济发展"这一反对意见。事实上，这一反对意见既没有注意到保护人权对经济发展的促进作用，又没有注意到各种人权之间的相互依赖性。在对人权的保护到底会阻碍经济发展抑或促进经济发展这一问题上，阿玛蒂亚·森的研究是一种非常经典的研究，获得了很多人的推崇和援引。因李光耀曾简洁地概括了"在发展中国家实施民主以及保护基本的公民自由和政治自由会阻碍经济增长和发展"这一观点，森将其称为"李光耀命题"，森认为与印度、哥斯达黎加和牙买加等较少权威主义的国家相比，韩国、新加坡和改革开放前的中国等相对更为权威主义的国家的经济增长速度更高，这确实是事实，然而：

[①] 本段的下述观点参见 Henry Shue, *Basic Rights: Subsistence, Affluence, and U. S. Foreign Policy* (Second Edition), Princeton University Press, 1996, pp. 97–101.

> 李光耀命题的基础实际上是特选的、有限的信息，而不是对可以获得的广泛的信息资料所作的全面统计检验。我们确实不能把亚洲的一些国家的高速经济增长看做是权威主义能更好地促进经济增长的确凿证明，正如我们不能根据非洲增长最快的国家博茨瓦纳（也是世界上增长最快的国家之一），一直是那个多灾多难的大陆上的一片民主绿洲的事实而得出相反的结论。……事实上，几乎没有什么普遍性的证据表明威权主义政府以及对政治和公民权利的压制确实有助于促进经济发展。①

易言之，森并不认可"李光耀命题"，认为很少有证据显示尊重人权会阻碍经济发展。另外，"对人权的保护会阻碍经济发展"这一反对意见通常强调公民权利、政治权利与经济权利之间存在冲突，实际上，这一观点缺乏经验证据的支撑，诚如森所言：

> 民主和不发生饥荒之间的因果联系是不难发现的。在这个世界的不同国家中，饥荒杀死了数以百万计的人们，但却不曾杀死统治者。国王和总统、官僚和各级主管、军方的领导人和指挥官，他们从来不是饥荒的受害者。……民主却会把饥荒的惩罚作用传递给统治集团和政治领导人，这就给了他们以政治的激励因素去**试图**防止任何威胁性的饥荒。既然饥荒事实上很容易防止（在此，经济学论证进入政治论证），即将来临的饥荒就可以被有力地防止了。②

---

① ［印度］阿玛蒂亚·森：《以自由看待发展》，任赜、于真译，中国人民大学出版社2002年版，第151页。
② ［印度］阿玛蒂亚·森：《以自由看待发展》，任赜、于真译，中国人民大学出版社2002年版，第177页。森对该问题的详细研究可进一步参见［印度］阿玛蒂亚·森《贫困与饥荒》，王宇、王文玉译，商务印书馆2001年版。

也就是说，民主制度有助于阻碍经济灾难的出现，当公民的公民权利和政治权利获得保护以后，公民既会有关注贫困和饥荒问题的觉悟和意识，又会有关注贫困和饥荒问题所需要的能力，这样也会给政府带来各种压力，推动政府采取消除贫困和饥荒的举措，最终使得公民的经济权利和社会权利获得切实保障。总之，人们所享有的各种权利之间是相互依赖的，公民权利、政治权利与经济权利之间并不存在冲突。

第五节　结论及初步的拓展

本章以上探讨了以舒伊和博格等人的理论为代表的全球正义的人权分析进路，通过分析我们可以如下四点结论。第一，人权是人之为人、人成其为人所拥有的一种基本权利，其内容是非常广泛的，然而，并不是所有的权利都可以被视为人权，只有那些基本权利才能被视为人权。人权的外延大概包括那些具有影响力的各种人权宣言所提及的部分权利。人权具有与生俱来性、普遍性和不可褫夺性。第二，舒伊、博格、琼斯和曼德勒等人的全球正义理论是全球正义理论的人权分析进路的代表性理论，其中舒伊主要强调生存权和安全权的重要性，博格建构了一种以制度性的人权观为内核的全球正义理论，琼斯主要强调了生存权的重要性；曼德勒提出了一种范围非常广泛的包括下述权利的基本人权清单：身体安全权、程序和法治方面的基本权利、政治参与权、基本的良心自由、表达自由和结社自由、分享最低限度份额的资源的权利、基本教育的权利。第三，全球正义理论的人权分析进路面临着不少批评，比如有些人挑战了人权清单的内容，质疑了人权的普遍性，认为全球正义理论的人权分析进路在义务问题上是非常模糊的，同时强调在全球层面上保护人权会带来更多的全球穷人和阻碍经济发展等不良后果。第四，针对全球正义理论的人权分析进路所面临的上述批判意见，笔者认为全球正义理论的人权分析进路是能够获得辩护的，譬如，那些针对人权清单的激进的批评意见和温和的批评意见都是不能成立的,人权具有普遍性,全球正义理论的人权分析进路在义务的正当性和承担者等方面是非常清晰的。同时,在全球层面上保护人权并不会带来更多的穷人和阻碍经济发展等后果,相反,当人权获得切实保障以后,人口的出生率非但不会急剧上升,反而可能会逐渐下降,那种认为保护人权会阻碍经济发展的观点缺乏一些令人信服的经验证据的支持。

与我们在本书前两章所探讨的全球正义理论的功利主义分析进路和全球正义理论的契约主义分析进路相较而言,笔者认为全球正义理论的人权分析进路有一些值得肯定的地方。它既不像全球正义理论的功利主义分析进路那样对人们提出了一些过高的和苛刻的要求,又不像全球正义理论的契约主义分析进路那样更多地采取思想实验的方法,将主要的精力侧重于理论层面的论证,而是有着更多实践方面的可行性和吸引力。然而,目前的全球正义理论的人权分析进路也有一些亟待完善的地方,其代表性理论非常强调生存权的重要性,很少强调"发展权"的重要作用。① 实际上,全球穷人不仅要谋求"生存",还要谋求"发展",当我们只满足于保护全球穷人的生存权等最基本的人权时,全球穷人的生活往往没有稳定的保障,还会挣扎在贫困线的边缘,仍然可能重回过往那种食不果腹、朝不保夕和穷困潦倒的生活。为了使得全球穷人能够真正过上一种有保障的生活,我们在全球正义理论的人权分析进路中除了坚持强调生存权以外,还应该不断申述发展权的重要地位,尤其是其中的"受教育"的权利,当公民的生存权获得保障以后,受教育权也会越来越受到重视。

受教育权是一种非常重要的人权,是每个公民所拥有的且应该获得严格保障的接受教育的权利,已经受到了国际公约的确认,比如

---

① 从总体上而言,发展权分为两大类,一是"国家"的发展权,二是"个人"的发展权。鉴于国家的发展权经常受到一些发展中国家的强调以及我们在研究全球正义理论时所采取的道德世界主义的分析视角,我们在此主要强调个人的发展权。曼德勒的基本人权清单涉及了个人的部分发展权,然而,发展权在全球正义理论的人权分析进路中并没有得到应有的重视。

《世界人权宣言》《取缔教育歧视公约》《经济、社会及文化权利国际盟约》和《儿童权利公约》等国际人权文件都较为详尽地确认了人所拥有的受教育权。受教育权意味着公民拥有接受教育的机会（比如享有一定年限的义务教育，拥有平等的入学机会权和升学机会权）和接受教育的各种必备条件（比如教室、教师、图书资料和体育设施等基本的师资条件以及各种奖助学金）。受教育权是公民享有其他人权的重要前提之一，道格拉斯·霍奇森（Douglas Hodgson）曾总结了人的受教育权获得承认的一些理由，譬如，适合的教育是公民更理性地践行政治自由和公民自由的先决要件，教育是个人尊严和个人发展的前提条件，教育本身可以被作为目的，也可以被作为其他福利权的手段。① 众所周知，当一个人接受合适的教育以后，不仅其潜能可以被发掘出来，而且其还可以掌握一定的文化知识、生存技能和社会规则等知识，能够更好地适应社会生活。只有当全球穷人拥有的受教育权利被落到实处，掌握了一定的文化知识和生存技能等以后，全球穷人才有可能拥有自力更生的能力，真正摆脱目前的贫困处境。

---

① 参见［澳］道格拉斯·霍奇森《受教育人权》，申素平译，教育科学出版社2012年版，第13—15页。

第六章

民族主义、爱国主义与全球正义
——全球正义面临的主要挑战及辩护

以辛格的理论为代表的全球正义的功利主义分析进路、以贝兹和莫伦道夫等人的理论为范例的全球正义的契约主义分析进路以及以舒伊和博格等人的理论为代表的全球正义的人权分析进路是全球正义理论的三种代表性的分析进路。显而易见,全球正义理论是当代政治哲学和道德哲学中的一种日益具有影响力的、内部充斥着激烈纷争的理论,然而,我们在此并不是申述全球正义理论是免于外部批判的,"全球正义是否可能"也是一个值得深入思考的问题。事实上,由于全球正义理论秉承世界主义的理念,将"个人"视为道德关怀的终极单位,认为从分配正义的视角而言,不管个人的身份——如本章着力分析的民族身份和公民身份——如何,都有资格获得平等的关心与尊重,都不应该因身份的差异而被区别对待,这挑战了在现实社会中人们对"身份"的重视,因此,它面临着不少批判,① 尤其是源自富裕

---

① 从总体上来说,全球正义理论面临着一些学者从现实主义、自由至上主义和社群主义等立场出发进行的批判。除此之外,在平等主义内部,并不是所有的学者都认可全球正义理论,虽然有些学者既不像某些自由至上主义者那样怀疑平等主义,又不像某些现实主义者那样贬低国际道德观念,但是他们对全球正义理论持怀疑的态度,罗尔斯和米勒就是这种立场的代表性人物,克里斯蒂安·巴里(Christian Barry)和劳拉·瓦伦蒂尼(Laura Valentini)曾将这种批判称为"全球平等主义面临的平等主义批判",并考察了其中的七种批判是否合理:社会合作、国家强制、恰当的能动性(appropriate agency)、民族责任、共享的社会意义(shared social meanings)、国际多元主义和可行性。具体研究参见 Christian Barry and Laura Valentini, "Egalitarian Challenges to Global Egalitarianism: A Critique", *Review of International Studies*, Vol. 35, No. 3, 2009, pp. 485 – 512.

国家之人的大量批判。其中非常重要的两种批评意见是：一是诉诸"民族身份"的批判，即从"民族主义"立场出发对全球正义理论进行的批判；二是诉诸"公民身份"的批判，即从"爱国主义"立场出发批判全球正义理论。① 正如谢弗勒曾言，"如果对全球正义的反对意见仅仅是由自利观念所激发的，那么它也不会带来道德上或哲学上的困惑，尽管这些反对意见有着显而易见的实践上的、政治上的重要性。然而，一些反对意见经常以规范性的术语来表达，并诉诸对人们富有吸引力的道德理念来捍卫自己"②。民族主义和爱国主义就属于当代社会中两种非常富有吸引力和影响力的观念，全球正义理论也就不得不回应源自民族主义和爱国主义的诘难，否则其就难以获得人们的认可。

民族主义和爱国主义都认可一种"偏袒"（partiality）的视角，即优先关照本民族成员和本国人的利益和需要，这与全球正义理论所秉持的一种"不偏不倚"（impartiality）的视角之间，显而易见地存在一种张力。本章将在简要概括民族主义和爱国主义的基本意涵的基础上，分别探讨民族主义和爱国主义对全球正义理论的几种代表性的批判，最后分析全球正义理论是否能够容纳民族主义和爱国主义的批判。笔者认为全球正义理论能够容纳源自民族主义和爱国主义的批判，全球正义理论还为民族主义和爱国主义提供了一种约束边界，相较于民族主义和爱国主义，全球正义理论具有优先性，即只有在满足全球正义的前提之下，我们才能践行民族主义和爱国主义，才能优先关照本民族的成员与本国人的利益和需要，然而，这并不意味着我们贬低了民族主义和爱国主义的内在价值。

---

① 从概念上而言，民族身份不同于公民身份，它在很大程度上是自然获得的，一经获得，往往难以改变。虽然人们主要是通过出生获得公民身份，但是对有些人来说，公民身份是可以轻易改变的。

② Samuel Scheffler, "The Conflict Between Justice and Responsibility", in Ian Shapiro and Lea Brilmayer (ed.), *Global Justice*, New York and London: New York University Press, 1999, p. 86.

第一节 民族主义与爱国主义

民族主义与爱国主义是两种含义丰富且易引起混淆的观念，在分析全球正义理论所面临的源于民族主义和爱国主义的批判时，我们需要首先明晰：什么是民族主义？什么是爱国主义？

一 民族主义

鉴于"民族"（nation）是民族主义的核心，我们在探讨民族主义之前，应当先对民族的含义做一简要厘清。[①] 吉多·泽尔诺特（Guido Zernatto）在 70 多年以前，曾详细考察了"民族"一词的起源。在他看来，从词源学的角度来说，民族源于拉丁语"natio"（出身、出生），拉丁语 *natio* 和法语 *natus* 都源自 nascor（指一个人的出身）一词。通常而言，natio 指那些有着相似出身的一群人，即出生于同一座城市或者同一片土地上的一群人。然而，罗马人从来不将自己视作一个 natio，这其中的主要原因在于在罗马人那里这个概念是贬义的，主要是指野蛮人和未开化者，作为 natio 的一员，其地位要比罗马人的地位低。可见，在很长一段时间内，natio 就是指那些出生在同一个地方的一群外国人。[②] 虽然我们已经确定了"民族"一词的起源，但是 natio 的含义与我们今天对"民族"一词的惯常理解还是有一段距离。

一般来说，人们对民族的界定有两种方式：第一种界定方式是力图用一套外部的客观的标准来界定民族；与第一种界定方式迥然不同的是，第二种界定方式认为民族纯粹是被想象和构造出来的，并不拥有某些所谓的客观的构成要素。第一种界定方式以我们耳熟能详的、教科书中常见的斯大林的观点为代表："民族是人们在历史上形成的

[①] 这一论述顺序并不意味着笔者认为先有民族，后有民族主义。虽然在有些地区，民族确实是先于民族主义出现的，但是在有些地方，实际的情况恰恰相反，民族主义创造了民族，政治家和知识分子等社会精英在民族建构的过程中扮演了一种不可小觑的角色。

[②] 参见 Guido Zernatto, "Nation: The History of a Word", *Review of Politics*, Vol. 6, No. 3, 1944, pp. 351 – 353.

第六章 民族主义、爱国主义与全球正义

有共同语言、共同地域、共同经济生活以及表现于共同的民族文化特点上的共同心理素质这四个基本特征的稳定的共同体。"① 显然，在斯大林那里，共同语言、共同地域、共同经济生活和共同心理素质是构成一个民族的必不可少的基本要素，比如倘若没有共同语言，人们就不能够结成一个民族。然而，对于一个民族来说，上述因素并不是必不可少的，也不一定是充分的，正如约翰·密尔曾言，"瑞士有强烈的民族感情，尽管它的各州属于不同种族，不同语言和不同宗教。西西里（Sicily）在整个历史上感到本身和那不勒斯（Naples）属不同民族，尽管有共同宗教，差不多共同的语言，以及相当多的共同历史经历。比利时的弗勒米希省（Flemish）和沃隆省（Walloon），尽管种族和语言不同，却较之前者同荷兰，或后者同法国，有大得多的共同民族感情"②。实际上，共同的语言、共同的心理因素等所谓的客观因素本身就是含混不清的，譬如，在一个民族内部，精英和普通民众可能说着不同的语言，普通民众因自己的文化程度有限（有不少人是文盲或半文盲），可能只会说某些精英人士难以理解的方言。同时，斯大林对民族的界定方式可能忽视了有些民族没有共同的领土，有些民族没有共同的语言，人们倘若以斯大林所强调的上述客观标准来判断某群体是否是民族将会发现，只有为数不多的群体才能被视为民族，大部分已经被人们视为民族的群体并不属于斯大林意义上的民族。一言以蔽之，第一种对民族的界定方式的解释力是较为有限的。第二种界定方式以本尼迪克特·安德森（Benedict Anderson）的极富想象力的观点为代表，安德森认为民族"是一个想象的政治共同体——并且，它是被想象为本质上有限的（limited），同时也享有主权的共同体"③。在安德森那里，民族之所以被视为是通过想象来建构的，因为即使是那些最小民族的成员也不可能认识他们的大多数同胞，不可能与其相

---

① 《斯大林全集》第11卷，人民出版社1955年版，第286页。
② [英] J. S. 密尔：《代议制政府》，汪瑄译，商务印书馆1982年版，第222页。
③ [美] 本尼迪克特·安德森：《想象的共同体：民族主义的起源与散布》，吴叡人译，上海世纪出版集团2003年版，第5页。

遇或者听说过他们，更不用说那些包括大量成员的民族了。安德森提醒我们一个不容忽视的事实是，在民族被建构的过程中以及在民族主义兴起的过程中，印刷品和媒体起着不容小觑的作用。虽然安德森对民族的看法使人有耳目一新的感觉，也获得了不少赞誉，但是它并不能较为确切地告诉我们哪个群体可以被视为民族，哪个群体不能被视为民族。通过上述分析可以发现，我们在界定民族的内涵时并不能采取单一的方式，最好采取一种混合的方式，共同的地域、共同的语言或者共同的心理素质等因素都可以被视为一个民族的基础或者特征，但是这并不意味着上述因素是某个群体能否被视为民族的必备因素。

作为一种意识形态和思考世界的方法，《布莱克维尔政治学百科全书》认为民族主义"强调民族在解释历史发展和分析当代政治中的重要性，并且明确宣称'民族特性'是人类划分的主导性因素。习惯上，民族主义主张所有的人都应属于一个并且只属于一个民族，它是他们身份和忠诚的主要焦点。这就是说，人们在作为任何比较狭隘或者比较宽泛，或者是相互交叉的组织的成员时，都首先应把自己看成是民族的一分子"①。安东尼·史密斯（Anthony Smith）也曾给民族主义下了一个有影响力的定义，认为民族主义是"一种为某个群体争取和维护自治、统一和认同的一种意识形态运动。该群体的部分成员认为有必要组成一个事实上的或潜在的一种'民族'"②。无论怎样界定民族主义，人们都无可否认的是，民族主义是一种非常富有影响力的意识形态，有着各种各样的类型，我们既可以以国别为基础，将其分为中国民族主义、英国民族主义、法国民族主义、德国民族主义和美国民族主义等民族主义，又可以以其观点是否激进而言，将其分为激进的、非理性的民族主义与温和的、理性的民族主义，也可以依照地

---

① ［英］戴维·米勒、韦农·波格丹诺主编：《布莱克维尔政治学百科全书》（修订版），中国政法大学出版社2002年版，第531页。
② ［英］安东尼·史密斯：《民族主义：理论、意识形态、历史》（第二版），叶江译，上海世纪出版集团2011年版，第9页。

域为基础将其分为西方的民族主义和东方的民族主义。① 在现代社会，有关民族主义的一种比较有影响力的类型学的分析是将民族主义分为"公民民族主义"（civic nationalism）和"族裔民族主义"（ethnic nationalism），例如，尼尔·麦考密克（Neil MacCormick）、罗伯特·法恩（Robert Fine）和迈克尔·伊格纳捷夫（Michael Ignatieff）等人就认可这种分类方法。麦考密克认为公民民族主义是"建立在认同感的基础上，属于那些共享公民机制的人，他们被共同的诉求联系在一起，这种诉求被尤尔根·哈贝马斯（Jürgen Habermas）称为'宪法的爱国主义'。公民民族主义认为，民族是开放的，所有认可公民机制的人都可以自愿加入"。而族裔民族主义"强调由历史，甚至是基因决定共同体的自决，这种共同体具有文化上和渊源上的归属感"。② 公民民族主义强调公民机制的重要性，强调以某些宪法原则来感召人们，就此而言，公民民族主义是开放的，具有显而易见的包容性，然而，族裔民族主义主要通过族裔、宗教、文化或者语言等因素来感召人们，而族裔、宗教、文化和语言等因素往往与一个人的出生地有着密切的关系，是几乎难以被改变的，就此而论，族裔民族主义具有封闭性。

人们通常强调公民民族主义与族裔民族主义之间的对立性，比如法恩就曾强调了它们之间的二元对立。法恩曾总结道，在公民民族主义看来，族裔民族主义不仅是非理性的，而且毛病甚多，公民民族主义同族裔民族主义之间的差别类似于理性与疯狂、宽容与偏执、自由主义与权威主义之间的差别一样，是非常显然的。公民民族主义认为应当由国家来界定民族，认为族裔民族主义是疯狂的、激进的和落后

---

① 泰戈尔曾经探讨了西方的民族主义、日本的民族主义和印度的民族主义，具体研究参见［印度］泰戈尔《民族主义》，谭仁侠译，商务印书馆1982年版。安德鲁·海伍德（Andrew Heywood）曾将民族主义分为自由主义的民族主义、保守主义的民族主义、扩张主义的民族主义和反殖民主义的民族主义等类型，具体研究可参见［英］安德鲁·海伍德《政治学》（第二版），张立鹏译，中国人民大学出版社2006年版，第139—148页。
② ［英］尼尔·麦考密克：《民族需要国家吗？对自由民族主义的反思》，载［英］爱德华·莫迪默、罗伯特·法恩主编《人民·民族·国家——族性与民族主义的含义》，刘泓、黄海慧译，中央民族大学出版社2009年版，第151页。

的。然而，族裔民族主义并不认可公民民族主义对自己的上述看法，强调应该由民族来界定国家，认为公民民族主义是保守的，认为公民民族主义者可能似乎忘记了公民民族主义曾经是某些特权者的强制理论，忘记了欧洲大部分国家曾历经的由公民民族主义转向族裔民族主义的过程，忘记了那些被压迫人民的族裔民族主义只不过是在效仿殖民者的族裔民族主义而已，忘记了公民民族主义所推崇的民族国家在形成以及巩固的过程中所经历的种种暴力和血腥。①

我们应当如何评判民族主义呢？一般说来，对此有两种针锋相对的观点：一方对民族主义进行严厉的指控，另一方则在为民族主义进行不懈的辩护。前者以埃里·凯杜里（Elie Kedourie）和迈克尔·弗里登（Michael Freeden）等人的观点为代表，后者则以史密斯的观点为代表。作为政治上的保守派，凯杜里曾对民族主义进行了严厉的攻击，认为那些曾经将民族主义视作世界上的弱势群体为争取自治和自由所做的一种理性的、自觉的尝试的观念显然是错误的和不可置信的，相反，民族主义是一种非理性的、狭隘的、仇恨的和破坏性的意识形态。民族主义首先生发于欧洲，是完全由欧洲出口到世界上其他地区的，而且也是其最危险的以及产生了恶劣后果的出口物。简言之，依凯杜里之见，民族主义并不是自由的或者理性的，相反，它恰恰是非自由的和狂热的。②弗里登认为民族主义只是一种附着于狭隘政治概念的意识形态，并不能解决分配正义和资源分配等主要的社会问题以及政治问题，史密斯曾经回应了凯杜里和弗里登等人对民族主义的上述批判，认为虽然他们对民族主义的诘难有一定的不容忽视的合理之处，但是他们只考虑到了民族主义的部分面貌，过分简单地对待民族主义，忽视了民族主义的其他面相。在史密斯看来，对上述批判有两种回应：

---

① 参见［英］罗伯特·法恩《温和民族主义？公民理想的局限性》，载朱伦、陈玉瑶编《民族主义：当代西方学者的观点》，社会科学文献出版社2013年版，第155—156页。

② 凯杜里的观点，可参见［印度］帕尔塔·查特吉《民族主义思想与殖民地世界》，范慕尤、杨曦译，译林出版社2007年版，第11页。

第六章　民族主义、爱国主义与全球正义

第一种回应是说明民族主义作为一种意识形态——或者更确切地说是一种信仰体系——它的概念比批评者所说的更为丰富，即使它在哲学的关联上无法与其他"主流"意识形态相比。第二种回应是论证民族主义不仅可以被视为一种信仰体系，而且可以被视为一种文化形式和宗教样式。这使得它与"主流"政治意识形态有很大的不同，并且这就能很大程度地避免在纯粹政治意识形态的原则和影响方面对民族主义的批评。①

史密斯并不同意凯杜里等民族主义的批评者对民族主义进行的诘难，认为民族主义所包含的民族自治、民族统一和民族认同三个基本的理想在国家的发展中会起到不少积极的作用。

实际上，民族主义是一种极其复杂的、具有不同面相的意识形态，凯杜里和史密斯分别看到了民族主义的不同面孔，民族主义在历史上曾经扮演了不同的角色：一方面，它确实曾经是一种负有扩张性的和侵略性的意识形态，是一种非理性的、狂热的和反动的力量，有着盲目排外的狭隘色彩，为一些国家的对外侵略和对外征服服务，带来了破坏、奴役与灾难。这种民族主义往往被称为"极端民族主义"，极端民族主义在历史上已经导致了对众多无辜民众的大屠杀、种族清洗和严重迫害，这也使得民族主义曾在很长一段时间内是一个贬义词，饱受诟病，与我们接下来将要探讨的爱国主义大体上所具有的光辉和正面形象——但是人们有时也会对其进行负面的评价——形成了鲜明的对照。另一方面，我们需要强调的是，民族主义除了具有侵略性的一面，还有温和性的一面，也就是说，我们既不能忽视民族主义在促进民族独立和国家统一的过程中所扮演的积极角色和所起到的激励作用，又不能忽视民族主义在某些国家所承担的构建一个新民族的艰巨任务，同时，所有的民族主义并不是在道德方面和实践方面都是令人反感的。正如有论者曾言，"民族主义一旦在一些国家得以建构

---

① ［英］安东尼·史密斯：《民族主义：理论、意识形态、历史》（第二版），叶江译，上海世纪出版集团 2011 年版，第 27 页。

和巩固,它就会成为一股巨大的精神能量,而这种能量会在几百年的时间统摄这个国家"①。当然,这种能量既有可能是和平的和有益的,也有可能是侵略性的和破坏性的。自第二次世界大战以后,为了规训自身所潜存着的非自由的、侵略性的以及扩张性的成分,民族主义吸收了自由主义的一些要素,民族主义与自由主义并不像人们通常认为的那样是相互对立和水火不容的,而是可以相互"融合的",融合的结果就是形成了我们下面将要提及的一种在当代社会非常具有影响力的奠基于自由主义原则之上的民族主义,即备受耶尔·塔米尔(Yael Tamir)和戴维·米勒等人推崇的"自由主义的民族主义"。比如依塔米尔之见,"自由主义的民族主义的原则基础是这样的观念:所有的民族均应该享受平等的权利,而事实上它的普遍结构来自位于其核心的个体权利的理论。如果民族权利建立在个体赋予其民族成员身份的价值的基础上,那么,所有的民族都应该受到同样的尊重"。② 可以说,根据自由主义民族主义的基本立场,对民族主义能够恰当地追求的理想以及实现这些理想的手段而言,自由主义提供了一种约束边界。

二 爱国主义

与民族主义着力关注"民族"不同,爱国主义的指涉对象是"国家"。国家与民族这两个概念经常被混用,例如,由世界上的主权国家组成的最大国际组织的英文名称是"the United Nations",通常被译为"联合国",各主权国家之间签订的法律的英文名称是"the laws of nations",通常被译为"国际法"。人们之所以会将国家和民族这两个概念混用,一方面与"民族"的含义极其庞杂相关,另一方面与"国家"的含义非常复杂有一定的关联性。一般说来,汉语语境中的"国家"一词包括下述三种含义:一是"领土"意义上的国家,与英

---

① [德]汉斯-乌尔里希·维勒:《民族主义:历史、形式、后果》,赵宏译,中国法制出版社2013年版,第29页。

② [以]耶尔·塔米尔:《自由主义的民族主义》,陶东风译,上海世纪出版集团2005年版,"导言",第7页。

语中的"country"相接近;二是"政权"意义上的国家,类似于英语中的"state";三是"人口或民族"意义上的国家,与英语中的"nation"较为接近。由于我们在本章中有意识地分别探讨全球正义理论面临的源于民族主义的批判和源自爱国主义的批判(当然,两者也存在某些重合的地方),我们必须将爱国主义和民族主义区分开来,① 并试图对爱国主义进行较为清晰的界定。我们应该首先区分国家与民族,毕竟国家不是民族,民族也不是国家。

国家是一种人类共同体的形式,在西方政治思想史上,柏拉图、亚里士多德、马基雅维利、让·布丹、霍布斯、洛克、康德和黑格尔等人都曾对国家提出了独具特色的论述,比如马基雅维利对"国家理性"的强调,布丹对国家主权的论说以及洛克对如何限制国家权力的强调等。那么,什么是国家呢?安德鲁·海伍德(Andrew Heywood)认为"国家可以最简单地界定为,在确定的领土范围内建立主权管辖并通过一套永久性制度实施权威的政治联合体",并认为国家具有如下五个关键特征:"国家实施主权""国家机构是公认的'公共'机构,与市民社会的'私人'机构不同""国家是合法性的一种运用""国家是一种统治工具"和"国家是一个领土性的联合体"。② 国家是目前世界上最重要的以及影响力最大的政治共同体,它大体上是由领土、人民、主权和政府等因素构成的。③ 莱斯利·里普森(Leslie Lip-

---

① 无论在日常话语中,还是在学术著作中,爱国主义与民族主义经常被混淆。吉尔·德拉诺瓦曾区分了爱国主义与民族主义,他认为"同爱国主义相比,民族主义的意识形态性更强,能产生出否定爱国主义的意识形态。在民族主义者看来,有好的法国与坏的法国之分,而对爱国主义者,无论在任何情况下就只有一个法国。爱国主义者在任何借口下都不可抛弃祖国,但却计较代价,而民族主义则在借口上局限得多,却不怎么考虑代价。因此,实际上祖国的名誉、独立和尊严这些爱国主义的观念经常与民族主义发生冲突"。参见[法]吉尔·德拉诺瓦《民族与民族主义》,郑文彬、洪晖译,生活·读书·新知三联书店2005年版,第110页。对爱国主义与民族主义的更为详细的区分,可参见[美]毛里齐奥·维罗里《关于爱国:论爱国主义与民族主义》,潘亚玲译,上海人民出版社2016年版。

② [英]安德鲁·海伍德:《政治学核心概念》,吴勇译,天津人民出版社2008年版,第47页。

③ 犹如我们在以上曾言,人们对民族是否存在客观的构成要素以及包括哪些要素存在不少争议,然而,人们对国家所包括的客观构成要素,基本上是没有异议的。

son）认为国家必须满足两个基本目标："人身和军事的安全"以及"物质和经济的繁荣"。关于最适宜的政治单位和最合适的国家规模的问题，人们一直进行争论，其中出现了三种政治单位：城邦、帝国和民族国家。无论任何一种国家模式，只有其能满足"安全"和"繁荣"这两个目标时，它才可能持续地存在下去。① 民族国家（nation-state）是民族和国家的结合体，就规模而言，民族国家是一个中等规模的国家，其面积比城邦大，又小于帝国，它希望避免太小和太大两个极端而呈现出一种折中的局面。目前世界上的国家有些是单一民族国家——在单一民族的基础上建立的国家，② 有些则是多民族国家——国家内部包括多个民族的成员，同时，同一个民族的成员也可能分布在多个国家中。

可见，国家不同于民族，我们不能将两个概念混淆起来，现在让我们回到对爱国主义之含义的探讨上来。什么是爱国主义呢？大体上来说，爱国主义是一种强调人们对自己国家的忠诚与热爱以及对自己的同胞负有一种特殊义务的观念，在爱国主义者那里，人们对非同胞并不负有像对同胞那样的特殊义务和特殊关切，给予同胞之利益和需求的关切要多于给予非同胞之利益和需求的关切。③ 与人们从理论上对民族主义进行深入的研究相较而言，人们对爱国主义并未进行特别深入和细致的理论研究，爱国主义经常被视为一种感情，被视为对自己的国家及同胞的情感的一种自然流露，有时候并不被视为一种值得研究的政治思潮。然而，随着尤尔根·哈贝马斯等人对宪法爱国主义（constitutional patriotism）的阐释以及在全球正义理论兴起的过程中不少学者从爱国主义的立场出发批判全球正义理论，爱国主义逐渐在理

---

① 参见［美］莱斯利·里普森《政治学的重大问题》，刘晓等译，华夏出版社2001年版，第268页。随着全球化的发展，第四种政治单位也有可能出现，即世界国家，然而，人们对此存在很大的争议。

② 这种民族国家也体现了"一国一族、一族一国"这一信条的严格意义上的民族国家，与我们一般意义上所使用的民族国家的概念有所不同。

③ 由于第二章第三节曾提到了爱国主义的含义，故我们在此不再对其定义进行进一步的说明。

第六章　民族主义、爱国主义与全球正义

论上获得了人们的重视。① 下面我们将依照不同的爱国主义之基本立场的不同，对爱国主义进行一种类型学的分析。爱国主义者在强调人们针对同胞的特殊义务时，应当如何对待非同胞呢？依照对此问题的不同回答，爱国主义可以被分为两种，一种是"极端的爱国主义"，另一种是"温和的爱国主义"。极端的爱国主义强调人们只能关心同胞的利益和需求，爱国主义者所强调的"对自己的同胞负有一种特殊义务"这一观念可以被解读为这种特殊义务是极其重要的，其重要性意味着它可以压倒一切，意味着非同胞的利益和需求并不在正常的伦理关切的范围之内，易言之，极端的爱国主义是排他性的。我们可以在麦金太尔为爱国主义进行辩护的过程中发现这种立场的端倪，比如麦金太尔认为爱国主义不仅要求一种独特的关切，而且要求对本民族独有的特征、优点以及成就的关切，其中的原因在于爱国主义者强调特征、优点以及成就是他们自己的，这也意味着爱国主义者不会同等地重视其他国家相似的优点与成就。同时，麦金太尔强调爱国主义与自由主义所申述的不偏不倚的道德立场是不相容的，比如每个共同体都想极力获得更多的自然资源，因为自然资源（如石油、煤炭和天然气等）是稀缺的，两个共同体也会为此产生冲突：

> 当这种冲突出现时，那种主张不偏不倚的道德立场要求一种每个人只能算作一个，没有人可以算作超过一个的善的分配方式，而爱国主义的立场要求我应该尽力追求我所属的共同体的利益，要求你尽力追求你所属的共同体的利益。同时，当一个共同体的处境处于成败关头时，甚至有时当一个共同体的更大利益仅

---

① 关于宪法爱国主义的研究，可参见［德］扬-维尔纳·米勒《宪政爱国主义》，邓晓菁译，商务印书馆2012年版；许章润主编《宪法爱国主义》（历史法学·第3卷），法律出版社2010年版。笔者认为将"constitutional patriotism"译为"宪法爱国主义"较为恰当。麦金太尔曾撰写了一篇有关爱国主义的重要论文，即 Alasdair MacIntyre, *Is Patriotism a Virtue?*, The Lindley Lecture, The University of Kansas, 1984 年；约舒亚·柯亨（Joshua Cohen）曾主编了一本非常有影响力的有关爱国主义的论文集，即 Joshua Cohen (ed.), *For Love of Country?*, Boston: Beacon Press, 2002.

仅处于成败关头时,爱国主义包括一种为了各自共同体的利益而开战的意愿。①

麦金太尔强调爱国主义在某些方面要求一种无条件的忠诚,虽然他有时候也强调爱国主义不能违反非个人的道德立场所设置的某些约束条件,但是由于他强调爱国主义与自由主义的不偏不倚原则之间存在一种根本性的冲突,因此,我们将其爱国主义视为一种极端的爱国主义应当是较为妥切的。

与极端的爱国主义不同,温和的爱国主义认为其所强调的"对自己的同胞负有一种特殊义务"这一观念可以被解读为虽然人们针对同胞的特殊义务是重要的,但是这并不意味着非同胞的利益和需求并不在正常的伦理关切范围之内,换言之,温和的爱国主义只是强调人们应当优先关照同胞的利益和需求,并不像极端的爱国主义那样具有排他性。正如德里克·帕菲特(Derek Parfit)所主张的那样,我们绝大多数人相信,存在一些特定的人,比如我们的子女、父母、朋友、恩人或者同胞等,我们对其负有特殊义务,"履行这些义务优先于帮助陌生人。这一优先权不是绝对的。我不应为了避免我自己的孩子受伤,而不救一个陌生人的生命。但是我应该拯救我的孩子脱离某种伤害,而不是使一个陌生人避免**稍大一点**的伤害。由于我对我的孩子的义务,任何时候我都可以不理会我本可以在别处做稍大一些的善行这一点"②。温和的爱国主义认为可以给予非同胞的利益和需求以某种关切,虽然与极端的爱国主义相比,温和的爱国主义更加契合人们的道德直觉,也更容易获得伦理上的辩护,但是它仍然强调对非同胞的利益和需求的关切程度要低于对同胞的利益和需求的关切程度,尤其在非同胞的利益和需求与同胞的利益和需求发生冲突时,更应该如此。可见,极端的爱国主义与温和的爱国主义的差异在于在共同认可对同胞的利益和需求要给予优先

---

① Alasdair MacIntyre, *Is Patriotism a Virtue?*, The Lindley Lecture, The University of Kansas, 1984, p. 6.

② [英]德里克·帕菲特:《理与人》,王新生译,上海译文出版社2005年版,第138页。

关照这一信条下,如何对待非同胞的利益与需求?前者是排他性的,后者在某些方面具有包容性。由于极端的爱国主义与人们的道德直觉有不少冲突之处,显而易见,其正当性难以获得辩护,我们下面主要探讨的是温和的爱国主义与全球正义理论之间的论争。①

爱国主义非常关注公民品德与公民教育问题,因为公民的品德如何,对能否践行爱国主义是至关重要的,同时,一个国家所需要的良好的公民品德,并不是生而有之,而是进行恰当的公民教育的结果。就公民的品德而言,爱国主义者强调公民既要有对国家的忠诚和献身精神,同时也要有参与公共生活的审慎能力以及倾听他人观点的意愿等。就公民教育而言,爱国主义者既主张通过学校对公民进行正规的教育(尤其要对公民进行人文教育),又主张通过一些非正规的方式对公民进行教育,比如在家庭、邻里组织以及慈善机构等团体中,通过某些方式引导公民参与政治生活,培养公民的公共精神和公共理性。然而,爱国主义所强调的公民品德与世界主义所强调的人的本性并不总是一致的,亚里士多德曾经思考过类似的问题:"善人的品德和良好公民的品德应属相同,还是相异?"亚里士多德随后回答道:"倘使政体有几个不同的种类,则公民的品德也得有几个不同的种类,所以好公民不必统归于一种至善的品德。但善人却是统归于一种至善的品德的。于是,很明显,作为一个好公民,不必人人具备一个善人所应有的品德。"② 在亚里士多德那里,公民的品德与其所属国家的政体有着密切的关系,国家的政体不同,公民的品德也会有所不同,除非在一个理想国中,善人与好公民是不可能完全相同的。一个人要成为一个好公民,还是要成为一个善人?事实上,不同的抉择会对人提出不同的要求,比如某人要想成为某个国家的好公民,他可能要对国家负有一种无条件的忠诚,即使国家正在明显从事一场非正义的战

---

① 为了论述的便捷性,我们接下来提及的爱国主义均指温和的爱国主义,除非有特殊的说明。

② [古希腊]亚里士多德:《政治学》,吴寿彭译,商务印书馆1965年版,第120—121页。

争,即使国家正在从事对其他国家的种族灭绝,他也会毫不犹豫地为国家作战,向国家纳税,而不会采取拒绝服兵役和拒绝纳税等公民不服从(civil disobedience)的行为;倘若一个人要选择成为一个善人,可能就会对自己国家的行为进行反思,不可能不论国家行为的对与错,他都对国家有着一种无条件的忠诚,同时,在是否对他人提供援助时,不会因为援助对象不是自己的同胞而不进行援助,而会对其采取一种不偏不倚的态度,正像世界主义者所一直宣扬的那样。这样的话,一个好公民不一定是一个善人,这也预示着爱国主义与世界主义以及全球正义理论之间有可能存在某种冲突。

第二节　民族主义对全球正义的批判

正如我们在上文曾经提及的那样,民族主义的类型多种多样,并不是所有的民族主义理论都对全球正义理论发表自己的看法,只有少数民族主义理论对全球正义理论进行了批判,自由主义的民族主义以及某些非自由主义的民族主义(如沙文主义的民族主义)就是其中的代表性理论。

一　全球正义削弱了民族自决(self-determination)

民族自决是诸多民族主义理论反复强调的重要原则,它意为各民族有决定自己的政治、经济和文化等制度的自由和权利,能够决定和掌控自己的命运。① 民族自决理念得到了世界各国和国际条约的广泛承认,比如《联合国宪章》的第1条强调"发展国际间以尊重人民平等权利及自决原则为根据之友好关系,并采取其他适当办法,以增强普遍和平"。《公民及政治权利国际盟约》和《经济、社会、文化权利国际盟约》的第1条都强调了各民族拥有民族自决权:"所有民族均享有自决权,根据此种权利,自由决定其政治地位并自由从事其经

---

① 一般而言,民族自决包括"国内层面的民族自决"和"国际层面的民族自决",本书所提及的民族自决均是后一种民族自决。

第六章 民族主义、爱国主义与全球正义

济、社会与文化之发展。"民族自决权既可以体现为一种政治上的诉求（比如实现民族解放和国家独立），又可以体现为一种文化上的诉求（比如某些国家的原住民的文化和语言要受到尊重）。与传统的民族主义理论家强调民族自决权一样，塔米尔和米勒等自由主义的民族主义理论家也较为重视民族自决权，并由此出发，对全球正义理论进行了批判。

塔米尔对民族自决权进行了一种文化的阐释，这主要因为她将民族视作一种文化共同体，她认为民族倾向于重新塑造自己的过去，重新阐释自己的文化，并遗忘其他的文化，正是文化使得民族成员把自己同他人区分开来。塔米尔认为"民族自决包含个人寻求赋予他们的民族身份以公共表达的过程。这样，它常常被描述为个人进入公共领域的权利，并因而意味着个人有权利通过反映他们的公共价值、传统、历史的方式——简言之，他们的文化——建立机构并管理自己的公共生活"①。在塔米尔那里，民族自决权主要是一种对民族身份的追求，而并不是对公民的权利和自由的追求；就民族自决权而言，米勒认为每个民族应该尽可能地拥有自己的一套政治制度，能够集体地决定其成员所关注的主要问题，"在一个民族在政治上自主的地方，它能够实施一种社会正义框架；它能够保护和培育其共同文化；其成员能够或多或少地集体决定其共同命运"②。当然，塔米尔和米勒等人的自由主义的民族主义理论所强调的民族自决权要受到自由主义的限制，各个民族在践行自己的民族自决权的过程中，不能侵犯或者伤害其他民族的民族自决权，不能以其他民族的利益和幸福为代价，这与沙文主义的民族主义等非自由主义的民族主义所主张的"为了践行自己的民族自决权，侵犯或者伤害其他民族的自决权"显而易见是截然不同的。

---

① ［以］耶尔·塔米尔：《自由主义的民族主义》，陶东风译，上海世纪出版集团2005年版，第64页。

② ［英］戴维·米勒：《论民族性》，刘曙辉译，译林出版社2010年版，第98页。引文有改动，该书的译者将"nationality"译为"民族性"，本书将其译为"民族身份"，下同。另外，我们在第二章第三节已经提及米勒支持民族自决的主要论据，在此不再赘述。

民族自决原则强调各民族对其资源和财富拥有一种近乎绝对的权利，正如《公民及政治权利国际盟约》和《经济、社会、文化权利国际盟约》的第1条都曾强调的那样，"所有民族得为本身之目的，自由处置其天然财富及资源，但不得妨害因基于互惠原则之国际经济合作及因国际法而生之任何义务。无论在何种情形下，民族之生计，不容剥夺"。塔米尔和米勒等人的自由主义的民族主义理论大体上不会拒斥上述观点，并以上述观点为理据，批判了全球分配正义理论。贝兹和博格等全球分配正义论者的有关国家对自己的资源和财富的主导权的观点恰恰不同于塔米尔和米勒的上述言论。贝兹认为"资源的自然分配与才能的分配相比，是一种'从道德的观点看任意的'东西的更纯粹情形。不仅一个人不能宣称应得其足下的资源；而且一个人可以据以断言一种对才能最初要求权的其他根据，在资源的情形中也是不存在的"①。博格持有与贝兹相似的观点，我们在上一章曾提到博格主张以全球资源红利方案来解决目前的全球贫困和全球不平等问题。全球资源红利方案挑战了民族主义者推崇的各民族对本国的资源和财富的无限所有权这一观点，可能被认为对资源和财富丰富的国家提出了一种过高的要求，博格曾进行了回应，认为："是的，平等主义制度对那些偶然受益于自然和历史的社会提出了过高的要求，因为它们在无限所有权的制度中将会拥有更加有利的处境。然而，对称地讲，无限所有权的制度对那些受害于自然和历史的社会至少提出了过高的要求，因为在一个更加平等的全球基本结构中，这些社会及其人民的处境将更好。"② 可见，在贝兹和博格那里，一个国家所拥有的自然资源的多寡，恰恰是一种道德上的任意因素，与一个国家的运气好坏有着极强的关联性，它应当受到全球正义理论的调节。

塔米尔和米勒阐发了一种不同于贝兹和博格等全球分配正义论者

---

① ［美］查尔斯·贝兹：《政治理论与国际关系》，丛占修译，上海译文出版社2012年版，第127—128页。

② Thomas W. Pogge, "An Egalitarian Law of Peoples", *Philosophy and Public Affairs*, Vol. 23, No. 3, 1994, p. 213.

的观点。塔米尔认为就一个民族享有民族自决权的能力而言,一个民族所拥有的运气因素确实起了很大的作用,那些生活在大型的、孤立的领土上的民族,比那些生活在人口稠密地区的民族更有可能践行民族自决权,同时,自然资源、可耕种的土地、温和的气候、水资源、地形和共同体的规模等因素也会对民族自决权产生深远的影响,"因此有这样的假设:不同的民族将能在不同的程度上实施其民族自决权。只要这种不同只是反映了上面提到的机会要素的不平等分配,那就很难说这有什么不对。我们可以得出结论,所有的民族都应该平等地享受其特定环境所许可的最广程度的民族自决权"①。塔米尔在此所提到的机会要素就是我们刚才提及的自然资源、人口的多寡和气候条件等因素。虽然塔米尔在此的观点并不一定是专门用来批判贝兹和博格等人的上述观点的,但是我们由此也可以推断出她大概不会认可贝兹和博格等人的上述观点。

与塔米尔不同,米勒明确提及了他对贝兹和博格等人观点的看法。米勒在探讨各个民族之间彼此负有什么义务这一问题时提到了如下五种义务:"克制在物质上伤害另一个国家的义务,或者通过军事侵略的方式,或者以将污染转移到民族边界以外为形式的自然伤害""不剥削单方面受你行为影响的国家的义务""遵守签订的国际协议的义务,当然包括建立联盟制度的条约""互惠义务,来自一个国家在需要时刻借以帮助另一个国家的互助实践"和"更成问题的义务是保证自然资源之公平分配的义务"。② 米勒认为前四种义务已经获得了人们的广泛认可,人们只是对第五种义务有着很大的异议,布莱恩·巴里的"世界上的每个人都享有对自然自然的同等基本权利"这一观点就体现了第五种原则,米勒认为实施该原则会面临着两种困难:"一个困难是缺乏用来估计不同资源价值的共同度量。……第二个困

---

① [以] 耶尔·塔米尔:《自由主义的民族主义》,陶东风译,上海世纪出版集团2005年版,第69页。

② 参见[英]戴维·米勒《论民族性》,刘曙辉译,译林出版社2010年版,第104—105页。

难是资源并不是在那儿就可以用：它们需要被发现和被开采并使之能为人类所用，而这些都有一定的成本。"① 可见，米勒并不认可全球资源平等的主张，不仅如此，米勒还反对全球平等主义，认为在其所描画的国际正义图景中，民族国家拥有通过不干涉义务和援助义务等原则显现出来的民族自决权，贝兹等人所倡导的全球差别原则等全球分配正义理论并不是必需的，因为"为了保持平等，我们将不得不持续不断地将资源从那些相对富裕的国家转移到那些比较贫困的国家，而这破坏了政治责任，同时也在某种意义上破坏了自决"②。易言之，在米勒那里，贝兹和博格等全球分配正义论者所推崇的全球资源再分配和全球差别原则等全球平等主义方案恰恰侵犯了民族自决权以及我们接下来就要论及的"民族责任"，全球平等主义既不是必需的，又不是可行的，在解决全球贫困等问题上，人道主义的援助义务已经足够。

二 全球正义削弱了民族责任

民族主义理论的支持者还认为全球正义理论削弱了民族责任，认为各民族应当对自己的经济发展或者资源的利用等领域中的政策承担责任。米勒在《民族责任与全球正义》一书中重点探讨了民族责任问题，他首先对责任进行了一种类型学的区分，将责任分为"后果责任"（outcome responsibility）和"补救责任"（remedial responsibility），前者意味着人们要对自己的行为和决定承担责任，后者意味着人们有责任帮助那些需要帮助的人，然后米勒重点分析了民族责任问题，即民族及其成员对他们自己的行为负责，对他们施加给他人身上的伤害承担责任，这是合理的吗？倘若这是合理的，民族责任可以扩展到多

---

① [英]戴维·米勒:《论民族性》，刘曙辉译，译林出版社2010年版，第105页。
② David Miller, "Against Global Egalitarianism", *The Journal of Ethics*, Vol. 9, No. 1/2, 2005, p. 71. 我们在此需要注意的是，米勒并不是反对所有形式的全球正义理论，他只是反对平等主义的全球正义理论（全球分配正义或全球平等主义，我们已经在第四章第三节提及了米勒对全球平等主义的批判），认可非平等主义的全球正义理论。为了论述的方便，本书在使用"全球正义理论的支持者"或者"全球正义论者"时，并不包括米勒，而将其归入全球正义理论的批评者的行列。

大的范围呢?① 米勒反对全球平等主义,为一种以"人的基本需要"为基础的全球基本人权观念进行辩护,就如何解决全球贫困问题而言,他并不认可辛格和博格等人极力推崇的理念。从总体上而言,在米勒那里,辛格在忽视全球贫困之根源的情况下,就开始探讨如何化解全球贫困问题,极有可能出现一种无的放矢的情况,同时,即使博格注意到了全球贫困之根源,他仍然错误地把握了这种根源,只是简单地认为富裕国家的公民对全球穷人的处境应当负有后果责任和补救责任。

就辛格的观点而言,米勒认为辛格并没有探讨全球贫困的后果责任问题,而只是把全球贫困看成像地震那样的自然现象,比如他没有思考全球穷人的贫困处境到底是怎么形成的,是由何种因素造成的,贫困的责任应当由富裕国家来承担还是应当由贫困国家来承担。因此,"如果我们想要解决全球贫困问题,那我们显然不仅要在经验上而且还要在道德上追问贫困发生的原因。我们必须至少要假设,我们能够找到那些对贫困负有后果责任的行动者,我们还能要求他们承担起消除贫困的补救责任"②。虽然与辛格的全球正义理论相比,博格的全球正义理论既关注了后果责任,又更加明确地探讨了补救责任,但是米勒认为博格的全球正义理论处理全球贫困问题的方式仍然是值得商榷的。米勒认为,博格并没有否认全球贫困的直接原因在于穷人所处国家的政治体制和经济体制,但是这些国家的不恰当的政治体制和经济体制可以由其所处的国际背景来解释,也就是说,博格认为不平等的国际经济秩序和国际政治秩序是造成穷国贫困的主要根源。米勒挑战了这一观点,他认为种族灭绝和奴隶制确实属于道德悲剧的范畴,这是人们无法否认的,然而,人们并没有理由假定它们的长期影响导致了贫困国家中的贫困,相反,殖民主义对那些殖民地的发展所

---

① 参见[英]戴维·米勒《民族责任与全球正义》,杨通进、李广博译,重庆出版社2014年版,第83页。

② [英]戴维·米勒:《民族责任与全球正义》,杨通进、李广博译,重庆出版社2014年版,第234页。

带来的影响并不总是消极的（比如在殖民地建立了铁路、公路和水库等基础设施）。米勒认为影响一国经济发展的因素大体上包括三种，即物理因素（诸如自然资源的丰裕程度、地理位置等因素）、国内因素（诸如主流的宗教、政治文化和政治制度等因素）和外部因素（诸如全球贸易、投资模式以及国际秩序等因素）。① 米勒强调除非人们能够证明，在解释为何某些社会变得富裕而其他社会变得贫穷之前，国内因素确实起着明显的作用，否则，关于民族对其富裕和贫困负有直接责任的主张就是没有任何依据的。在上述三种因素中，米勒比较强调国内因素对一国经济发展的重要性："其他经济史学家已经提供更加有力的证据来证明，国内因素在解释发展的不同速度方面的重要性。地理位置在某种程度上说很重要——几乎所有的发达国家都处于温带而不是热带——但是，新加坡和毛里求斯这样的案例表明，地理上的劣势是能够被那些拥有合适的文化和社会制度的国家所克服的。"② 可见，与罗尔斯一样，米勒也基本上持有一种"纯粹国内因素致贫论"③，并不同意博格所说的不平等的国际政治秩序和国际经济秩序对贫困国家的影响，认为那些仍然贫困的国家并不能将自身贫困的原因简单地归咎于国际秩序以及维护该秩序的某些富裕国家，而应该从自身找原因。

米勒强调民族责任在那些民主的国家中是很容易被确定下来的，人们通常认为富裕国家是民主的，而贫困国家是专制的，这也是人们免除那些生活在贫困国家的人们对其贫困所负有的责任、要求援助贫困国家的补救责任应当由富裕国家的公民来承担的主要缘由，然而，"在真正的民主与独裁之间，存在着一些政权，我们对它们的性质很难加以判断。比如说，存在着这样的社会，它们比较接近约翰·罗尔斯的'正派的等级社会'的概念——这种社会既不是自由主义的也不

---

① 参见［英］戴维·米勒《民族责任与全球正义》，杨通进、李广博译，重庆出版社2014年版，第237—238页。
② ［英］戴维·米勒：《民族责任与全球正义》，杨通进、李广博译，重庆出版社2014年版，第238页。
③ 即国家贫困的根源主要在于其国内的因素，我们曾在第二章第三节提及罗尔斯的"纯粹国内因素致贫论"。

是充分民主的，但是，该社会存在着罗尔斯所谓的'正派的协商等级制'，它把政府和这个社会中的各种合作团体联系在一起，并允许对现政府的政策提出异议"①。也就是说，依照米勒之见，正派的协商等级制社会中的人们应该对政府的决策承担责任，即使该社会是贫困的，也不应该获得其他社会的补偿以及援助。米勒随后说道，许多非洲国家中的新世袭制的政权就属于罗尔斯所描述的社会，其国家贫困的很大一部分责任应当由普通人来承担，因为他们所继承的文化价值使得他们默许了其国家中存在的破坏性的实践和制度，默认了其所属国家的新世袭制的政权等。米勒强调辛格和博格等人为解决全球贫困问题所开出的药方仅仅关注那些遭受贫困之苦的人的需要以及谁能够提供相应的援助，这漠视了为解决全球贫困问题而应当进行的某些制度变革。同时，援助义务的实施既有可能带来积极后果，又有可能带来消极后果，比如破坏当地的经济以及援助的资金会转移到那些本来富有之人的手中，因此，辛格和博格等人的建议是值得怀疑的，米勒建议"通过首先追问谁对世界贫困真正负有责任，我们就能制定出更好的政策，而不必作出这样一种方便的假设，即，后果责任必须要由那些有能力履行补救责任的行动者——富裕国家——来承担"②。换言之，在考虑针对世界穷人要承担何种责任时，人们必须考虑到各种各样的因素，千万不能草率行事，否则人们将难以明晰后果责任和补救责任的具体承担者到底是谁。虽然米勒强调了保护世界上所有人的基本权利的重要性，但是鉴于米勒认为国家应当对自己的经济发展等政策承担责任，援助穷人的义务还是应当首先由穷人所在的国家及其民族共同体来担当。

总之，依米勒之见，倘若依照贝兹和博格等人的全球分配正义理论，人们不问贫困国家贫困的根源，而直接主张富裕国家及其公民直接承担补救责任的话，那么一些贫困国家可能就没有承担本身应当担

---

① [英]戴维·米勒：《民族责任与全球正义》，杨通进、李广博译，重庆出版社2014年版，第240页。引文有改动。

② 同上书，第253页。

负起的民族责任,而将这种责任转嫁到其他国家或公民身上,这是不恰当的:"尊重其他民族的自主也包括将他们视为对它们就资源利用、经济增长和环境保护等可能做出的决定负责。作为这些决定的一个结果,不同国家中的生活标准可能大为不同,而一个人不能通过求助于平等主义正义原则(例如罗尔斯的差异原则)来证明再分配是正当的。"① 可见,在米勒那里,辛格和博格等人的全球分配正义理论削弱了民族责任。

三 全球正义削弱了民族认同

民族主义者不仅认为全球正义理论削弱了各民族的民族自决权和民族责任,还认为全球正义理论削弱了民族成员的民族认同。民族认同通常是指个体将自身视为某个民族共同体的一员,以及个体对其所属民族共同体的归属感、依附感和自豪感,比如某个人强调自己是"中国人"、"法国人"或者"美国人"等。个体通过认同某个民族,可以理解其在世界上所处的位置是什么。民族认同包括的内容比较广泛,"民族文化"和"民族义务"是其中两个重要的方面。民族文化是各民族在长时段的历史发展和实践的过程中所形成的那种能够反映本民族特点的物质文化以及精神文化的总称,是民族认同的重要基础,为共同体的成员提供了某种共同的身份感。传统的民族主义理论往往强调个人的充分实现自己价值的重要方式在于对民族的方方面面(比如民族文化、民族语言和宗教)有一种认同感,尊重民族的各组成部分,并且不加反思地高度赞扬本民族的伟大成就和光辉历史。然而,自由主义的民族主义理论的辩护者持有不同的观点,比如塔米尔认为:"自由主义的民族主义的主要特点是:它在巩固民族理想的同时并不无视其他的人类价值观念——民族的理想应该依据这种人类价值来衡量。这个过程的结果是:对于合法的民族目标以及追求整个目标的手段的重新界定。自

---

① [英]戴维·米勒:《论民族性》,刘曙辉译,译林出版社2010年版,第108页。

由主义的民族主义因而珍视民族文化的特殊性和人权的普遍性，珍视个体的社会和文化嵌入性以及人的自治。"① 虽然如此，自由主义的民族主义理论仍然强调本民族文化的独特性以及个体对民族文化的忠诚，强调个体对民族文化的历史继承性和传承性，强调个体应当坚守和维护自己的民族文化。

民族主义者在民族义务问题上，认为由于人们对其所属的家庭、社区和教会等共同体有一种认同感，因此，人们对其所属的共同体的其他成员也负有一种特殊义务，这种特殊义务异于人们对"陌生人"的义务，换句话说，人们应当偏袒"本民族成员"的利益，而不能偏袒陌生人的利益，即使自由主义的民族主义理论也赞同这一观点。② 例如，米勒认为民族共同体是一个义务的共同体：

> 因为我们的祖先为了建立和保卫民族呕心沥血，生于其中的我们继承着继续其事业的义务，部分是对同时代人履行义务，部分是对我们的后代履行义务。这个历史共同体也向未来延伸。这意味着如果我们把民族视为一个伦理共同体，我们就不只是在谈论一个存在于一群相互帮助的人之间的共同体，帮助一旦停止，这种共同体也随之瓦解，而是在谈论一个当代人无法断绝关系的共同体，因为它在世代之间从过去绵延到未来。③

也就是说，民族共同体是一个包含着已经逝去的一代人、当代人和后代的历史共同体。人们应该履行某些代际伦理，即人们对于当代人的义务是应该优先关照民族共同体成员之需求的民族义务，对于已经逝去的一代的义务是将民族传统传承下去并发扬光大，对于后代的

---

① [以] 耶尔·塔米尔：《自由主义的民族主义》，陶东风译，上海世纪出版集团2005年版，第74页。
② 由于我们分别探讨了民族主义和爱国主义对全球正义理论的批判，我们用"陌生人"称呼非本民族的成员，用"同胞"称呼属于同一国家的所有公民，用"外国人"或"非同胞"称呼其他国家的公民。
③ [英] 戴维·米勒：《论民族性》，刘曙辉译，译林出版社2010年版，第23—24页。

义务包括为其提供一个优良的生存环境、为其留下某些自然资源等。①塔米尔更加明确地强调了"偏爱理念"在民族共同体中所扮演的角色,认为"当只有非成员需要帮助的时候,偏爱(favouritism)原则并不明显,我们的行为的动机来自普遍的道德原则。一旦有成员卷入,我们就被迫把他们的需要与别人的需要加以衡量比较,而且在他们的需要与非成员的需要之间鸿沟非常大的情况下优先满足成员的需要。但是还有第三种情况,在这种情况下我们没有帮助他人的义务,除非他们是我们的同胞"。②可见,在塔米尔那里,当本民族成员的需要与非本民族成员(陌生人)的需要产生冲突时,人们应该毫不犹豫地优先关注本民族成员的需要,人们对本民族成员比对陌生人有着更大的民族义务,仅仅因为他们属于同一个民族共同体。

民族主义者认为世界上有很多民族,而且一个国家往往是由多个民族构成的,各个国家之间并不存在能够获得各个民族或者国家共同接受的民族文化,然而,全球正义理论的支持者对个人的文化认同持一种中立的甚至怀疑的态度,试图倡导一种能够超越各个民族之民族文化的文化。在民族主义理论的支持者那里,这种立场是非常值得怀疑的,比如米勒就认为"在缺乏共同民族认同的国家,例如小于将两个或三个民族或种族群体联合起来的保护性组织的尼日利亚,政治最多采取群体商谈和妥协的形式,最坏的情况是堕落为统治之争。信任可能存在于群体内部,却不存在于群体之间"③。同时,在民族义务问题上,全球正义论者主张人们应当采取一种不偏不倚的视角,而不是

---

① 这也涉及当代政治哲学中另一个非常重要的问题,即"代际正义"(intergenerational justice)。从时间的角度而言,正义理论大体上包括两个维度,一是共时性维度,二是历时性维度。我们通常谈论的正义理论往往是第一个维度上的。从历时性的角度而言,代际正义主要关注代与代之间是否也要讲正义原则这一问题。实际上,社会是一种世代与世代之间的公平的合作体系,每一代人仅仅是其中的一环而已,这就提出了当代人在什么程度上有义务尊重其后代和祖先这一问题,这也是代际正义所要涉及的核心问题。罗尔斯对代际正义曾有经典的论述,具体参见[美]约翰·罗尔斯《正义论》,何怀宏、何包钢、廖申白译,中国社会科学出版社1988年版,第44节。

② [以]耶尔·塔米尔:《自由主义的民族主义》,陶东风译,上海世纪出版集团2005年版,第98—99页。

③ [英]戴维·米勒:《论民族性》,刘曙辉译,译林出版社2010年版,第92页。

民族主义者所采取的偏爱视角或者特殊主义视角，当本民族成员的利益与陌生人的利益发生冲突时，不能因为仅仅是本民族成员的利益就进行区别对待，而应该采取一种利益的平等考虑原则，比如我们在第三章曾提及的辛格的功利主义伦理观就认可这种"利益的平等考虑原则"。

在民族主义者那里，全球正义论者漠视了民族认同的重要性，正如金里卡曾言，"历史表明，人们愿意为其亲属和那些与其同样宗教信仰的人作出牺牲，但是，却只有在某些条件下才有可能履行更多的义务。尤其是，必须有某种意义上的共同认同和共同归属把赠与者与接受者统一起来，以至于在某种意义上，为那些不认识的人所作出的牺牲仍可被认为是为'我们中的一员'而作出的牺牲"①。民族认同恰恰就属于金里卡所言说的共同认同和共同归属之所在。在某些民族主义者那里，人们在援助本民族的成员时，往往是实用主义的政治考量占据着主导地位。例如，在一个共同体的内部，人们之间有一种互助契约，并相信当自己为他人作出牺牲——比如为穷人提供食物或者冒着生命危险救助他人——时，当以后自己陷入贫困的境地或者面临危险时，也会获得相应的帮助，因此，人们应该互相帮助。然而，在全球层面上并不存在类似的共同认同和共同归属（民族认同）：当人们为世界上某个国家的某个穷人的悲惨处境慷慨解囊以后，倘若自己以后变得一贫如洗，并不一定能够获得相应的帮助。一言以蔽之，民族主义者认为全球正义理论削弱了人们的民族认同。

第三节　爱国主义对全球正义的批判

全球正义理论不仅面临着源于民族主义的尖锐批判，而且面临着来自爱国主义的激烈挑战，大体说来，全球正义理论所面临的源自爱国主义的批判主要有以下三个方面。

---

① ［加］威尔·金里卡：《少数的权利：民族主义、多元文化主义和公民》，邓红风译，上海世纪出版集团 2005 年版，第 244 页。

一 全球正义漠视了人们对同胞所负有的特殊义务

爱国主义认为人们应该爱自己的东西以及与自己关系密切之人或物，应该重视同胞之间所相互负有的特殊义务，强调同胞是血浓于水的"一家人"，强调同胞之间能够休戚与共、荣辱共存，强调同胞之间有一种"同呼吸、共命运"之感。易言之，在爱国主义者那里，人们应该优先关照同胞的利益，而不是非同胞的利益，特殊义务会随着距离的增加而相应地减弱，而全球正义理论恰恰忽视甚至危及了这种特殊义务。依照爱国主义的基本立场而言，每个人并不是社群主义者在批判罗尔斯的自由主义时所言说的孤立存在的原子式的个人，[①] 而是社会人，要或多或少地与他人有某种程度的联系，譬如，同家庭成员（主要包括父母、妻子或者丈夫、子女、祖父母等）、亲戚、朋友、同学、老师、同事、老乡甚至那些身处遥远之处的同胞等之间的联系。人们之间要负有一定的特殊义务，比如赡养父母，关爱妻子或者丈夫，养育子女，尊敬师长，帮助亲戚、朋友、同事或者其他同胞等。当然，上述诸特殊义务的权重并不是完全一样的，而是有一定的轻重之分，尤其在存在利益冲突或资源有限的情况下更是如此。这种观点无论是在古代，抑或在现代，都有不少拥趸。例如，古希腊历史学家希罗多德在谈到波斯人时曾言：

> 他们最尊重离他们最近的民族，认为这个民族仅次于他们自己，离得稍远的则尊重的程度也就差些，余此类推；离得越远，尊重的程度也就越差。这种看法的理由是，他们认为他们自己在一切方面比所有其他的人都要优越得多，认为其他的人住得离他们越近，也就越发优越。因此住得离他们最远的，也就一定是人类中最差的了。在美地亚人的统治时期，在各民族当中一个民族便这样地统治另一个民族，美地亚人则君临一切民族；他们统治

---

① 具体研究可参见 ［加］查尔斯·泰勒《原子论》，曹帅译，《政治思想史》2014年第2期。

他们边界上的民族，这些民族又统治与他们相邻的人们，而这些人们再统治与他们接壤的民族。①

波斯人的上述做法明显体现了一种爱国主义理念，希罗多德赞同波斯人的这种做法。塔米尔认为她关心自己的女儿并知道她自己的幸福是与其丈夫、孩子的福利紧密联系在一起的，她关心某些同事的福利，而他们的福利也是与他们的家人或者朋友的福利密不可分的，"我发现自己通过对某些非常亲近的他人的兴趣与关心，关心着许多进入我的关注范围的个体。这样，关爱的扩展看上去就像一整套同心圆：个体最关心离中心最近的圆，但是对于那些离开中心比较远的人的福利也不是漠不关心。……我们现在可以重述共同体德性的核心主张——成员应该优先，并把它重新界定如下：虽然对于成员的偏爱是正当的，但是在非成员之间应该不偏不倚"。② 我们可以将上述观点称为爱国主义的"同心圆模型"。

依照爱国主义的同心圆模型，我们每个人都生活在一系列的同心圆——各个同心圆可能会有交叉之处——之中，处于同心圆模型最核心位置的人应当是那些与我们有着最亲密关系和亲密情感的人，比如家人和亲属；与最核心位置紧密相邻的人应该是那些与我们关系较为密切的人，比如关系非常要好的朋友、老师或同事等，依此类推，处于同心圆模型其他位置的人应该是邻居、老乡或者其他同胞，同心圆所包括的人可以被称为"同胞"。爱国主义者强调人们对同胞负有一种特殊的义务，但是这种特殊义务会随着距离的增加而相应地衰减。也就是说，家庭往往成为人们情感的中心，人

---

① 《希罗多德历史》上册，王以铸译，商务印书馆1959年版，第70页。
② ［以］耶尔·塔米尔：《自由主义的民族主义》，陶东风译，上海世纪出版集团2005年版，第109—110页。类似的观点亦可参见费孝通《乡土中国》，生活·读书·新知三联书店1985年版，第25页；Siaaela Bok, "From Part to Whole", in Joshua Cohen (ed.), *For Love of Country*?, Boston: Beacon Press, 2002, pp. 38 – 44; Michael W. McConnell, "Don't Neglect the Little Platoons", in Joshua Cohen (ed.), *For Love of Country*?, Boston: Beacon Press, 2002, pp. 78 – 84.

们对自己的家庭成员有着强烈的情感，人们会优先关切那些处于同心圆最核心位置的人，然后关切紧邻最核心位置的人，接下来依次关注那些处于同心圆外围位置的人，人们之间的情感关系会随着离同心圆位置的远近而逐渐亲疏。爱国主义者之所以持有此种立场，其中的主要原因在于在爱国主义者那里，人们与同胞有着一种特殊的联系，比如拥有特殊的情感、共同的公民身份、共同的历史、共同的语言、共同的文化和共同的传统等。基于上述因素所维系的特殊纽带，爱国主义者主张人们应该优先关切同胞的利益与需求，我们可以称之为爱国主义的"同胞偏爱立场"。

爱国主义者所强调的同胞彼此之间负有的特殊义务属于某些学者所言说的"关系性义务"（associative duties）。德沃金和谢弗勒都曾经较为详细地探讨了关系性义务。德沃金认为关系性义务是指"那种由社会实践施加于某些生物群体或社会群体的所有成员身上的特殊义务，如家庭义务、朋友义务或邻里义务。大部分人认为，他们之所以负有关系性义务，是由于社会实践使其归属于某种群体，这并不一定是一个选择或同意的问题"。[①] 谢弗勒认为义务的类型是多种多样的，既有一般义务，又有特殊义务，关系性义务属于特殊义务的范畴。谢弗勒强调有各种各样的群体和关系能够产生关系性义务，例如，显而易见的是，人们通常被认为对其家人、朋友、邻居、同学、队友以及同一共同体（比如社区、宗教、民族或国家）的成员负有一种关系性义务。然而，上述关系并不存在明显的共同特征，有些关系是自愿形成的，有些关系则是人为的结果，无论如何，关系性义务是从人们之间的关系所具有的特殊属性中产生出来的：

> 一方面，如果我们不重视群体、联盟和宗教，那么我们也许不愿意接受如下建议：同一群体、联盟或宗教的成员彼此负有特殊的道德义务；另一方面，如果我们给予我们自己的成员身份以极大的重要性，那么我们不仅会认为我们自己对其他成员负有义

---

① Ronald Dworkin, *Law's Empire*, Cambridge, Massachusetts: The Belknap Press of Harvard University Press, 1986, p. 196.

务，而且我们也倾向于认为这种理性的成员身份都会带来类似的义务，同时我们也不喜欢那些没有履行这些义务的成员。①

当然，这种关系性义务也会为同一共同体的成员带来某些益处。

爱国主义者就从上述偏爱同胞的立场出发，批判了全球正义论者所极力辩护的不偏不倚的视角。我们在分析全球正义理论时所采取的世界主义研究视角就要求采取一种不偏不倚的视角，认为人们应该将个人视为道德关怀的终极对象，而且在考虑到是否满足某个人的利益和需要以及如何满足其利益和需求时，人们不应该因公民身份的不同而有所区别对待。显而易见的是，爱国主义者所持有的同胞偏爱理念与此恰恰是针锋相对的——爱国主义者只是主张在权衡非同胞之间的利益和需求时，应该采取一种不偏不倚的立场。虽然爱国主义者主张在非同胞之间采取一种不偏不倚的立场，对同胞可以采取偏爱的立场，但是爱国主义的同胞偏爱立场并不意味着非同胞的利益和需求一点也不具有重要性，在这一点上，我们在此提及的爱国主义的同胞偏爱立场并不同于极端的爱国主义所推崇的理念。

人们之间相互负有的特殊义务有着重要的功用，作为世界主义理念的倡导者之一，古丁也不否认特殊义务所具有的作用：

> 特殊责任（special responsibilities）仅仅是一种为了使我们更加有效率地履行我们的一般义务而设计出来的管理措施。如果这就是目的的话，那么它们就应该被设计得能够使行动者有效地履行；于是，那也就意味着，充足的资源应当被提供给每个这样的国家行动者，以便使其能够有效率地履行那些责任。如果某种错误的分配已经出现了，以至于国家在照料一些人时超过了国家自身的资源承受能力，那么对资源的再分配就是必须的。这并不是

---

① Samuel Scheffler, *Boundaries and Allegiances: Problems of Justice and Responsibility in Liberal Thought*, New York: Oxford University Press, 2001, pp. 50–51.

因为任何特殊的正义理论，而仅仅是因为特殊义务（special duties）的基础是一般义务。①

与古丁等世界主义者相比，爱国主义者更加强调特殊义务的重要作用，认为特殊义务是人们得以履行人们对他人所负有的一般义务的最好方式之一，认为人们应当先履行了特殊义务以后，再履行一般义务。那么，应当怎样培养这种特殊义务呢？爱国主义者认为我们只有首先关心和热爱那些与我们最亲近的以及关系比较密切的人，比如关心自己的父母、妻子、子女、老师、朋友和邻居等，然后才学会怎样关心他人。全球正义理论主张人们在考虑分配问题时要超越民族和国家等共同体的边界，要将每个个体都视为道德关怀之终极对象，要关心遥远之地的陌生人的痛苦（比如关心全球穷人的处境）。然而，在爱国主义者那里，此时全球正义论者是在倡导一种过分慷慨的、过分宽泛的和无差等的爱，这种过于慷慨的爱不仅使得人们不能重视各自的传统，使得人们不能重视自身的特殊情感、特殊纽带和特殊义务，而且也不利于关爱之心的培养。针对全球正义论者的观点，某些爱国主义者有可能会反问：一个不爱自己身边之人的人，怎么可能真正关心全球穷人呢？这难道不是在掩饰自己不爱任何人的行径吗？

二 全球层面上并不存在那种类似于国家范围内存在的社会合作

虽然爱国主义者对全球正义理论持一种批判的态度，但是这并不意味着爱国主义者不关心国内的平等问题，爱国主义者同样也会关心国内的平等问题，其中的一个主要原因在于，同胞共同参与了一种社会合作体系，共同参与了同一种具有强制性的制度体系。爱国主义者强调了社会合作的重要性，认为人们既然分享了社会合作带来的益

---

① Robert E. Goodin, "What Is so Special about Our Fellow Countrymen?", *Ethics*, Vol. 98, No. 4, 1988, p. 685. 古丁此时所说的 "特殊责任" 就是我们正在谈及的 "特殊义务"，他自己也交替使用这两个概念。虽然古丁在此谈到了特殊义务的重要作用，但是他还是强调特殊义务的基础是一般义务。我们在下一部分反思爱国主义者对全球正义理论的批判是否妥当时也会谈到特殊义务要受到一般义务的约束。

处,那么同样要担负与社会合作相伴而生的一些义务,这也是霍布斯、洛克和卢梭等人的传统社会契约论所辩护的观念。在爱国主义者那里,人们共同参与的社会合作是分配正义得以实现的重要前提条件,这也是同胞彼此之间负有特殊义务的原因之一,而全球正义理论恰恰无视了这一点。罗尔斯曾对社会合作进行了经典的论述,强调社会是多个人共同参与的一种合作体系,社会合作的理念"包含了公平的合作条款的理念:它们是这样的条款,即每一个参与者都可以理性地加以接受,而且,如果所有其他的人都同样地接受了它们,那么每一个参与者则都应该加以接受。公平的合作条款表明了互惠性(reciprocity)和相互性(mutuality)的理念:所有人都按照公众承认的规则所要求的那样尽其职责,并依照公众同意的标准所规定的那样获取利益"①。罗尔斯还认为人们在参与社会合作的过程中,既会获得那种单靠自己的努力也难以获得的共同利益,又会有着利益的冲突(因为绝大多数人想拥有更大份额的利益),这就需要有一种原则来指导利益的分配:"这些所需要的原则就是社会正义的原则,它们提供了一种在社会的基本制度中分配权利和义务的办法,确定了社会合作的利益和负担的适当分配。"② 当然,罗尔斯在此所谓的社会正义原则,即罗尔斯所倡导的适用于一个共同体——民族国家——内部的国内正义理论:作为公平的正义理论。爱国主义者强调的社会合作也即罗尔斯所言说的社会合作。

爱国主义者之所以在申述自己的立场时诉诸社会合作,主要原因在于爱国主义者认为社会合作有着重要的价值。理查德·米勒(Richard Miller)认为特殊主义与普遍主义之间是存在冲突的,比如作为特殊主义的代表之一,爱国主义主张,即使在平均收入和财富已经远远超过世界上大多数国家的平均收入和财富的国家,大部分人还是认为自

---

① [美]约翰·罗尔斯:《作为公平的正义——正义新论》,姚大志译,上海三联书店2002年版,第11页。罗尔斯所言的社会合作除了包括我们刚才提及的特征以外,还包括其他两个特征,我们已经在第四章第一节有相关的论述。

② [美]约翰·罗尔斯:《正义论》,何怀宏、何包钢、廖申白译,中国社会科学出版社1988年版,第4—5页。

己有义务更多地关注同胞的需求而不是关注外国人的需求,"例如,在美国,那些认为政府有着消除贫困的重要任务的大多数人主张,他们有义务支持那些帮助南布朗克斯区(South Bronx)的人的需求的法律而不是帮助达卡(Dacca)的贫民窟的人的需求的法律"①。世界主义是普遍主义的代表之一,面对世界主义与爱国主义可能存在的冲突这一问题,理查德·米勒采取的解决之道是他在普遍主义道德的基础上,表达了一种特殊的义务,即我们在放宽世界主义之要求的前提之下,可以坚持爱国主义的优先性。譬如,只要世界主义放弃对全球平等主义的要求,人们就可以主张平等尊重(equal respect)所有人,而不是平等关心(equal concern)所有人。理查德·米勒认为人们倾向于关注同胞的匮乏状况,而不是关注外国人的匮乏状况,证明对同胞的特殊关注的策略是诉诸互利(mutual benefit),将互利作为社会合作的恰当基础,同时,从长远来看,偏爱同胞能够获得相应的回报。总之,理查德·米勒强调从对所有人的普遍尊重出发得出了爱国主义的偏爱观,一种可行的普遍尊重的道德产生了一种很强的对同胞的特殊义务,这在很大程度上是因为通过社会合作,通过在过一种社会生活的过程中,它带来了一种特殊的利益。② 可见,在理查德·米勒那里,社会合作能够带来互利。

社会合作除了能带来互利以外,它还能够培养和增进彼此之间的凝聚力、相互信任和相互尊重。在同一个国家内部,公民通过经常从事社会合作,可以增强相互间的了解和信任,增进彼此之间的情感和尊重。同时,那些拥有同样公民身份的公民对国家的宪法有着特殊的忠诚,对国家的各种法律和制度也有着特殊的情感,这种观念在"宪法爱国主义"那里得到了明显的体现。宪法爱国主义发端于二战之后

---

① Richard Miller, "Cosmopolitan Respect and Patriotic Concern", *Philosophy and Public Affairs*, Vol. 27, No. 3, 1998, p. 202. 南布朗克斯区位于纽约市的最北端,达卡是孟加拉国的首都。为了区分理查德·米勒与戴维·米勒,我们在下文凡是提及理查德·米勒的地方均用全名,凡是提到米勒的地方均指戴维·米勒。

② 参见 Richard Miller, "Cosmopolitan Respect and Patriotic Concern", *Philosophy and Public Affairs*, Vol. 27, No. 3, 1998, pp. 203 – 205.

第六章 民族主义、爱国主义与全球正义

分立而治的德国,强调"政治忠诚应当被纳入一套自由民主宪政的规范、价值以及——更间接而言——程序当中。换言之,政治效忠既非自由民主主义的拥趸者们所称的那样,主要依赖于一种民族文化,也不像纳斯鲍姆的世界主义概念所示,要归功于'人类的全球共同体'"。[①] 显而易见,宪法爱国主义既不同于世界主义和民族主义,又不同于那种排他性的爱国主义(如我们在上文曾提及的极端的爱国主义),而是强调对以宪法为基础的自由民主制度、民主政治文化的精神等的认可,强调在以宪法为基础的政治共同体内的某种政治性的归属感。人们在长期参与社会合作的过程中所形成的相互信任和相互尊重,无论对宪法爱国主义来说,还是对自由民主制度的有效运转来说,都是极其关键的,例如,"就像社会正义一样,商议性民主要求一种高度的信任。人们必须相信其他人会真的愿意考虑自己的利益和意见。并且,只有当那些在一次选举或辩论中失败的人感到他们下一次可能会取胜,并且如果他们取胜,其他人会尊重选举或辩论的结果时,他们才有可能尊重选举或辩论的结果"[②]。自由民主制度的有效运转是以公民之间的相互信任和相互尊重为基础的,这些与所有公民共同参与的社会合作都是密不可分的。

以上我们分析了爱国主义者就有关社会合作的内涵及其价值的论说,依照爱国主义者的基本理念,这种社会合作只能在国内层面存在,在全球层面上并不存在,其中的主要原因在于正是国家使得社会合作成为可能,而非同胞并未参与社会合作的进程之中。在一个国家内部,正像宪法爱国主义所强调的那样,公民对国家的宪法和制度有着特殊的忠诚,同时,公民之间又有着由共同的历史、文化、语言和传统等特殊纽带所带来的情感,因此,社会合作才得以可能。然而,在全球层面上,既不存在能够获得人们普遍认可的宪

[①] [德]扬-维尔纳·米勒:《宪政爱国主义》,邓晓菁译,商务印书馆2012年版,第1—2页。

[②] [加]威尔·金里卡:《少数的权利:民族主义、多元文化主义和公民》,邓红风译,上海世纪出版集团2005年版,第245页。引文有改动,笔者将原译文中的"社会公正"改为"社会正义",下同。

法和制度，又不存在共同的历史、文化、语言和传统，相反，每个国家（以及每个民族）都在宣扬自己的历史、文化、语言和传统的独特性，这样的话，社会合作并不存在，至少类似于国家层面上的那种社会合作在全球层面上并不存在。在爱国主义者那里，全球正义理论恰恰忽视了这一点，全球正义论者可能过于自信地和想当然地认为，随着目前全球化的进一步深化，随着各国及其人民之间的相互交往的日益增多，随着世界上各人民之间的歧见的逐渐减少和共识的进一步达成，那种能够带来互利、信任和尊重的社会合作已经出现或者行将出现，而在爱国主义者看来，这都是不切实际的，至少全球正义理论的拥趸所言说的社会合作与爱国主义者所说的社会合作有着本质上的区别。

三 世界政府是危险的和不存在的，全球正义难以实现

爱国主义者对全球正义理论的另一个重要的批判涉及全球正义的实现问题。在爱国主义者看来，即使全球正义理论的支持者能够成功地回应爱国主义者的上述激烈挑战，全球正义理论仍然是空中楼阁，仍然是一种"愿景"，易言之，作为一种比较负有想象力的理念，全球正义确实很诱人，但是难以实现。其中的主要原因在于依照爱国主义者的基本立场来看，全球正义的实现必须以"世界政府"等全球性权威组织的存在为重要依托——正如国内正义的实现必须以国家内部的强制性制度的存在为前提条件一样，鉴于世界政府目前并不存在，鉴于世界政府本身是非常危险的，弊多利少，全球正义也就难以实现。

爱国主义者不仅认为同胞共同参与的社会合作是重要的，而且认为同胞共同参与的强制性的制度体系也是重要的，正如克瓦米·安东尼·阿皮亚（Kwame Anthony Appiah）曾言，"从本质上而言，国家在道德上是重要的。它们之所以重要，原因并不在于人们关注它们，而是因为它们通过某些强制的形式规约着我们的生活，而这将一直需要道德上的辩护。国家制度是重要的，既是因为它们对人类很多的现代

目标是必不可少的，也是因为它们在很大的程度上有被滥用的可能性"①。不仅如此，爱国主义者还主张国家强制的存在是分配正义得以实现的根本条件，迈克尔·布莱克（Michael Blake）曾为该观点进行了辩护。② 布莱克认为在我们接受当今世界各主权国家的政治制度是现在所示的样子而不讨论应该是怎么样的前提之下，我们对非同胞的责任和对同胞的责任显而易见是大为不同的。接下来布莱克的论述很有特色，他认为上述观点并不是建立在偏倚性的基础上，而是建立在不偏不倚的基础之上，并认为在分配正义的领域中，自由主义原则将会谴责那种在国家内部出现的某种形式的"相对剥夺"，而对国际领域中出现的"绝对剥夺"将持一种尊重的态度，原因在于特定的经济平等主义的要求是一种仅仅在一套国内法律体系语境下才被提出来的道德要求。国内法律体系是国家强制的一种典型体现，全球正义理论的支持者可能回应道，全球层面上也存在这种强制，不过布莱克认为这两种强制是不同的。布莱克强调在全球层面上，并不存在与国家强制相类似的制度，不论国际贸易、外交和协定等领域的交往如何密切，全球层面上的制度并不涉及对单个道德行动者的强制性问题，然而，他并不主张全球层面上不存在强制，而是认为全球层面上也存在强制，只不过这种强制并不像国内层面的国家强制那样是通过制度的支持来得以实现的。

爱国主义者既然强调国家强制是分配正义的必要条件之一，也会同样重视国家边界的重要性，认为分配正义不能超越国家的边界，爱国主义的该主张就与全球正义理论对国家边界的看法可能存在某种冲突。正如我们在本书的很多地方曾反复提及的那样，在贝兹、博格和琼斯等全球正义论者那里，国家边界并不具有根本的重要性，人们出生于哪个国家之中，完全是非常偶然的，个人对其没有任何控制力，

---

① Kwame Anthony Appiah, "Cosmopolitan Patriots", in Joshua Cohen (ed.), *For Love of Country?*, Boston: Beacon Press, 2002, p. 28.

② 以下对迈克尔·布莱克观点的引用，参见 Michael Blake, "Distributive Justice, State Coercion, and Autonomy", *Philosophy and Public Affairs*, Vol. 30, No. 3, 2001, pp. 264–266.

正如博格曾言，国籍因素与罗尔斯所说的自然禀赋等因素一样，都属于道德上的任意因素，一个人是墨西哥人还是美国人往往事关重大，"我们确实有必要向墨西哥人去说明，为什么我们仅仅因为出生于国界的这一边就有资格享有优越于他们的生活前景。实际上，出生于国界哪一边所导致的差别，与性别、肤色或父母的财富差别一样，都具有道德上的任意性"①。爱国主义者肯定不会同意博格等人的观点，认为国家的边界具有一种根本的重要性，并不仅仅具有派生的意义。有些爱国主义者强调虽然人们出生在边境线的哪一侧，确实是一个偶然的因素，但是这并不意味着应该缓解边境线两侧的国家之间的不平等，布莱克同样为这一观点进行了辩护。布莱克通过思想实验说明了这一观点，他认为有两个自给自足的国家 A 和 B，其中 A 拥有先进的农业技术和肥沃的土地，非常富裕，而国家 B 的农业技术和自然条件较差，一旦其粮食需要从他国进口，那么国家 B 就会遭受灾难。目前国家 B 的任何一个人都没有遭受痛苦，都拥有足够的粮食来过一种正常的生活，没有出现贫困或者饥荒的状况，只是国家 B 的财富总量明显地少于国家 A 的财富总量。有一天，国家 B 的部分居民进入了富足的国家 A 的境内，然后开始抱怨说，为什么国家 A 的资源和财富这么富足呢？然后国家 B 的居民提议每个国家都派出一位代表，要求将国家 A 的部分资源转移给国家 B。国家 A 会接受这一要求吗？布莱克认为国家 A 显然不会接受，因为自由主义的自主性原则要求它只关心本国内的不平等，虽然国家 B 的居民的生活状况不像国家 A 的居民的生活状况那么好，但是其生活并没有低于基本生活的底线，倘若国家 A 向国家 B 提供一些资源，那也是一种人道主义的援助，而不是其分内之事。② 易言之，在布莱克那里，在全球强制性的司法体制缺乏的情况下，人们没有义务关注相对贫困或者相对剥夺问题。

---

① Thomas W. Pogge, "An Egalitarian Law of Peoples", *Philosophy and Public Affairs*, Vol. 23, No. 3, 1994, p. 198.

② Michael Blake, "Distributive Justice, State Coercion, and Autonomy", *Philosophy and Public Affairs*, Vol. 30, No. 3, 2001, pp. 289 – 291.

爱国主义者还强调世界政府的存在是全球正义得以实现的必要条件，但是在当今世界，世界政府并不存在，即使将来可能存在，也是极度危险的，一旦全球政府变得极为专制，全球灾难将会变得不可避免。罗尔斯在追随康德对世界政府的拒斥这一观点的基础上提出的如下主张经常被爱国主义者援引："我遵循了康德在《永久和评论》（1795）中所提出的思想，他认为，一个世界政府——我指的是一个统一的政治体，其法律权力通常由一个中央政府来运作——要么会成为一个全球性专制制度，要么就是一个脆弱的帝国；当不同的宗教和人民为获取政治自主权而斗争时，这个帝国就会被不断的内战冲击得支离破碎。"① 在爱国主义者那里，世界政府是危险的和不切实际的，弊多而利少，这也预示着全球正义理论很难得到实现。

第四节　全球正义能容纳民族主义与爱国主义的挑战吗？

在分别概述了民族主义和爱国主义对全球正义理论的几种代表性的批判意见以后，我们现在开始审视上述观点。具体言之，全球正义理论能否容纳源自民族主义和爱国主义的批判？与民族主义和爱国主义相比，全球正义理论是否应当具有优先性？全球正义能否为民族主义和爱国主义提供一种约束边界呢？

一　反思民族主义对全球正义的批判

民族主义对全球正义理论的批判主要在于三个方面，即全球正义理论削弱了民族自决、民族责任和民族认同。就第一点批评意见而言，塔米尔和米勒等自由主义的民族主义者主要强调各民族对自己的资源和财富拥有一种绝对的所有权，并反对贝兹和博格等人所推崇的全球分配正义理论，即反对全球平等主义。实际上，依照自由主义的

---

① ［美］约翰·罗尔斯：《万民法》，陈肖生译，吉林出版集团有限责任公司2013年版，第78页。

民族主义的本质来说，上述批评意见并不成立。一方面，虽然在现实的国际舞台上，各民族确实对自己的资源和财富拥有一种绝对的所有权，但是在理论上这是一个非常富有争议性的问题。民族主义者在为"将资源和财富分配给同一民族的成员是被允许的，分配给陌生人是不被允许的"这一观念进行辩护时，必须考虑到各民族对资源和财富的所有权是否是正当的。倘若我们承认正义理论应该在思考"各民族是否对自己持有的资源和财富拥有一种绝对所有权"这一问题的过程中扮演一种重要角色的话，那么我们就会发现正义理论，尤其是自由主义的正义观，给各民族践行其民族自决权的方式提出了一种约束边界。倘若我们坚持认为那些持有较多资源和财富的民族对其资源和财富拥有一种绝对的所有权，这就使得自由主义的正义观为各民族行使民族自决权提供的约束边界已经荡然无存。自由主义的民族主义理论必须重视其中的自由主义这一要素对民族主义的目标以及实现该目标的手段所提供的约束，否则，其就不应该被称为自由主义的民族主义。"倘若某些资源能够被某些民族合法地使用，这些民族就可以按照自己的意愿将这些资源分配给其成员，然而，只有当我们首先明晰了全球正义对所有人民和民族提出的要求、明晰了资源的公平所有权的内容，我们才能决定那些民族是否可以把那些资源分配给自己的成员。"[①] 我们并不能假定目前各民族所控制的资源和财富就是一种正当的分配，塔米尔和米勒等自由主义的民族主义理论的倡导者并不否认目前全球资源和财富的分配是不正当的。事实上，虽然很多富裕民族的资源和财富的获得在不少方面确实是因其合理的政策和辛苦努力而获得的，但是我们不能忽视的是，其在很大程度上要么是由于其运气较好（比如拥有丰裕的自然资源和优越的地理位置等），要么是对其他民族的长期殖民所带来的。

另一方面，民族自决权应该是所有国家都应当享有的权利，不仅富国拥有民族自决权，穷国也应该拥有民族自决权，易言之，民族自

---

① Gillian Brock, *Global Justice: A Cosmopolitan Account*, Oxford University Press, 2009, p. 269.

决权具有普遍性。正如科克－肖·谭曾言：

> 对自由主义民族主义来说更为根本的理念——事实上，这是自由主义民族主义的一个必要的、尽管不是全部要素——是，民族主义自决原则是一个普遍性的原则。这意味着，对自由主义民族主义者来说，民族自决是一种所有民族（在恰当条件下）都有资格享有的权利。这种可普遍性前提的一个明显意涵是，一个民族对其民族自决权利的行使不得侵犯其他民族的类似权利。①

非自由主义的民族主义否认民族自决权的普遍性，它既主张和强烈捍卫本民族的民族自决权，又否认其他民族的民族自决权，换言之，是否尊重民族自决权的普遍性是区分自由主义的民族主义和非自由主义的民族主义的一个重要标准。践行民族自决权的前提条件在于平等，这种平等大体上包括两个方面：一是国际秩序的平等，二是资源和财富的大体平等。因为不平等的国际秩序与不平等的资源和财富会削弱某些民族的民族自决权，这样的话，米勒对全球平等主义的抛弃之合理性就是令人怀疑的。米勒可能忽视了各民族间资源和财富的差异会使得那些拥有丰裕资源和财富的民族在国际舞台上拥有更大的发言权，而那些资源和财富贫乏之民族的民族自决权往往只能停留在国际文件上，难以得到真正的实现。虽然贝兹和博格等人的全球分配正义理论并不一定完全恰当，并不一定是解决全球贫困和全球不平等问题的可行方案，但是这并不意味着米勒对所有的全球平等主义理论的拒斥就是可以被接受的。

民族主义的第二点批评意见主要强调各民族要对自己的经济发展或者资源的利用等领域中的政策负责，同时，由于米勒等人强调国内的文化和政治制度等因素在一个国家的发展过程中起着关键的作用，米勒等人就将援助全球穷人的责任主要赋予了那些对贫困负有责任的

---

① ［美］科克－肖·谭：《没有国界的正义：世界主义、民族主义与爱国主义》，杨通进译，重庆出版社2014年版，第128—129页。

人,即贫穷的国家及其政府。我们在第二章第四节曾简要回应了米勒(以及罗尔斯)等人的上述观点。倘若民族主义对全球正义理论的第二点批评意见是可行的,它必须满足一个先决条件,即在确保全球背景制度是正义的情况下,各民族应当对自己的选择承担责任以及国家贫困的主要根源在于其政治制度和文化等国内因素。然而,目前的国际秩序恰恰是不公正的,离公正尚有不少距离。我们可以借用博格在反驳罗尔斯的"纯粹国内因素致贫论"时的观点来回应民族主义对全球正义理论的第二点批评意见,博格认为罗尔斯的"纯粹国内因素致贫论"是令人难以接受的,因为国内因素在很大程度上受到国际因素的影响(有时是非常深刻的影响),全球的贸易规则严重影响了国内人均生产总值的国际分配,同时,罗尔斯忽视了"那些致力于提高人民生活水平的国家,不得不与那些过度保护国内市场的富裕国家进行竞争。这些保护(包括关税制度、配额制度、反倾销税、出口信贷、对国内生产者和所有加入世界贸易组织条约的公司的巨大补贴)是如此的虚伪和不公平,以至于它们受到了大量的批判,并开始削弱民族主义者的解释"。① 博格曾批判的现行国际体系中的"国际资源特权"和"国际借贷特权"就是不公正的全球秩序的典型代表。无论是在以前,还是在当下,不公正的国际秩序都曾对一些贫困国家的国内因素产生了深远的影响,可以说,历史上的殖民统治以及不公正的国际政治秩序和国际经济秩序等因素恰恰是一些贫困国家贫困的重要根源。我们在上文曾提及米勒的如下观点:种族灭绝和奴隶制确实是道德悲剧,但是人们并没有理由可以假定,它们的长期影响导致了贫困国家中的贫困。事实上,米勒的观点是值得商榷的,因为我们有充分的理由说明,种族灭绝和奴隶制恰恰导致了某些贫困国家中的贫困,比如那些处于撒哈拉沙漠以南地区中的某些贫困就是如此。②

---

① Thomas W. Pogge, "Do Rawls's Two Theories of Justice Fit Together?", in Rex Martin and David A. Reidy (ed.), *Rawls's Law of Peoples: A Realistic Utopia?*, Blackwell Publishing Ltd., 2006, p. 219.

② 我们在第七章第一节对该问题有进一步的论述。

即使我们承认米勒（以及罗尔斯）的"纯粹国内因素致贫论"具有某种程度上的合理性，然而，这并不意味着贫困国家的人民应当对自己的较差处境以及政府的决策承担责任。因为不少贫困的国家恰恰是非民主的国家，其人民既缺乏选举权，又对本国的各种政策缺乏发言权，倘若让人民为自己并没有任何发言权的政策所带来的结果承担责任，这显而易见是不甚恰当的，也不符合米勒对后果责任的界定。虽然我们在上文曾提到米勒所说的"在真正的民主与独裁之间，存在着一些政权，我们对它们的性质很难加以判断"这一观点，然而，处于民主与独裁之间的贫困国家毕竟是很少见的。许多非洲国家中的新世袭制的政权是否属于罗尔斯在《万民法》中所言说的"正派的协商等级制社会"，这本身就是一个很有争议的问题。

当然，我们在探讨如何化解全球贫困问题时，必须如米勒反复申述的那样，应当关注全球贫困的责任归属问题。在能够明晰到底谁对贫困负有责任的情况下，制造贫困的人或国家当然应当承担主要责任，这是毫无疑问的。然而，对贫困责任的追溯并不是一件简单的任务，在大多数情况下，我们根本无法清晰地确认那些对贫困负有责任的人或者国家。在难以解决到底谁是贫困的制造者这一问题的情况下，米勒从国家贫困的根源主要在于国内因素这一非常富有争议的观点出发而主张援助全球穷人的义务主要落在贫困国家及其政府身上，这是值得商榷的，也根本无法解决甚至缓解全球穷人的悲惨处境。另外，米勒在上文阐述"殖民主义对那些殖民地的发展所带来的影响并不总是消极的"这一观点时，有为历史上的殖民统治张目之嫌，其中的原因在于，虽然历史上某些殖民国家在对他国殖民的过程中，在客观上加速了某些殖民地的现代化进程（比如加速了某些殖民地的封建制度的瓦解，促进了某些殖民地的工业和农业的发展），但是这既不是殖民国家主观上有意为之，又不能反证殖民国家对他国的殖民行为就是能够获得辩护的。

就民族主义对全球正义理论的第三点批评意见来说，民族主义者认为全球正义理论削弱了民族认同，鉴于其中的民族义务问题日益引起了人们的兴趣,我们将着力分析民族义务问题。从总体上而言,米勒和塔米尔等民族主义者强调应该优先关注本民族成员(而非陌生人)的需要和利益,侧重于强调民族义务与个人的身份认同之间的密切关系,正如塔米尔在强调共同体的道德时曾言,"共同体的德性证明偏袒为正当,这意味着在每个特定的例子中,偏爱自己的成员——也就是那些从属于与特定行为有关的群体的人——是正当的"①。然而,当她在探讨限制移民之政策是否具有正当性时,提出了一个与优先关注本民族成员之需要的观点截然不同的观点:

> 限制移民以便保持特定国土的民族特性,只有在所有的民族都有平等的建立民族实体之机会的情况下才是正当的,在这样的民族实体中,其成员将被赋予公平地追求自己的个人与集体目标的机会。维护文化同一性的权利因此是建立在其他民族的福利的基础上的。这样,自由主义的民族主义意味着:只有当一个民族已经履行其保证所有民族之间的平等这个全球义务的情况下,它通过限制移民而进行的同质性追求才是正当的。②

稍加分析我们可以发现塔米尔的上述两种观点是不连贯的,塔米尔并不能自圆其说,因为塔米尔一方面强调人们必须优先关照和偏袒本民族成员的利益和需求,在满足此前提之下,才能考虑是否关注陌生人的利益和需求;另一方面,在涉及限制移民是否合理这一问题时,塔米尔又强调只有在确保所有民族之间的平等这个全球义务已经被履行的情况下,才能考虑是否应该限制移民。这两方面是明显存在

---

① [以]耶尔·塔米尔:《自由主义的民族主义》,陶东风译,上海世纪出版集团2005年版,第114页。

② [以]耶尔·塔米尔:《自由主义的民族主义》,陶东风译,上海世纪出版集团2005年版,第166—167页。塔米尔在该书的第94页曾强调:"涉及对于非成员的态度的共同体道德的含义,相比于那些来自自由主义的道德含义,并不是更加自私的,而且事实上可能是较不自私的。事实上,较之绝大多数自由主义者发展出来的道德,共同体道德的发展引向一个更伟大的对于全球正义的承诺。"

冲突的，人们不可能既偏袒本民族成员的利益和需求，又在移民问题上采取塔米尔所说的观点。

事实上，民族主义者强调民族义务的重要性以及强调优先关照本民族成员的利益和需求本身无可厚非，然而，这应该首先满足一个重要的前置条件，即只有当人们履行了塔米尔所言说的全球义务以及实现国际秩序和国际基本结构的平等（实现全球背景制度的正义）之后，才能将对本民族成员的利益和需要的关照置于对陌生人的利益和需要的关照之前，而不是像目前某些民族主义者那样在全球背景制度的正义远未实现的情况下，反复申述本民族成员的利益和需求之优先性，即使与本民族成员的利益和需求相比时，陌生人的利益和需求是更为基本的和更为紧迫的情况下，也不放弃或修正上述立场。也就是说，对本民族成员的利益和需求的优先关照，必须受到全球正义的约束。

二 审视爱国主义对全球正义的批判

爱国主义对全球正义理论的批判主要包括特殊义务、社会合作和国家强制三个方面。第一点批评意见主要诉诸爱国主义的同心圆模型，为偏爱同胞的立场进行辩护，认为特殊义务会随着距离的增加而减弱。确实如爱国主义者所强调的那样，每个人都不是一个个孤立的个体，而是处于由芸芸众生在一起共同编织的关系网之中，同时，人们对不同的人负有不同的义务，对有些人负有特殊义务，对有些人则不负有同样的或者类似的特殊义务。然而，很少有全球正义论者像爱国主义者所强调的那样对特殊义务持一种漠视的态度。全球正义理论的支持者当然既不会主张世界上的每个人对所有其他人所负有的义务都是同样的，又不会否认人们对自己的父母、妻子、丈夫或子女负有一种特殊的义务，而且这种特殊义务的正当性几乎是不需要进行任何辩护的。然而，这并不意味着特殊义务就有压倒一切的重要性，正如约翰·密尔曾言，"人们似乎认为，为人公正就本身而言并不是一种义务，而是履行其他某种义务的工具；因为大家承认，偏爱和偏好并不是总该受到指责的,事实上它们受到谴责的情况与其说是常规不如说是例外。一个人在不违背其他义务的情况下,如果对待亲朋好友就像对待陌生人一样而没有给予任何优先照顾,那么更有可能受到的是责备而不是称赞"①。在密尔那里,人们优先关照与其关系密切之人的利益,这是非常自然的,但是人们并不能侵犯他者的利益和权利。义务的种类多种多样,除了特殊义务,还有一般义务,密尔所言说的"其他义务"大体上属于一般义务的范畴。任何人在履行特殊义务之前,不能违反一般义务,比如人们确实对自己的亲朋至交有一种特殊的义务,然而,人们在选拔人才时不能搞任人唯亲,在工作过程中不能搞裙带关系。易言之,人们在履行特殊义务时,不能伤害他人的利益,不能以他者的利益为代价,特殊义务要受到一般义务的约束,而不是相反。同时,爱国主义(以及民族主义)在为特殊义务之边界的正当性进行辩护时,不能首先通过预设这种边界的正当性来进行证明,正如奥尼尔曾言,"在使用'民族国家'或'公民的共同体'这些复合概念时,那些受到质疑的认同与领土之间的联盟恰恰是事先假定的。然而,如果国家、部落、共同体或人民等社会或文化概念的功能在于**证明**国家的**正当性**,并证明政治单位的领土边界的正当性,那么它们一定不能通过**事先假定**那种边界来下定义"②。现在我们回到爱国主义对全球正义理论的批评上来,即使我们认可爱国主义者确实可以主张同胞之间负有特殊的义务,确实可以持有一种偏爱同胞的立场,但是这种特殊义务不能伤害到一般义务,不能以其他国家的民众的幸福和利益为代价,这也要求实现全球背景制度的正义。

有学者挑战了爱国主义者所持有的同胞偏爱立场,比如理查德·阿内逊(Richard Arneson)认为正如我们对家庭和朋友负有特殊义务一样,我们对我们的同胞也负有特殊义务这一观点的问题在于:很多人并未体会到针对同胞的这种特殊情感,这种特殊情感的缺乏也并未看起来是离经叛道的或者不合乎情理的。对家庭和朋友的毫无问题的

---

① [英]约翰·穆勒:《功利主义》,徐大建译,商务印书馆2014年版,第55—56页。
② Onora O'Neill, *Bounds of Justice*, Cambridge University Press, 2004, p. 178.

和毫无疑问的特殊义务源于一种自愿性的承诺,然而,对大多数人来说,民族国家的成员身份并不是自愿的,而是通过政府的强制联系在一起的。① 古丁挑战了爱国主义者所主张的同胞优先论,他认为人们之间的特殊关系有时确实意味着我们对那些与我们有着特殊关系的人更好一些,但是在另一些时候特殊关系又允许我们对那些与我们有着特殊关系的人更坏一些,他列举了很多例子来论说这一点。譬如,国家能够让本国公民服兵役,即使他们居住在国外,然而,国家并不能征募外国人来为本国的国防事业服务,即使他们居住在国内。同样的情况是,国家可以向本国公民征税,即使他们居住在国外,但是国家并不能向外国人征税,即使其收入更高。古丁强调这些例子说明了我们有时对外国人要比对本国人要好一些。② 显然,在古丁那里,是否应当优先关注同胞的利益,这是一个复杂的问题,应该视具体的情况而定,有时候人们被允许优先关照那些拥有共同公民身份的人,而有时候人们被要求对待非同胞要更好一些。

另外,爱国主义者的"特殊义务会随着距离的增加而减弱"这一观点同样是缺乏说服力的。爱国主义者所言的"距离"大体上可以被分为"物理距离"和"心理距离",就物理距离而言,爱国主义者主张人们会优先关照与自己位置近的人的利益和需求,按照此观点,那些处在与墨西哥边境线接壤的美国得克萨斯州的居民应该对紧邻美国边境线的墨西哥的新拉雷多的居民负有特殊的义务,而不对阿拉斯加州的美国居民负有特殊的义务,爱国主义者肯定不能接受该观点;就心理距离来说,依照爱国主义者的观点,休斯敦的居民之间相互负有的特殊义务肯定要大于对西雅图的民众的特殊义务,但是爱国主义者

---

① 参见 Richard Arneson, "Do Patriotic Times Limit Global Justice Duties", in Gillian Brock and Darrel Moellendorf (ed.), *Current Debates in Global Justice*, Springer, 2005, pp. 129 – 130.

② 参见 Robert E. Goodin, "What Is So Special about Our Fellow Countrymen?", *Ethics*, Vol. 98, No. 4, 1988, pp. 667 – 671. 有学者也曾强调,尽管人们有理由重视其与同胞之间的关系,但是这些理由并不能证明生于不同国家的公民之间的福祉不平等的正当性,参见 Debra Satz, "Equality of What Among Whom? Thoughts on Cosmopolitanism, Statism, and Nationalism", in Ian Shapiro and Lea Brilmayer (ed.), *Global Justice*, New York and London: New York University Press, 1999, p. 69.

肯定也不会接受该观点。可见，无论我们将"同心圆模型"中的距离理解为物理距离，还是解读为心理距离，爱国主义者的"特殊义务会随着距离的增加而减弱"这一观点都是值得商榷的。

爱国主义的第二点批判意见主要诉诸社会合作，认为同胞共同参与了社会合作体系以及具有强制性的制度体系，全球层面上并不存在类似于国家层面上所存在的社会合作。社会合作确实如爱国主义者所强调的那样，是分配正义得以实现的必要条件吗？我们可以结合美国的分配正义实践是如何对待黑人和残障人士的来反思该问题。在美国历史上，与白人一样，黑人也参与了社会合作体系，但是黑人的权益长期以来得不到保护，在教育、就业、医疗、社会地位和政治参与等方面并不与白人拥有同等的公民身份，明显是"二等公民"（虽然目前有了不少改观），往往被排除在分配正义的实践以外；有一些残障的白人是严重残障人士（比如植物人），他们并不能参与爱国主义者所说的社会合作体系，但是仍然被涵盖在分配正义的实践内，获得了国家给予的各种各样的福利照顾。可见，上述例子证明了，社会合作并不是分配正义得以实现的必要条件。倘若这种观点是可以接受的话，爱国主义者也就不能以非同胞并未参与社会合作为由，将其排除在分配正义的实践以外。

实际上，随着全球化进程的不断加快和深入，我们正处于一个庞大的合作体系之中，这种合作体系往往与国内制度一样，并不是自愿性的，而是人们一出生就要不得不面对的，而且也具有强制性，世界上几乎所有人的生活前景都要受到其影响，正如有论者曾言，"全球化已经充分地体现了我们既属于区域性的合作计划（例如北美自由贸易协定［NAFTA］）的一部分，又属于所有人都参与的合作计划的一部分。这种观点再一次背离了我们对同胞所负有的更强的排他性的义务"①。也就是说，倘若我们从互惠性理念中能够推导出特殊义务，那么我们就没有理由将外国人排除在偏袒的范围以外。另外，即使我们

---

① Gillian Brock, *Global Justice: A Cosmopolitan Account*, Oxford University Press, 2009, p. 280.

像爱国主义者那样承认，全球层面上并不存在类似于国家层面的社会合作，然而，人们仍然受到全球秩序的深刻影响，正如科克－肖·谭曾强调的那样：

> 目前，全球相互依赖的程度是如此之高，以致即使我们认为不存在我们共同强加给其他人的重要的全球制度，人们作出的与商业税收法、消费、具有重大环境影响之基础发展等有关的决策仍然会潜在地给其他国家的人带来巨大的影响。互惠性原则要求，这类决策的作出要满足这样的条件，即这类决策是那些受其影响的外国人能够合理地加以接受的，即使不存在调节国家之间的交往的全球制度。①

爱国主义者大概也不会否认上述事实。

爱国主义对全球正义理论的第三点批评意见涉及国家强制与世界政府，认为全球正义是难以实现的。实际上，我们在回应爱国主义的第二点批评意见时已经大体上涉及了国家强制问题。我们接下来主要回应本章上一节曾提及的布莱克为国家的边界进行的辩护以及世界政府是专制的这两种观点。事实上，布莱克在为国家边界进行辩护时所举的思想实验是不甚恰当的，因为与国家 A 中的居民相比，国家 B 中的居民的处境虽然较差，但是国家 B 中的居民仍然能够自给自足，其中并没有出现贫困或者饥荒的状况，任何居民都没有遭受痛苦，都有足够的食物来过一种正常的生活。这与全球正义理论所致力于解决的令人触目惊心的全球贫困和全球不平等相去甚远，全球正义理论关注的是那些实际上的极端贫困和不平等状况，比如没有充足的食物、没有安全的饮用水、没有基本的医疗保障和教育、居无定所、较易感染传染病、较低的预期寿命以及较高的婴儿死亡率等，倘若世界上的贫困国家都像国家 B 的处境一样，贝兹和博格等全球正义论者也就不会

---

① ［美］科克－肖·谭：《没有国界的正义：世界主义、民族主义与爱国主义》，杨通进译，重庆出版社 2014 年版，第 200 页。

极力为全球正义理论进行辩护了。虽然作为一种分析问题的方法，思想实验本身具有高度的抽象性，我们不能要求思想实验一定要与现实社会完全契合，但是布莱克不能以其所设定的思想实验为国家的边界进行辩护，为国家边界以外的不平等的正当性进行论证。

关于爱国主义者所说的全球正义的实现要以世界政府的存在为必要条件这一观点，我们可以回应道，实际上，很少有全球正义论者持有这样观点。正如我们在第二章曾经提到的那样，世界主义可以被分为"道德世界主义"和"制度世界主义"，只有制度世界主义呼吁世界政府的出现，道德世界主义并不会这样做，它只是主张个人是道德关怀的终极单位，不论其属于哪个国家，属于哪个民族，每个人都应当获得平等的尊重。正如博格曾言，"即使说一个正义的世界政府是不可行的，这也不会妨碍我们将罗尔斯的社会正义之公共标准有效地应用到整个世界：这个标准并没有规定一个特定的制度秩序，而是作为一项根据，据以评估几个同样可行的制度秩序之间应该如何排序"①。对博格来说，要践行全球分配正义理论，可以不依靠世界政府，而依赖其他的制度安排或某种世界联邦。另外，世界国家是否存在，这是一个极具争议性的话题，但是我们不能否认的是，随着人类共同体意识的增强以及全球化进程的加快，我们不能完全否认世界国家②或准世界国家存在的可能性。

三 全球正义为民族主义和爱国主义提供了约束边界

本节以上分别回应了民族主义和爱国主义对全球正义理论的批

---

① [美] 涛慕思·博格：《康德、罗尔斯与全球正义》，刘莘、徐向东等译，上海译文出版社 2010 年版，第 234 页。

② 赫费就为世界共和国出现的必要性和可能性进行了辩护，针对康德（以及罗尔斯、布洛克）等人所主张的世界国家是专制的这一观点，赫费并不认可它，而是认为康德"把全球主义的世界国家作为前提，并没有考虑另外一种选择，即辅助性和联邦制的世界共和国。在这一选择中，前提是开放的，国家仍然保留着而不是熔在一起，世界国家必须与其分享权力；此外，世界共和国必须服从标准民主制度的条件，并且坚持保护自由的原则"。参见 [德] 奥特弗利德·赫费《全球化时代的民主》，庞学铨等译，上海世纪出版集团 2007 年版，第 286 页。

第六章 民族主义、爱国主义与全球正义

判,通过分析我们可以发现,民族主义和爱国主义对全球正义理论的很多批判,往往是值得商榷的,全球正义理论能够容纳民族主义和爱国主义的上述批判。事实上,与民族主义和爱国主义相比,全球正义应该处于一种优先的地位,全球正义为民族主义和爱国主义提供了一种约束边界。也就是说,人们在践行民族主义和爱国主义时,在优先关照本民族成员和同胞的利益和需求时,不能有违全球正义,比如就民族主义和爱国主义共同推崇的特殊义务而言,特殊义务要受到一般义务的约束,而不是相反,具体说来,不能伤害其他民族或其他国家之成员的利益,民族主义和爱国主义不能将本民族成员或者同胞的非基本的和非紧迫的利益与需求的重要性置于陌生人和非同胞的基本的和急迫的利益与需求的重要性之前,同胞优先论并非一个万世不移的铁律。同时,民族主义和爱国主义应该吸纳世界主义的部分内容,世界主义能够使得人们从一种不偏不倚的视角来看待自己及其所身处的社会,要求人们在思考某些问题时能够超越自己所属的民族或国家,能够有利于人们对自身以及自身所处的社会进行一种批判性的、更加客观性的省察,能够减少一些偏见。

目前的全球背景制度是不公平的,正如我们曾反复言说的那样,全球的政治、经济等各种秩序是不公平的,很多人应得的利益被他人不正当地侵占了,很多人仅仅因为一些自己无法选择的因素而处于非常不利的境地。同时,虽然从理论上而言,国家不分大小,主权一律平等,但是在现实的国际舞台上,强国比弱国拥有更多的主权,弱国的主权有时候被肆意践踏。这也就为全球正义对民族主义和爱国主义提出了一种约束边界这一观点,提供了很好的理由。在国家内部,既有国内正义理论,又有适用于其他更小的共同体的正义理论。虽然国内正义理论与适用于其他共同体的正义理论之间可能存在某种冲突,但是国内正义理论应该处于优先的地位,仍然负责调节国家内部的各种相互冲突的要求和主张。同样的情况是,与国内正义理论相比,全球正义理论应该有一种优先的地位,我们并不能以国内正义理论与全球正义理论之间可能存在冲突为由,拒斥全球正义的优先性,全球正

义理论可以负责调节各个民族之间或者各个国家之间的相互冲突的要求。正如人们在确保国内制度是正义的情况下,可以偏袒他人(比如与自己关系密切的人),在国际社会上也应该同样如此,我们应该首先确保全球背景制度是公平的。在一个不平等的国际秩序上,践行民族主义和爱国主义的代价就是其他民族的成员和非同胞所遭受的不公正的对待。一旦满足了全球正义理论的要求,一旦一个更为平等的国际秩序被建立起来了,对本民族的人和本国人的偏袒就是可以被接受的,也就是说,全球正义理论并不拒斥民族主义和爱国主义所主张的本民族的人之间或者同胞之间所负有的特殊义务观念,而只是为民族主义和爱国主义画定了一条约束边界。

上述观点也从一个侧面凸显出,一旦我们厘清了全球正义理论的基本要求,全球正义与民族主义以及爱国主义并不像人们通常认为的那样是完全相互对峙的理念,而是可以相互支撑的,一个人可以在不拒斥全球正义的情况下认可民族主义和爱国主义,诚如蒙古酋长诗人齐纳葛曾言,"我爱我的同胞,正是出于对他们的爱,我不会歧视外来人或者让他们受到伤害。他们就是我的兄弟姐妹,只是眼下我们还不熟悉而已"。德国作家卡尔·克劳斯也曾言,"拥有一个家乡,是我一直认为值得称赞的事情。只要还有祖国,人们就不必悔恨,但没有理由只让一人独有,而不让其他人也拥有,那种行为在我看来是不对的"①。因此,全球正义与民族主义和爱国主义可以实现和解:一方面,全球正义的真正实现有赖于民族主义和爱国主义所提供的有力支持;另一方面,全球正义为民族主义和爱国主义提供了一种不可逾越的道德边界,至少可以确保民族主义不会蜕变成"沙文主义的民族主义",至少可以确保爱国主义不会演变为"极端的爱国主义",从此种意义上而言,全球正义可以成为沙文主义的民族主义和极端的爱国主义的有效解毒剂。

---

① 齐纳葛和克劳斯的观点均转引自〔德〕奥特弗利德·赫费《经济公民、国家公民和世界公民——全球化时代中的政治伦理学》,沈国琴等译,上海译文出版社2010年版,第154页。

第六章　民族主义、爱国主义与全球正义

第五节　结语

通过上述分析，我们可以得出下述三点结论：其一，民族主义是一种非常重要的意识形态，强调民族在解释历史发展和分析当代政治中的重要性，它有着各种各样的形态，其中"公民民族主义"和"族裔民族主义"是两种非常重要的形态。爱国主义强调人们对自己国家的忠诚与热爱以及对自己的同胞负有一种特殊义务。其二，民族主义和爱国主义分别从不同的视角出发，对全球正义理论进行了批判，其中民族主义者认为全球正义理论削弱了民族自决权、民族责任和民族认同，而爱国主义者主要从特殊义务、社会合作和国家强制等方面对全球正义理论进行了批判。事实上，无论是民族主义对全球正义的批判，抑或爱国主义对全球正义的诘难，在不少方面都是值得商榷的。其三，全球正义能够容纳源自民族主义和爱国主义的批判，为民族主义和爱国主义提供了一种约束边界，也就是说，民族主义者和爱国主义者所主张的特殊义务要受到不能伤害陌生人和非同胞等一般义务的约束，而不是相反。

最后我们需要注意的是，我们强调相较于民族主义和爱国主义而言，全球正义处于一种优先的地位，强调民族主义和爱国主义要受到全球正义的约束，这并不意味着我们主张在完全实现全球正义的情况下才能考虑民族主义和爱国主义，并不意味着我们贬低了民族主义和爱国主义，认为民族主义和爱国主义都源自全球正义，因为这样做是缺乏可信度的，一种不能为民族主义和爱国主义提供一定存在空间的全球正义理论是过于激进的和不切实际的，尤其是那种不能为某种偏爱留下任何空间的全球正义理论明显是有违道德自觉的，同时，它也否定了民族主义和爱国主义具有独立的价值，而只有工具性的价值。实际上，民族主义和爱国主义都有内在价值，为人类社会的进步和发展做出了不少贡献，并不只具有工具性的价值。在全球正义理论中，民族主义和爱国主义所强调的特殊义务仍然有着重要的作用，只不过全球正义理论为其划定了一条合法的约束边界。

第七章

全球正义何以可能？
——以全球治理为切入点

当我们研究当代政治哲学中的全球正义理论时，除了关注全球正义理论的世界主义研究视角、全球正义理论的三种分析进路以及全球正义是否可能以外，全球正义的实现进路问题，即"全球正义何以可能"，也是一个有待深入思考的问题，这也是我们在本章将要着力解决的问题。[①] 本章将首先考察在当今世界，有哪些因素阻碍了全球正义的实现，然后分析"全球治理"这一全球正义的重要实现机制，并简要探讨全球层面上的哪些治理机制能够有助于实现全球正义。与全球正义一样，全球治理也引起了很多人的关注，赫尔德的"世界主义民主理论"就是其中的代表性理论之一，简言之，赫尔德主张在当今世界通过践行世界主义民主来进行全球治理，来体现和贯彻全球正义原则，正如艾丽斯·M. 杨（Iris Young）曾言，"戴维·赫尔德向我们展现了一种相对而言发展成熟的全球民主模式。这种模式将各种全球性的管理机构与已经实现权力下放的地方自主融为一体"[②]。赫尔德的世界主义民主理论也面临着不少批判，其中一种较为尖锐的批判是

---

① 实际上，我们在本书的其他地方已经涉及该问题，比如贝兹的"全球差别原则"和博格的"全球资源红利方案"就是一些用于实现全球正义的具体设想。然而，贝兹和博格等人的设想主要是一种微观层面的考量，本章将要提及的"全球治理"以及作为全球治理之代表性理论的赫尔德的"世界主义民主理论"主要是一种宏观层面的考量。
② ［美］艾丽斯·M. 杨：《包容与民主》，彭斌、刘明译，江苏人民出版社 2013 年版，第 329 页。

由金里卡所提出的。本章将考察金里卡对赫尔德的世界主义民主理论所提出的一些质疑及其是否具有说服力,并在最后简要探讨全球治理的价值共识以及公平的全球治理对全球正义的促进作用。

第一节 全球正义实现的制约因素

在分析"全球正义何以可能"之前,我们有必要首先明晰一个前提性的问题:哪些因素制约着或阻碍着全球正义的实现呢?毫无疑问,其中的因素肯定是多种多样的,而且各种因素之间可能会相互叠加和相互影响(比如我们接下来将要提到的前两种因素),因篇幅所限,我们将考察其中的几种主要因素。

首先,以殖民统治、奴役、种族屠杀和剥削等为代表的历史上的一些不公正行为所带来的恶劣后果并没有得以消除,这在某种程度上阻碍了全球正义的实现,并加剧了全球不平等。在考察全球正义实现的制约因素时,我们应当首先追溯一些历史上的不公正行为及其荼毒。目前一些富裕国家在某种程度上正是通过实施这些不公正的行为,从而获得了经济、社会和文化等方面的较高发展水平,也就是说,这些国家是某些历史上不公正行为的受益者。然而,一些贫困国家恰恰是历史上不公正行为的受害者,其目前的悲惨处境在很大程度上是由历史上他国所实施的殖民统治和剥削等行为所带来的。譬如,撒哈拉沙漠以南的某些长期遭受他国殖民统治的非洲国家——诸如乌干达和卢旺达这样的极度不发达的国家——非常贫困,无论是其人均生产总值,还是其国民的整体生活水平,都与英、法、美等发达国家有着天壤之别。那些生活在极端贫困国家中的人们往往有着较高的婴儿死亡率、较短的预期寿命、较低的识字率以及严重的营养不良,缺乏生活必需的食物、安全的饮用水和基本的医疗保障等基本的生活条件,可以说他们处于一种极其恶劣的生活环境之中,相反,那些发达国家的民众恰恰处于另一种截然不同的境地,而且随着全球化浪潮的进一步发展,这种本已严重的不平等状况仍然有逐渐扩大之势。虽然我们不能否认这些贫困国家的某些国内因素（比如其民众的创造力不足、国内的腐败、国家的制度落后和自然资源的贫乏等等）是其贫困的重要原因，但是我们更不能否认的是这些贫困国家的糟糕处境与其在历史上长期遭到他国的殖民统治和无情蹂躏是密不可分的，诚如史蒂芬·M. 博杜安（Steven M. Beaudoin）所言：

> 欧洲人在殖民的最初十年中，侵占了罗得西亚（Rhodesia）南部地区超过15%的土地，约计1600万英亩。1913年，白人规定南非人只能拥有领土13%的土地所有权。由于这些地区的可利用耕地不能满足人口增长的需求，导致了大范围的贫困。……在撒哈拉以南非洲的其他地方，欧洲人通过征税的方式将勉强糊口的农民赶出家园。因为殖民当局是按人头而非收入征税，所以小农承受的打击最为严重。一旦他们陷入债务，就不得不出卖土地。①

同时，宗主国也会想方设法改造和利用殖民地，以使其适应自身的发展需求，譬如，殖民地在很长一段时间内被迫为宗主国提供廉价的劳动力、原材料和市场，自身的工业基础极其薄弱，生产力非常落后。

当然，有人可能回应说这些贫困国家所遭受的殖民统治已经是很久以前的事情了，并不能被用于解释其今天所处的贫困和落后状况。这种反对意见往往是由那些认可罗尔斯所言的"纯粹国内因素致贫论"的人提出来的，博格曾对此反驳道："但请考虑一下，1960年，当非洲挣脱欧洲殖民统治的枷锁时，这两个世界之间人均收入的不平等是30∶1。即使非洲在人均收入方面始终拥有高于欧洲一个百分点的年增长率，这种不平等率今天仍会是19∶1。而按照这个比率，非洲要到24世纪开始的时候才能赶上欧洲。过去的殖民怎么会对当今的贫困和不平等没有影响呢？"② 如果博格的观点是有说服力的，那么

---

① ［美］史蒂芬·M. 博杜安：《世界历史上的贫困》，杜鹃译，商务印书馆2015年版，第71页。
② ［美］涛慕思·博格：《康德、罗尔斯与全球正义》，刘莘、徐向东等译，上海译文出版社2010年版，第448页。

我们并不能以殖民统治已经成为历史为由而漠视殖民统治对当今全球不平等的"贡献"以及对全球正义的实现所带来的种种消极影响。基于同样的或者类似的理由，我们也不能忽视种族屠杀、奴役和剥削等其他不公正行为的恶劣影响。为了实现全球正义，那些从上述不公正行为受益的国家就需要补偿其侵害的对象，这也从一个侧面凸显出全球正义理论除了包括我们反复强调的"分配正义"以外，还包括我们未曾强调的"矫正正义"。另外，我们需要注意的是，在当今的全球秩序中，国家与国家之间的"财富鸿沟"会带来"权力鸿沟"，穷国和富国之间财富的巨大差距往往会转换为一种权力差异，这种权力差异所带来的一种结果是：富国在国际谈判中因自身的雄厚实力经常处于有利的境地，相反，穷国由于自己的无能为力，有时候不得不接受富国所强加的一些不公正的条件，甚至是一些极为苛刻的条件。

其次，当前非正义的全球秩序是阻碍全球正义实现的尤为关键的因素。阻碍全球正义实现的因素，除了上述一些历史因素以外，还有一些现实因素，当下非正义的全球秩序就是其中的典型代表。由历史上的不公正行为所带来的不平等促使了非正义的全球秩序的出现，而非正义的全球秩序往往强化了由历史上的不公正行为所带来的不平等，可以说，就对全球正义的阻碍而言，历史因素和现实因素交织在一起，相互影响。作为全球秩序的重要组成部分，全球经济秩序是由一系列国际条约和国际协议构成的，各种国际条约和国际协议涉及全球经济的方方面面，比如国际投资、国际贸易、税收、知识产权保护、国际货物运输、国际借贷和生态保护等。虽然从表面上来看，无论是发达国家还是发展中国家，都处于同一个自由的国际市场中，可以在其中进行自由谈判和贸易，但是由于我们刚刚提及的富国和穷国之间的财富差异所带来的权力差异，富国在国际贸易中会处于一种有利的境地，而穷国往往会处于一种不利的境地。例如，富裕国家既主导着国际贸易规则的制定（贸易规则当然会有利于富裕国家），又控制着核心科技和世界上绝大多数产品的生产，尤其是那些具有高附加值产品的生产和贸易。正如我们在上一段曾提及的那样，富裕国家在同贫困国家开展贸易时,就会处于一种非常有利的地位,贫困国家无论在对技术和信息的掌控方面,还是在控制谈判的能力方面,都会处于被动地位,戴维·米勒对此曾言:

> 实际上,我们知道财富和军事实力上的不平等使得弱国在政策方面面临着极大的约束。……财富和权力上的大量的不平等也使得实现我们所说的国际性的"公平合作"变得十分困难。假设存在一些领域,在其中民族国家为了彼此的利益而相互合作——环境政策也许是最明显的领域,那些更有谈判权力的方面可能在很大程度上决定合作协定中的成本和收益的分配。倘若富裕国家拒绝合作,那些穷国根本就没有任何办法使得富国回到谈判桌上。美国拒绝签订京都议定书,就是一个很明显的例子。[①]

虽然米勒在此是以环境政策为例来说明实力悬殊的各国之间不公平的合作,但是这也同样适用于国际贸易的谈判各方。在全球贸易中,富裕国家的产品可以轻易地进入贫穷国家的市场,而贫穷国家的产品往往很难进入富裕国家的市场,比如贫困国家的产品要进入世界市场,有的需要支付大量的专利费用,而富裕国家为了保护本国的某些产品,往往会对本国的某些产品(比如农产品)提供高额的补贴——贫困国家因自身的实力问题则很难提供相应的补贴。

全球秩序的不公正性除了体现在全球经济秩序中,还体现在国际法中,我们在本书中反复强调的"国际资源特权"和"国际借贷特权"就是其中的典型代表。除了我们在第一章第二节曾提及的博格对国际资源特权的言说以外,贝兹同样强调了全球秩序中不公正的国际资源特权:"特定的政治和法律制度也同样影响收入和财富的全球分配。因此比如,对建立在一块地域之上的社会而言,国际财产权赋予其得到承认的政府对此领土及其自然资源排他性的所有权和控制权,

---

① David Miller, "Against Global Egalitarianism", *The Journal of Ethics*, Vol. 9, No. 1/2, 2005, p. 75.

或者赋予国际共同体对共同领域（海洋和太空）保留部分或全部控制权。"① 当然，贝兹对国际资源特权的侧重点与博格的侧重点并不完全是一样的。就国际借贷特权而言，博格认为它是指一个国家的统治者——无论国家的政体是民主的还是专制的——有资格以国家的名义向他国或者国际机构借贷，因此，国际借贷特权使得借贷国在国际上承担了一种合法的法律义务。倘若其继任的政府拒绝偿还由过往腐化的、残暴的和不民主的政府所欠下的债务（有时是巨额债务），那么，它将受到其他国家的严厉惩罚，至少它在国际金融市场上就丧失了借贷资格。现行国际法不加区别地对国际借贷特权的承认和保护会带来什么结果呢？博格认为它使得那些专断的统治者在国际金融市场上很容易获得贷款，并用贷款去维护摇摇欲坠的政权，借贷国的民众承担了大量的负担，同时会强化某些人进行政变的动机等。② 在现行的国际秩序中，新政府并不能拒绝履行旧政府所欠下的债务和所要担负的义务。国际资源特权和国际借贷特权是不公正的全球秩序的重要体现形式，倘若不加以规约，势必会阻碍全球正义的实现。

再次，国际政治中流行的现实主义也阻碍了全球正义的实现。虽然我们刚才所提到的以殖民统治和奴役等为代表的一些不公正的行为已经成为历史，但是国际舞台上的不公正和冲突并不业已变得难觅踪影，其中的原因之一在于在当今国际舞台上，国际政治中的现实主义仍然是一种主导性的理念，各国尤其是一些大国，依然崇尚权力政治，崇尚暴力，甚至以不公正的手段追求本国的利益而罔顾他国利益或者全球性的共同利益，同时，在处理跨国性的事务时，国家利益总是被习惯性地置于一种优先的位置，各国强调对本国及其民众的利益负责，不对世界负责任。提到国际政治中的现实主义流派，我们不得不提及汉斯·摩根索（Hans J. Morgenthau）所做的开创性的贡献。摩

---

① ［美］查尔斯·贝兹：《政治理论与国际关系》，丛占修译，上海译文出版社2012年版，第135—136页。

② Thomas W. Pogge, *World Poverty and Human Rights: Cosmopolitan Responsibilities and Reforms*, Polity Press, 2002, p. 114.

根索以"国家权力"和"国家利益"为核心概念，提出了政治现实主义的六大原则，① 在其中，摩根索以权力来界定国家利益，认为以权力来界定的利益概念是帮助政治现实主义找到能够穿越国际政治领域的道路的主要路标，在摩根索那里，在国际政治中如同在国内政治中一样，各派都是为了权力而进行斗争。那么，道德在摩根索所言说的政治现实主义中处于一种什么样的位置呢？摩根索强调，现实主义坚持认为普遍的道德原则在抽象的普遍形式下是无法适用于国家行为的，道德原则必须要经过具体的时间和环境的过滤，同时，摩根索强调"对不同的政治行动的后果进行权衡"这一审慎原则是政治中至高无上的原则。在摩根索的现实主义理论中，他尤其强调权力的重要地位，认为：

> 国内政治和国际政治不过是权力斗争这一现象的两种不同表现。权力斗争之所以在这两个不同领域中表现不同，是因为在各自领域中占主导地位的道德、政治和社会条件各不相同。……全部政治，无论是国内政治还是国际政治，都揭示出三种基本的模式；也就是说，所有政治现象都可以简约为三种基本类型之一。一项政治政策所追求的，或是保持权力，或是增加权力，或是显示权力。②

摩根索也因此被视为国际法学中"权力政治学派"的缔造者。

在摩根索阐述国际政治中的现实主义理念以后，很多学者也对其进行了研究，罗伯特·吉尔平（Robert Gilpin）将国际政治中的现实主义理念追溯到修昔底德、马基雅维利和霍布斯等人那里，认为它是一种最古老的国际事务视角，既不能为经验所证成，又不能被经验所

---

① 该段对摩根索有关政治现实主义的六个原则的阐述，参见［美］汉斯·摩根索《国家间政治：权力斗争与和平》（第七版），徐昕等译，北京大学出版社2011年版，第28—37页。

② ［美］汉斯·摩根索：《国家间政治：权力斗争与和平》（第七版），徐昕等译，北京大学出版社2011年版，第76页。

证伪,现实主义坚持认为国际体系是无序的,国家仍然是经济和政治事务的首要实体,"按照军事安全和政治独立等术语严格界定的含义,国家关注的核心是其国家利益。现实主义并不必然拒绝承认道德和价值考虑在决定国家行为方面的重要性,但现实主义者们又确实反对把一个国家的命运建立在道德追求的基础上。权力与权力关系在国际事务中起着主导的作用"①。吉尔平对国际政治中的现实主义的阐述在基本精神上与摩根索的述说是一致的,都强调权力在国际政治中的重要地位。虽然摩根索是在半个多世纪以前根据当时的国际环境提出了政治现实主义的理论,但是摩根索的理论对当下的国际政治仍然是有解释力的,在某些方面仍然是当今国际政治的真实写照。在当今国际舞台上,道德处于一种可有可无的地位,各国行为的基本动机仍然是考虑在当前的国际体系中怎样能够生存下来以及如何实现国家利益的最大化,强调国家利益的至上性,强调在国际交往中"没有永恒的朋友,只有永恒的利益"。各国尤其是一些大国,为了实现自己的利益,即使侵害他国的利益以及全人类的共同利益也在所不惜,譬如,一些发达国家并没有坚持"环境友好型"的发展策略,而是将某些污染物偷偷地转移至他国,同时,一些发达国家将污染严重的工厂设在发展中国家,从中获得了巨大的财富,却将污染留在了发展中国家。在当今世界上,很多国家仍然奉行着弱肉强食的"丛林法则",奉行以社会达尔文主义为内核的生存策略,将权力政治哲学奉为自己始终不渝的信条。如果这种行为得不到改观,那么全球正义仍然只是一种价值的诉求而已,很难被转化为具体的行动。

最后,普通民众和政治精英目前所秉持的"全球共同体意识"并不是非常强烈,这也不利于全球正义的实现。在全球化时代,人类社会面临着很多共同的问题,比如恐怖主义、传染病、全球变暖、走私、毒品的泛滥和核武器所带来的威胁等,倘若这些问题能够得到解

---

① [美]罗伯特·吉尔平:《国际治理的现实主义视角》,载戴维·赫尔德、安东尼·麦克格鲁编《治理全球化:权力、权威与全球治理》,曹荣湘等译,社会科学文献出版社2004年版,第341页。

决,当然有利于全人类的共同利益。上述人类所面临的共同问题的解决需要人们持有并认可一种全球共同体的意识,对于这种全球共同体的意识,入江昭(Akira Iriye)曾有如下精辟的论述:

> 政府间组织与国际非政府组织的产生需要一个前提,即各国和各族人民必须强烈地意识到他们有着超越国家界限的某些利益和目标,并且通过资源共享和实行跨国合作(而非个别国家的单方行动)可以最好地解决他们的许多问题。这种看法,这种全球意识,或许可以被称为国际主义(internationalism)。国际主义是这样一种理念,即认为各国和各民族应当相互合作而不是只专注于各自的国家利益,更不应以不合作的方式追求自身利益。[①]

这种国际主义观念在历史上早已有之,比如国际邮政联盟和国际电报联盟很早就成立了。19世纪末20世纪初的经济全球化的浪潮更是极大地推动了国际非政府组织和政府间国际组织的发展,例如,绿色和平组织和世界野生动植物基金会等国际非政府组织的出现,联合国和欧盟更是政府间国际组织的典型代表。虽然如此,各种政府间国际组织目前所制定的种种协议,只是为维护各方的利益和解决一些人类社会所面临的共同问题而采取的举措——有时仅仅是一些权宜之计而已。这并不意味着各国能够真正超越国界,能够真正关注全人类的共同利益,即使国际非政府组织的全球共同体意识可能要比政府间国际组织的全球共同体意识稍微强一些。在当今国际舞台上,各国所采取的很多行动仍然以本国利益的最大化为根本依归。国家利益有"长期"和"短期"之分,顾名思义,长期的国家利益是一种预期性的利益,而短期的国家利益是一种现实性的利益。有时为了维护全球利益,需要损害到国家的短期利益,很多国家可能会拒绝这么做,即使全球利益的维护会有利于该国的长期利益。众所周知,人类只有一个

---

① [美]入江昭:《全球共同体:国际组织在当代世界形成中的角色》,刘青等译,社会科学文献出版社2009年版,第13页。

地球家园，无论处于任何国家的公民，都希望有一个宜居的环境。然而，当今人类不得不面对的残酷现实是，随着工业化和城市化的飞速发展，生态环境持续恶化，全球变暖的趋势日渐凸显。为了使人类免受气候变暖的威胁，1997 年 12 月，联合国在日本的京都召开会议，制定了人类历史上首个以减少碳排放为目标的联合国气候变化框架公约《京都议定书》，该国际公约规定了发达国家和发展中国家根据本国的经济发展程度而所要分别承担的相应义务。[①] 为了人类社会的可持续发展，世界上绝大多数国家签署了该议定书，承诺到某一时间段要减少本国的碳排放总量。然而，占全球总人口 4% 左右、排放的二氧化碳却占世界排放总量 25% 以上的美国先是签署了《京都议定书》，后又退出了该协定，加拿大随后也退出了该协定。美国之所以退出《京都议定书》，原因之一在于承担《京都议定书》所规定的义务，会使美国在经济上损失 4000 亿美元左右，并减少大量的就业岗位。由此我们也可以发现，虽然在全球化时代，有着悠久历史的国际主义观念已经获得了很多人的认可，各国之间的交往日益密切，政府间国际组织和国际非政府组织的数量在不断扩大，人类所面临的那些需要通过通力合作来共同解决的问题日渐增多，但是目前的全球共同体意识还是非常薄弱的，并不足以解决人类所面临的诸多迫切需要共同解决的难题，这也是阻碍全球正义实现的重要因素之一。

第二节　作为全球正义重要实现机制的全球治理

倘若人类社会要实现全球正义，上述阻碍全球正义实现的某些因素必须要在某些方面被淡化甚至被消除，由上述因素（如以殖民统治、奴役和种族屠杀等为典型代表的一些历史上的不公正因素）所带来的消极影响必须获得某种程度的补偿。那么，如何实现这些目标呢？全球治理是一个有益的选择，它也成为全球正义的重要实现机制

[①] 关于该问题的详细研究，可参见陈刚《京都议定书与国际气候合作》，新华出版社 2008 年版。

之一。

一 治理与全球治理的内涵

尽管在冷战结束以后,伴随着全球化进程的日渐深化以及世界经济和政治局势的不断调整,"全球治理"已经成为理论界和实务界关注的焦点之一,但是对于全球治理的内涵仍然有着很多不同的界定,并未形成一种统一的能够获得普遍认同的全球治理的理论体系。其中的主要原因既在于全球治理是一个应用范围非常广泛的概念,不同领域和不同学科的人可能会从不同的视角加以界定,也在于"治理"本身是一个含义极为丰富的概念。因此,在厘清全球治理的意涵以前,我们应该首先把握什么是治理。

作为一个时髦词语,治理的含义是极其丰富的,比如对全球治理理论的生发具有开创性贡献的詹姆斯·罗西瑙(James N. Rosenau)认为治理与统治(government)是不同的,它们不是同义词,并不能被混用,政府的统治意味着由正式的权力和警察等合法力量所支持的活动,以保证政府的决策能够得到有效的执行,"治理则是由共同的目标所支持的,这个目标未必出自合法的以及正式规定的职责,而且它也不一定需要依靠强制力量克服挑战而使别人服从。换句话说,与统治相比,治理是一种内涵更为丰富的现象。它既包括政府机制,同时也包括非正式、非政府的机制,随着治理范围的扩大,各色人等和各类组织得以借助这些机制满足各自的需要并实现各自的愿望"①。可见,罗西瑙主要通过对比统治与治理来界定何谓治理,治理的主体并不一定是政府,强调"少一些统治,多一些治理"。然而,治理与统治也经常被人们混用,正如托马斯·G. 怀斯曾经指出的那样,"许多学者和国际关系领域的工作者所说的'治理'涵盖着一整套复杂的结构和过程,其中既有公共的,也包括私人的,而在较为通俗的作品

---

① [美]詹姆斯·罗西瑙主编:《没有政府的治理》,张胜军、刘小林等译,江西人民出版社2001年版,第5页。

中,这个词却成了'统治'(government)的同义词。就后一种用法而言,治理是指国家行政管理体系的一般属性"①。当然,怀斯主要认可第一种关于治理的界定。在1992年,由28名国际知名人士发起成立的"全球治理委员会"在联合国成立50周年之际,发表了一份著名的报告《天涯成比邻——全球治理委员会的报告》,对治理下了一个颇具影响力的定义:

> 治理是各种各样的个人、团体——公共的或个人的——处理其共同事务的总和。这是一个持续的过程,通过这一过程,各种相互冲突和不同的利益可望得到调和,并采取合作行动。这个过程包括授予公认的团体或权力机关强制执行的权力,以及达成得到人民或团体同意或者认为符合他们的利益的协议。……从全球角度来说,治理事务过去主要被视为处理政府之间的关系,而现在必须作如下理解:它还涉及非政府组织、公民的迁移、跨国公司以及全球性资本市场。②

另一位研究治理理论的著名学者格里·斯托克(Gerry Stoker)曾归纳了学界对治理之内涵的五种不同的说明:③ 第一,治理指的是一系列源自政府的,但又不限于政府的一套公共机构和行为者;第二,治理意味着在为社会问题和经济问题寻求解决策略的过程中,界限和责任是比较模糊的;第三,治理明确肯定了在涉及集体行为的各个公共机构之间存在着一些相互依赖的权力;第四,治理指行为者最终将形成一个自主的网络;第五,治理也意味着那些办好事情的能力既不限于政府的权力,又不限于政府下达命令或者运用自身的权威,政府

---

① [美]托马斯·G.怀斯:《治理、善治与全球治理:理念和现实的挑战》,《国外理论动态》2014年第8期。
② [瑞典]英瓦尔·卡尔松、[圭亚那]什里达特·兰法尔主编:《天涯成比邻——全球治理委员会的报告》,赵仲强、李正凌译,中国对外翻译出版公司1995年版,第2页。
③ 下述观点参见[英]格里·斯托克《作为理论的治理:五个论点》,华夏风译,《国外社会科学》(中文版)1999年第2期。

也可以运用新的工具以及新的技术对公共事务进行控制和指引,这是政府的职责之所在。

从上述关于治理的种种定义我们可以发现,治理主要指公共部门与私人部门通过合作来管理社会和维持秩序,以最大限度地实现公共利益。治理与我们较为熟悉的"统治"是不同的,它们之间的最大区别主要在于两个方面:各自的"主体"和"权威的来源"不同。就各自的主体来讲,无论是公共机构还是私人机构,都可以成为治理的主体,同时,公共机构与私人机构也可以通过合作来对社会进行共同治理。然而,统治的主体一定是国家和政府,它具有排他性,专属于国家及其政府,社会上的其他部门是不能被允许进行"统治"的,不能被允许分享国家和政府的专属统治权;就权威的来源而言,治理的权威来源是公民的认同,它是自愿性的和非强制性的,强调民主协商和共同参与在决策形成的过程中应该扮演一种重要的角色,换言之,治理并不依赖于那种强制性的国家权力体系。然而,统治的权威来源是政府的法规命令及其背后所隐藏着的军事强制力量,包含着显而易见的强制性成分。

作为治理在全球层面上的运用,全球治理在基本精神和核心观念方面与治理应该是相同的或相似的。与治理一样,全球治理的含义也是多种多样的,譬如,罗西瑙认为"全球治理可以被视为应该包括从家庭到国际组织等所有人类活动层面上的规则系统,这些规则系统通过控制来实现目标,产生了跨国的影响"[1]。莎伦·安德森-戈尔德(Sharon Anderson-Gold)认为"全球治理意为通过全球范围的制度结构来解决人类所面临的一些问题。在经济和文化全球化时代,很多人已经关注全球治理问题"[2]。日本学者星野昭吉认为:

---

[1] James N. Rosenau, "Governance in the Twenty-first Century", *Global Governanve*, Vol. 1, No. 1, 1995, p. 13.

[2] Sharon Anderson-Gold, "Global Governance", in Deen K. Chatterjee (ed.), *Encyclopedia of Global Justice*, Springer, 2011, p. 415.

与全球政治的结构特征相关联,全球治理也是由国家中心治理与超国家中心治理组成的一种复合结构。两者之间所构成的并不是力量对等的关系,而是一种非对称的力量关系。国家中心治理在全球治理中居于主导地位,而超国家中心治理处于一种周边、从属的地位。尽管在全球化影响下,国家中心治理的主导地位受到来自超国家中心治理的挑战,但总体而言,国家中心治理依然保持着相对的优势地位。①

星野昭吉在此主要论及了全球治理的结构特征。国内学者俞可平和蔡拓也对全球治理下了两个在汉语学界较具影响的定义。在俞可平看来,"大体上说,所谓全球治理,指的是通过具有约束力的国际规制(regimes)解决全球性的冲突、生态、人权、移民、毒品、走私、传染病等问题,以维持正常的国际政治经济秩序"②。蔡拓认为"所谓全球治理,是以人类整体论和共同利益论为价值导向的,多元行为体平等对话、协商合作,共同应对全球变革和全球问题挑战的一种新的管理人类公共事务的规则、机制、方法和活动"③。蔡拓对全球治理的界定主要凸显了全球治理理论背后的"全球共同体意识",强调所有人都处于同一个人类命运共同体之中。

可见,关于全球治理理论争论的核心问题是谁应当进行全球治理、治理什么以及如何进行全球治理等方面:其一,全球治理的主体并不纯粹是民族国家,而是国家、政府间国际组织和全球公民社会,这些主体通过某种协作方式一起进行全球治理。易言之,全球治理的主体并不是单一的,而是多元的,正如有论者曾言,"联合国体系、世界贸易组织以及各国政府的活动是全球统治的核心要素,但是,它们绝不是惟一的因素。如果社会运动、非政府组织、区域性的政治组

---

① [日]星野昭吉:《全球治理的结构与向度》,刘小林译,《南开学报》(哲学社会科学版)2011年第3期。
② 俞可平:《全球治理引论》,《马克思主义与现实》2002年第1期。
③ 蔡拓:《全球治理的中国视角与实践》,《中国社会科学》2004年第1期。

织等被排除在全球治理的含义之外的话,那么,全球治理的形式和动力将得不到恰当的理解。作为不断改变的政治生活中必不可少的一个因素,全球政治决定了全球治理有一个广泛的含义"①。全球治理主体的多样性主要与全球治理本身是定位在"治理"而不是定位在"统治"上有关,全球治理是一种非国家中心的治理模式,然而我们需要注意的是,全球治理并不要求世界政府一定要存在。其二,全球治理的客体是人类社会所面临的一些共同问题,这些问题都是世界各国普遍面对的问题,是影响到各个国家未来发展的乃至影响人类社会未来的问题,同时,这些问题也是单靠任何一个国家都无法解决的一些较为紧迫性的问题,如跨国犯罪、恐怖主义、传染病、全球生态危机、全球金融市场的安全与稳定、核武器的生产及其扩散等问题。其三,全球治理主要诉诸国际规制,而不是诉诸传统的国家权力,易言之,全球治理拒绝以国家为中心的传统国际关系理念。全球治理需要解决的一个核心问题是依靠什么来进行治理,为此,全球治理理论认为那种能够获得各国普遍认可的一系列跨国性的规则和协议应当在整个全球治理体系中处于一种核心的位置,倘若没有这些国际规制,全球治理便难以真正实现。当然,在实践层面,全球治理还需要一些具体的操作方法和操作技术。综上所述,全球治理是由国家、政府间国际组织和国际非政府组织通力合作,根据国际规制解决人类社会所面临的共同问题的一种治理体系。

二 全球治理兴起的诱因

全球治理在 20 世纪末成了一个热门的话题,比如某些国际知名人士在 1992 年成立了"全球治理委员会",专门研究全球治理的专业期刊《全球治理》在 1995 年创刊,有大量的论文、项目和著作来讨论全球治理,同时,在公共资金以及私人捐助的支持下,有关全球治理的各种研讨会和其他活动不断得以举行。可热词汇从 20 世纪 90 年

---

① [英] 戴维·赫尔德等:《全球大变革:全球化时代的政治、经济与文化》,杨雪冬等译,社会科学文献出版社 2001 年版,第 70 页。

代至今，越来越多的社会科学家和实务界人士开始使用这一概念，尤其是自 2008 年国际金融危机爆发以来，全球治理更是引起了前所未有的关注。那么，全球治理兴起的诱因有哪些呢？我们接下来分析其中的五种主要因素。

第一，人类社会已经进入了全球化的时代，全球性的问题不断涌现，同时全球社会变成了一个风险社会，其中的风险需要通过国际合作来加以化解。正如我们在上文曾反复提及的那样，当今很多问题已经成为人类社会需要共同面对的全球性问题，比如简-弗朗克斯·理查德（Jean-Francois Rischard）曾指出了人类社会需要解决的 20 个关键问题，并将其分为三类：一是"我们共同的地球"问题，主要有全球变暖、生物多样性与生态系统的损失，过度捕捞，滥伐森林，水资源枯竭，海事安全和污染问题；二是"我们共同的人类"问题，主要包括与贫困现象做斗争，维护和平、预防冲突和打击恐怖主义，面向所有人的教育，全球传染病，数字鸿沟，预防和减缓自然灾害；三是"我们的共同规则"问题，主要有重新确定 21 世纪的税收，生物技术规则，全球金融体制的构建，毒品、贸易、投资和竞争规则，知识产权的保护，电子商务规则，国际劳动和移民规则。[①] 上述问题倘若得不到解决，将会影响到人类未来的生存和发展。一些全球性问题的频发，使得全球社会已经成为一个"风险社会"[②]，人类无论在自然灾难（比如地震和海啸）面前还是在社会灾难（比如核泄漏和战争）面前，有时会显得十分脆弱，不堪一击。虽然风险并不仅仅局限于现代社会，在古代社会也同样存在风险，但是古代社会的风险往往只限于"一时"或"一地"，所产生的影响也是极为有限的，不像现代社会所要面对的风险那样，往往是人类社会需要共同加以面对的。当风险爆发以后，社会风险就演变成了社会危机，比如苏联的切尔诺贝利

---

① 参见 Jean-Francois Rischard, *High Noon: 20 Glonal Problems, 20 Years to Solve Them*, New York: Basic Books, 2002, p. 66.

② 关于风险社会的详细分析，可参见［德］乌尔里希·贝克《风险社会》，何博闻译，译林出版社 2004 年版。

核电站和日本福岛核电站的泄露就是一个明显的例子。核辐射所产生的负面影响,在时间上具有历时性,不但会影响到人类的当下生活,而且会影响到人类的未来发展——其影响往往达数万年之久。同时,核辐射产生的影响还具有跨边界的特征,在空间上已经远远超过了风险的所在国,超越了地理边界和文化边界的限制,包括穷人和富人在内的所有人往往都难以逃脱风险所带来的消极影响,可以说,全球社会已经成为一个"全球风险社会"。现代社会中风险的上述特征与现代科技所带来的诸多后果的难以预料性紧密相关,随着科学技术的发展,人类社会所面临的不确定性非但没有减少,反而有逐渐增多之势。全球风险所带来的后果的历时性和跨边界性也要求更多的治理主体进行合作治理。

第二,很多全球问题的解决已经超过了单个国家的能力范围以及传统的国家治理模式的时效,也促使了全球治理的产生。在很长一段时间中,国家一直是公共物品最主要的提供者,承担着一些诸如保护公民的人身和财产安全、确保契约的履行、提供教育和扶贫济弱等重要职能。倘若国家无法满足公民的基本需求和不断增多的期望,国家的合法性就必然受到削弱。上述全球性问题的解决,在很大程度上有赖于全球公共物品能够得到有效供给,然而,任何一个国家都不可能纯粹依靠一己之力来完成全球公共物品供给的任务,即使像美国这样的超级大国,也不得不通过寻求国际合作来解决一些问题,比如防止核武器的扩散,反对和打击恐怖主义。正如《增长的极限》[①]一书所给予我们的启示那样,单个国家的治理能力已经无力解决日益增多的和复杂化的全球问题。可以说,纯粹依靠国际社会中曾经流行的传统的单边行动模式,全球问题是难以得到有效解决的,相反,全球问题的解决恰恰需要的是多边合作,需要各国在合作的基础上开展综合治理和协同治理。面对诸多全球性的问题,单个国家通常束手无策,无力解决,这既说明了传统的"以国家为中心的治理模式"遇到了困

---

① 该书由美国学者德内拉·梅多斯等人所著,具体研究参见[美]德内拉·梅多斯等《增长的极限》,李涛、王智勇译,机械工业出版社 2013 年版。

境，也提醒人们必须改变传统的治理模式。在全球化的背景下，无论各个主权国家主观上是否愿意，都已经在某种程度上被纳入了国际化的轨道之中，这也使得各个国家不能仅仅局限于维护自身的经济利益和政治利益，要求各个国家要有一种人类命运共同体意识，要求各个国家在思考如何解决全球问题时要有超越国界、文化、政治制度和意识形态的意识。一个新型的国际政治经济秩序的建立，有赖于各国之间的通力合作，有赖于各主权国家让渡出——无论是主动的还是被动的——部分主权或者限制自身的部分主权，并确立一套能够获得共同认可的规则和制度，积极参与全球治理。当然，我们并不能将全球治理作为解决所有全球问题的一劳永逸的良方，因为这是不切实际的。

第三，冷战的结束以及随着冷战的结束而来的世界格局的调整，也是全球治理兴起的一个重要诱因。伴随着东欧剧变、苏联解体，世界格局已经朝着多极化的方向发展，这也诱发了全球治理的兴起，正如有学者曾言，"冷战正式宣告结束是凸显当代全球治理变动模式问题的根源。在冷战时期，现实主义盛极一时，它有力地解释了东西方之间的激烈对抗。随后，新现实主义试图按照冷战的观念把国家和国家体系诸概念普遍化。全球治理的模式看来没有发生多少本质上的变化，所以，世界政治的研究可以不考虑根据领土原则建立起来的组织。然而，时代已经发生了变化。现在已是探讨全球治理的模式过去如何演变、今天如何转型的时候了"。① 在冷战时期，以美国为首的"资本主义阵营"与以苏联为首的"社会主义阵营"过于强调政治制度之间的差异以及意识形态之间的分歧，这使得参与冷战各方之间的矛盾极其尖锐，数十年来为了争夺世界霸权而在一些热点地区和关键领域展开了激烈的角逐，甚至到了剑拔弩张的局面，这使得各国之间很难真正通过合作来解决人类所共同面对的一些重大问题。冷战结束以后，世界政治、经济和文化等领域出现了结构性的变化，国际社会的各种主要力量进行了重新的分化与组合，国际局势渐趋缓

---

① ［美］马丁·休伊森、蒂莫西·辛克：《全球治理理论的兴起》，张胜军编译，载李惠斌主编《全球化与公民社会》，广西师范大学出版社2003年版，第106—107页。

和，世界格局也相应地发生了变化，一些地区性的合作组织空前地活跃起来。世界政治的单极化的时代已经终结，迈入了多极化的时代，形成了"一超多强"的局势，合作与发展已经成为大国关系的主流——虽然局部冲突依然不断。各个国家之间在经济、政治、文化和科技等方面的交流与合作日益紧密，无论是合作的广度还是合作的深度，与冷战时期相较而言，都空前地增加了，这为世界各国通力解决一些全球问题、增进和扩大人类社会的共同利益提供了一个良好的契机。

第四，政府间国际组织数量的增多和全球公民社会的快速发展，也是全球治理兴起的一个重要因素。二战后，在全球舞台上参与活动的组织，除了国家以外，还有很多政府间的国际组织，比如联合国和欧盟就是其中两个非常重要的组织。冷战的结束，不同意识形态之间斗争的弱化，为政府间国际组织以外的其他国际行为体数量的增加提供了一个很好的时机，这其中非常值得一提的是在全球治理的过程中扮演着重要角色的全球公民社会。"全球公民社会"的概念是在20世纪90年代兴起的，它是指世界各国的公民通过对话、协作或者妥协等方式，为了个人的或者集体的目的而进行的跨国活动的社会领域，它的范围较为广泛，既包括诸如以救死扶伤为己任的国际红十字会和以反对腐败为主要任务的透明国际等国际非政府组织，也包括反战团体和生态运动等跨国社会运动、全球公民网络以及全球政策论坛等。全球公民社会关注的问题是非常广泛的，比如全球贸易、贫困、饥荒、不平等、人权、动物权利、环境保护、和平、核武器、社会公正、腐败和跨国公司的社会责任的履行等问题，这些问题涉及经济、文化、环境、安全、法制和社会服务等领域。全球的各种组织围绕着上述议题进行交流和对话，全球公民社会在从事上述各种活动的过程中，也经常从全球治理的角度来介入。全球公民社会不但会促进不同的治理主体之间建立伙伴与合作关系，增强彼此之间的信任，促进传统的以国家为中心的治理方式发生变革，推动了多层次和多中心的治理体系和治理结构的产生，而且在参与各种国际和国内法律政策制定的过程中，也促使了全球治理规则的不断生成，全球公民社会因而也成为一个不可或缺的全球治理主体。全球公民社会可以弥补民族国家因治理能力的有限而难以提供全球公共物品的不足之处，在全球治理中所发挥的作用也逐渐获得了很多国家以及国际组织的认可。

第五，全球治理的兴起，与以罗西瑙以及我们接下来将要详加提及的赫尔德等为代表的一批学者的努力也是密不可分的。全球治理的兴起在很大程度上是我们上述所说的各种实际现象与理论界互动的结果，就理论界的努力而言，我们不得不提到罗西瑙等人的贡献，正如有论者曾言，"全球治理在20世纪90年代诞生于学术理论和实际政策之间的联合，并与过去20年里全球化的其他元现象缠绕在一起。美国学者詹姆斯·罗西瑙（James N. Rosenau）在1992年主编了一部非常理论化的著作《没有政府的治理》，而几乎在同一时间，瑞典政府推动成立了政策导向的'全球治理委员会'。这两个事件都极大地激发了人们对全球治理的兴趣"①。无论人们如何评价罗西瑙的治理理论，人们都不得不承认，罗西瑙对全球治理的研究有着开创性的贡献，其主编的《没有政府的治理》影响深远，得到广泛的引证，正是由于罗西瑙首先提出全球治理的概念和分析框架，将全球治理视为在一体化与碎片化并存的背景之下权威位置的改变，全球治理才成为一个很多学科和领域都在使用的热门术语。同样，由全球治理委员会所编纂的《天涯成比邻》同样激发了人们对全球治理的兴趣，引起了很多人的关注，此后，有关全球治理的文献如雨后春笋般不断涌现。

第三节　全球治理的代表性理论：戴维·赫尔德的世界主义民主

人类社会应该怎样进行全球治理呢？学术界对此有着不同的主张，其中有"现实主义""自由制度主义"和"世界主义"三种主要

---

① ［美］托马斯·韦斯、［英］罗登·威尔金森：《反思全球治理：复杂性、权威、权力和变革》，谢来辉译，《国外理论动态》2015年第10期。

的模式,简言之,现实主义强调权力在全球治理中扮演着一种不可替代的角色,自由制度主义强调应当将国际制度作为全球治理的最核心的部分,世界主义主要强调要建立一种民主的治理模式,我们接下来着重分析赫尔德的世界主义民主理论。

一 世界主义

在分析赫尔德的世界主义民主理论之前,我们必须先明晰赫尔德的世界主义理念,因为世界主义是赫尔德的世界主义民主理论的道德基础。在赫尔德那里,世界主义意味着什么呢?他认为:

> 世界主义是指那些制定标准或界限的基本价值,任何机构,不管是全球实体的代表、国家还是公民组织,都不得违背这些标准。这些价值考量作为个体的每个人的要求或者作为整体人类一个成员的个体的要求,信奉的观念是:人类在根本上是平等的,他们应当受到平等的政治待遇;也就是说,待遇应当基于对每个人本身的平等关心和考量,而不管人们出生或成长在什么共同体中。①

赫尔德除了言说世界主义的内涵以外,还探讨了当代世界主义的构成要素,认为当代世界主义由如下三个要素构成:"第一,道德关怀的终极单位是个人,而不是国家或其他特殊形式的人类组织。……第二个构成要素强调,个人的平等价值应该获得所有人的认可。这是人的本性,也是个人与他人建立关系的基础。……当代世界主义的第三个构成要素强调个人的平等地位和相互承认原则要求每个人都应该获得不偏不倚的对待,也就是说,所有人都应该按照这些原则行动。"②第一个构成要素可以被简称为"平等主义的个人主义原则",它强调

---

① [英]戴维·赫尔德:《全球盟约:华盛顿共识与社会民主》,周军华译,社会科学文献出版社2005年版,第227—228页。
② David Held, *Cosmopolitanism: Ideals and Realities*, Polity Press, 2010, pp. 44–46.

第七章 全球正义何以可能？

每个人都拥有平等的道德价值和道德地位，整个世界是由自由的、平等的公民所构成的。平等主义的个人主义原则反对道德排他主义，认为不论一个人出生于何地或者成长在、生活在何处，这并不影响其所持有的平等的价值、自由和尊严，该原则关注的焦点是每个人所享有的不可或缺的道德地位和道德尊严。第二个构成要素可以被简称为"相互承认原则"，强调所有人在其所处共同体的决策中都拥有一种平等的地位，并将其他人当作平等的道德单位来加以尊重，同时，在令人满意的日常生活中，所有人都能够在其所处共同体的决策中拥有平等的地位和发言权；由于世界主义的第三个构成要素，世界主义是一种用来说明那些能够获得普遍认可的规则和原则的道德参照体系，并以那些建立在无法被所有人认可的原则基础之上的实践、规则和制度不公平为由，而拒绝之。在赫尔德那里，"世界主义最终意味着一种伦理的和政治的空间，它为承认人们的平等的道德价值、人们的积极能动性以及自主和发展所需要的东西设定了一种参照系。世界主义建立在如下原则之上：所有人都合乎情理地赞成那些强调平等的尊严、平等的尊重和根本需求的优先性等的基本观念"①。通过分析赫尔德对世界主义的论说我们可以发现，赫尔德对当代世界主义内涵的构成要素的归纳在很大程度上受到了博格的世界主义观的砥砺，尤其是赫尔德对当代世界主义的前两个构成要素的归纳，体现得尤为明显。

与博格等人有关世界主义的言说不同的是，赫尔德还详细论及了世界主义的价值观所包含的八个原则及其之间的关系。② 赫尔德认为世界主义的价值观是由一系列的原则所构成的，其中八个最重要的原则分别是：(1) 平等的价值和尊严；(2) 主观能动性；(3) 个人的责任及其义务；(4) 同意；(5) 公共事务必须通过投票程序来进行集体决策；(6) 包容性和从属性；(7) 避免严重伤害；(8) 可持续性。原则 (1) 的意思是"个人"是道德关怀的终极单位，每个人都

---

① David Held, *Cosmopolitanism: Ideals and Realities*, Polity Press, 2010, p. 49.
② 本段有关赫尔德对世界主义的价值观的论述，参见［英］戴维·赫尔德《全球盟约：华盛顿共识与社会民主》，周军华译，社会科学文献出版社2005年版，第229—236页。

应该获得平等的关心与尊重,然而,原则(1)并不是要否认文化多元性和差异在当下社会中的重要意义。可见,原则(1)基本上是我们上面所提到的赫尔德所说的当代世界主义的前两个构成要素的合体;原则(2)关注的是人类的推理、自省和自决的能力,它强调个人拥有行动的机会以及要担负确保独立的机会不会约束和限制他人的生活机会的责任;原则(3)对理解原则(1)和原则(2)的内涵来说是非常有益的,它强调人们不可避免地要选择不同的社会、文化和经济计划,这些差异必须获得承认。除此之外,原则(3)还意味着个人必须意识到自身行动的直接或间接的有意或无意的后果,并对之承担相应的责任,换言之,个人既拥有其应当持有的权利,也负有其应当担当的、不可推卸的义务;原则(4)认识到上述三种原则都要求一种非强制性的政治过程,人们可以在此过程中或者通过此过程追求他们的生活机会,该原则构成了非强制性集体决定和治理的基础;原则(5)必须要同原则(4)同时进行解释,原则(5)主张虽然合法的公共政策是那些能够获得公民同意的公共政策,然而,这种合法性必须通过投票等行为显现出来,必须同多数决定原则的程序和机制有效地勾连在一起;原则(6)意味着那些明显受到公共政策或者程序影响之人,应当在其他条件相同的情况下,拥有相同的机会或者通过选举产生的代表间接地影响和塑造它们;原则(7)是社会正义的主要原则之一,强调避免故意的伤害以及满足紧急的需要等,同时,该原则主张优先满足那些紧迫的需要,倘若可能的话,那些紧迫需要的权重应当超越那些不太紧急的公共优先权之权重,直到所有人在事实上以及在法律上能够被涵盖在上述前六条原则中;原则(8)规定了所有经济发展和社会发展必须与那些不可替代的世界核心资源的状况保持一致,人们要持有代际正义理念,比如人们不能浪费资源,不能破坏生态环境,相反,要为子孙后代留下宜居的生活环境。赫尔德还将上述八条原则分为三组:第一组原则包括原则(1)、原则(2)和原则(3),这些原则确定了世界主义道德领域的组织特征,确保每个人都是平等的道德关怀对象,确保每个人都能够根据自己面临的选择范围而自主地开展行动；第二组原则包括原则（4）、原则（5）和原则（6），人们只要坚持了这三条原则，各个层次的公共权力就拥有了合法性；第三组原则包括原则（7）和原则（8），为优先重视那些紧迫的需要和对资源的保护制定了框架。也就是说，原则（7）对各种需要的轻重缓急程度做出了区分，为公共政策确立了明确的出发点，而原则（8）主要确保公共政策要和全球生态平衡相一致，而不至于破坏那些不可再生的资源以及全球的生态环境。在赫尔德那里，上述八个原则是紧密关联在一起的，共同构成了新的国际主义取向的基础。

赫尔德不但论述了世界主义的内涵、构成要素以及世界主义的价值观，而且探讨了世界主义的现实影响。对赫尔德来说，虽然世界主义的原则可能被认为是不合时宜的，但是这并不影响世界主义理念已经在很多方面融入各种规则体系和制度之中，已经在某种程度上改变了当今世界政治的格局，具体说来，世界主义的现实影响主要体现于下述三个方面：第一，在目前的国际领域中，斯多亚主义者的一些观点在当今世界已经产生了回响，比如所有人都是世界公民，都拥有平等的道德价值和道德尊严；第二，康德对民族共同体成员以及世界主义秩序的关注在《世界人权宣言》以及各种区域性的人权公约中都得到了体现，《世界人权宣言》中所申述的每个人享有的各种权利已经构成了政治生活的世界主义趋向的基础；第三，《世界人权宣言》及其附属的各种权利公约都强调了赫尔德所说的当代世界主义的第一个构成要素——平等主义的个人主义原则，不但将个人作为国际法的主体，将个人视为政治权力的最终来源，而且强调无论一个人出生或者成长在哪个国家中都应该获得平等的关心和尊重，强调所有人都拥有平等的和不可被褫夺的权利。同时，《联合国宪章》中对所有人拥有"平等的、不可剥夺的权利"的正式认可，是世界主义法律思想发展的重要转折点和分水岭，个人的权利也可以超越国家的特殊利益。[1] 总之，在

---

[1] 参见［英］戴维·赫尔德《世界主义：观念、现实与不足》，载［英］戴维·赫尔德、安东尼·麦克格鲁编《治理全球化：权力、权威与全球治理》，曹荣湘等译，社会科学文献出版社 2004 年版，第 466—469 页。

赫尔德那里,世界主义理念已经成为二战后国际法和重大政治发展的核心,在当代政治生活中,它愈来愈扮演一种重要的角色,虽然如此,世界主义的美好愿望与当下的某些现实之间还有着一定的差距。

二 世界主义民主的基本理念

赫尔德秉承上述世界主义理念,探讨了民主在全球范围的适用性问题,并建构了一种名曰"世界主义民主"的全球治理模式。① 赫尔德认为在现代民主理论中有如下基本假设:在政治决策者和那些受到政治决策影响的人之间有一种"均衡"和"对等"的关系,也就是说,那些参加投票的公民和那些能够承担责任的政治决策者之间存在一种"均衡"和"对等"的关系,这也是民主理论中"多数统治原则"以及仅仅在民族国家的范围内来思考民主理论所带来的影响。赫尔德质疑了上述基本假设的可行性,认为民族国家并不能像过去那样在我们思考民主问题时处于一种中心的位置,强调在全球化时代,"因为'多数'的许多决定,或者更确切地说,'多数'的代表所作出的许多决定不仅影响(或潜在地影响)着其共同体,还影响着其他共同体的公民"。② 赫尔德认为在全球化时代,无论在全球范围内,还是在某个局部区域中,各国之间的联系和交往日益频繁,同时,地方性事件的影响并不一定局限于其发生地,而是会超越国家的边界,甚至会波及全球,易言之,某个国家的决策往往会影响到他国人民的生活。譬如,倘若某个国家决定在靠近边境线的地方修建核电站或者试射导弹,可能会影响到边境线另一侧的居民的生活;倘若某个国家决定砍伐本国的大片热带雨林或者有的国家内部的某条跨国河流附近的

---

① 赫尔德在不同的时期曾使用了不同的名称来称呼这种全球治理模式,比如他在我们将要提及的《民主的模式》和《民主与全球秩序:从现代国家到世界主义治理》等著作中使用了"世界主义民主",而在《全球盟约:华盛顿共识与社会民主》等著作中使用了"全球社会民主"。考虑到赫尔德更多地采用了"世界主义民主"以及为了术语的统一性,我们将采用"世界主义民主"来指代赫尔德的理念。

② [英]戴维·赫尔德:《民主的模式》,燕继荣等译,中央编译出版社2008年版,第422页。

化工厂不慎发生了爆炸，其他国家的生态环境可能会受到严重的影响；倘若某个国家为了抑制本国的通货膨胀或者稳定汇率而做出的提高利率的决定，可能会对国际金融市场的稳定性构成威胁。赫尔德对此曾总结道，"在一个全球和区域范围内相互联系的世界里，国家性决策实体本身的连贯性、可行性和负责性，已经受到了极大的质疑。另外，一些半区域性的或半跨国性的组织，如欧洲联盟（欧盟）、北大西洋公约组织（北约）或国际货币基金组织，它们所作出的决策缩小了相关的'多数'国家本身本可作出决策的范围"①。换言之，尽管民族国家等共同体对民主的发展仍然有着极为重要的影响，但是在当今世界，国际组织、地缘政治以及市场的力量本身也会对民主产生不容小觑的影响。同时，赫尔德非常重视个人的自主性，认为自主性的概念"包含了人类自觉推理、自我思考和自决的能力，也包含了在私人生活和公共生活中针对不同的路线进行协商、判断、选择和行动（或在一定情况下不行动）的能力，从而产生民主之善，或者，用卢梭的话讲即'公共之善'"②。由于在全球化时代，民族国家已经融入超国家的政治、经济和军事等组织中，仅仅依靠民族国家并不能确保个人的自主性。鉴于全球化对民主理论的传统适用范围带来了严峻的挑战，赫尔德强调在全球化的背景下我们要重新思考民主政治的性质和前景，建构了一种世界主义民主理论，并鼓励发展中国家及其人民在国际事务中要扮演某些重要的角色。

赫尔德认为在全球化时代，民主并不是国家内部的事务，而是一种国际事务，很多民族国家的民主和责任受到了削弱，同时，人们开始在国家、地区和全球的网络内深化和扩展民主，这也是在世界主义基础上对民主自治的巩固，赫尔德称之为"世界主义民主"："世界主义民主将不需要逐个削弱国家的能力，而是在全球范围内试图巩固和发展地区和全球层次的民主制度，以作为对民族国家层次的民主制

---

① [英]戴维·赫尔德：《民主与全球秩序：从现代国家到世界主义治理》，胡伟等译，上海世纪出版集团2003年版，第18页。
② 同上书，第156页。

度的必要补充。这种民主观念的基础是：一方面承认民族国家仍然有继续存在和发展的意义，另一方面主张以另一层管理作为对民族国家主权的制约。"①依照赫尔德对世界主义民主理论之内涵的阐释我们可以发现，民族国家内部的民主与不同的民族国家之间的民主，并不是相互排斥和水火不容的，而是密切相关和不可分割的，同时，世界主义民主并不是不切实际地主张建构类似于世界政府这样的全球权威性组织，并不是主张削弱或者完全抛弃目前的民族国家，而只是主张创建一种新的具有约束力的国际机制，并对目前不合理的世界体系进行相应的改造。譬如，正如我们接下来将要详述的那样，通过强化联合国和欧盟等国际组织，在全球层面上和地区层面上发展和巩固民主系统的行政管理能力，以作为对民族国家层面的民主制度的必要补充，赫尔德对此曾言，"世界主义的政体将努力创造一种地区和全球水平上的有效的和负责的行政管理，立法和执行的能力，来**补充**地方和全国水平上的那些能力"②。同时，赫尔德强调了其世界主义民主理论还主张要创造一种新的政治机构，该机构将与目前的国家体系并存，但是在一些具有跨国影响的活动领域，与现存的国家相较而言，它将处于一种优先的地位。赫尔德的世界主义民主理论秉承了世界上的每个人都拥有平等的道德价值、自由和政治地位等理念，其制度目标在于实现法治、民主、全球生态平衡和全球正义等。

在世界主义民主理论中，赫尔德还强调了"世界主义民主法"的重要性。赫尔德认为世界主义民主法意味着"民主公法在各国边界之内以及互相之间得到确立。世界主义民主法最好被理解为：它是在种类上不同于国内法和国际法（一国与另一国之间）的法律。在康德这位世界主义法思想的最早阐释者看来，世界主义法不是对法律异想天开或乌托邦式的设想，而是对现存国内法、国际法的未

---

① [英] 戴维·赫尔德：《民主的模式》，燕继荣等译，中央编译出版社 2008 年版，第 441 页。
② [英] 戴维·赫尔德等：《驯服全球化》，董新耕译，上海世纪出版集团 2005 年版，第 137 页。

成文法典的'必要补充',同时还是把国内法、国际法转变为全人类公法的手段"。①赫尔德所强调的世界主义民主法的适用范围并不仅限于民族国家,而是要超越传统的民族国家的范围,适用于世界上的所有人,它意味着一种权利和责任,这与赫尔德所秉持的世界主义的基本理念是高度一致的。通过何种方式才能使得世界主义民主法得到维系呢?由谁来承担捍卫世界主义民主法的责任?赫尔德认为民主主义者的责任在于实施世界主义民主法以及建立一种世界主义的共同体,"世界主义民主法的颁布和捍卫,将由那些能够作出必要的政治判断、能学会如何改变政治实践和制度以适应新的区域性和全球性环境的国家和市民社会来进行。这种联合将是民主国家的联合,假以时日,它将会吸引别国加入,特定国家的政府会因为单纯地想要在人民的心目中获得合法性而这样做"②。在赫尔德那里,倘若世界主义民主法能够有机会获得实施,一个对不同的国家进行民主调控的国际制度框架就能够得以形成,民族国家或地区的内部民主的自主性就能够得以实现,这是在全球范围内确立世界主义民主的一个重要的里程碑。同时,世界主义民主法将要求那些国家的和区域性的主权都要服从一种神圣不可侵犯的国际法律框架。然而,我们需要注意的是,在此种法律框架之内,各种组织可以在不同的层次上进行自治,人们也将会拥有多重的而不是单一的公民身份,比如人们既是其所属的政治共同体的公民,又是那些影响其生活的更广泛的区域性网络以及全球性网络的公民。

三 践行世界主义民主的构想

赫尔德除了讨论世界主义民主的基本理念以外,还关心的另一个重要问题是世界主义民主理论如何能够被付诸实践?赫尔德认为世界主义民主的实现,有赖于两个明显的必要条件:一是"应当重新建构责任制度的地区界限,以便使诸如货币管理的某些方面、环境问题、

---

① [英]戴维·赫尔德:《民主与全球秩序:从现代国家到世界主义治理》,胡伟等译,上海世纪出版集团2003年版,第241页。
② 同上书,第246页。

安全问题的某些因素、通讯的新形式等超出民族国家控制的事务，能够被更好地置于民主控制之下"。二是"应当重新考虑地区性和全球性管理职能机构的角色和地位，以便它们能提供公共事务中更连贯、更有用的焦点问题"。① 赫尔德紧接着又重点讨论了为了满足第二个必要条件，需要在全球层次上进行哪些重要的改革：一方面，在拉丁美洲和非洲等地建立区域性的议会，并强化欧盟等地区性组织的作用，国际组织还应该接受公众的监督，同时，世界主义民主理论还预见到了实施全民公决的可能性，该全民公决超越了民族以及民族国家的界限，根据那些有争议的国际事务的性质以及范围来确定参与全民公决的选民。在进行上述一系列改革的时候，世界主义民主理论还要求巩固公民权利、政治权利、经济权利和社会权利以及一系列相应的义务，比如这要求在国家层面和国际层面的议会中能够确立上述权利和义务，同时提升国际法院的地位，当某些国家或者公民的权利受到侵害时，有效的救济手段能够得以出现。另一方面，建立一个由所有民主国家和社会所组成的拥有权威性的全球会议，比如一个改革后的联合国或者联合国的补充机构，从长远来看，全球会议将取代目前的联合国大会。对于目前联合国的运作方式，赫尔德并不认可，他强调在联合国的运作模式中存在着一种显而易见的内在矛盾：目前联合国的运作模式既强调在联合国大会上每个国家都拥有平等的一票，又赋予了联合国的五个安理会常任理事国以特别的否决权。② 鉴于此，在赫尔德那里，在一个由所有民主国家和社会组成的负有权威性的全球会

---

① ［英］戴维·赫尔德：《民主的模式》，燕继荣等译，中央编译出版社2008年版，第442页。赫尔德还曾强调了实现世界主义民主所要满足的五个基本条件："在地区、国际和全球范围内，资源流动和互动网络持续发展""越来越多的人认识到，在许多领域，包括社会、文化、经济和环境领域，政治共同体之间的彼此联系在不断增强""人们明显意识到，彼此交叉的'集体命运'要求采取集体的、民主的解决方式，无论在地方、国家、地区还是全球层面上都是如此""在制定和执行国家、地区和国际法律过程中，进一步确立民主权利和义务"和"国家军事强制力的越来越大的部分转让给跨国机构和机关，其最终目的是使各国的战争系统非军事化，从而超越各国的战争系统"。参见［英］戴维·赫尔德《民主的模式》，燕继荣等译，中央编译出版社2008年版，第446页。

② 参见［英］戴维·赫尔德《民主的模式》，燕继荣等译，中央编译出版社2008年版，第442—443页。

议上,所有国家一律平等的原则将会被置于地缘政治的强国特权原则之上,赫尔德还主张改革安理会等联合国的主要机构,赋予发展中国家更多的发言权和决策权。

在践行世界主义民主理论的过程中,赫尔德曾给予了联合国极大的期望,在这一点上,他与艾丽斯·杨的立场是一致的:"一种争取实现全球民主的社会运动可以建立在某些现存的全球性规章和国际法的制度之上,尤其是建立在联合国体系中的某些制度上。然而,重要的是,任何版本的全球治理都应当是民主的;同时,依据这种价值准则,现存的联合国制度和机构都需要进行重要的改革。"① 赫尔德认为虽然联合国是一个实现世界主义民主的既有力量,但是它也是一个有着很大局限性的国际组织,它虽然在某些方面曾有效地实现了各个国家和政府的利益(尤其是那些实力雄厚的国家和政府的利益),但是有时仍然成为某些国家从事霸权行动的工具,它并不是一个代表着全世界所有国家之利益的有效的国际组织,其中许多国家(尤其是弱小国家)的利益往往被牺牲了。鉴于此,赫尔德主张:

> 建立一个由民主的各国家组成的独立的大会,直接由人民选举并对他们负责,是一种不可避免的制度要求。至少在最初,这一天会不可能是所有国家的大会,而是奉行民主的那些国家的大会,随着时间的推移,将吸引其他的国家加入。因此,新的大会在早期阶段可以很好地被理解为是对联合国的补充,而从长远来看它要么取代联合国,要么其修正形式作为"第二院"而获得接受——这个"第二院"将是所有国家的必要的集会场所,而不管其国家机制的性质如何。②

---

① [美]艾丽斯·M. 杨:《包容与民主》,彭斌、刘明译,江苏人民出版社2013年版,第293页。
② [英]戴维·赫尔德:《民主与全球秩序:从现代国家到世界主义治理》,胡伟等译,上海世纪出版集团2003年版,第288—289页。

可见，在思考如何实现世界主义民主时，赫尔德强调通过对联合国进行改革，以使其发挥更大的作用。当然，在对联合国进行改革时，还会面临着重重困难，比如在联合国的大会上，是一国一票，还是根据各国人口的数量来分配代表？一些主要的国际组织可以有自己的代表吗？等等。

赫尔德后来在其著作《全球盟约：华盛顿共识与社会民主》一书中又提出了更加详细的构想。赫尔德分别从经济、治理、法律和安全四个方面简要提出了实现世界主义民主的短期措施和长期措施：① 第一，在经济方面的短期措施主要包括管制全球市场，具体而言，为了公平贸易起见，应该取消欧盟和美国对农产品以及纺织品的高额补贴，改革国际知识产权贸易协定，提升发展中国家在世界贸易组织等组织中的谈判能力和发言权，取消某些穷国所背负的沉重外债，实现联合国所规定的0.7%的对外援助目标等。在经济方面的长期措施主要包括驯化全球市场，建立强制性的全球劳工标准和环境标准，给予那些工业不发达而需要获得特别保护的发展中国家以特殊的市场准入权等。第二，在治理方面的短期措施主要是改革全球治理，具体言之，它包括建立有代表性的联合国安全理事会，建立经济和社会保障理事会以协调减少全球贫困和全球发展政策，加强发展中国家在各种国际事务中的谈判能力，促进政府间国际组织之间的平等交流与对话合作等。在治理方面的长期措施主要包括实现国家治理和超国家治理的民主化，制定具有约束力的全球宪法公约，建立新的国际税收机制以及增加全球公共物品的有效供给等。第三，在法律方面的短期措施包括召开各种国际会议，通过巩固现有的国际人道主义法律，开始重新促进国际安全和人权的议程。法律方面的长期措施包括在各种地区法院的强有力支持下建立国际人权法院，扩大国际刑事法院和国际司法法院的管辖权，在跨

---

① 本段有关赫尔德对世界主义民主理论之具体实现进路的论述，参见［英］戴维·赫尔德《全球盟约：华盛顿共识与社会民主》，周军华译，社会科学文献出版社2005年版，第220—221页。

国公司的实际行为中落实和巩固合理的劳工、环境和福利标准。第四，在安全方面的短期措施有改进联合国安全理事会有关使用武力干预他国事务的原则以及相应的程序，强化对人道主义危机的风险及其发展方面的监控能力，贯彻当前的减少全球贫困和促进人类发展责任的既有政策，加强对国际军火交易的有效管控。安全方面的长期措施包括建立永久的能够缔造和平以及维持和平的有效力量，为主要的政府间国际组织的成员身份建立安全和人权的限制检验，审查所有全球发展政策在社会排斥、安全和正义等方面所带来的诸多影响。

第四节 威尔·金里卡对世界主义民主的质疑及对质疑的回应

针对赫尔德在世界主义理念的基础上建构的世界主义民主理论，金里卡提出了一些质疑，并强调在国际层面上不可能实现民主。实际上，金里卡的某些质疑并不是无可辩驳的。

一 金里卡对赫尔德世界主义民主理论的质疑

金里卡认为很多学者在研究自由主义的政治理论时，总是有意或无意地将其理论适用于民族国家，然而，这并不意味着我们就应该否认在全球化时代所存在的一种显而易见的事实，即存在着超越语言以及超越民族界限的国际政治组织：

> 我们需要这些组织，不仅是为了应付经济全球化，而且是为了处理共同的环境问题和国际安全问题。即使是那些继续强调民族和民族认同在当今世界上的中心地位的人也普遍接受这一现实。目前，这些跨国组织表现出严重的"民主赤字"，而且，在公民看来它们几乎没有公共合法性。这些组织基本上是通过政府之间的关系组织起来的。如果个体公民直接参与其组织的话，那

么这种参与也是无足轻重的。①

金里卡强调,很少有政治理论关注这些跨国的政治组织,然而,有一点是越来越清晰的,即我们不能再像有些学者以前那样将民族国家作为政治理论的唯一的或者主要的背景,"我们需要能够明确地应对这类问题的、更加符合世界主义的民主和政府管理的概念。这个领域中最重要的成就可能是戴维·赫尔德的'世界主义政府管理'模式。赫尔德的世界主义的论点论述了三个问题:(1)个人自主原则;(2)政治合法性;(3)民主公法"②。金里卡在简要回顾赫尔德的世界主义民族理论的三个原则之基本意涵的基础上,对赫尔德的世界主义民主理论提出了一些疑问。

金里卡赞同赫尔德在其世界主义民主理论中对"民主"和"人权"的强调,正如金里卡曾言,"我由衷地同意赫尔德'世界主义民主'概念中的许多方面。我特别赞同加强人权问题的国际执行,我也同意赫尔德的另一个观点,即国家获得国际承认的规则,应包括参考一定的民主立法(因素)。在这个意义上,民主和人权原则确实应该被视为'世界主义'的——也就是说,应当鼓励每个国家都尊重这些原则"③。然而,他们之间的分歧大于共识,对于赫尔德的世界主义民主理论,金里卡还曾评价道:"赫尔德模式的主要合理之处在于,它认识到,如果公民想对他们的生活环境有任何有意义的发言权,民主政治的代理机构必须超越国家这一层次。然而,主要困难在于赫尔德没有真正讨论什么前提条件才能使这种民主政

---

① [加]威尔·金里卡:《少数的权利:民族主义、多元文化主义和公民》,邓红风译,上海世纪出版集团2005年版,第255页。
② [加]威尔·金里卡:《少数的权利:民族主义、多元文化主义和公民》,邓红风译,上海世纪出版集团2005年版,第255页。译文有改动,为了上下文统一的需要,笔者将原译文的"个人自律原则"改为"个人自主原则"。
③ [加]威尔·金里卡:《全球化时代的公民权利:对赫尔德的评论》,载[美]伊恩·夏皮罗、[美]卡西亚诺·海克考登主编《民主的边界》,张熹珂、孟玫译,中央编译出版社2016年版,第146页。

治的代理机构成为可能。"① 金里卡对赫尔德的观点做出上述评价的主要依据在于金里卡认为自由主义的民主理论承诺了三个相互关联而又有所不同的重要原则,即"社会正义"、"商议性的民主"(deliberative democracy)和"个人自由"。金里卡认为自由主义的民主理论强调了社会正义与民族国家有着内在关联性的两点理由。一是福利国家要求人们对那些不知其姓名的、将来也许永远不会遇到的和认识的人做出某些牺牲,并且人们在文化、宗教、种族和生活方式等方面同那些不知其姓名的人有所不同。自由主义的民族主义者强调人们之所以愿意为同胞伸出援助之手,做出某种程度的牺牲,是因为他们深信当自己一旦身处困境之中时,也会获得相应的援助,民族认同恰恰已经提供了这种共同的认同和相互信任。二是对机会平等的信奉要求人们有平等的得到培训和获得工作的途径,这也凸显了共同语言能够获得普及的重要性。与社会正义一样,商议性的民主的有效落实也需要那些参与协商的成员之间有着共同认同和共同语言。金里卡认为自由主义的民族主义者同样提出了两点理由以支持为什么商议性的民主同民族国家有着某种内在的关联性:其一,商议性的民主要求人们之间有一种高度的相互信任,同时,人们必须相信其他人既会真的打算认真考虑其意见和利益,又会对选举结果持一种尊重的态度,而那些能够成功地获取该信任的东西只有人们共同秉持的民族认同;其二,只有当参与协商的人相互理解之时,集体的政治协商才是可行的,而这也似乎需要人们说着一种共同的语言,虽然在现代社会中,那些说着各种语言的人彼此之间可以通过大量的翻译机构来进行沟通,但是这将会变得非常麻烦和昂贵而难以真正有效地交流。因此,金里卡认为当民族国家倡导一种共同的语言时,那些更富活力的商议性的民主将会得以实现,进而也将会在其中体现出真正的参与性。金里卡认为个人自由与民族主义之间的关联性比社会正义、商议性的民主与民族主义之间的

---

① [加]威尔·金里卡:《少数的权利:民族主义、多元文化主义和公民》,邓红风译,上海世纪出版集团2005年版,第259页。

关联性更为复杂,对民族文化的积极参与,非但不会限制个人的选择,反而还会使个人自由变得更加有意义。同时,自由主义者对个人自由的基本承诺可以被扩展为对民主文化的繁荣以及持续活力的基本承诺,人们更愿意喜欢自己民族和国家的文化而不是喜欢其他更为繁荣的文化的原因在于,文化归属在人们的自我认同中发挥着极其重要的效用。金里卡还强调由于文化归属以及民族认同等原因,人们的个人自由感以及个人的自主性一般是与人们参与自己的民族文化密切关联在一起的。①

在上述三个原则中,金里卡尤为强调了"语言"所发挥的重要作用,认为在多语种的国家中,语言正在成为确定政治共同体边界越来越重要的因素,民主政治首先是一种方言中的政治,只有当公民们用自己的语言讨论政治问题时,他们才会感到自在,语言差异仍然是阻碍公共舆论的形成和真正的民主出现的重要障碍,"有证据表明语言在民主政治共同体建设中极其重要。在对政治共同体进行定义时,语言实际上正变得越来越重要,而这些由语言标定的政治共同体仍然是参与性民主辩论的最基本场所,并且是其他各级政府民主合法化的最基本场所"。② 以上我们探讨了金里卡所认可的、自由主义的民族主义者所申述的为什么民族国家应当成为自由主义政治理论的恰当研究对象的理由。金里卡反复强调社会正义、商议性的民主和个人自由在一个公民拥有共同的民族认同、共同的文化和共同的语言的民族国家中能够得到很好的实现,并以此为基础批判了赫尔德的世界主义民主理论。

在金里卡那里,民族观念提供了一种维持再分配的关系以及民主统治关系所需要的团结和信任,而赫尔德的世界主义民主理论对集体认同和社会正义这些问题并未做任何阐述。当然,与赫尔德一样,金

---

① 参见[加]威尔·金里卡《少数的权利:民族主义、多元文化主义和公民》,邓红风译,上海世纪出版集团2005年版,第243—247页。
② [加]威尔·金里卡:《全球化时代的公民权利:对赫尔德的评论》,载[美]伊恩·夏皮罗、[美]卡西亚诺·海克考登主编《民主的边界》,张熹珂、孟玫译,中央编译出版社2016年版,第150页。

里卡也承认存在建立在个人的全球社会归属之上的那种真正的超越民族的各种认同，正如他所言：

> 考虑一下绿色和平组织成员的行为。他们抗议对南极地区资源的过度开发，因为那样可能会对环境造成破坏。当这些成员进行这种抗议时，他们并没有把自己看作是属于某一个特殊的国家，而认为自己属于绿色和平组织，属于一个为防止全球环境的破坏而进行游说的全球性组织。我们可以考虑一下其他针对某一特殊问题的超民族认同；这些认同在对诸如保护环境和倡导人权之类的价值的信奉方面表现得很明显。①

大赦国际和国际红十字会的成员也会与绿色和平组织的成员一样持有同样的超民族的全球性认同。尽管金里卡与赫尔德一样都意识到为了解决人类所面临的一系列共同问题，跨国机构是必需的，但是他对跨国机构能否实现民主化以及赫尔德为实现跨国机构的民主化而提出的一些建议，都表示了怀疑。

鉴于在金里卡那里，赫尔德的世界主义民主理论忽视了集体认同和社会正义等非常重要的因素，金里卡指出了三种可能的选择，并一一指出这三种选择并不能提供在民族国家内部所存在的、对维系超国家和超民族的民主理论非常重要的"共同认同"和"共同信任"，同时，人们也无法建构一种能够确保信任和团结的共同认同。② 第一种选择是为了使得超国家和超民族的机构实现民主化，人们应当尽力将那些针对全球贫困、全球不平等和人权等特殊事务的超民族认同，作为正义和民主所要求的那种信任和团结的基础。金里卡指出这种策略的问题在于民主要求人们信任那些与其利益和目标不一致的人，并愿

---

① ［加］威尔·金里卡：《少数的权利：民族主义、多元文化主义和公民》，邓红风译，上海世纪出版集团 2005 年版，第 260 页。
② 本段的下述观点参见［加］威尔·金里卡《少数的权利：民族主义、多元文化主义和公民》，邓红风译，上海世纪出版集团 2005 年版，第 260—261 页。

意为之做出某种牺牲,这实际上提出了一种过高的要求,是非常难以实现的。上述针对特殊事务的超民族认同的出现也许可以解释为什么绿色和平组织的成员愿意为了世界各地的环境保护问题而做出自己的努力,有时甚至要做出很大的牺牲,但是它并不能解释为何绿色和平组织的成员愿意为世界各地的包括诸如少数族裔群体在内的群体的利益做出牺牲。金里卡强调,民主要求对那些互竞的利益做出裁决,在一个民族国家的内部,民族成员所持有的共同的民族认同能够超越那些重视经济发展的社会群体与那些重视环境保护的社会群体之间的某些歧见,并使得它们之间的某种程度的团结和信任成为可能,而在超国家和超民族的组织这一层次上,我们很难看到何种东西能够扮演类似的角色,因此,金里卡认为第一种选择是不可信的。第二种选择主张为了使得超国家和超民族的机构实现民主化,人们应当在依靠已有的民族认同的基础上,通过某些有利的措施,使这些国际机构能够通过民族国家肩负起更大的责任。目前的联合国以及其他一些国际组织就采取了这种模式,人们也可以想象某些超国家和超民族的机构能够对民族国家负责,公民也会因而感到他们通过日常的参与过程而对超国家和超民族的机构有一定的控制权和发言权。金里卡认为第二种选择仍然是不可信的,其存在的问题是目前很多国家并不是民主的——至少离民主尚有一定的距离,虽然民族国家有可能为自由主义民主的发展提供一些良好的条件,但是纯粹依靠民族国家本身并不能确保自由主义民主的实现。金里卡设想的第三种选择是为了使得超国家和超民族的机构实现民主化,人们应当扩大那些参与决策的自主个体的范围,比如我们在上一节曾提到的赫尔德在主张改革联合国的运作方式时提及的在联合国中增设第二个议院,就是这种选择的体现之一。金里卡认为依照第三种选择,通过扩大参与决策的群体的数量,个人能够更好地被代表,因此,通过这种方式可以解决在民族国家的层面之外如何实现个人自主的问题。同时,这种方式也可以解决某些民族国家经常不能代表其公民的问题——无论在民主国家还是在非民主国家,这一问题往往都存在。在金里卡那里,虽然第三种选择能够把亚民族的成分、民族的成分以及超民族的成分结合在一起，但是它存在的问题仍然是如何培养、创建以及维持世界主义民主所需要的那种共同的认同和团结。

二 反思金里卡对赫尔德世界主义民主理论的质疑

通过审视金里卡对赫尔德的世界主义民主理论的上述质疑我们可以发现，金里卡并未完全拒斥赫尔德的世界主义民主理论，而是与赫尔德一样，也认同如下观点：当今人类面临着的一些共同问题，需要政府间的国际组织与国际非政府组织来加以处理，民族国家并不是自由主义的政治理论的唯一适用对象。当然，金里卡的立场和赫尔德的立场之间的歧见要大于它们之间的共识，它们之间的关键分歧在于两个方面：一方面，在全球层面上真正实现民主需要满足哪些前提条件？另一方面，全球层面上的恰当商议到底涵盖了哪些要素？就第一方面的分歧而言，金里卡主张自由主义的民族主义者所强调的"社会正义""商议性的民主"和"个人自由"在一个公民持有共同的民族认同、共同的文化和共同的语言的民族国家中才能够得到很好的实现，而赫尔德恰恰没有关注民主政治的恰当运作需要哪些必要的先决条件。事实上，金里卡在此误解了赫尔德的观点，因为赫尔德当然注意到了民主政治（尤其是国际层面上的民主）的运作所要满足的先决条件，只不过赫尔德言说的条件并不是金里卡心仪的条件。赫尔德强调倘若公民能够有效地参与政治生活和社会生活，必须享有一些基本的政治权利、经济权利和社会权利等权利，而且还必须在此基础上拥有我们在本章上一节所提到的"自主性"："自主性原则是现代自由主义民主蓝图的核心。自由主义民主蓝图致力于使人们获得决定自己行动的能力以及证明自己行为的正当性，使人们有能力在各种替代性政治安排中作出选择，并引入规则限定民主的过程。"① 然而，金里卡关注的是参与政治生活和社会生活的人们是否拥有共同的认同、共同

---

① ［英］戴维·赫尔德：《民主与全球秩序：从现代国家到世界主义治理》，胡伟等译，上海世纪出版集团2003年版，第159页。

的语言和共同的信任等条件。

就第二个方面的分歧来说,虽然金里卡和赫尔德都同样不断强调那些受到政治决策影响的人与那些政治决策的做出者之间应该有一种"均衡"和"对等"的关系,受到政治决策影响的所有人都应该真正参与到事务的协商之中,同时,"民主赤字"无论在国家层面,还是在全球层面,目前都是确实存在的,但是金里卡和赫尔德分别强调了商议性的民主的不同方面。赫尔德强调的是通过哪些机制(包括国内层面的机制和国际层面的机制,赫尔德重点强调了后者)可以使得那些受到决策影响之人表达自己的意见(比如建立跨国的投票机制和实现全民公决等),而金里卡强调的是在践行商议性的民主的过程中人们交流的内容是什么,为了实现有效的交流,金里卡再次强调了共同语言和共同认同的重要性,强调了倘若那些参与交流的人们没有共同语言和共同认同,商议性的民主是很难实现的。金里卡在很大程度上正是因为认为全球层面上并不存在共同的语言和共同的认同,因而对赫尔德的世界主义民主理论持一种批判的立场,并认为虽然跨国的机构需要实现民主,但是赫尔德对实现跨国机构的民主的设想是不成立的,全球层面上也不可能实现真正的民主。实际上,金里卡在此对赫尔德观点的质疑同样是站不住脚的,接下来我们对此进行较为详细的分析。

金里卡强调了共同的语言在民主制度的有效运转过程中所扮演的极其重要的角色,认为在国际社会中人们说着各种各样的语言,目前通过翻译机构进行的交流比较麻烦,代价也会比较大,因此,这既是难以在国际社会上形成共同认同的重要障碍,也是在国际层面上实现民主的一个主要制约因素。布洛克曾质疑了金里卡的上述观点,认为在金里卡那里,语言是一种确定社会的界限的重要标准,那些说着同一种语言的人属于同一个社会,倘若在一个民主国家中,公民说着各种各样的语言,为了民主国家的稳固,会想方设法克服语言的障碍,并形成共同的认同,那么,在国际社会中人们为什么不能同样如此呢?毕竟世界上的诸多地区不可能没有任何共同之处。例如,在当今国际舞台上,我们并不能找到不参与国际贸易、体育比赛、文化交流、艺术交流、公路运输、铁路运输和国际邮政系统等跨国行为的国家。① 同样,金里卡的人们无法建构一种能够确保信任和团结的共同认同这一观点同样是值得怀疑的,因为世界各国在不少方面有着共同的历史,比如在二战期间那些深受德、意、日等法西斯势力无情践踏和残酷蹂躏的国家,对于战争带来的创伤有着共同的体悟,对于和平有着共同的向往,这些国家至少在反对法西斯主义势力的抬头这一点上有着共同的认同;那些遭受传染病和毒品之危害的国家,至少在消灭传染病和打击毒品犯罪等方面有着共同的认同。倘若我们借助上述布洛克的推理逻辑,既然在民族国家的内部,公民信奉不同的宗教,有着不同的信仰,持有不同的传统,说着不同的语言,在此基础之上都能形成共同的认同,那么,我们并不能否认在全球层面上各国以及各民族的人民在存在诸多差异的情况下共同认同出现的可能性。随着人类所面临的共同问题越来越多,随着人类命运共同体意识的日渐增强,这种共同的认同也会越来越多。倘若没有共同的认同,当今世界上所存在的致力于解决人类社会所面临的诸如全球生态、安全、金融危机和贫困等共同问题的大量政府间国际组织和国际非政府组织就是不可能出现的。一些国际组织在当今的国际舞台上扮演了越来越重要的角色,正是说明了无论个人出生在哪个国家或者身处于哪个国家,共同的认同正在全球层面上逐渐扩展。另外,就金里卡所信奉的人们愿意为同胞的利益做出牺牲,会优先关照同胞的利益而不怎么关照非同胞的利益这一"同胞偏爱论",我们在上一章的第四节已经进行了反驳,在此不再赘述。

可见,金里卡对赫尔德的世界主义民主理论的质疑至少在上述两个方面是站不住脚的。我们需要注意的是,虽然我们在此质疑了金里卡的观点,但是赫尔德的世界主义民主理论并不是完全自洽的,譬

---

① Gillian Brock, *Global Justice: A Cosmopolitan Account*, Oxford University Press, 2009, p. 99.

如,虽然托马斯·雅诺斯基(Thomas Janoski)曾高度评价了赫尔德的贡献,认为赫尔德为塑造和发展新的人权体制和全球法律政治体系提供了一种理论与实践上的全球政治解决方案,但是雅诺斯基仍然强调了世界主义的不足:"世界主义或其他以自然权利为基础的理论容易面临理论上的模糊性和操作上的随意性等问题,因而增加了公民权利实现的难度和不确定性。相比而言,寻求世界主义组织与多元民族国家权力安排上的平衡,或许才是应对全球化世界的可行之道。"① 虽然雅诺斯基的上述评价并不是纯粹针对赫尔德的世界主义民主理论的,但是我们在此将其视为是对赫尔德立场的一种较为中肯的批评,也未尝不可。另外,虽然亚历山大·温特(Alexander Wendt)认同赫尔德所言说的人们在世界主义方向上要重新思考有关民主的传统的以国家为中心的理解,但是仍然强调在可预见的将来可能出现的民主是"国家"之间的民主(也就是国际民主),而不是世界主义民主理论所强调的"个人"之间的民主,并指出了赫尔德的世界主义民主理论在实践方面可能存在的限度,即"由谁来决定谁将受到权力关系的影响,以及用什么标准呢,特别是在缺乏中央集权的世界政府的情况下?这是个很大的问题,但是没有明确的、制度上切实可行的答案,就很难知道世界主义民主是否是个好主意,更不用说它是否可能了"。② 我们在此只是想强调,在通过全球治理来实现全球正义的道路上,我们不必像金里卡那样持一种过于悲观的立场,不必否认全球层面上的民主出现的可能性。然而,这要满足一个前提条件,即全球治理必须是公平的全球治理,这将涉及我们最后将要分析的全球治理的价值共识问题。

---

① [美]托马斯·雅诺斯基:《世界主义与公民身份:世界与民族的折衷》,李斯旸译,载肖滨、郭忠华主编《公民身份研究》第1卷,上海人民出版社2015年版,第190页。
② [美]亚历山大·温特:《对赫尔德世界主义的评论》,载[美]伊恩·夏皮罗、[美]卡西亚诺·海克考登主编《民主的边界》,张熹珂、孟玫译,中央编译出版社2016年版,第161页。

第五节　公平的全球治理有助于实现全球正义

　　作为一种复杂的治理体系，全球治理的一个重要组成部分是全球治理的价值基础，即全球治理应当建立在哪些核心价值之上，这也是在全球治理不断深入的过程中，我们应当解决的全球治理的价值冲突问题。全球治理的价值对于确保全球治理的公平性以及对于全球治理能否取得积极的效果来说是至关重要的，因此，我们要为全球治理寻求能够获得普遍认可的价值，即需要解决全球治理的价值共识问题或者全球治理的精神基础问题。全球治理应当以哪些核心价值为根基呢？当然，不同的组织或个人会对此有着不同的见解，全球治理委员会的《天涯成比邻》对全球治理的价值曾经有一种经典的表述，它认为："我们深信，一切人都能信守尊重生活、自由、正义和平等、互相尊重、关心别人和正直等核心价值。这就会提供一个基础，把建立在经济交流和信息进步之上的全球友邻关系，改造成为一个一统的道义社会。在这个社会里，人们将超越亲情、利益或个性而团结在一起。"① 倘若联系《联合国宪章》的基本内容，我们可以发现全球治理委员会对全球治理之价值的表述与《联合国宪章》的基本精神是高度一致的。也有论者认为："全球治理是各国政府、国际组织、各国公民为最大限度地增加共同利益而进行的民主协商与合作，其核心内容应当是健全和发展一整套维护全人类安全、和平、发展、福利、平等和人权的新的国际政治经济秩序，包括处理国际政治经济问题的全球规则和制度。"② 在现代社会，全球治理的价值共识已经逐渐凸显出来，大体上而言，全球治理只能奠基于平等、人权、民主和正义等一些核心价值之上，这些核心价值是全球治理不能背离的底线价值或者底线伦理，否则，全球治理将不是一种公平的全球治理。

---

　　① ［瑞典］英瓦尔·卡尔松、［圭亚那］什里达特·兰法尔主编：《天涯成比邻——全球治理委员会的报告》，中国对外翻译出版公司1995年版，第47页。
　　② 俞可平：《全球治理引论》，《马克思主义与现实》2002年第1期。

首先，全球治理必须是一种平等的全球治理。作为全球治理的基石之一的平等，大体上包括两个方面的内容：一是国家与国家之间的平等，二是个人与个人之间的平等。就前者来说，国家与国家之间的平等这一理念所申述的是我们耳熟能详的一些内容，比如在1648年的《威斯特伐利亚和约》中，国家主权原则被确立下来，"国家主权平等原则"更是获得了现代国际法的推崇，它强调的是虽然各国在领土面积、人口数量、经济发展程度、政治制度、意识形态、军事实力和GDP总量等方面存在诸多显见的差异，但是国家的主权一律是平等的，主权没有大小之分，这一基本原则无论在联合国的各种文件中，还是在其他国际组织的文件中，都获得了广泛的认可。同时，各国还应该奉行领土独立和互不干涉的原则。虽然国家主权平等原则已经获得了广泛的承认，但是在现实的国际舞台中，实力雄厚的国家往往可以肆无忌惮地侵犯弱小国家的主权，欺凌弱小国家，这也是全球治理需要解决的重要问题之一；就后者而论，个人与个人之间的平等在世界主义的理念那里得到了明确的表达。个人与个人之间的平等强调的是虽然人与人之间在事实上存在诸多差异（譬如国籍、民族、种族、性别、财富、能力、受教育程度、肤色和社会地位等方面的差异），但是从道德意义和法律意义上来说，每个人都共享着人类的本性，都拥有平等的内在价值、道德地位和法律地位，没有一个人在本质上比他人优越。同时，依照道德平等和法律平等，人与人之间所存在的差异不应该影响人们所拥有的一些基本权利，比如人们在生存方面的一些最低限度的权利。这种平等理念在我们反复提及的世界主义理念那里得到了较好的呈现。

其次，全球治理还必须奠定在对人权保护的基础之上。人权应该是全球治理这一复杂的治理体系的关键基石之一，正如我们在第五章第一节中曾经强调的那样，人权是人之为人所应当拥有的一些基本权利，应该普遍、平等地为所有人享有，换言之，一个人所拥有的人权与其国籍、性别、民族、社会地位、教育程度和财富等外在特征是没有任何关系的。目前，针对人权的国际文件是多种多样的，较具代表性的是1948年12月10日联合国大会通过的《世界人权宣言》，此后联合国大会又相继通过了《消除一切形式种族歧视国际公约》《公民及政治权利国际盟约》《经济、社会和文化权利国际盟约》《消除对妇女一切形式歧视公约》《禁止酷刑和其他残忍、不人道或有辱人格的待遇或处罚公约》《儿童权利公约》《保护所有移徙工人及其家庭成员权利国际公约》和《残疾人权利公约》等国际人权文件。目前在建构一种公平的全球治理体系的过程中，我们必须尽力将上述诸国际人权文件所列举的人们所享有的政治权利、经济权利和社会权利等权利真正地落到实处，尤其是其中的一些基本权利（比如舒伊等人所强调的生存权和安全权等权利），而不能仅仅停留在文件上，不能仅仅成为一种"宣言性的权利"。在以人权作为全球治理的价值基础的过程中，我们要尤其注意保护世界上的贫困之人的人权，尽力履行对社会弱者的一些义务。

再次，全球治理还必须是一种民主的全球治理。显而易见，目前的全球治理并不是民主的，无论是在民族国家的内部，还是在国际组织中，在不少方面还存在着"民主赤字"，正如麦克格鲁曾言：

> 在21世纪，政治干预能否借助增强全球正义与人类安全等方式而驯服全球化，在很大程度上将有赖于这种不断发展的多层全球治理体系的主流价值观、战略合作与管理能力。然而，该体系核心存在着一个致命的缺陷，即缺乏民主的信任。因为，从总体上说，这个世界共同体存在着高度的非代表性，以及权力、影响、机会与资源的极度不平等：这一体系也许最好称作扭曲的全球治理。①

全球层面上的"民主赤字"体现在多个方面，譬如，世界贸易组织和国际货币基金组织等国际组织的某些重要的协商活动并不是公开

---

① ［英］托尼·麦克格鲁：《走向真正的全球治理》，陈家刚编译，《马克思主义与现实》2002年第1期。

的和透明的,某些实力雄厚的跨国公司在全球层面上所拥有的日益增长的权力也不是民主的,不但如此,这些国际组织以及跨国公司往往并不需要对那些受其决策影响的人负责,国际法院无法对其进行有效的问责,普通人更不可能对其进行问责。因此,全球治理应该将民主价值及其制度置于重要的位置,世界各国以及国际组织等全球治理主体在进行全球治理的过程中,应该秉承公开和透明的原则,通过赋予世界各国及人民更加平等的权利,并加强对政府间国际组织和国际非政府组织的监督,一个更加民主和负责任的全球治理体系将会有助于全球正义的实现。

最后,正义是全球治理的另一个非常重要的基石。正义是人类社会追求的美好价值之一,倘若全球治理没有体现正义或者没有奠基于正义之上,它有可能带来不稳定或者激化已有的矛盾,尤其在今天这样信息发达的时代,各色矛盾更容易被放大和激化。正义包括的内容是多种多样的,比如有"分配正义"和"矫正正义",正如亚里士多德曾经说过的那样,"具体的正义及其相应的行为有两类。一类是表现于荣誉、钱物或其他可析分的共同财富的分配上(这些东西一个人可能分到同等的或不同等的一份)的正义。另一类则是在私人交易中起矫正作用的正义。矫正的正义又有两类,相应于两类私人交易:出于意愿的和违反意愿的"。① 由于我们在本书的不少章节中已经着力探讨了如何在全球层面上实现分配正义,我们接下来将简要地探讨矫正正义,当然,我们在此论及的矫正正义并不仅限于亚里士多德所说的在私人交易中起作用的矫正正义,也强调某些国家必须对其犯下的巨大错误带来的恶劣影响做出补偿,并进行矫正等。历史上的以殖民主义、种族灭绝和奴隶制等为代表的一些不公正的行为恰恰是目前某些贫困国家贫困的重要根源之一,而目前一些富裕国家也正是这些历史上的不公正行为的受益者,因此,这些富裕国家必须对因历史上的不公正行为而贫困的国家进行补偿,例如,在第二次世界大战中,德、

---

① [古希腊]亚里士多德:《尼各马可伦理学》,廖申白译,商务印书馆2003年版,第134页。译文有改动。

意、日等践行法西斯主义理念的国家必须对其伤害的国家及其人民（譬如犹太人、波兰人、中国人和韩国人等）做出补偿，并采取某种方式来纠正国家在历史上的一些非正义的行为。补偿的方式多种多样，既有战争赔款等经济形式的补偿，又有公开道歉①、真诚忏悔、恢复名誉、反省战争等其他形式的补偿。

　　在为全球治理寻求价值共识时，我们还必须注意到为全球治理寻求价值共识并不是一件简单和轻松的事情。我们上述所言说的"平等""人权""民主"和"正义"等全球正义的基石，并不是从起初就是"全球性"的基本价值，而往往是生发于和成长于西方的一些基本价值，这样的话，它们往往是特殊主义的，在普适性方面就可能会存在一些限度。因此，我们在为全球治理寻找价值共识的过程中，还必须重视"地方性知识"的重要性，比如亚洲文化和非洲文化等文化传统中存在的一些价值理念。当然，我们并没有必要完全固守地方性知识，而对其他文化采取一种完全拒斥的态度，正如有论者曾言，"由于历史上并不存在一个天然的全球价值体系，因此，我们只能在各种地域性、民族性价值理念中寻求全球治理的价值资源。为此，我们绝对没有理由将地域性、民族性价值理念限定在它的发生学意义上，以一种文化原教旨主义的姿态，拒斥任何与自己的文化传统相异的文化价值理念"②。虽然"平等""人权""民主"和"正义"等基本价值确实主要是西方文化的产物，但是这既不意味着它们在非西方的文化中就是完全阙如的，又不意味着它们只能适用于西方社会。实际上，它们的某些方面也存在于非西方的文化传统中，如我们在第四章曾强调在亚洲文化和非洲文化的传统中也存在人权观念，同时，它们对非西方文化也有一定的借鉴意义。当然，一些全球性的价值必须获得诸民族国家及其人民的认可，必须获得国际组织的承认，唯有如

---

　　① 自20世纪90年代以来，道歉已经越来越成为一种纠正国家历史上的非正义行为的方式，具体研究可参见徐贲《知识分子与公共政治》，中央编译出版社2016年版，第280—291页。

　　② 任剑涛：《拜谒诸神：西方政治理论与方法寻踪》，社会科学文献出版社2014年版，第177页。

此，奠基于其上的全球治理方能产生积极的效果。否则，倘若西方国家只是一味凭借强力向外不断兜售上述全球性的价值，而不顾非西方国家对这些全球性价值的接受程度，这样只会引起西方国家与非西方国家围绕哪些价值可以成为全球性的价值这一问题产生激烈的对抗。

简言之，倘若全球治理能够真正奠基于平等、人权、民主和正义等现代价值的基石之上，全球治理就是一种公平的全球治理。公平的全球治理将有利于全球正义的实现，譬如，公平的全球治理能够使得国家与国家之间建立一种真正平等的关系，能够在全球层面上落实《世界人权宣言》等国际人权公约所宣扬的各种人权，能够消除目前国际层面上所存在的"民主赤字"，能够使得某些国家承担其应当承担的责任等。依照公平的全球治理，全球治理体制的公正性也将获得保障，全球正义也能够逐步得以实现。

结　语

全球正义理论的趋向

正义理论是当代政治哲学和道德哲学中的一种轴心理论，作为正义理论重要一员的全球正义理论也引发了很多学者的关注。本书主要从"全球正义的理论基础""全球正义的分析进路"以及"全球正义的实现问题"三个方面对全球正义理论进行了一种初步的研究，并得出了下述几点认识：第一，很多世界主义者在思考如何解决全球不平等和全球贫困等问题以及批判罗尔斯的国际正义理论的基础上，建构了诸多全球正义理论，同时，那种强调"个人"是道德关怀的终极对象的世界主义是一种研究全球正义理论的重要视角。贝兹和博格等世界主义者与弗里曼等少数罗尔斯的辩护者围绕着罗尔斯的国际正义理论产生了激烈的纷争，实际上，弗里曼等罗尔斯的辩护者为罗尔斯的国际正义理论所进行的辩护是难以获得证成的。这也意味着一种具有自洽性的全球正义理论必须超越民族国家等共同体的边界，将个人而不是将国家等共同体视为道德关怀的终极单位，这也是我们在分析全球正义理论时采取世界主义所弘扬的以"个人"为中心的研究视角的原因之一。世界主义有着悠久的历史，肇始于古希腊时期，它的发展历经了古典世界主义、现代世界主义和当代世界主义三次浪潮，本书关注的主要是当代世界主义。虽然贝兹、博格和纳斯鲍姆等人对当代世界主义的理念有着不同的表述，但是博格对当代世界主义之基本立场的言说能够大致概括当代世界主义的基本理念，即个人主义、普遍性和普适性。世界主义既有着各种各样的类型（比如有学者将其分为道德世界主义和制度世界主义,也有学者将其分为弱式的道德世界主义与强式的道德世界主义),又面临着诸多批判。实际上,道德世界主义能够免于有些学者以世界政府的存在是不现实的为由而进行的批驳,是因为道德世界主义并不像制度世界主义那样包含具体的政策或者制度建构,道德世界主义并不主张建构一个世界政府,只是反复申述了个人是道德关怀的终极单位,不论其属于哪个国家或哪个民族,都应该获得平等的关心与尊重。

第二,功利主义、契约主义和人权是全球正义理论的三种具有典范意义的分析进路。很多功利主义的辩护者为了回应罗尔斯等人对功利主义的激烈批判,建构了形态各异的功利主义,并以功利主义为工具,分析了贫困、安乐死和堕胎等实践伦理学中的一些极为棘手的问题。辛格就是其中的代表性人物,我们正是以辛格的全球正义理论为例分析了全球正义理论的功利主义分析进路。辛格秉持了一种以利益的平等考虑原则为内核的功利主义伦理观,并将其用于分析全球正义问题,认为国家的边界并不像某些共同体主义者所言说的那样具有根本的道德意义。富裕国家及其人民对全球贫困者应当负有的"援助义务"是辛格的全球正义理论的核心内容。辛格的全球正义理论存在一些有待解决的问题,比如辛格的全球正义理论的关键论证(从"拯救落水儿童"这一思想实验推导出"富裕国家对贫困国家所负有的援助义务")是不能令人信服的,预设了一种不恰当的责任观,仍然面临着功利主义通常面临的某些批判。我们在第四章研究了全球正义理论的契约主义分析进路,契约主义之所以能够成为全球正义理论的一种重要的分析进路,与罗尔斯在刻画其国内正义理论和国际正义理论时一直都采用契约主义的方法有着很大的关联性。与罗尔斯不同的是,贝兹和莫伦道夫等契约主义者得出了罗尔斯并不认可的全球分配正义原则,比如贝兹的"全球差别原则"、莫伦道夫的"全球机会平等原则"以及布洛克在批判上述两种全球分配正义原则的基础上所述说的"基于需要的最低门槛原则"。事实上,无论是全球差别原则和全球机会平等原则,还是基于需要的最低门槛原则,都不是一种恰当的全球分配正义原则;人权是全球正义理论的另一种重要的分析进路,这也是第五章的主题。以舒伊、博格、琼斯和曼德勒等人的理论为代表的全球正义理论的人权分析进路也是本书所认可的一种全球正义理论的分析进路。与其他全球正义理论的分析进路一样,全球正义理论的人权分析进路也具有很大的争议性,比如有人挑战了人权的普遍性,有人认为全球正义理论的人权分析进路在义务问题上是非常模糊的,等等。笔者认为全球正义理论的人权分析进路是能够获得辩护的,一旦我们澄清了全球正义理论的人权分析进路的真实含义,它就能够免于上述批判。然而,全球正义理论的人权分析进路的代表性理论主要强调了"生存权"的重要性,较少强调"发展权"的重要性,这是它需要进一步完善的地方。

第三,全球正义理论是否能够实现以及怎样实现,也是本书关注的重要问题。就"全球正义是否可能"这一问题而言,我们是通过分析全球正义理论所面临的两种主要批判来进行研究的:一种是通过诉诸"民族身份"并从"民族主义"立场出发对全球正义理论进行的批判,另一种是通过诉诸"公民身份"并从"爱国主义"立场出发对全球正义理论进行的挑战。民族主义者强调全球正义理论削弱了民族自决权、民族责任和民族认同,而爱国主义者主要从特殊义务、社会合作和国家强制等方面批判了全球正义理论。事实上,民族主义和爱国主义对全球正义理论的批判在不少方面是站不住脚的,全球正义理论能够容纳源自民族主义和爱国主义的批判,为民族主义和爱国主义划定了一种约束边界。与民族主义和爱国主义相较而言,全球正义应该处于一种优先的地位,然而,这既不意味着我们否认了民族主义和爱国主义在现实政治生活中的重要性,也不意味着民族主义和爱国主义只具有工具性的价值;我们还以"全球治理"为切入点考察了"全球正义何以可能"这一问题。全球正义的实现面临着诸多制约因素,全球治理恰恰可以成为实现全球正义的一种重要机制,赫尔德的世界主义民主理论是全球治理的一种代表性理论。赫尔德强调在全球化时代，民主并不像以前那样仅仅是一个国家内部的事务，它已经成为一种国际事务，很多民族国家的民主和责任受到了削弱，同时人们开始在国家、地区和全球的网络内深化和扩展民主，因此，在全球化时代我们要重新思考民主，比如对联合国等国际组织进行改造，增强其民主性。金里卡质疑了赫尔德的世界主义民主理论，认为在国际层面上民主是不能实现的，其中的原因在于金里卡主张民族观念提供了一个维持再分配关系以及民主统治所需要的团结和信任，而赫尔德的世界主义民主理论并未涉及集体认同和社会正义这些问题。事实上，金里卡对赫尔德的世界主义民主理论的质疑是不能令人信服的，在通过全球治理来实现全球正义的道路上，金里卡的立场过于悲观，我们不必否认全球层面上的民主出现的可能性。然而，这必须要满足一个前提条件，即全球治理必须是一种公平的全球治理，全球治理必须奠基于平等、人权、民主和正义等价值基石之上。

　　我们以上归纳了本书关注的问题以及主要的研究结论，一个接踵而至的问题是，作为一种跨越国界的分配正义理论，全球正义的趋向大体上应该是什么呢？我们至少可以从理论和实践两个方面来对其展开具体的分析。就全球正义在理论方面的趋向而言，在当代政治哲学界和道德哲学界，关于全球正义理论的纷争会愈来愈激烈，这种激烈的纷争既会体现在全球正义理论的"内部之争"方面，又会显现于全球正义理论的"外部之争"方面。就全球正义理论的"内部之争"来说，全球正义理论的支持者之间的纷争将会更加激烈，譬如，一种较为可行的全球正义理论的主要侧重点是什么？全球正义理论的哪种分析进路是较为可行的？全球正义论者应当如何回应全球正义理论面临的诸多诘难？如何实现全球正义？虽然在本书中我们分析了全球正义理论的功利主义、契约主义和人权三种代表性的分析进路，但是这并不意味着学者们在研究全球正义理论时只采取了这三种分析进路。事实上，奥尼尔从"义务"出发对全球正义理论进行的研究以及阿玛蒂亚·森和纳斯鲍姆从"可行能力"（capabilities）的视角出发对全球正义理论的分析①，也已经引发了愈来愈多的关注。笔者认为相较于全球正义理论的其他分析进路而言，全球正义理论的人权分析进路会获得越来越多的关注，在有关全球正义理论的研究中将会处于一种主导性的地位，概而言之，原因有二：一方面，与全球正义理论的人权分析进路所倚重的理论资源有着莫大的关系。正如我们在第五章所述，人权在全球正义理论的人权分析进路中处于一种非常重要的位置，而人权无论在现代政治理论中，还是在现实的政治生活中，愈发具有重要性，而且也越来越获得人们的认可。任何一种具有一定可信度的政治理论，都不可能否认每个人作为人所持有的一些基本权利（比如舒伊等人所强调的生存权和安全权等基本人权），否则，它就会与人们的道德直觉相悖，基本上不会具有任何说服力。另一方面，与其他全球正义理论的分析进路相较而言，全球正义理论的人权分析进路亦有着不少优越性，譬如，它强调维护人之为人所拥有的一些基本权利，没有像全球正义理论的功利主义分析进路那样对人们提出一种过高的难以企及的要求，并没有申述一种不恰当的责任观；同时，它也有着更多实践方面的可行性，没有像全球正义理论的契约主义分析进路那样将论说的重心置于理论层面的论证；就全球正义理论的"外部之争"来说，全球正义理论的支持者与全球正义理论的批判者之间将会有着更多的歧见，除了我们在第六章所述及的民族主义和爱国主义对全球正义理论的批判以外，全球正义理论还面临着其他批判，譬如，现实主义的批判就是一种重要的批判。全球正义理论超越了国家

---

① 奥尼尔、阿玛蒂亚·森和纳斯鲍姆有关全球正义理论的研究，可分别参见 Onora O'Neil, *Faces of Hunger: An Essay on Poverty, Justice and Development*, London: Allen & Unwin, 1986; Onora O'Neil, *Twords Justice and Virtue: A Constructive of Practical Reasoning*, Cambridge: Cambridge University Press, 1996；[印度]阿玛蒂亚·森《正义的理念》，王磊、李航译，中国人民大学出版社2012年版；Martha C. Nussbaum, *Frontiers of Justice: Disability, Nationality, Species Membership*, Cambridge, Massachusetts: The Belknap of Harvard University Press, 2006；[美]玛莎·C. 纳斯鲍姆《寻求有尊严的生活——正义的能力理论》，田雷译，中国人民大学出版社2016年版。森和纳斯鲍姆所推崇的全球正义理论的能力分析进路与我们在第五章曾探讨的全球正义理论的人权分析进路在本质上是非常接近的。大体上而言，全球正义理论的能力分析进路应该是全球正义理论的人权分析进路的一部分。

主权和国家利益,超越了国家的边界,将全人类的利益(尤其是全球穷人的利益)置于一种非常重要的位置,在当下这样一个现实主义占据绝对主导地位的时代,这多少显得有些另类和不合时宜。倘若全球正义论者想践行其理念,除了从理论上进行缜密的论证、力图强化自己立场的说服力以外,还必须在实践方面增加自身的吸引力和感召力。

就全球正义理论在实践方面的趋向来说,全球正义理论会引起越来越多的人的关注,同时,为了能够真正实现全球正义,我们必须重视各民族和各国家所持有的形态各异的"地方性正义观"的重要性。在现代社会,人类文明的程度已经有了较大程度的提高,尤其在一个科技日新月异、信息化的时代,全球贫困者的悲惨处境已经引起了世界各地人民的关注,这已经成为一个显见不争的事实,一个以缓解和消除全球贫困、全球不平等为主要目的的全球正义理论也势必会引发更多人的兴趣以及重视。譬如,即使就目前而言,很多著作、论文、学术会议、研究项目和大学课程都已经在关注全球正义理论,可以说当代几乎一流的政治哲学家和道德哲学家都曾经或多或少地关注过全球正义理论,有关该主题的著作和论文以后也将会不断涌现。另外,正如我们在上一章言说全球治理的价值共识时强调地方性知识一样,具有一定可信度的全球正义理论在以后的发展过程中也必须对各种地方性正义观予以足够的重视。目前全球正义理论存在的一个根本缺陷在于全球正义理论对地方性正义观并未给予充分的关注,倘若这种缺陷得不到解决的话,全球正义理论就有可能只会停留于某些知晓多种文化、能够在世界各地行走的全球精英人士(如某些具有国际知名度的知识分子)的脑海中,它既难以获得普通人的认可,又很难被付诸实施。

全球正义理论和地方性正义观之间存在某种紧张关系,因为目前的全球正义理论主要是以西方的正义理论为原型的,往往是某一国家或者某一地区的正义理论不断向外拓展的结果,易言之,它起初并不具有"全球性",只是一种"地方性"的正义观而已,是一种特殊主义的而非普遍主义的主张。倘若有些人或有些国家在向外推广全球正义理论的过程中，并未顾及世界上其他地区之人民的看法和传统，只是一厢情愿地倚重自己的强制力量不断向外强行推销自己的观点，这种行为所带来的后果是，它既有可能引起其他国家和地区的强烈反抗，又有可能勾起一些国家回忆起由某些西方殖民国家的残酷殖民统治所带来的痛苦过往，例如，我们在本书第五章所述说的全球正义理论的人权分析进路所面临的源自"亚洲价值观"的批判，就是其中一个明显的例子。显而易见，为了化解全球正义理论与地方性正义观之间的紧张关系，全球正义理论必须平等地对待而不是歧视各种地方性文化，并在西方文化与非西方文化之间展开平等的交流与对话。

在建构一种拥有深厚根基的、有可能获得普遍认同的全球正义理论的过程中，秉承各种文化的人民都应当积极参与其中，譬如，在构建全球正义理论的过程中，中国人就应该扮演一种积极的角色，应该贡献自己的独特智慧，正如有论者曾经指出的那样，"值得注意的是，那些至今尚未普遍化和全球化的地方正义学说，如中国的儒学，如何能提出自己的全球正义理论，在这方面中国人理应对全球正义做出贡献。当中国的商界人士踏遍全球努力开发全球市场时，他们遇到了种种阻碍，其中涉及不少国际正义问题。中国方面应该提出一种令其他国家和人民信服的全球正义理论和标准，这是具有全球视野的中国人在新世纪所面临的挑战"[①]。当然，这并不是一个一朝一夕就可以完成的任务，而是一个需要长时段来加以认真思考和解决的复杂难题。最后我们想强调的是，全球正义理论要想成为一种真正具有"全球性"的正义理论，而不致仅仅限于"一时"或"一地"，不致蜕变成一种"地方性"的正义理论，全球正义论者必须认识到各种地方性正义观是全球正义理论的一个不可或缺的重要组成部分：一方面，全球正义理论既要认真对待和吸纳各种地方性正义观，尽力获得地方性正义观

[①] 何包钢：《民主理论：困境和出路》，法律出版社2008年版，第186页。

的支持，而不是漠视各种地方性正义观，又要试图在各种地方性正义观中间形成一种"重叠共识"；另一方面，在此基础上形成的全球正义理论也必须接受地方性正义观的检视和修正，经过与各种地方性正义观的不断"碰撞"，全球正义理论最终才能不断臻于完善。

参考文献

一　中文文献

何包钢：《民主理论：困境和出路》，法律出版社2008年版。

梁文韬：《国际政治理论与人道干预》，台湾：巨流图书股份有限公司2012年版。

任剑涛：《拜谒诸神：西方政治理论与方法寻踪》，社会科学文献出版社2014年版。

万俊人：《寻求普世伦理》，北京大学出版社2009年版。

汪子嵩、范明生、陈村富、姚介厚：《希腊哲学史》第2卷，人民出版社1993年版。

徐贲：《通往尊严的公共生活：全球正义和公民认同》，新星出版社2009年版。

徐向东：《自我、他人与道德——道德哲学导论》，商务印书馆2007年版。

徐向东编：《全球正义》，浙江大学出版社2011年版。

许纪霖主编：《全球正义与文明对话》，江苏人民出版社2004年版。

俞可平：《全球治理引论》，《马克思主义与现实》2002年第1期。

张伟主编：《联合国核心人权文件汇编》，中国财富出版社2013年版。

章雪富：《斯多亚主义》Ⅰ，中国社会科学出版社2007年版。

赵汀阳：《天下体系：世界制度哲学导论》，中国人民大学出版社2011年版。

［德］奥特弗利德·赫费：《经济公民、国家公民和世界公民——全球

化时代的政治伦理学》，沈国琴等译，上海译文出版社 2010 年版。

［德］奥特弗利德·赫费：《全球化时代的民主》，庞学铨等译，上海世纪出版集团 2007 年版。

［德］康德：《法的形而上学原理》，沈叔平译，商务印书馆 1991 年版。

［德］康德：《永久和平论》，何兆武译，上海世纪出版集团 2005 年版。

［德］乌尔里希·贝克：《世界主义的观点：战争即和平》，杨祖群译，华东师范大学出版社 2008 年版。

［德］扬－维尔纳·米勒：《宪政爱国主义》，邓晓菁译，商务印书馆 2012 年版。

［法］吉尔·德拉诺瓦：《民族与民族主义》，郑文彬、洪晖译，生活·新知·读书三联书店 2005 年版。

［法］卢梭：《社会契约论》，何兆武译，商务印书馆 1980 年第 2 版。

［法］朱利安：《论普世》，吴泓缈、赵鸣译，北京大学出版社 2016 年版。

［古罗马］西塞罗：《国家篇 法律篇》，沈叔平等译，商务印书馆 1999 年版。

［古希腊］亚里士多德：《政治学》，吴寿彭译，商务印书馆 1965 年版。

［加］贝淡宁：《超越自由民主》，李万全译，上海三联书店 2009 年版。

［加］贝淡宁：《东方遭遇西方》，孔新峰、张言亮译，上海三联书店 2011 年版。

［加］威尔·金里卡：《当代政治哲学》，刘莘译，上海三联书店 2004 年版。

［加］威尔·金里卡：《少数的权利：民族主义、多元文化主义和公民》，邓红风译，上海世纪出版集团 2005 年版。

［加］查尔斯·琼斯：《全球正义：捍卫世界主义》，李丽丽译，重庆出版社 2014 年版。

［美］A. 麦金太尔：《追寻美德：伦理理论研究》，宋继杰译，译林出版社 2003 年版。

［美］J. 范伯格：《自由、权利与社会正义——现代社会哲学》，王守昌、戴栩译，贵州人民出版社 1998 年版。

［美］艾丽斯·M.杨：《包容与民主》，彭斌等译，江苏人民出版社2013年版。

［美］安靖如：《人权与中国思想：一种跨文化的探索》，黄金荣、黄斌译，中国人民大学出版社2012年版。

［美］本尼迪克特·安德森：《想象的共同体：民族主义的起源与散布》，吴叡人译，上海世纪出版集团2003年版。

［美］彼得·辛格：《动物解放》，孟祥森、钱永祥译，光明日报出版社1999年版。

［美］彼得·辛格：《生命，如何作答》，周家麒译，北京大学出版社2012年版。

［美］彼得·辛格：《实践伦理学》，刘莘译，东方出版社2005年版。

［美］彼得·辛格：《一个世界——全球化伦理》，应奇、杨立峰译，东方出版社2005年版。

［美］查尔斯·贝兹：《政治理论与国际关系》，丛占修译，上海译文出版社2012年版。

［美］狄百瑞：《亚洲价值与人权》，尹钛译，社会科学文献出版社2012年版。

［美］汉斯·摩根索：《国家间政治：权力斗争与和平》（第七版），徐昕等译，北京大学出版社2011年版。

［美］科克-肖·谭：《没有国界的正义：世界主义、民族主义与爱国主义》，杨通进译，重庆出版社2014年版。

［美］科斯塔斯·杜兹纳：《人权与帝国：世界主义的政治哲学》，辛亨复译，江苏人民出版社2010年版。

［美］莱斯利·阿瑟·马尔霍兰：《康德的权利体系》，赵明、黄涛译，商务印书馆2011年版。

［美］林·亨特：《人权的发明》，沈占春译，商务印书馆2011年版。

［美］玛莎·纳斯鲍姆：《寻求有尊严的生活——正义的能力理论》，田雷译，中国人民大学出版社2016年版。

［美］玛莎·纳斯鲍姆：《正义的前沿》，朱慧玲、谢惠媛、陈文娟

译，中国人民大学出版社 2016 年版。

［美］迈克尔·沃尔泽：《正义诸领域：为多元主义与平等一辩》，褚松燕译，译林出版社 2002 年版。

［美］毛里齐奥·维罗里：《关于爱国：论爱国主义与民族主义》，潘亚玲译，上海人民出版社 2016 年版。

［美］乔治·萨拜因：《政治学说史》，邓正来译，上海人民出版社 2008 年版。

［美］塞缪尔·弗莱施哈克尔：《分配正义简史》，吴万伟译，译林出版社 2010 年版。

［美］史蒂芬·M. 博杜安：《世界历史上的贫困》，杜鹃译，商务印书馆 2015 年版。

［美］涛慕思·博格：《康德、罗尔斯与全球正义》，刘莘、徐向东等译，上海译文出版社 2010 年版。

［美］涛慕思·博格：《实现罗尔斯》，陈雅文译，上海译文出版社 2015 年版。

［美］特伦斯·鲍尔、［英］理查德·贝拉米主编：《剑桥二十世纪政治思想史》，任军锋、徐卫翔译，商务印书馆 2006 年版。

［美］托马斯·斯坎伦：《我们彼此负有什么义务》，陈代东等译，人民出版社 2008 年版。

［美］托马斯·雅诺斯基：《世界主义与公民身份：世界与民族的折衷》，李斯旸译，载肖滨、郭忠华主编《公民身份研究》第 1 卷，上海人民出版社 2015 年版。

［美］伊恩·夏皮罗、卡西亚诺·海克考登主编：《民主的边界》，张熹珂、孟玫译，中央编译出版社 2016 年版。

［美］约翰·罗尔斯：《罗尔斯论文全集》，陈肖生等译，吉林出版集团有限责任公司 2013 年版。

［美］约翰·罗尔斯：《万民法》，陈肖生译，吉林出版集团有限责任公司 2013 年版。

［美］约翰·罗尔斯：《正义论》，何怀宏、何包钢、廖申白译，中国

社会科学出版社 1988 年版。

[美] 约翰·罗尔斯：《政治自由主义》（增订版），万俊人译，译林出版社 2011 年版。

[美] 詹姆斯·罗西瑙主编：《没有政府的治理》，张胜军、刘小林等译，江西人民出版社 2001 年版。

[日] 大沼保昭：《人权、国家与文明》，王志安译，生活·读书·新知三联书店 2014 年第 2 版。

[瑞典] 英瓦尔·卡尔松、[圭亚那] 什里达特·兰法尔主编：《天涯成比邻——全球治理委员会的报告》，赵仲强、李正凌译，中国对外翻译出版公司 1995 年版。

[新西兰] 吉莉安·布洛克：《全球正义：世界主义的视角》，王珀等译，重庆出版社 2014 年版。

[以] 耶尔·塔米尔：《自由主义的民族主义》，陶东风译，上海世纪出版集团 2005 年版。

[意] 但丁：《论世界帝国》，朱虹译，商务印书馆 1985 年版。

[印度] 阿玛蒂亚·森：《以自由看待发展》，任赜、于真译，中国人民大学出版社 2002 年版。

[印度] 阿玛蒂亚·森：《正义的理念》，王磊等译，中国人民大学出版社 2012 年版。

[印度] 帕尔塔·查特吉：《民族主义思想与殖民地世界》，范慕尤、杨曦译，译林出版社 2007 年版。

[英] 蒂姆·莫尔根：《理解功利主义》，谭志福译，山东人民出版社 2012 年版。

[英] A.J.M. 米尔恩：《人的权利与人的多样性——人权哲学》，夏勇、张志铭译，中国大百科全书出版社 1995 年版。

[英] 安东尼·史密斯：《民族主义：理论、意识形态、历史》（第二版），叶江译，上海世纪出版集团 2011 年版。

[英] 奥诺拉·奥尼尔：《迈向正义与美德：实践推理的建构性解释》，应奇等译，东方出版社 2009 年版。

［英］边沁：《道德与立法原理导论》，时殷弘译，商务印书馆 2000 年版。

［英］戴维·赫尔德：《民主的模式》，燕继荣等译，中央编译出版社 2008 年版。

［英］戴维·赫尔德：《民主与全球秩序：从现代国家到世界主义治理》，胡伟等译，上海世纪出版集团 2003 年版。

［英］戴维·赫尔德：《全球盟约：华盛顿共识与社会民主》，周军华译，社会科学文献出版社 2005 年版。

［英］戴维·赫尔德、安东尼·麦克格鲁编：《治理全球化：权力、权威与全球治理》，曹荣湘等译，社会科学文献出版社 2004 年版。

［英］戴维·赫尔德等：《全球大变革：全球化时代的政治、经济与文化》，杨雪冬等译，社会科学文献出版社 2001 年版。

［英］戴维·赫尔德等：《驯服全球化》，董新耕译，上海世纪出版集团 2005 年版。

［英］戴维·米勒：《论民族性》，刘曙辉译，译林出版社 2010 年版。

［英］戴维·米勒：《民族责任与全球正义》，杨通进、李广博译，重庆出版社 2014 年版。

［英］戴维·米勒：《社会正义原则》，应奇译，江苏人民出版社 2001 年版。

［英］戴维·米勒、韦农·波格丹诺主编：《布莱克维尔政治学百科全书》（修订版），邓正来等译，中国政法大学出版社 2002 年版。

［英］德里克·帕菲特：《理与人》，王新生译，上海译文出版社 2005 年版。

［英］德里克·希特：《公民身份——世界史、政治学与教育学中的公民理想》，郭台辉、余慧元译，吉林出版集团有限责任公司 2010 年版。

［英］德里克·希特：《何谓公民身份》，郭忠华译，吉林出版集团有限责任公司 2007 年版。

［英］亨利·西季维克：《伦理学方法》，廖申白译，中国社会科学出

版社 1993 年版。

［英］霍布斯：《利维坦》，黎思复、黎廷弼译，商务印书馆 1985 年版。

［英］洛克：《政府论》下篇，叶启芳、瞿菊农译，商务印书馆 1964 年版。

［英］迈克尔·莱斯诺夫等：《社会契约论》，刘训练等译，江苏人民出版社 2005 年版。

［英］齐格蒙特·鲍曼：《全球化》，郭国良等译，商务印书馆 2013 年版。

［英］约翰·穆勒：《功利主义》，徐大建译，商务印书馆 2014 年版。

［英］詹姆斯·格里芬：《论人权》，徐向东、刘明译，译林出版社 2015 年版。

二 英文文献

Alasdair MacIntyre, *Is Patriotism a Virtue?*, The Lindley Lecture, The University of Kansas, 1984.

Alison M. Jagger (ed.), *Thomas Pogge and His Critics*, Polity, 2010.

Allen Buchanan, "Rawls's Law of Peoples: Rules for a Vanished Westphalian World", *Ethics*, Vol. 110, No. 4, 2000.

Amartya Sen and Bernard Williams (ed.), *Utilitarianism and Beyond*, Cambridge University Press, 1982.

Amartya Sen, "Utilitarianism and Welfarism", *The Journal of Philosophy*, Vol. 76, No. 9, 1979.

Andreas Follesdal and Thomas Pogge (ed.), *Real Word Justice*, Springer, 2005.

Andrew Kuper, "Rawlsian Global Justice: Beyond the Law of Peoples to a Cosmopolitan Law of Persons", *Political Theory*, Vol. 28, No. 5, 2000.

Barrow Robin, *Utilitarianism: A Contemporary Statement*, Hants, England: E. Elgar Pub. co., 1991.

Bernard Boxill, "Global Equality of Opportunity and National Integrity", *Social Philosophy and Policy*, Vol. 5, 1987.

Brain Barry, *Liberty and Justice: Essays in Political Theory 2*, Oxford: Clarendon Press, 1991.

Brain Barry, *The Liberal Theory of Justice: A Critical Examination of the Principal Doctrines in A Theory of Justice by John Rawls*, Oxford University Press, 1973.

Cara Nine, *Global Justice and Territory*, Oxford University Press, 2012.

Charles Jones, *Global Justice: Defending Cosmopolitanism*, Oxford University Press, 1999.

Charles R. Beitz and Robert E. Goodin (ed.), *Global Basic Rights*, Oxford University Press, 2009.

Charles R. Beitz, *Political Theory and International Relations*, Princeton University Press, 1979.

Charles R. Beitz, *The Idea of Human Rights*, Oxford University Press, 2009.

Charles R. Beitz, "Cosmopolitan Ideals and National Sentiment", *The Journal of Philosophy*, Vol. 80, No. 10, 1983.

Charles R. Beitz, "Cosmopolitanism and Global Justice", *The Journal of the Ethics*, Vol. 9, 2005.

Charles R. Beitz, "Justice and International Relations", *Philosophy and Public Affairs*, Vol. 4, No. 4, 1975.

Charles R. Beitz, "Rawls's Law of Peoples", *Ethics*, Vol. 110, No. 4, 2000.

Chris Armstrong, *Global Distributive Justice: An Introduction*, Cambridge University Press, 2012.

Christian Barry and Holly Lawford-Smith (ed.), *Global Justice*, Ashgate, 2012.

Christian Barry and Laura Valentini, "Egalitarian Challenges to Global

Egalitarianism: A Critique", *Review of International Studies*, Vol. 35, 2009.

Christine Chwaszcza, *Moral Responsibility and Global Justice*, Nomos, 2007.

Dale Jamison (ed.), *Singer and His Critics*, Blackwell Publishing Ltd., 1999.

Darrel Moellendorf, *Cosmopolitan Justice*, Westview Press, 2002.

David A. Reidy, "Rawls On International Justice: A Defense", *Political Theory*, Vol. 32, No. 3, 2004.

David Gauthier, *Morals by Agreement*, Oxford: Oxford University Press, 1986.

David Held, *Cosmopolitanism: Ideals and Realities*, Polity Press, 2010.

David Miller, *National Responsibility and Global Justice*, Oxford University Press, 2007.

David Miller, "Against Global Egalitarianism", *The Journal of Ethics*, Vol. 9, No. 1/2, 2005.

David Miller, "Cosmopolitanism: A Critique", *Critique Review of International Social and Political Philosophy*, Vol. 5, No. 3, 2002.

David Miller, "Defending Political Autonomy: A Discussion of Charles Beitz", *Review of International Studies*, Vol. 31, No. 2, 2005.

Deen K. Chatterjee (ed.), *Encyclopedia of Global Justice*, Springer, 2011.

Derek Heater, *World Citizenship and Government: Cosmopolitan Ideas in the History of Western Political Thought*, Macmillan, 1996.

Diogo P. Aurélio, Gabriele De Angelis and Regina Queiroz (ed.), *Sovereign Justice: Global Justice in a World of Nations*, De Gruyter, 2011.

Dr. C. R. Jambekar (ed.), *Human Rights and Human Rights*, Kanchan Publishing House, 2008.

Eamonn Callan, *Creating Citizens: Political Education and Liberal Democ-

racy, Oxford: Clarendon Press, 1997.

Elizabeth S. Anderson, "What is the Point of Equality?", *Ethics*, Vol. 109, No. 2, 1999.

Fred Dallmayr, "Cosmopolitanism: Moral and Political", *Political Theory*, Vol. 31, No. 3, 2003.

Gerard Delanty and David Inglis (eds.), *Cosmopolitanism (Volume 1: Classical Contributions to Cosmopolitanism)*, London and New York: Routledge, 2011.

Gillian Brock and Darrel Moellendorf (ed.), *Current Debates in Global Justice*, Springer, 2005.

Gillian Brock, *Global Justice: A Cosmopolitan Account*, Oxford University Press, 2009.

Gillian Brock, The Difference Principle, Equality of Opportunity, and Cosmopolitan Justice, *Journal of Moral Philosophy*, Vol. 2, No. 3, 2005.

Guido Zernatto, "Nation: The History of a Word", *Review of Politics*, Vol. 6, No. 3, 1944.

Helder De Schutter and Ronald Tinnevelt (ed.), *Nationalism and Global Justice: David Miller and His Critics*, Routledge, 2011.

Henry Shue, *Basic Rights: Subsistence, Affluence, and U. S. Foreign Policy* (Second Edition), Princeton University Press, 1996.

Huw Lloyd Williams, *On Rawls, Development and Global Justice*, Palgrave Macmillan, 2011.

Ian Shapiro and Lea Brilmayer (ed.), *Global Justice*, New York and London: New York University Press, 1999.

James N. Rosenau, "Governance in the Twenty-first Century", *Global Governanve*, Vol. 1, No. 1, 1995.

James Wood Bailey, *Utilitarianism, Institutions, and Justice*, New York, Oxford: Oxford University Press, 1997.

Jean-francois Rischard, *High Noon: 20 Glonal Problems, 20 Years To Solve*

Them, New York: Basic Books, 2002.

John Rawls, *A Theory of Justice*, Cambridge, Massachusetts: The Belknap Press of Harvard University Press, 1971.

John Rawls, *Political Liberalism*, New York: Columbia University Press, 1993.

John Rawls, *The Law of Peoples*: With "The Idea of Public Reason Revisited", Cambridge, Massachusetts: Harvard University Press, 1999.

Jon Mandle, *Global Justice*, Polity Press, 2006.

Joseph Heath, "Rawls On Global Distributive Justice: A Defence", *Canadian Journal of Philosophy*, Supp. Vol. 31, 2005.

Joshua Cohen (ed.), *For Love of Country?*, Boston: Beacon Press, 2002.

J. J. C. Smart and Bernard Williams, *Utilitarianism: For and Against*, Cambridge: Cambridge University Press, 1973.

J. J. C. Smart, "Act-Utilitarianism and Rule-Utilitarianism", in Jonathan Glover (ed.,) *Utilitarianism and Its Critics*, New York: Macmillan Publishing Company, 1990.

Kok-Chor Tan, *Justice, Institutions, and Luck*, Oxford University Press, 2012.

Kok-Chor Tan, *Toleration, Diversity, and Global Justice*, University Park: Pennsylvania State University Press, 2000.

Kok-Chor Tan, "Liberal Nationalism and Cosmopolitan Justice", *Ethical Theory and Moral Practice*, Vol. 5, 2002.

Luis Cabrera, *Political Theory of Global Justice*, Routledge, 2004.

Martha C. Nussbaum, *Frontiers of Justice: Disability, Nationality, Species Membership*, Cambridge, Massachusetts: The Belknap of Harvard University Press, 2006.

Martha C. Nussbaum, "Kant and Stoic Cosmopolitanism", *Journal of Political Philosophy*, Vol. 5, No. 1, 1997.

Martha C. Nussbaum, "Patriotism and Cosmopolitanism", in Joshua Cohen (ed.), *For Love of Country?*, Boston: Beacon Press, 2002.

Mathias Risse, *On Global Justice*, Princeton University Press, 2012.

Maurice Cranston, *What Are Human Rights?*, New York: Basic Books, 1962.

Michael Blake, "Distributive Justice, State Coercion, and Autonomy", *Philosophy and Public Affairs*, Vol. 30, No. 3, 2001.

Onora O'Neill, *Bounds of Justice*, Cambridge University Press, 2004.

Onora O'Neill, "Bounded and Cosmopolitan Justice", *Review of International Studies*, Vol. 26, 2000.

Paul Graham, "*Rawls*", Oneworld Publications, 2007.

Perter Singer, (ed.), *A Companion to Ethics*, Blackwell Publishers Ltd., 1993.

Peter Singer, *The Life You Can Save*, New York: Random House Trade Paperbacks, 2010.

Peter Singer, "Famine, Affluence, and Morality", *Philosophy and Public Affairs*, Vol. 1, No. 3, 1972.

Rex Martin and David A. Reidy (ed.), *Rawls's Law of Peoples: A Realistic Utopia?*, Blackwell Publishing Ltd., 2006.

Richard Arneson, "Do Patriotic Times Limit Global Justice Duties", in Gillian Brock and Darrel Moellendorf (ed.), *Current Debates in Global Justice*, Springer, 2005.

Richard Friman (ed.), *Challenges and Paths to Global Justice*, Palgrave Macmillan, 2007.

Richard Miller, "Cosmopolitan Respect and Patriotic Concern", *Philosophy and Public Affairs*, Vol. 27, No. 3, 1998.

Richard Vernon, *Cosmopolitan Regard: Political Membership and Global Justice*, Cambridge University Press, 2010.

Robert E. Goodin, Philip Pettit (ed.), *A Companion to Contemporary Political Philosophy* (2nd edition), Blackwell Publishing Ltd., 2007.

Robert E. Goodin, Philip Pettit (ed.), *Contemporary Political Philosophy*, Blackwell Publishing Ltd., 1997.

Robert E. Goodin, "What Is So Special about Our Fellow Countrymen?" *Ethics*, Vol. 98, No. 4, 1988.

Samuel Freeman (ed.), *The Cambridge Companion to Rawls*, Cambridge University Press, 2003.

Samuel Freeman, *Justice and the Social Contract: Essays on Rawlsian Political Philosophy*, Oxford University Press, 2007.

Samuel Freeman, *Rawls*, Routledge, 2007.

Samuel Freeman, "The Law of Peoples, Social Cooperation, Human Rights and Distributive Justice", *Social Philosophy and Policy*, No. 23, Issue 01, 2006.

Samuel Scheffler, *Boundaries and Allegiances: Problems of Justice and Responsibility in Liberal Thought*, New York: Oxford University Press, 2001.

Samuel Scheffler, "The Conflict Between Justice and Responsibility", in Ian Shapiro and Lea Brilmayer (ed.), *Global Justice*, New York and London: New York University Press, 1999.

Sebastiano Maffettone and Aakash Singh Rathore (ed.), *Global Justice: Critical Perspectives*, Routledge, 2012.

Simon Caney, *Justice Beyond Borders: A Global Political Theory*, Oxford University Press, 2005.

Simon Caney, "Cosmopolitanism and the Law of Peoples", *The Journal of Political Philosophy*, Vol. 10, No. 1, 2002.

Simon Caney, "International Distributive Justice", *Political Studies*, Vol. 49, 2001.

Stan Van Hooft and Wim Vandekerckhove (ed.), *Questioning Cosmopolitanism*, Springer, 2010.

Thom Brooks (ed.), *New Waves in Global Justice*, Palgrave Macmillan,

2014.

Thomas Nagel, "The Problem of Global Justice", *Philosophy and Public Affairs*, Vol. 33, 2005.

Thomas Rawson Briks, *Modern Utilitarianism*, Kessinger Publishing Co., 2008.

Thomas Scanlon, "Rawls' Theory of Justice", *University of Pennsylvania Law Review*, Vol. 121, No. 5, 1973.

Thomas W. Pogge, (ed.), *Freedom from Poverty as a Human Right: Who Owes What to the Very Poor?*, Oxford University Press, 2007.

Thomas W. Pogge, (ed.), *Global Justice*, Blackwell, 2011.

Thomas W. Pogge, *Realizing Rawls*, Cornell University Press, 1989.

Thomas W. Pogge, *World Poverty and Human Rights*, Cambridge: Polity, 2002.

Thomas W. Pogge, "An Egalitarian Law of Peoples", *Philosophy and Public Affairs*, Vol. 23, No. 3, 1994.

Thomas W. Pogge, "Cosmopolitanism and Sovereignty", *Ethics*, Vol. 103, No. 1, 1992.

Thomas W. Pogge, "Rawls and Global Justice", *Canadian Journal of Philosophy*, Vol. 18, 1988.

Thomas W. Pogge, "The International Significance of Human Rights", *The Journal of Ethics*, Vol. 4, No. 1/2, 2000.

后　　记

　　笔者最近几年来一直关注当代西方政治哲学中的平等理论和正义理论。2012年初，我对全球正义理论产生了浓厚的兴趣。我在初步研读约翰·罗尔斯的《万民法》以及其他有关全球正义理论的部分文献后，以"当代西方政治哲学中的全球正义理论跟踪研究"为题，申请了2014年度国家社科基金青年项目，有幸获准立项。经过我两年多的努力，项目得以顺利完成，其中的艰辛只有我自己能够体会到，此书即是该项目的最终研究成果。全球正义理论是当代西方政治哲学中的一种重要理论，关于其的文献浩如烟海，我无力对其进行全面的研究，只是选取了世界主义的研究视角，这也是本书取名为"世界主义的全球正义"的缘由之所在。

　　2017年3月，项目顺利结项以后，我即与某出版社签订了出版合同，直到2019年9月底，我才得知因某种难以置信的理由，该出版社不能出版此书。感谢中国社会科学出版社马明编辑在出版该书的过程中所给予的帮助！感谢我的同事刘训练教授的支持，由他主持的"天津市高等学校创新团队培养计划"为拙作提供了出版资助！感谢天津师范大学政治与行政学院高建教授、马德普教授、常士闇教授、佟德志教授和高春芽教授等师友多年来的关心与支持！感谢中国人民大学国际关系学院陈华文副教授和南开大学哲学院曹钦副教授的支持！感谢我的家人对我的包容与关切！

高景柱

2019年9月27日于天津